上海市高水平地方高校（学科）建设项目资助
CSSCI来源集刊

法律方法

第48卷

主编　陈金钊　谢　晖
执行主编　吕玉赞

法律出版社
LAW PRESS·CHINA
北京

图书在版编目（CIP）数据

法律方法 . 第 48 卷 / 陈金钊 , 谢晖主编 . -- 北京 : 法律出版社 , 2024. -- ISBN 978-7-5197-9207-7

Ⅰ. D9-53

中国国家版本馆 CIP 数据核字第 20248WB842 号

法律方法（第 48 卷）
FALÜ FANGFA（DI-48 JUAN）

陈金钊
谢　晖　主编

策划编辑 朱　峰
责任编辑 朱　峰　韩梦超
装帧设计 汪奇峰

出版发行 法律出版社
编辑统筹 辞书·融出版编辑部
责任校对 张翼羽
责任印制 吕亚莉
经　　销 新华书店

开本 710 毫米 ×1000 毫米　1/16
印张 21.25　**字数** 328 千
版本 2024 年 9 月第 1 版
印次 2024 年 9 月第 1 次印刷
印刷 北京建宏印刷有限公司

地址：北京市丰台区莲花池西里 7 号（100073）
网址：www.lawpress.com.cn
投稿邮箱：info@lawpress.com.cn
举报盗版邮箱：jbwq@lawpress.com.cn

销售电话：010-83938349
客服电话：010-83938350
咨询电话：010-63939796

书号：ISBN 978-7-5197-9207-7　**定价**：76.00 元

凡购买本社图书，如有印装错误，我社负责退换。电话：010-83938349

法 律 方 法

| 第48卷 |

卷首语

法律方法理论研究的多元拓展

执行主编　吕玉赞

法律规范不仅是行为规范，更是指引人们如何运用法律解决问题的思维规则。法律方法就是法律的思维规则，法律思维规则是逻辑在法律领域中的拟制。法律方法的逻辑运用，主要体现为法律概念的定义、法律命题的判断、法律过程的推理和法律结论的论证。其中，法律发现、法律解释、法律推理、法律论证等法律方法的正确运用，是法律得以实施、法治得以实现的重要依循，对维护法律的自主性和法治秩序具有重要作用。法律方法始终以服务法治建设为宗旨，法律方法为法律的运用提供了确定性保证。法治是动态多元的社会治理模式，法治实施者常常面临复杂多元的社会关系和矛盾，因而需要法律方法理论的纵深拓展。法律方法的理论拓展，主要是在经典逻辑下，融合非经典逻辑的思维要素，在形式中嵌入实质。其中，法律方法的论证转向最为典型，其为处理这种不确定性的问题提供了可能，以思维的灵活性和论题的论证为主要特征。经典逻辑与非经典逻辑虽然在思维方式、推理模式和应用领域上存在差异，但两者绝不是排斥关系，而是可以互相补充和结合的。尤其是随着人工智能技术的不断发展和普及，认知科学、计算科学、智能技术与法律学科的交叉与融合，对于法律方法理论的拓展和实践转向提出了更高的要求和期待。诸如互联网信息犯罪的规范评价、智能审判的理论和实践探讨、数字权益的司法认定等，对法律推理、法律论证的变革提出了新的要求。法律方法不仅要回答法律领域的经典之问，也要回应法治发展所引发的挑战。传统法律方法理论能解决法律问题的确定性,而以非经典逻辑为依循的法律方法则能处理多元交织的矛盾,提供可接受性的标准。法律方法理论的拓展,在确定性基础上最大限度容纳价值差异,为法治逻辑在中国的实现提供了实践依循和治理意蕴。

创刊于 2002 年的《法律方法》,迄今已经出版 47 卷,为法律方法论人才的培养,法律方法论研究的普及、深化、繁荣,提供了专业化的学术交流平台。自创刊以来,《法律方法》始终秉持"繁荣法律方法研究,服务中国法治实践,培养方法论学术新进"的宗旨,致力推动中国法律方法论研究,并持续鼓励与培养年轻学者。多年来,幸赖学界同人的支持、出版界同人的合作,促使《法律方法》日渐成熟与稳定。接下来,《法律方法》将继续围绕着法律方法论的基础理论与实践运用,回应实践需求,为我国的法治建设提供技术路线与规则指引。本卷共刊发 15 篇文章,分为"法律方法理论""民法方法论""刑法方法论""域外借鉴"四个专题。

"法律方法理论"专题刊发三篇文章。其中,刘现珍的《论法律解释的可接受性》一文认为,法律解释的结果必须具有可接受性才能达到法律效果和社会效果的统一,可接受的法律解释应当采用一般人标准予以衡量,且应建立在比法律明确性标准更高的明确性要求之上,以求实现法律解释结果与裁判结果唯一匹配性的同时,满足交谈合理性的需要。熊晓彪的《论似真推理的法律适用》一文指出,似真推理是一种区别于演绎与归纳逻辑的第三种推理类型,其核心内容是从推理前提传递到结论的似真性,表现形式为前提似真则结论似真。作为一种可废止推理,似真性形成于合理可接受的证据,主要涉及待证事实命题与整个认知承诺框架的相符性程度,可以通过权威论据、证据的证明力以及理性进行评价。似真推理在法律领域的适用,缺乏对证明结构内部应有关注、忽略事实的未知空间并面临来自科学化调查方法的挑战,在未能有效消解这些风险之前需要予以谨慎对待。丁思绮的《备案审查中形式审查与实质审查的冲突与协调》一文围绕备案审查的方式讨论形式法治与实质法治这一传统议题,认为"合法性优于合理性"的传统审查方式已不能满足实践需求。备案主体应当在维护法制统一的基础上,通过类型化、阶层化的方式,并借助法律程序的作用进行备案审查。只有在不存在规范冲突的前提下,才能采取实质审查。法治实现的基本方式是形式法律得到严格遵循,并以此为基础兼衡实质考量。

"民法方法论"专题刊发三篇文章。其中,郑乾的《新〈公司法〉视角下股东共益权行使的深层逻辑探析——基于“权能”的解构及应用》一文指出，作为股东重要权能的“共益权”一直未能得到充分的规范保障。新修订的《公司法》有鼓励股东参与公司治理和分享公司发展利益之意。共益权的权能实现依赖于对股东的赋权与赋能，主要体现为权能的协同分配、股东意见的充分表达、公司对股东意见的积极回应和反馈等。共益权的谱系建构和拓展，既为股东共益权提供了正当性证成，也为共益权的行使提供了具体方法的依循。李子豪的《大数据背景下数字作品著作权侵权的法经济学分析——惩罚性赔偿的规则适用》一文认为，随着大数据的广泛运用，尤其是数字经济的发展，许多作品面临数字化及其权益保障的问题。数字作品既有传统作品的知识产权属性，又带有数字时代易于复制和传播的独有特征。这也给数字作品的著作权保护带来了特有的挑战。可在当前惩罚性赔偿手段的基础上，结合卡梅框架和博弈论手段，分析对数字作品的侵权行为，在保护数字作品著作权和合理利用之间实现社会效益的最大化。韩旭的《“适格个体规则”的理论构造与司法适用》一文指出，“适格个体”是残疾就业歧视受害者寻求《美国残疾人法》法律救济的“资格门槛”，其意指只有能够完成基本工作职责的适格个体才有资格享有平等就业权并获得合理便利措施的保障。美国立法上针对性地保护适格个体，并结合司法上举证责任的合理分配，妥善平衡了雇主用工自主权和残疾雇员平等就业权，推动了残疾人实现自我发展和融入社会的进程。

“刑法方法论”专题刊发五篇文章。其中，余昌安的《刑法中想象重构解释的反思与重塑》一文指出，作为一种由来已久的解释理论，想象重构解释探寻的是最佳原意，是一种主体间性的诠释理论。想象重构解释突破了传统的单一解释立场，是在尊重立法主体意旨的前提下，以文本为中心，兼具作者、读者及其社会语境等多重因素，努力获取一种最佳解释结论，以实现解释对象（文本）、文本作者、读者三元视角的融合。其中，文本视角处于优先地位，作者视角及读者视角处于补强地位。黄卓成的《侵犯著作权罪中“复制发行”的限缩解释》一文指出，著作权刑事案件中，长期存在侵犯著作权罪和销售侵权复制品罪的司法区分难题，有损同案同判、统一法律适用等司法公正价值。其关键在于如何理解“复制发行”这一法律语词的规范含义。需要在坚持法秩序统一性原则的基础上，采用限缩解释的方式，以“主体身份区分说”解释“发行”与“销售”，以“复制且发行说”解释“复制发行”，以更好促进对著作权的刑法保护。李谦的《非法利用信息网络罪中“情节严重”的体系性反思》一文指出,刑法中的非法利用信息网络罪的规定中存在“情节严重”这一要件。围绕“情节严重”的认定,司法实践中一般采用综合认定标准,但一直存在部分认定要素过于模糊、容易与他罪混淆、证明重点不突出等问题。“情节严重”的认定亦应重视不同案件的具体事实,逐案考量特定要素,既要关注法益侵害的程度,也要注意相关认定要素的彼此协调,在个案中体系性地评价“情节严重”。杨攀的《瑕疵行政许可阻却刑事违法性之根据》一文指出,司法实践中长期存在通过不正当手段取得行政许可(瑕疵行政许可)能否出罪的争议。由于刑法的谦抑性,应在罪刑法定原则下,坚持文义判断优先,法益侵害判断补充的认定方法。对于在文义上即可判断不属于涉行政许可犯罪构成要件中“未取得许可”含义范围内的瑕疵行政许可,则应当作出非罪评价。而对于文义难以认定的较为复杂的情形,则应根据法益侵害与否对瑕疵行政许可行为进行罪与非罪的评价。孙鹏的《论“部分篡改型”虚假诉讼的入罪范围——基于民事诉讼法理的教义分析》一文指出,虚假诉讼罪的认定范围关乎诉权保障与诉权滥用禁止之间的平衡。虚假诉讼罪的认定应注意区分实行行为的部分与整体的关系。该罪保护的是诉权的真实性,实行行为是捏造事实、虚构或改变诉的利益,并提起诉讼。实践中未改变真实利害关系的部分篡改具体实体法律关系的,不属于本罪的行为要件。本罪之实害结果是法院依据错误的事实通过了对诉讼要件的审查,并以此继续开展诉讼活动。行为人提起民事诉讼,法院通过了对起诉要件的审查,可以作为本罪着手或未遂的时点。

“域外借鉴”专题刊发四篇文章。其中,大卫·布林克著、何俊毅译的《原意主义解释与建构主义解释》一文指出,德沃金提出的整全法理论和建构性解释主张为法律解释理论提供了一个新的哲学思考和参照。德沃金主张法律解释存在唯一正解,这种正解是基于政治原则或道德原则的融贯性结果。建构性解释应始终遵循基本的法律原则和规则,严格按照法律概念的文义诠释法律条文的含义。德沃金的建构性解释既为法律解释提供了一个开放性的视角,也为避免法官的任意解释而导致司法裁量的过度扩张设置了制度边界。这对于调和立法、司法和社会实践的关系大有裨益。克里斯托夫·K.温特著、陈星伟译的《欧盟司法决策中行为经济学的价值》一文提出了两种思维方式:一种是一般性思维决策方式,按照通常方法做出决策选择;另一种是经过深思熟虑,追求更为周全的结果。司法决策一般是第一种思维。事实上实现周全的结果并不具有实际可操作性。不过,一般性思维可能会存在认知偏差，主要表现为：锚定效应偏差、可得性偏差、零风险偏差、后见偏差。一般情况下，法官会遵循较为确定的裁判方法作出裁判，但这会因认知偏差导致裁判结果的差异，甚至是不公正。因此，需要通过设置预审法官、强调裁判依据的客观性、关注个案的情境因素、重视陪审团的意见等方式，减少认知偏差对司法裁判公正的不当影响。弗恩·沃克著、潘立春译的《法律推理的逻辑之探》一文指出，基于逻辑拟制的法律推理，主要有基于规则的推理、证据评估和二阶过程推理三种类型。其中，基于规则的推理面对的是法律命题的真伪判断，识别法律事实、案件事实与证据的真实性。证据评估是在真实性判断的基础上，权衡其对应的法律判断的可信度，判断证据证明力的高低。二阶过程推理关注推理决策的妥当性证成，主要分为政策性推理和基于先例的类比推理。J.M. 巴克西著、刘儒译的《霍菲尔德式的法律和符号学方法》一文指出，符号学可以帮助理解法律规范中直接表达或隐含的政治及意识形态方面的问题。符号学的两个重要的概念为：一是能指和所指事物之间的任意关系，二是符号在一个意义系统中从它们的相互关系中获得它们的意义。这与霍菲尔德的法律权利和概念理论十分相似。霍菲尔德的法律概念理论揭示了法律概念之间的重要关系，使法律概念的可操作性变得显而易见，并使我们能够发现不同法律学说领域内部及其之间的紧张和冲突。这便于我们探寻法律负载的意识形态价值，促进法律论证的展开，并调和法律和社会关系。

目　录

域外借鉴

法律方法理论

论法律解释的可接受性*

刘现珍**

摘　要　语言符号的局限性使法律文本难免会出现模糊和歧义，在司法适用环节必然需要通过法律解释予以进一步明确，但法律解释的结果必须具有可接受性才能达到法律效果和社会效果的统一。可接受的法律解释应当采用一般人标准予以衡量，且应当建立在比法律明确性标准更高的明确性要求之上，以求实现法律解释结果与裁判结果唯一匹配性的同时，满足交谈合理性的需要。在当前的司法实践中，由于办案压力、免责考量等多方面的原因，法官在裁判文书中不愿意给出十分明确的法律解释，这对于实现法律解释的可接受性、完善裁判文书释法说理制度是不利的，对此可以通过强化法官助理功能、实现不同案件中法律解释的繁简分流、完善法官责任制等多个方面来加以疏解，从而让可接受的法律解释更好地发挥司法的内在功用。

关键词　法律解释　法律人标准　一般人标准　交谈合理性　释法说理

"国家制定法律是用来让被规范的全民上下遵守的，所以法律用语必须清楚、明确，让人民能不费事地知晓规范内容，是绝对必要的"，但是徒法不足以自行，

---

* 本文系国家社科基金重大项目"当代中国国家治理中的规范协同问题研究"（项目批准号：19ZDA155）的阶段性成果。

** 刘现珍，女，山东临沂人，华东师范大学法学院博士研究生，研究方向为法理学、司法原理和制度。

法律文本在适用于具体案件的过程中需要通过法律解释来加以明确,因此法律解释也被要求具有确定性。[①] 然而并非所有的法律解释一经作出都能取得良好的社会效果,一个确定的法律解释结果想要达到法律效果与社会效果的统一,必须考虑到该法律解释结果的可接受性问题。法律解释并非依据法官享有的裁判权而天然地就被社会所接受,一个不被接受的法律解释不但无法起到定分止争的作用,还可能因续造了违背社会公义的规则而破坏法治的进程。司法实践中法律解释应当达到什么样的标准、需要被什么主体所接受、如何才能提升法律解释的可接受性,本文将重点讨论这些问题,以期对司法过程中法律解释工作产生正向的促进作用。

一、法律解释的可接受性:概念和功能

法律是对行为的规整,其最终目标是提供实践性的准则,即行为规范。[②] 法律的实践属性至少包含两方面的要求:第一,法律必须通过一定的方式向社会公布,即法律的公开性;第二,已经公布的法律文本内容必须清楚,即法律的明确性。如果法律不是公开的,那即使再明确的法律规范也不能被公众所知晓;如果已经公开的法律文本内容不明确,那就会让人民无法知法守法,此时如果再对人民的"违法行为"施加惩罚,则会对法治的安定性造成伤害。我国古人很早就认识到了法律明确性的重要性,并在古籍中多次阐明了法律明确性的重要作用,甚至同时阐明了法律明确性的价值追求。例如,秦代的会要中就提出:"圣人为法,必使之明白易知。名正,愚知遍能知之……故圣人立天下而无刑死者,非不刑杀也,行法令明白易知。"[③] 明代会要中提出:"法贵简,当使人易晓。若条绪繁多,或一事两端,可轻可重,吏得因缘为奸,非法意也。"[④] 法律的明确性能够为人们的交互行为提供准确的指引,人们只有清楚地知晓每一步该如何行为,整个社会才会有章可循形成秩序,这也是法治实现的前提。

---

① 参见李琦:《法的确定性及其相对性——从人类生活的基本事实出发》,载《法学研究》2002年第5期,第31页。

② 参见[德]齐佩利乌斯:《法学方法论》,金振豹译,法律出版社2009年版,第1页。

③ 《秦会要(补订)》卷二十二律学。

④ 《明会要》卷六十四律令。

然而，法律是高度抽象概括的规范，把抽象的规范适用到具象的社会生活时，法律解释是绕不开的一环。为了保证法律的明确性，立法机关以及司法机关还可能会通过一系列的方式对不甚明确的法律规定进行解释，使之进一步明确规范，尤其是司法机关对法律进行解释而产生的司法解释，也成了法官在处理相关案件时的依据，既保证了律令的事先告知功能，也在最大限度上防止法官审判案件时的恣意。从这个意义上来说，司法解释和立法解释一样都具有法律续造的功能，很多学者都将其视为“准立法”。①而本文所研究的法律解释，并不包含这种“准立法”性质的法律解释，而是特指由待处理的案件所引起的、由法官作出的、②将法律规定适用于个案司法裁判中的具体法律解释。

马克思说过，法官的责任就是把法律应用到具体的场合时根据其对法律的理解来解释法律。③法律解释是为法律适用过程服务的，它服务于最终的案件裁决结果，需要通过一定的形式加以体现。具体而言，法官对法律的解释是通过裁判文书中的裁判说理部分体现的，其最终目标是实现法律解释的可接受性。所谓法律解释的可接受性，是指法官在个案中作出的法律解释，应当具体、明确，且应当以一定的形式对外公布，让普通社会民众可以知悉其内容并认可其中所蕴含的指导性规则，从而发自内心地遵从该解释的结果并以此作为未来的行为准则。法官在司法过程中虽然享有裁判权，但是这种裁判权并不天然地与司法权威相挂钩，司法裁判官是由于可以作出符合社会需求的、能被社会接受的法律解释才配享权威的。如果法官在适用法律的过程中，并没有考虑法律解释的可接受性，例如，作出的法律解释不明确、内容违背案件场域下大多数民众的合理期待甚至跳过法律解释直接给出武断的结论，则十分不利于司法秩序的构建。法律解释可接受性的功能主要体现在以下几方面。

第一，向案件当事人阐明判决理由，将抽象的法律术语转为可理解的表达，从而更好地定分止争，这是法律解释可接受性的直接功能。虽然法律被要求是明确

---

① 参见许德凤：《法教义学的应用》，载《中外法学》2013年第5期，第966页；姜涛：《非法吸收公众存款罪的限缩适用新路径：以欺诈和高风险为标准》，载《政治与法律》2013年第8期，第56页；刘树德：《最高人民法院司法规则的供给模式——兼论案例指导制度的完善》，载《清华法学》2019年第4期，第85页；等等。

② 参见梁慧星：《民法解释学》，中国政法大学出版社1995年版，第202页。

③ 参见《马克思恩格斯全集》（第1卷），人民出版社1956年版，第76页。

的,即“立法者必须如哲学家般地思考,却须如农民般地讲话”,① 以便让普罗大众都知晓法律的内容,但是法官们早就意识到,无论法律用何种文字写就,都很难像数字符号那样精确,大部分法律都必须跟无数的、无法预测的现实状况打交道,立法者难以做到巨细无遗的精确。② 尤其是在具体的案件处理过程中,那些纷繁复杂的法律术语、模糊不清的概念表述如何对没有法律知识的当事人产生调整作用,都需要法官在查明案件事实的基础上通过法律解释向当事人进行阐明。通过裁判说理部分将法官的法律解释过程和结果向当事人进行公示,将法律适用结果从“看得见的正义”提升为“说得出的正义”,进而提高裁判结果的可接受性。③ 对此,许多国家的法律都有明确的要求。例如,荷兰《宪法》就规定,判决中必须明示判决理由,德国《民事诉讼法》也规定,法院的裁决除了案件事实、法律条款之外,裁决理由也是不可缺少的一部分。我国司法实践中也一直将“裁判理由”作为裁判文书的核心内容之一,最高人民法院亦曾多次出台相关文件加强司法裁判中释法说理的要求。

第二,以特定的标准检验法律解释的结果是否具有可接受性,可以有效监督司法权运行的过程,这是法律解释可接受性的间接功能。有学者曾经提出,之所以有法官不愿进行法律解释(或曰不愿进行释法说理),是为了通过这种裁判风格来掩饰司法过程中“暗箱操作”等诸多问题。④ 当然,造成司法解释不足的原因有很多,如法官太累而无暇说理,或者怕解释错误而隐匿说理等,⑤ 但不可否认的是,相比于那些处理结果正确而法律解释不可接受的案件而言,真正存在问题的案件更加不愿意通过明确的法律解释对说理过程进行公示。而法律解释的可接受性,必然以法律解释结果的公开性、可获取性为前提,它可以最大限度地将案件事实与裁判结果之间的关联关系和具体的适用理由进行展示,并将法律解释置于大众的可接受检验之下,从而减少甚至避免“人情案”“关系案”的产生。法官在考量如何使法律解释具有可接受性的过程中,也需要更审慎地探究法律规定的真实含

---

① Zitiert nach v. Arnauld, Rechtssicherheit, Tübingen 2006, S. 229.

② See Boyce Motor Lines v. U. S., 342 U.S. 337(1952).

③ 参见雷磊:《从“看得见的正义”到“说得出的正义”——基于最高人民法院〈关于加强和规范裁判文书释法说理的指导意见〉的解读与反思》,载《法学》2019年第1期,第173页。

④ 参见黄利红:《民事判决书不说理之原因及其对策》,载《广西社会科学》2004年第3期,第84页。

⑤ 参见庄绪龙:《裁判文书“说理难”的现实语境与制度理性》,载《法律适用》2015年第11期,第86页。

义，考量法律效果和社会效果的结合情况，从而让每一个当事人在案件中都能感受到公平正义。因此，法律解释的可接受性，可以维护司法权运行的效果，防止法官在裁判过程中的恣意，成为照射在司法正义上的防腐阳光。

第三，被社会公众接受的法律解释，可以为社会公众提供更明确的行为指引，这是法律解释可接受性的衍生功能。当前许多执业律师都保持着这样的习惯：在处理案件时除了要查询对应的法律和司法解释的规定之外，还需要查询相应的裁判文书，因为律师也无法确定当出现了适用法律的争议时，法官的解释会不会像律师理解的那样，因此参阅法官的法律解释结果也就成了律师的必修课。从这个意义上说，“那个有权解释法律的人，才是真正的立法者”，①德夫林勋爵也曾说“法律就是法官说是法律的东西”，②因此法官的法律解释结果是一种发挥着实际调整作用的社会规范。既然这种规范能够为社会公众的行为提供指引，甚至是比法律规范更为直接、更为具体的指引，那这种结果就必须具有可接受性。但如果特定的法律解释没有被社会所接受，甚至被多数人所反对，那么基于该法律解释所作出的裁判结果也会被认为是不公正的结果，该法律解释所细化的规则就可能会被认为是“恶法”，社会公众不但不会以此为指引安排自己的社会活动，还可能通过多数人意见的凝聚修改甚至推翻该规则。

二、法律解释可接受性的衡量标准

（一）明确性标准：比法律明确性的程度更高

法律解释必须明确，明确的法律解释是可接受的前提，如果法律解释的内容过于原则、过于模糊，那该解释结果就无法形成一个准确的规则指向，当发生类似的案件时，仍然需要通过新的法律解释加以确定。同时，如果法律解释不明确，那该解释结果与案件的处理结果也无法做到直接的匹配，甚至可能在同一法律解释下得出相反的裁判结果，那这样的法律解释必然无法被接受。既然法律解释被要求具有确定性，③并且在一定程度上法律解释的明确性是和立法规范的模糊性共

① 参见［美］詹姆斯·A. 邦德：《审判的技艺》，陈林林译，清华大学出版社 2019 年版，第 43 页。

② R. W. M. Dias, “Jurisprudence”, Butterworths, 1985, p.166.

③ 参见李琦：《法的确定性及其相对性——从人类生活的基本事实出发》，载《法学研究》2002 年第 5 期，第 31 页。

生共存的,[①] 那么法律解释的明确性和法律本身的明确性之间到底是什么关系,需要我们加以深入探究。

国家制定法律是为了规范社会关系参加者的行为,因此法律用语的明确性是十分必要的,即法律本身应当是明确的,法律的确定性一般被认为是与法律的逻辑自足性相关的要求。[②] 但我们必须承认,任何的语言符号都有不同程度的不确定性,而“不确定的法律概念”的存在更是法学界的基本共识,这种情况的存在在一定程度上是法治国家中不得不加以容忍的。因此,法律的明确性更多地体现为公众对立法者之工作的原则性要求,或者是立法工作中必须遵循的准绳,但立法文本一旦被制定并公布出来,其是否满足明确性的要求则是未知数。德国学者将明确性视为法律用语的“质”的需求,[③] 但同时又承认在极其明确与极其不明确的法学光谱的两端之间,存在着大量的“灰色地带”,因此法律用语在事实上明确与否则是“量”的问题。[④] 在法律适用时若法律的“量”无法满足“质”的需求,法律解释就需要充当起二者之间的媒介,让原本不够明确的法律用语通过解释变得更加明确。因此,法律解释的目标之一就是要解决法律用语不够准确的问题,法律解释明确性的标准要高于(至少是不低于)法律明确性的标准。

以刑法中的“猥亵”为例,我国《刑法》第237条中“猥亵”一词出现了6次,但具体什么行为才是猥亵,《刑法》并没有给出特别具体的说明。当然,在司法实践中,某些案件事实会被认为是当然的猥亵范畴,如“扒光被害人××的衣裤,抓挠被害人××的面部和乳房等部位”[⑤]。但是如果行为人之间没有任何的身体接触,甚至没有在同一个物理空间中出现,那么行为人可否构成远距离的、无接触的猥亵,这就需要对“猥亵”这一概念进行法律解释了。在(2019)桂0222刑初180号案件中,被告人通过微信聊天的方式向被害人(案发时12周岁)发送不雅信息,并恐吓、猥亵被害人让其发送裸照,与传统猥亵犯罪中行为人与被害人之间有一定的身体接触不同,该案中被告人利用即时通信、自媒体、网络直播平台等网络社交工具,在没有身体接触的情况下隔空猥亵儿童,是否构成猥亵犯罪,就成了

① 参见陈兴良:《但书规定的法理考察》,载《法学家》2014年第4期,第55页。

② 参见张志铭:《法律解释学》,中国人民大学出版社2015年版,第39页。

③ Vgl. Kunig, Zur hinreichenden Bestimmtheit, von Norm und Einzelakt, Jura 1990, S.496.

④ Vgl. Gassner, Gesetzgebung und Bestimmtheitsgrundsatz, ZG 1996, S.39.

⑤ 参见浙江省温州市瓯海区人民法院刑事判决书,(2021)浙0304刑初616号。

该案的争议焦点。最终，法院认为被告人“以寻求性刺激为目的，对不满十四周岁的女童进行威胁，强迫被害人按照要求自拍隐私部位裸照供其观看，对儿童人格尊严和心理健康造成严重侵害，其行为已构成猥亵儿童罪”，① 此处“以寻求性刺激为目的”并实施的各种行为，其实就是对《刑法》第 237 条中“猥亵”一词的解释，而该解释远比《刑法》条文中简单的“猥亵”二字要更加明确。强调行为人的主观目的和对被害人造成的道德和感情侵害，以此推断行为是否符合猥亵犯罪的要件。通过类似的法律解释就可以让当事人和普通民众更直观地理解法律条文用语的真实含义，更明确地将法条与具体的案件事实联结，从而解决远距离、非接触性新型猥亵行为的认定难题。

（二）主体标准：一般人标准

某一项规范或者某一文本一旦被公示出来，不同主体可能由于自身专业知识的多寡而影响其对前述对象的理解，这意味着法律以及法律解释被作出之后，不同的主体对其内容有着不同的评判。以接受主体的不同进行分类，可以将法律解释可接受性的标准分为法律人标准和一般人标准两大类。所谓法律人标准，即以“训练有素的法律人”为接受主体评判法律解释结果，如果裁判的释法说理能够被法律人理解并使之产生可预见性（foreseeable）就满足了可接受性的要求，德国以及欧洲人权法院就是法律人标准的执行者。而一般人标准，则是将规范的受众扩展为一般公众，某一规范只有让一般公众理解并形成可遵从的预期，该规范才可能被接受，美国法院在裁判中就提出了合理的告知（fair notice）或合理的警告（fair warning）原则，而告知或警告是否合理，原则上采用一般人标准。

法律人标准的好处在于，它可以最大限度地容忍规范表述中所采用的文字词汇的有限性，防止实践中发生超出立法者或法律解释主体预期的纠纷得不到法律调整的情况。例如，2001 年《德国黑森州宪法》第 78 条被德国联邦法院进行了明确性审查，起因是该条规定选举结果违反善良风俗（gute Sitten）是构成选举无效的理由，但何为善良风俗则没有明确规定。但德国联邦宪法法院认为“善良风俗”一词完全可以根据法学解释方法和相关的事实情况进行确定，实务中也有

① 参见广西壮族自治区柳城县人民法院刑事判决书，(2019) 桂 0222 刑初 180 号。

相关的样本参照，无需再通过立法将之具体化、明确化。[①] 也就是说，“善良风俗”这样的规则表述对于法律人而言是可接受的，对于一般人而言，可以通过法律人的协助了解相关规则的内容。因此，在法律人标准下，规则表述只需要达到能让法律人所知晓的明确性程度就被认为是可接受的。同样的情况也发生在其法律中对于“危害青少年的书刊”的认定上，该概念屡次被指责过于模糊，但德国联邦宪法法院也一再为其辩护，认为它可以通过传统法律解释方法加以具体化。[②] 而在2008年的Kafkaris v. Cyprus案中，欧洲人权法院提出，作为确定何种行为会受到刑法上何种处罚的依据，除了相关的法律规定外，必要时可以辅之以法院对该规定文字的解释，个案当事人如果在案情范围内，必须依赖适当的法律咨询才可以评估其行为引发的后果，法律依然满足可预测性的需求，[③] 即仍然是可以接受的。

但是法律人标准也有其弊端，因为法律所规制的主体不仅仅是法律人，也包括没有受过法学教育的一般公众，如果这些公众无法读懂法律所预设的行为准则，那法律就像是随时等待猎物上门的陷阱，成了民众潜在的风险。此外，由于法律人有着自己的独特技能，这种技能是建立在对法律术语和法律思维方式熟练掌握的基础上的。[④] 易言之，法律人建立起了一个知识壁垒，甚至发明出了法律人的行话（lawyers’talk），使许多法律术语成了仅在部分人之间能达成一定共识的小众产品，这种法律规范即使向社会公众加以公布也难以让公众对其产生明确的认知。当然也有人为之辩护曰风险就像是冬天河面上的薄冰，任何人在薄冰上溜冰的时候都不能指望每一个可能的落水点上都有显眼的危险指示牌。[⑤] 这意味着法律只需要指出薄冰的区域所在便已经尽到了风险提示的责任，而不以公众确认其行为是否会被处罚为必要。但“薄冰原则”仅能在立法领域中成立，一旦进入法律适用的领域，在法律解释环节法律人标准就不再有生存的空间了。因为法律解释的结果是直接作用于具体的案件当事人的，是直接告知当事人法律含义的；如果法律解释也只能被垄断了法律知识的法律人解读，那辨法析理、定分止争的司

① BVerfGE 103, 111, 135f.

② BVerfGE 83, 130, 145; 90, 1, 16f.

③ See Kafkaris v. Cyprus, App. No.21906/04, at 140(ECHR. 12 Feb.2008).

④ 参见孙笑侠:《法律家的技能与伦理》,载《法学研究》2001年第4期,第7页。

⑤ See Boyce Motor Lines v. U. S., 342 U.S. 337(1952).

法功能就无从实现了。因此,即使在立法中采用法律人标准的德国,在司法环节也需要对法律作出一般人可以理解并接受的解释。这一要求在我国的司法实践中也有所体现,法官和学者们都意识到,我国的法院是人民法院,为老百姓解释法律是我国法官肩负的神圣使命,“老百姓到法院打官司,主要是认为法院是一个说理、讲理的地方”,①“人民群众之所以将纠纷提交到法院,正是为了寻找说理的地方”。②既然是老百姓、人民群众来说理,如果法官作出的法律解释只能让法律人看懂,那这样的解释过程和解释结果就失去了意义。可见,以一般人标准衡量法律解释的可接受性,也是社会主义司法价值的内在要求。

值得注意的是,一般人标准不同于当事人标准,虽然一般人标准中的“一般人”在主体上无限接近于社会公众的概念,具体的案件当事人也属于社会公众的成员,但是社会公众是一个集体概念,在衡量法律解释结果的可接受性时可以凝聚一个高度客观的集体认知:一方面,这种认知具有客观性,即公众默认如果同样的事情发生后参考这样的处理结果是公正的,相应的处理结果发生在自己身上也是可接受的。另一方面,这种认知具有集体性,它表现为大多数人的意见而非所有人的意见,因此法律解释的可接受性也需要容忍少数的反对声音。对于案件的当事人而言,法律解释的结果与其切身利益息息相关,在评判该结果是否可以接受时可能会丧失客观的立场,即允许同样的规则适用在别人身上,但却难以接受自己在该规则下损失利益。对于那些既能让当事人接受,又能让社会公众接受的法律解释,当然符合法律解释的可接受性要求;对于社会公众接受但当事人不服的法律解释,参照一般人标准,仍然是可接受的法律解释。

(三)适用标准:符合判决结果唯一匹配性与交谈合理性的要求

在特定的法律问题上,常常可能出现没有标准答案或者存在两个或两个以上答案的情况,同一法律规定可能由于法官采用的解释方法的不同导致不同的解释观点,这是难以避免的。承认这一点并不意味着丧失对法律确定性或客观性的追求而滑向其反面,波斯纳认为法律的确定性与客观性是统一的概念,但是只有在形而上的或本体论的客观性(objective)和科学意义上的复现性(replicable)的情

---

① 白泉民:《裁判文书说理的价值及其实现路径》,载《人民法院报》2015年4月8日,第5版。

② 王利明:《深化司法体制改革 确保依法独立公正》,载《法制资讯》2013年第11期,第51页。

况下才可能有“唯一正确的答案”。然而,对法律问题的认识和处理是基于有说服力的合理根据而非主观判断而形成的,这是一种交谈或者交流意义上的合理性(reasonable)。[①] 交谈合理性的落脚点不在于最终解释论的“唯一正确”,而在于把法律解释视为一个相关解释主体之间、解释主体与其所在的制度和场域之间的交谈或者交流的过程,这个过程所产生的解释结论不具有像本体论或科学意义上的客观性和确定性。[②]

通过上文分析可知,法律总有不确定的因素存在,最终的解释结果也可能存在一定的差异,但是这并不意味着个案中的司法解释结果可以脱离现实的情况而听凭裁断者的恣意,尤其在案件的争议焦点上,法官必须给出明确而具体的解释才可以对案件纠纷做出最终的裁断,而判断该法律解释是否可接受的标准:一是该法律解释是否与裁判结果具有唯一匹配性;二是与该解释结果相匹配的判决结果是否满足交谈合理性的要求。以赵某华非法持有枪支案为例,被告人赵某华摆设的射击摊位上所用的“玩具枪”因被认定为枪支,引起了舆论的关注。在射击摊位上使用塑料子弹打气球的“玩具枪”怎么会成为国家管制的枪支,《枪支管理法》并没有规定得很明确,而作为鉴定依据的《公安机关涉案枪支弹药性能鉴定工作规定》又属于内部文件,那该通过何种法律解释来判断赵某华的“玩具枪”是不是枪支呢。在该案中,法院在终审判决书中承认《枪支管理法》第46条的规定未包含可供执行的、具体的量化标准,需要由有权机关做出进一步规定。如果仅以此为理由,法院无论是认定赵某华的“玩具枪”属于管制枪支还是认定不属于管制枪支都不违反法律位阶的规定,尤其是在当时的舆论背景下,认定其不属于管制枪支貌似更符合当时的朴素正义观念,但如果真如此认定,仍需要对管制枪支的概念和认定标准作出解释,而在该案件所处的场域中,法院和法官显然是无法依据审判权创制管制枪支的认定标准的。于是在该案中,合议庭支持《枪支管理法》第4条授权国务院公安部门主管全国的枪支管理工作,《公安机关涉案枪支弹药性能鉴定工作规定》第3条第3款规定非制式枪支“当所发射弹丸的枪口比动能大于等于1.8焦耳/平方厘米时,一律认定为枪支”,而赵某华摆摊的枪支恰有6支符合该标准。通过上述的解释,对于赵某华“玩具枪”的枪支属性做出了

① 参见[美]波斯纳:《法理学问题》,苏力译,中国政法大学出版社1994年版,第41–42页。
② 参见张志铭:《法律解释学》,中国人民大学出版社2015年版,第41页。

唯一的指示性结论，根据该结论又推导出非法持有枪支罪的唯一结果。

在上述案件中，如果法院将赵某华的"玩具枪"解释为不属于枪支，那么就违反了公安部门对枪支的鉴定标准，损害了法治的统一性；但是若将"玩具枪"解释为枪支，虽然有部门规章规定的支持，但该解释结果仍可能让一般人难以接受，因为我国《刑法》对于非法持有枪支罪的量刑最低是管制，许多人仍然觉得对于公园摆摊打气球的行为施以管制以上（甚至可能是有期徒刑）的量刑过重，这样的结果显然难以满足该场域下的交谈合理性。为了实现裁判效果与社会效果的统一，实现法律解释的可接受性，该案在明确对枪支的解释标准的基础上，通过对被告人其他量刑情节的解释让最终的结果具有可接受性。赵某华非法持有枪支案的一审和二审中，对于枪支的法律解释具有一惯性与明确性，但是在量刑上却存在差别，一审法院虽然认定被告人"当庭自愿认罪，可以酌情从轻处罚"，同时认为"辩护人所提被告人具有坦白情节，系初犯，认罪态度较好的辩护意见，本院酌情予以采纳"，但最终的量刑结果是有期徒刑 3 年 6 个月；① 在二审阶段基本案件事实认定一致的情况下，二审法院综合考虑赵某华非法持有的枪支均刚刚达到枪支认定标准，社会危害性相对较小，其非法持有枪支的目的是从事经营，主观恶性、人身危险性相对较低，二审期间能如实供述犯罪事实，认罪态度较好，有悔罪表现，改判为有期徒刑 3 年、缓刑 3 年。② 这种量刑的差别并没有改变该案裁决中对于枪支的法律解释，而是在宽严相济的刑事政策下通过恰当的量刑实现了案件处理过程和结果的合理性。

三、符合可接受性要求的法律解释的论证结构

法律解释担负着在司法裁判过程中将不够明确或者具有普遍性表述的规范细化、明确为可以适用在具体个案中的规则的作用，那如何展开法律解释才能使该解释结果可接受，这需要首先明确法律解释的基本结构。在这个问题上，传统上"大前提 + 小前提 = 结论"的司法三段论论证方式并没有体现法律解释的存在，因此，本文拟引入英国学者图尔敏（Toulmin）的论证模型（见图 1），将法律适用过程中的论证结构和法律解释的内容进行展现。

---

① 参见天津市河北区人民法院刑事判决书，（2016）津 0105 刑初 442 号。

② 参见天津市第一中级人民法院刑事判决书，（2017）津 01 刑终 41 号。

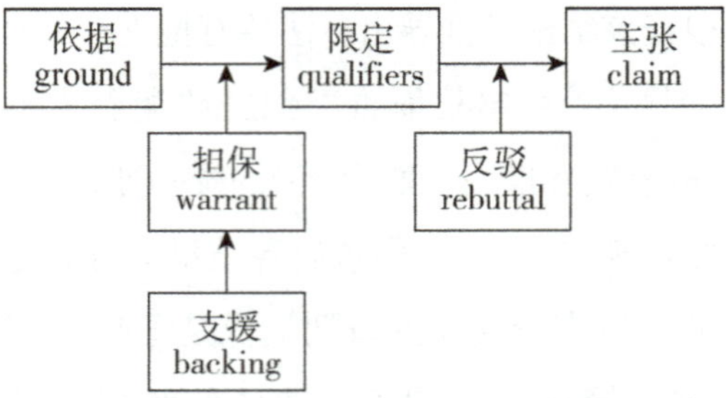

图 1　图尔敏论证模型

(资料来源:[英]斯蒂芬·图尔敏:《论证的使用》,谢小庆、王丽译,北京语言大学出版社 2016 年版,第 91 页。)

在图尔敏的模型中,一个完整的论证应该包含主张(claim)、依据(ground)、担保(warrant)、支援(backing)、限定(qualifiers)、反驳(rebuttal)六大要素,这个论证过程比司法三段论更为复杂,但是探究其本质,仍是一个更加细化的三段论,只是在司法三段论的基础上增加了更为细节的论证内容。

所谓主张,就是论证过程要得出的结论,是一个断言式的命题,而在法律论证的过程中就体现为论证结果,也就是司法三段论中的法律结论。当然,图尔敏的论证模型中只是强调论证过程的严谨性,对于主张的内容本身是否正确并没有过于强调,即该主张可能是存在争议的,是可以被质疑的,但应当是确定的结论。正是由于该主张可以被质疑,因此才可能进一步被区分为可接受的主张和不可接受的主张,而法律解释需要通过严密的推理、审慎地考虑交谈合理性得出可接受的主张。所谓依据,是指支持主张的事实或者数据,在法律论证中体现为案件事实,即司法三段论中的小前提。所谓担保,实际上就是从依据(小前提)推理出主张的理由,这个理由为连接依据和主张提供了担保,在一般的论证中,担保可以是常识、证言,也可以是法律规定或者判例,因此这里的担保就相当于司法三段论中的大前提。而该模型中其余的支援、限定、反驳就是法律解释的基本内容。所谓支援,就是对担保的进一步支持,它可以进一步分析担保本身的内容,并对其提供合理性的依据,在一般的论证中,支援可以是原理、定律或是规范,但当担保要素是法律时,支援就是对其的进一步分析、解释或者援引性加强;所谓限定,是为了满足论证的逻辑严密程度而对论证成立的场景或者条件进行的限制,在一般的论证中可以加入"原则上""一般情况下"这样的限定词,以免例外情况的出现颠覆之前的概括性主张，而在法律解释过程中就体现为适用该法律条文的各种条件限制；所谓反驳，则是对上述要素的质疑，通过提出反对的意见和质疑的声音，来验证之前的论证是否成立，如在法律解释中就可以通过“但书”的例外规定或者情理中存在的道德困境推翻之前的论证。因此，图尔敏论证模型可以进一步调整为如图2所示的法律论证模型。

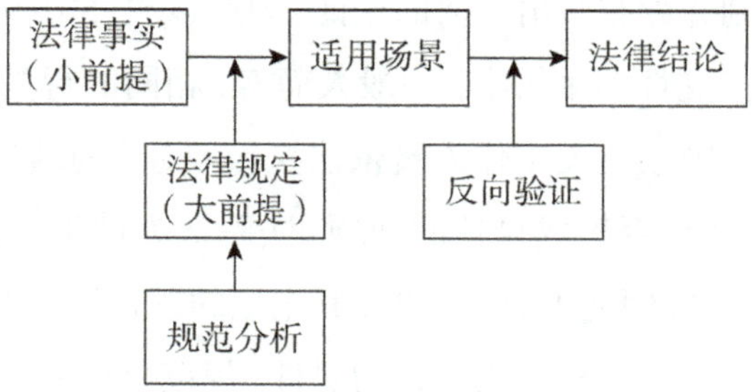

图2 法律论证模型

传统的司法三段论，主要是解决法律结论是否是从法律事实、法律规定中推导出来的逻辑问题，但是无论是法律事实还是法律规定，都需要进一步的证成，即图尔敏所称的“佐证”。前一步证成主要解决的是逻辑问题，后一步“佐证”主要解决的是法律事实和法律规定本身是否正确和可靠的问题。[①] 在论证理论中，前者又被称为内部证成，后者又被称为外部证成。对于法律事实的外部证成是裁判者进行裁判的前提，需要运用专业技能对当事人提供的案件材料进行加工和提炼，需要法官在大前提与生活事实之间眼光的往返流转，这个过程是较为复杂的，在此不做展开。但是法律事实的外部证成过程一直都是备受重视的，与之形成鲜明对比的是，在司法实践中法律规定的外部证成由于种种原因总是容易被人忽视。在图2所示的法律论证过程中，对于法律事实的外部证成并没有太明显的体现，但是规范分析、适用场景、反向验证等共同构成了对法律规定的外部认定。

在司法实践中，有些案件在法律解释过程中采用了“照本宣科”型认定，例如，有些妨害公务罪的裁判文书的用语就是“被告人以暴力方法阻碍国家机关工作人员执行职务，其行为已构成妨害公务罪”，但《刑法》第277条对于该罪的描

① 参见雷磊：《从“看得见的正义”到“说得出的正义”——基于最高人民法院〈关于加强和规范裁判文书释法说理的指导意见〉的解读与反思》，载《法学》2019年第1期，第178页。

述就是“以暴力、威胁方法阻碍国家机关工作人员依法执行职务”。也就是说，该裁判文书在释法说理阶段并没有对法律规定进行解释和外部认定，而是直接将法律规定的文本比附过来，其法律解释的明确性与法律的明确性相比没有任何延展，而对于暴力和威胁的程度、国家机关工作人员身份的界定标准（规范分析）、被告人是否符合该罪的年龄要求（适用场景）以及是否存在其他可能出罪的情况（反向验证），则并没有给出任何的论证，因此该案件中的法律解释就不够明确，从而不具有可接受性，因为对于一般人而言，相同的行为可能得出“没有以暴力、威胁方法阻碍国家机关工作人员依法执行职务”的结论。另如某案件中，针对被告人试图自杀是否构成自首的问题，法院认为被告人自杀是为了逃避法律制裁，这与自首不符，因此不成立自首，其论证的逻辑不能形成闭环，[①] 应该是从法律规范的文本出发，分析成立自首的要件（规范分析），对照该案情（适用场景）并进行反向验证后，得出“自杀不是自首”的法律结论，这样才能形成一个可接受的法律解释结果。当然，规范分析、适用场景、反向验证构成的法律解释不一定都需要在裁判文书中有所体现，如反向验证就更像是一个数学解题过程中的验算过程，法官在判案时不能跳过这一步骤，但是验算的草稿不一定需要向别人出示。

四、法律解释可接受性的困境与疏解

增强法律解释的可接受性，是我国司法改革要解决的问题之一。党的十八届三中全会决定上就提出要“增强法律文书说理性”；党的十八届四中全会又提出“加强法律文书释法说理”；2018年最高人民法院还专门发布了《关于加强和规范裁判文书释法说理的指导意见》（法发〔2018〕10号，以下简称《释法说理意见》），其中就明确“裁判文书释法说理，要阐明事理……要释明法理，说明裁判所依据的法律规范以及适用法律规范的理由……”其中，释法说理“应遵循形式逻辑和非形式逻辑。形式逻辑要求裁判文书以案件事实和法律适用为基础，严格按照逻辑学三段论的推理规则进行说理，充分论证和阐明法律规范与案件事实之间的内在联系，使事实、理由和判决结果相互联系，思路清晰，层次分明，做到理由与事实

① 参见庄绪龙：《裁判文书“说理难”的现实语境与制度理性》，载《法律适用》2015年第11期，第84页。

一致、理由与判决结果一致。……法官的判决要观点鲜明，是非明确，不能观点含糊，模棱两可；充足理由律要求每一个判断都要有充足的理由”。[①]可见，要求法官作出的法律解释观点明确、理由充足、与判决结果具有一致性，已经是司法机关的共识与司法改革的方向。但是从司法实践的运行来讲，法官释法说理的完成度仍然不尽如人意。其实这一问题已是我国司法改革过程中的老问题，许多法律职业者都通过各种角度关注了这一问题并给出了自己的研究结果，但是有趣的是，学界对这一问题产生的原因与实务界人士的看法往往并不一致。

许多学者认为，之所以我们的法官在判决中欠缺法律解释，是因为司法水平的客观限制，有些学者认为法官的法律素养偏低，缺乏理论思维的能力，[②]会出现错引、漏引甚至不引用法条的情况，以及“法律解释的贫乏性，很难看到精辟的法理分析，很难看到法律联系案件的实际，法律推理的跳跃性，往往从证据直接到事实，从事实直接到结论”。[③]然而审视这些文献，一般发表的时间都较早，说明在我国司法改革的特定阶段确实存在这些现象，但是随着公务员考试制度的推广、员额制的实行，我国法官的专业素养得到了极大的提升，有些地区法院中研究生的比例甚至已经超过了80%，[④]法官中博士也不鲜见，此时仍然认为我们的法官队伍缺乏法律解释的能力，显然不符合当今司法实践的现状。

在这个问题上，法官们结合自身的工作见闻，总结出了法官进行法律解释所面临的最大困境，是由于工作压力导致的无暇说理和由于责任担当导致的不敢说理。[⑤]第一，法官是一个工作强度较大的职业，在高强度的工作压力下，很难保证每个案件都能为了让民众接受而进行详细的释法说理。从数据上看，我国法官的年人均结案数，从2013年的65.1件，[⑥]上升到2022年的242件，部分法院的年人

---

① 胡仕浩、刘树德：《裁判文书释法说理：原则、目的与价值——〈关于加强和规范裁判文书释法说理的指导意见〉的理解与适用》(上)，载《人民司法(应用)》2018年第25期，第32页。

② 参见骆志鹏：《法学方法论中的法官说理》，载《北方法学》2012年第4期，第92页。

③ 王贵东：《德国刑事判决书说理方法之考察及其启示 以Ks1/59诉布拉奇刑事判决书为视角》，载《法律适用》2010年第1期，第95页。

④ 参见谢东慧：《法官队伍素质的实证分析——以江苏地区为例》，载《法治社会》2017年第2期，第70页。

⑤ 参见庄绪龙：《裁判文书“说理难”的现实语境与制度理性》，载《法律适用》2015年第11期，第85-87页。

⑥ 参见罗一坤：《10年来全国法院结案量年均增长11%》，载最高人民法院，https://www.court.gov.cn/xinshidai-xiangqing-385671.html，最后访问日期：2023年12月1日。

均结案量甚至高达400件。[①] 由于每年只有250个左右的工作日，这意味着法官平均每个工作日都要完成一到两个案件的开庭准备、审理和裁判文书写作，工作压力不可谓不大。而在裁判文书中给出能让一般人接受的法律解释，相当于用法教义学的研究方式对相关法条进行学术分析，在案件压力、审限压力等多重作用下，这种分析能进行到何种程度就可想而知了。而法官在法律适用过程中进行的法律解释又可以视为一场针对当事人进行的说理，这种说理可能不仅限于法教义学的领域，因为对于败诉一方而言，他们希望得到的是一个能够说服自己的理由，这种理由可能会脱离法理领域延展到情理的范畴，其说服标准更高，因为说服一个法律的外行比说服一个法律人难度要大得多，[②] 这就使当事人和社会公众对法官法律解释的期待更高，或曰法官解释法律的成本变得更大、工作变得更加繁重，最终又加剧了法官的工作压力。第二，除了工作压力之外，制约法官完善法律解释的另一大因素是对责任承担的畏惧。[③] 虽然在理论上，法官是行使司法权的主体并能够给出最终定分止争的决断，但在司法实践中这样的司法决断未必能被人接受，尤其是对那些败诉的当事人而言更是如此。如前所述，法律解释在很大程度上体现为一种交谈合理性，这意味着同样的法条在不同的法律解释方法之下可能会得出不同的结果，作为法官当然有权力在裁判文书中将法律解释的结果明确记录下来，但这也意味着权益受损一方也可能在另一种法律解释方法之下得出与之相反的结果。纵使法官的释法说理工作进行得很到位，不满判决结果的当事人还是有可能对这些法官解释法律的理由一一驳斥，此时对这些当事人而言法官就不再是具有权威的司法决断者，而是通过法律解释侵犯了自身权益的对手，当事人的不满、诉求很可能会转移到法官身上来，相对理性者可能会对法官的法律解释结果进行“挑刺型”反驳，不理性者可能就会通过申诉、信访甚至闹访的形式向法官发起对抗。[④] 而在不同法律解释方法下得出不同结论，甚至不同结论的理由都有一定道理的时候，法官如果很明显地倾向某一种解释，也可能会导致检察机关的监督。因此，一些法官觉得与其在高强度的工作中花费时间和精力去满足法律解释的可

---

① 参见最高人民法院:《全国法官人均结案242件，基层法院人均最高超400件》，载网易新闻，https://www.163.com/dy/article/HVGK74QH0553PTO6.html，最后访问日期:2023年12月1日。

② 参见[美]波斯纳:《超越法律》，苏力译，中国政法大学出版社2001年版，第574页。

③ 参见罗灿:《推进裁判文书说理改革要避免的五大误区》，载《人民法院报》2015年2月6日，第6版。

④ 参见李帅:《司法改革视角下法院副卷公开研究》，载《云南社会科学》2018年第5期，第123页。

接受性要求，那“多一事不如少一事”，有些年轻的法官助理在起草裁判文书时一旦释法说理部分过多，一些有经验的法官甚至会主动劝其减少法律解释的内容，因为说得多则犯错的风险就大，因此“多说不如少说，少说不如不说”。如果不给出具体的法律解释自然也就谈不上法律解释的可接受或不可接受了，这样即使当事人或者社会公众对于司法裁判结果不满，那让其不能接受的也只是判决结果，而非法律解释。

要真正实现司法过程中法律解释的可接受性，发挥释法说理的功能，应当从以下三个方面构建制度保障。

第一，充分发挥法官助理的功能，实现文书草拟和文书审核的结合。“案多人少”是当前世界大多数国家司法体系面临的共性问题，以美国为例，2019 年，美国联邦上诉法院法官的人均结案量为 286.79 件，而地区法院法官的人均结案量更是高达 618.38 件，[①] 该办案量远远超过我国的平均水平，但美国法院的判决书动辄上百页，几乎可以作为高质量的论文而存在（很多情况下，这些优秀的判决书是高质量论文的研究对象），可见案件的多寡和办案的压力不是制约法官释法说理的决定性因素。美国法官之所以在“案多人少”的情况下仍然可以诞生如此“冗长而漂亮”的判决书，关键原因就是其法官助手制度。[②] 在美国，一个人能担任法官助手工作绝对是工作履历中的一抹亮色，也只有各大法学院的优秀毕业生才有机会在毕业后担任 1~2 年的法官助手，这些人受过良好的法学教育，精力充沛、阅读广泛且文字功底强，在工作中很可能写出出色的司法文书。而美国除了少数坚持自己主笔的法官之外，绝大多数法官都是让这些法官助手撰写司法意见，而法官更像是这些司法意见的责任编辑。[③] 我国也可以借鉴该制度，让法官助理在充分了解案情的基础上撰写司法文书的初稿，法官对此加以指导，这样就既稀释了法官的工作强度，也锻炼了法官助理的办案能力，从而实现释法说理的“双赢”局面。

第二，实现不同案件中法律解释的繁简分流。如前文所述，法律解释的所有要素不是都需要在裁判文书中有所体现的，因此既要加强裁判文书的说理，也要

① 参见程金华：《法院“案多人少”的跨国比较——对美国、日本和中国的实证分析》，载《社会科学辑刊》2022 年第 5 期，第 81 页。

② 参见苏力：《判决书的背后》，载《法学研究》2001 年第 3 期，第 10 页。

③ See Posner, Federal Courts, “Challenge and Reform”, Harvard University Press, 1996, p.337.

有“适可而止”的度。[①] 同一个法律术语在不同的案件中，有些需要被重点解释，有些甚至没有解释的必要。例如，在故意杀人的案件中，如果被害人是一个具备完全行为能力的自然人，那作为故意杀人罪所指向对象的“人”就没有再进一步解释的必要，无论是法官、律师、案件当事人还是阅读该裁判文书的公众都不会对此产生异议；但如果被害的主体是已经脑死亡的植物人或者是正在妊娠过程中的胎儿，此时这些主体还是不是故意杀人罪所保护的“人”，就成了案件的争议焦点，需要法官对“人”的法律外延加以阐释。因此，强调法律解释的可接受性、强化法官在裁判中的释法说理并不是要求法官在每一个案件中都写出长篇大论的意见，而是要根据案件难易度、庭审情况、争议焦点等多种因素综合考量，《释法说理意见》除了规定应当加强说理的案件类型之外(第8条)，也列举了可以简化释法说理的情况。[②] 有学者甚至提出，即使是案件的争议焦点，外国的法官也有权根据案件的需要有选择地进行回应，我国的法官在审判案件时也应当有这样的余地。[③] 司法实践中确实有些案件争议的焦点在一般人看来其实并无争议，在此种案件中进行的法律解释相对简略也无不可，但若法官以此为由在所有案件中都进行简化解释就违背了释法说理繁简分流的初衷。因此，对于可以简化说理、简约解释的案件情况应当明确列举(如《释法说理意见》第9条)，而对于属于“其他适宜简化说理的案件”的，应当在裁判中给出明确的、充足的依据和理由。

第三，树立司法权威，明确法官责任。[④] 法律解释的可接受性，只能保证在一般人标准下大多数人接受该解释，而无法避免，也无法消除对该解释结果的不同意见。法官敢于进行法律解释的前提，是不因有相左的解释意见而导致自身承担额外的责任风险。针对同一法律规定，存在不同认识的情况是可以理解的，美国联邦最高法院的判决书中，也经常出现法官意见不一致的情况，持两种不同意见的法官都基于深厚的法学功底撰写出了足以作为经典论文的法律解释意见，最终

---

① 参见胡仕浩、刘树德:《裁判文书释法说理:原则、目的与价值——〈关于加强和规范裁判文书释法说理的指导意见〉的理解与适用》(上)，载《人民司法(应用)》2018年第25期，第33页。

② 根据《释法说理意见》第9条的规定，可以简化释法说理的案件类型包括:适用民事简易程序、小额诉讼程序审理的案件；适用民事特别程序、督促程序及公示催告程序审理的案件；适用刑事速裁程序、简易程序审理的案件；当事人达成和解协议的轻微刑事案件；适用行政简易程序审理的案件；适用普通程序审理但是诉讼各方争议不大的案件；其他适宜简化说理的案件。

③ 参见凌斌:《法官如何说理:中国经验与普遍原理》，载《中国法学》2015年第5期，第116页。

④ 参见李帅:《司法改革中部分法官“不愿入额”现象解析》，载《学术交流》2017年第9期，第148页。

往往不得不以多数决的 5∶4 确定结果。但是，不能因为合议庭中有 44% 的反对意见，就追究法官的责任，不能因此而忽视判决背后对应的规范理论。具体而言，应当树立司法权威，构建保障机制，让法官相较于不说理的判决而言，进行法律解释之后不会增加自己被问责的风险。当然，这并不意味着只要法官进行了法律解释的说理就可以免除一切责任，但追究法官在法律解释阶段责任的情形应当有明确的依据，国家需要提前将这些责任风险固化下来，如越权说理、失实说理、明显违背通说理论且无正当理由等，在这些追责事由之外，法官不会因法律解释的观点而受到追责，从而为法官营造更好的执业条件，进而更好地发挥司法的功能。

（编辑：吕玉赞）

论似真推理的法律适用 *

熊晓彪 **

摘　要　似真推理是一种区别于演绎与归纳逻辑的第三种推理类型，用于处理事实模糊性问题。其核心内容是从推理前提传递到结论的似真性，表现形式为前提似真则结论似真，是一种可废止推理。似真性形成于合理可接受的证据，主要涉及待证事实命题与整个认知承诺框架的相符性程度（似真度），可以通过权威论据、证据的证明力以及理性进行评价。似真推理建立在人类感知与经验常识之上，是关于事实命题似真性的情境化判断过程，主要采取对比判断和理性检验的评价方式。模糊信念与相对似真性理论作为似真推理应用于司法领域的两种典型模式，契合于审判的实际运行过程与特征，能够反映潜在的法律政策要求。不过，似真推理在法律领域的适用，缺乏对证明结构内部应有关注、忽略事实的未知空间并面临来自科学化调查方法的挑战，在未能有效消解这些风险之前需要予以谨慎对待。

关键词　事实认定　似真推理　模糊性　模糊信念　相对似真性

---

*　本文系证据科学教育部重点实验室（中国政法大学）开放基金资助课题“证据评价 AI 模型研究”（项目编号：2022KFKT08）的阶段性研究成果。

**　熊晓彪，男，贵州长顺人，中山大学法学院助理教授；法学博士，研究方向为证据法学、诉讼法学。

一、司法证明困境与新推理引入

长期以来，如何基于有限且混杂的在案证据作出准确事实认定，困扰着无数法律认识论者并制约审判实务质效。即使在已经可以借助先进仪器设备和法庭科学家进行证据分析与事实探知的现代庭审中，这一棘手问题仍然没有得到较好解决。一方面，由于事实的未知空间（缺乏证据证明的那部分未知事实）充满了无限的、复杂的可能性，存在着太多必然的、不断变化的因素。未知空间的这种性质被称作事实的模糊性（ambiguity），其被视为人类基于有限认知能力所获得的有缺陷知识之普遍特征，①也被看作区别于确定的简化性科学知识的人类日常生活事务之典型特征。②另一方面，对于有效处理此种事实模糊性的认知分析工具之缺乏，致使事实认定者只能求诸“自由心证”、“机械印证”或者“多数决”等方式进行判断，从而难以作出科学准确的事实裁决。

在司法证明领域，有学者对此问题作了系统探究，指出事实模糊性的有效处理与解决，需要法律制度赋予最大的权能给诉讼当事人，因为他们比任何人都更了解自己的争端。③“减少人类条件下棘手的模糊性之法律机制，就是通过准确地确定要诉讼的内容而进行的创造性活动；当事人将决定提出哪种案件理论，从而确定提出和抛弃哪种模糊性。”④在此基础上，该学者提出一种专门用于处理模糊性的司法事实认定进路——相对似真性理论（the theory of relative plausibility）。该理论的核心内容为：诉讼双方当事人提供他们自己认为最能支持各自案件的解释，事实认定者的主要任务是基于庭审中的证据对这些解释进行比较，结合证明标准解释性阈值判断最佳似真解释即最可能解释。⑤

相对似真性理论是在哲学中的“最佳解释推论”“似真推理”理论的基础上

---

① See Nicholas Rescher, “Ignorance: On the Wider Implications of Deficient Knowledge”, Pittsburgh: University of Pittsburgh Press, 2009, preface part.

② See Ronald J. Allen, “Factual Ambiguity and a Theory of Evidence”, 88 Nw. U. L. Rev. 604 (1993-1994), p.624-627.

③ See Ronald J. Allen, “How Presumptions Should Be Allocated: Burdens of Proof, Uncertainty, and Ambiguity in Modern Legal Discourse”, 17 Harv. J. L. & Pub. Po'ly (1994) 627, p.645.

④ 当事人是模糊性的丢弃者，而非创造者。See Ronald J. Allen, “Factual Ambiguity and a Theory of Evidence”, 88 Nw. U. L. Rev. (1993-1994) 604, p.609-612.

⑤ See Ronald J. Allen, Machael S. Pardo, “Relative Plausibility and Its Critics”, 23 The International Journal of Evidence & Proof (2019) 5, p.14-15.

发展形成的一种融贯理论。它们都建立在人类的有限认知能力与经验常识之上，都采取非概率的方式来实现对事实发生可能性的判断，只不过在相对似真性那里是“解释性阈值”(explanation thresholds)，[①] 在最佳解释推论那里是“动人性”(loveliness)，[②] 而在似真推理那里则是“似真性”(plausibility)，[③] 并且对“可能性”的分配都不受数学运算规则支配。[④] 由于此类推理的前提与结论均是似然为真，区别于“前提与结论均为真”的演绎推理和“前提为真而结论盖然为真”的归纳推理，所以有学者将其称作第三种推理类型——似真推理(plausible reasoning)。[⑤] 后来，似真推理作为一种非形式逻辑，被沃尔顿等西方学者所发展，目前，其已经在法律论证、司法证明以及人工智能等领域取得了丰硕成果，成为处理不一致信息或基于不相容证据进行科学决策的最为重要推理类型。[⑥]

近年来，国内学者开始关注似真推理并将其引入法律领域。2011 年，有学者以似真性来界定证据，主张证据是通过似真推理推出并被用于说服诉讼主体理性地接受诉讼结论的命题；[⑦]2012 年，有学者运用似真推理理论对科学证据的相关性、可靠性审查逻辑进行分析，提出在立法上完善科学证据审查认定规则的具体举措——确立形式性审查规范先行、实质性审查规范为核心的层次性规则体系；[⑧]2015 年，有学者对似真推理的内涵与外延以及其基本模式进行初步阐述，指出此种推理可以作为刑事案件侦查过程中的一种有效推理类型。[⑨] 还有学者将最佳解释推论引入司法领域作为弥补印证缺陷的一种新证明模式，并与印证分别作

---

① See Ronald J. Allen, Machael S. Pardo, “Relative Plausibility and Its Critics”, 23 The International Journal of Evidence & Proof(2019)5, p.15.

② See Peter Lipton, “Inference to the Best Explanation”, 2nd ed., Routledge, 2004, p.57-61.

③ See Hobbs Charles A, “Interview with Nicholas Rescher”, 31 Kinesis(2005)18, p. 23.

④ 参见［新］何福来:《证据法哲学:在探究真相的过程中实现正义》，樊传明、曹佳、张保生等译，中国人民大学出版社 2021 年版，第 101-200 页。

⑤ See Nicholas Rescher, Plausible Reasoning: An Introduction to the Theory and Practice of Plausibilistic Inference, Van Gorcum, 1976, p.15.

⑥ 参见杜文静:《论似真推理的价值证成》，载《学术交流》2016 年第 4 期，第 106 页。

⑦ 参见唐世齐、李英山:《似真证据理论对证据概念界定的价值》，载《人民检察》2011 年第 23 期，第 66-68 页。

⑧ 参见杨建国:《论科学证据可靠性的审查认定——基于判决书中鉴定结论审查认定的实证研究与似真推理分析》，载《中国刑事法杂志》2012 年第 1 期，第 113-120 页。

⑨ 参见杜文静:《论刑事证据推理的似真性》，载《法律方法》2015 年第 2 期，第 177-185 页。

为争议事实证明的内在机制和技术工具共同发挥作用。[①]不过，也有学者在批判印证证明模式的基础上，指出最佳解释推论能够为司法证明中的案件事实构成、样态以及获取提供更为充分的指导与解释，可以取代印证作为我国基本的证明方法。[②]然而，学界对似真推理的认识、理解与运用的系统研究仍然较为缺乏，甚至将似真推理视为一种仅关注表象似真而不追求事实真相的认知工具，以至于没有看到其重要特征、核心功能及典型模式等内容，更遑论真正反思其进入司法证明领域的风险与挑战。本文尝试对似真推理及其在法律领域的具体适用进行系统论述，期待这里的研究能够有助于全面理解和把握此种事实认定进路。

二、似真推理的理论渊源

（一）界定似真推理

对于什么是似真推理，以及其是否属于真正的推理类型，长期以来都存在争议。1954年，波利亚基于数学视角提出，似真推理是一种区别于证明式数学推理（演绎推理）的启发式推理，其能够启发数学猜想和探求新的数学命题，并作为数学推理中可靠性推测的来源。此外，他还主张只有演绎和似真两种推理类型，似真推理是一个外延极为宽广的概念，归纳推理、类比推理和溯因推理都属于其特例。[③]1976年，雷舍尔开创性地提出，似真推理通过权衡各种可获得的选择性命题，并将这些命题与其认知基础的持续性和稳定性进行比较来评估命题的似真性，是一种区别于演绎和归纳的第三种推理类型。[④]在此基础上，他构建了一套完全不同于概率演算的逻辑规则体系。例如，在似真推理中，结论的似真值不会小于前提的最小似真值（最小似真性前提规则）；概率推理采取一个互斥且穷尽的可选择命题集，并以每个命题的内部数据为基础进行确定值分配，但似真推理并不

---

① 参见罗维鹏：《印证与最佳解释推理——刑事证明模式的多元发展》，载《法学家》2017年第5期，第117-130页；罗维鹏：《印证、最佳解释推理与争议事实证明方法——兼与周洪波教授商榷》，载《法学家》2021年第2期，第167-173页。

② 参见向燕：《论司法证明中的最佳解释推理》，载《法制与社会发展》2019年第5期，第188-206页。

③ 参见［美］乔治·波利亚：《数学与似真推理》，杨迅文、王学沂、汪成钦译，福建人民出版社1985年版，第1-2页。

④ 雷舍尔认为似真推理基于这样的假定："在可获得的选择中肯定性假定总是支持最似真的主张。"See Nicholas Rescher, Plausible Reasoning: An Introduction to the Theory and Practice of Plausibilistic Inference, Van Gorcum, 1976, p.55.

是基于内部数据而是根据每个被考虑命题的外部支持来分配“确信值”。[①] 遗憾的是，雷舍尔认为似真推理仅作为一种实践逻辑（通过对假设的实质性考量）构成对演绎推理的补充。[②]

后来，沃尔顿在雷舍尔研究的基础之上，通过对三种推理的典型形式进行系统考察分析，真正将似真推理确立为独立于演绎和归纳的第三种推理类型。他明确指出了它们的不同之处：演绎推理是如果前提为真，则结论（在逻辑上）必然为真；归纳推理是如果前提（在一般意义上）为真，则结论盖然为真（0～1区间的某个值）；而似真推理的特点是，如果前提似然（在知识的认知框架意义上）为真，那么结论也似然为真。似真推理是可废止的，意味着它可能被新引入的前提所推翻，因为作为推理大前提的概括（generalization）[③] 本质上存在例外，且这种例外难以被事先考虑到。此外，似真推理依赖于参与者对特定情境和对象的具体主张与论证，而这些关于推理语境的判断与概率之间并没有必然联系。总之，似真推理是一种诉诸初显现象的推理类型，其结论在认知意义上被视为暂时的、非决定性的最佳假说而被合理接受。[④] 沃尔顿还系统分析和总结了似真推理所具有的十项特征：（1）似真推理是从似真性前提推出似真性结论之过程；（2）当人们对所听到的事情比较熟悉或者在自己的脑海里有相关具体实例时，就可以认为其是似真的；（3）似真推理建立在普遍知识或常识基础上；（4）熟悉情形下的一般运转方式；（5）源自感知的初显现象之上；（6）是可废止的；（7）在不完整的论证中可以用于填补隐含的前提；（8）稳定性是其重要特征；（9）可以通过确证、反驳对话的方式进行检验；（10）允许用程度来对似真性进行衡量，但不同于那些在帕斯卡式概率体系中所使用的标准概率数值和贝叶斯法则。[⑤]

综上所述，可以对似真推理作出一个较为完整的定义：似真推理指的是一种

---

① See Nicholas Rescher, Plausible Reasoning: An Introduction to the Theory and Practice of Plausibilistic Inference, Van Gorcum, 1976, p.15–32.

② See Nicholas Rescher, Plausible Reasoning: An Introduction to the Theory and Practice of Plausibilistic Inference, Van Gorcum, 1976, p.101–102.

③ 概括又被称为“社会知识库”，其是对事物与事物之间内在联系的经验归纳，发挥着论证的“黏合剂”保障作用。参见［美］特伦斯·安德森、［美］戴维·舒姆、［英］威廉·特文宁：《证据分析》，张保生、朱婷、张月波等译，中国人民大学出版社2012年版，第346–359页。

④ 参见［加］道格拉斯·沃尔顿：《法律论证与证据》，梁庆寅、熊明辉等译，中国政法大学出版社2010年版，第110–113页。

⑤ See Douglas Walton, Christopher W. Tindale, Thomas F. Gordon, “Applying Recent Argumentation Methods to Some Ancient Examples of Plausible Reasoning”, 28 Argumentation (2014) 85, p.114.

建立在人类自然感知与经验常识之上的，关于事实命题似真性的语境化判断与推论过程。一般可通过对比和理性检验的方式，来对推理前提的似真性及传递到事实结论之似真性进行评价。似真推理区别于那种追求或致力于实现精确化数学演算的概率推理体系，是一种契合于人类有限认知能力与思维过程的自然理性推理，专门用于解决和处理人类日常生活事务中的模糊性问题；其最后所得出的事实推论是现有证据信息条件下的最佳似真解释，在没有被新证据或新前提推翻之前应当被合理接受。似真推理建立在人类经验常识和理性的基础之上，与归纳推理同属于从已知发现未知的真知逻辑，[①] 因此区别于传统形式逻辑的演绎推理。不过，似真推理在推理形式、具体内容及特征方面也与归纳推理存在区别。因此，似真推理应当被作为独立的第三种推理类型予以认真对待。当然，也需要承认的是，似真推理的内涵与外延相当广阔，对于那些具备上述特征又排除在演绎和归纳之外的推理类型，特别是反映普通人在现实生活中所使用的真实论证，几乎都可以纳入似真推理。它们包括但不限于：类比推理、对比推理、溯因推理、模糊推理、非完全归纳推理[②] 以及那些建立在观察、感知、联想甚至直觉之上的推理（如诉诸征兆论证）。[③]

（二）似真推理的认识论基础

要深入理解似真推理，首先需要对从推理前提传递到结论的“似真性”予以全面认识。可以说，似真性是打开似真推理这一理论之门的“钥匙”。传统逻辑理论认为，推理结论是否为真与推理类型密切相关——演绎推理的前提为真则其结论必然为真，归纳推理的前提为真其结论盖然为真。然而，这种观点面临如下问题：当推理前提是模糊的，但人们仍然愿意对其所依赖的来源赋予一定的信任度之时，据此推出的结论是否还值得信赖？秉持经典形式逻辑的学者拒绝接受这种情形下所推出的结论具有可信性。不过，在倡导“真知逻辑”的学者看来，此种情

---

① 真知逻辑（logic of truth）是与形式逻辑相对应的一类非形式逻辑，二者的主要区别在于：从已知推导未知属于真知逻辑，而确保推理的准确性则属于形式逻辑。参见［英］约翰·斯图亚特·穆勒：《逻辑体系》（一），郭武军、杨航译，上海交通大学出版社 2014 年版，第 206–208 页。

② 波利亚基于归纳推理的经典模式构建了许多强或弱意义上的变体（非完全归纳推理），来作为似真推理的模式，包括弱化归纳逆推模式、强化归纳逆推模式、延长归纳逆推模式以及强化延长归纳逆推模式。See Georgy Polya, “Mathematics and Plausible Reasoning”, Princeton University Press, 1968, p.739–747.

③ 参见杜文静：《论刑事证据推理的似真性》，载《法律方法》2015 年第 18 卷，第 181 页。

况下的结论也应该被赋予一定的“真值”或“可信度”。① 相应地,这种用来表示推理结论的“真值”或“可信度”在认识论上被称为“似真性”。②

据考察,似真性思想最早可追溯至古希腊时期。当时的哲学家色诺芬尼将自己的神学理论评价为“与真理相似”,该短语就包含了“似真性”观念。随后,提西阿斯和高尔吉亚斯主张似真性比真理更值得学习,然而,这一观点遭到了柏拉图的抨击。他认为哲学是一门严肃科学,似真性却允许和接受怀疑的存在。加加林指出柏拉图对似真性的批评是不公正的,认为提西阿斯和高尔吉亚斯并非主张似真性优于真理,而仅是倡导在缺乏直接证据、目击证人或者书面证据的情形下,使用似真性有助于解决很多问题。“真理”总是难寻的,要么求之不得,要么是非决定性的。③

继加加林之后,越来越多学者开始关注似真性的价值并对其作出进一步研究。其中,最具代表性的人物莫过于古希腊哲学家卡尔尼德斯,他将似真性建立在人类的印象或表象基础之上,据此发展了早期的似真性理论。在卡尔尼德斯看来,人们基于证据合理地接受或者应当接受的每个命题都容易受到怀疑,并且相对于排除一切合理怀疑的已知为真事物而言,它们仅仅是似真的。同时他还注意到,人们在日常生活中经常会使用一些标准来判断事物的真假,并且这些标准在某些情况下可以被修正甚至可能是错误的。在此基础上,卡尔尼德斯开发了一套判断似真性的理论,即理性地将某个理论(解释、命题、事件)当作似真的来接受具有三步环环相扣的标准:第一步,如果某些东西看起来为真,那么就具有了初步的似真性(暂时的、实验性的真实);第二步,如果它看起来为真并且状态稳定(与其他已知为真的东西相一致),那么它更加具有似真性(不可逆转地为真);第三步,如果它可以付诸检验并且能够通过检验,则它就具有了更进一步的似真性(可以理性接受的似真)。④

遗憾的是,卡尔尼德斯的似真性理念长期没有受到重视,直至 19 世纪 70 年

---

① 参见魏斌:《似真性、概然性与似真推理》,载《自然辩证法研究》2018 年第 11 期,第 3 页。

② 这些命题可以被称作似真的,在某种意义上它们似乎是真的,而且没有倾向性的理由认为它们是假的。参见[加]道格拉斯·沃尔顿:《法律论证与证据》,梁庆寅、熊明辉等译,中国政法大学出版社 2010 年版,第 203 页。

③ See Gagarin Michael, “Probability and Persuasion: Plato and Early Greek Rhetoric”, Ian Worthington eds., Persuasion: Greek Rhetoric in Action Routledge, 1994, p.46-68.

④ 参见[加]道格拉斯·沃尔顿:《法律论证与证据》,梁庆寅、熊明辉等译,中国政法大学出版社 2010 年版,第 141-144 页。

代以前都处于式微状态。对此，有学者认为主要原因在于，似真性思想对于理性的科学标准而言不够精确，并且在启蒙运动时期遭受以帕斯卡为首的许多唯理论哲学家的强烈攻击与贬低。① 直至英国经验哲学家洛克重新提起，这种古老的似真性思想才又开始进入人们的视野。在洛克的基础上，边沁把似真性理念作为核心要素引入到其开创的自然证明体系之中，并指出，可以通过支持某个似真命题的证据的初始证明力与每一个反面证据的证明力之差值，来确定该命题似真性的大小。似真性理念随之开始进入证据法领域并被威格摩尔所沿用，作为其证据与证明理论的基础。威格摩尔主张所有司法证明都必须建立在“日常逻辑的理性根基”之上，这种根基正是被其称为“模糊分量”的似真性。② 在其所倡导的“证明科学”以及据此创建的“图示法”中，证据与证据、证据与命题之间的连接都是基于似真性建立起来的。③

1954年，数学家波利亚在其著作《数学与似真推理》中对似真性进行了专门研究，提出可以用概率来表达似真性的程度，并且基于贝叶斯定理设计了相应的计算公式：事件发生之后的可信度 × 事件的可信度 = 似真性 × 事件发生之前的可信度。④ 然而，哲学家雷舍尔却针对性地指出，不应将似真性与盖然性（概率）混为一谈。似真性是基于证据性命题的状态或保证这些命题的确证原则来进行分级的；而盖然性衡量的则是矛盾或互斥命题，并且是通过支持理由的相关内容强度来进行评估的。似真性与盖然性的程度可以分别用似真度与概率来反映和衡量：前者是根据命题的持续性与牢固性进行分级，这是一种建立在支持命题之上的外部性标准，与基于命题内部的盖然性无关；后者则与命题的内部内容有关，目标命题为真的概率一般取决于矛盾命题为真的概率、条件概率以及先验概率等多重因素。此外，似真度的确定也不遵循概率体系的数学运算规则，其算法机理是定性

① 参见［加］道格拉斯·沃尔顿：《法律论证与证据》，梁庆寅、熊明辉等译，中国政法大学出版社2010年版，第150-154页。

② 参见［美］特伦斯·安德森、［美］戴维·舒姆、［英］威廉·特文宁：《证据分析》，张保生、朱婷、张月波等译，中国人民大学出版社2012年版，第344-345页。

③ 参见［加］道格拉斯·沃尔顿：《法律论证与证据》，梁庆寅、熊明辉等译，中国政法大学出版社2010年版，第116-123页。

④ 参见［美］乔治·波利亚：《数学与似真推理》，杨迅文、王学沂、汪成钦译，福建人民出版社1985年版，第445-458页。

的和比较性的，而非定量的或者数字化的。[①]

在此基础上，雷舍尔提出似真性是一个认知概念——在知识论体系中，人们有时会倾向于认可某物，却又不是完全肯定。似真性与真理的区别在于：真理属于在逻辑上一致且内容上融贯的知识；而似真性涉及“真”的程度，属于“似多少”的问题，是一种次优的认知承诺，同时也是人类进行认知审视的有力工具；似真性的核心内容是命题的认知倾向度——它揭示了命题与人们对事物的认知框架相符合的前景，并且其内容能够通过外在的原则和信息得到证明。[②] 在此意义上，似真性主要涉及所讨论的命题与整个认知承诺框架的相符性程度，可以通过权威、证据的证明力以及归纳系统中的各种原则来进行判断。首先，源自权威论据的支持。一般而言，所讨论命题或假说的似真性，一定程度上取决于相关信息主张者的可靠性——他们见多识广或具有作出广泛主张的权威立场。据此，日常共识与专家检验被视为似真性的重要评价条件。其次，证据的证明力强弱。在一场论辩中，对于相互对立的主张来说，双方所持有证据的证明力，哪一方的更强其主张通常就更似真。最后，须通过归纳论证中一系列基本原则的检验。这些原则包括简明性、一致性、融贯性、符合背景知识、没有裂缝等，它们也是理性对信念和行为的基本要求。[③] 通过这些基本原则检验，就可以认定某个命题或主张具有合理接受的似真性。例如，主张越简明、一致和融贯——无论是其自身内部的“协商认可”还是外部的“规则认可”——它的似真性就越明显；在不存在明确反例的情况下，某个未经详细检查的主张如果能够与已经详查过的论点相符合，那么它就比其他那些不一致的主张更加具有似真性。并且，这种一致性越具有延展性，相应的主张就越似真。

综上所述，结合卡尔尼德斯、雷舍尔和波普尔等哲学家的理论，可以构建关于事实命题“似真性”的具体评价方式：首先，与其他命题相比，该命题更能够解释足够多的案件证据和事实，能够对争议事件提供因果性或解释性的细致描述与说明；其次，符合人类知识的理性判准，即具有简明性、一致性、融贯性、符合背景知

---

① See Nicholas Rescher, Plausible Reasoning: An Introduction to the Theory and Practice of Plausibilistic Inference, Van Gorcum, 1976, p.17-32.

② See Nicholas Rescher, “Dialectics: A Controversy-Oriented Approach to the Theory of Knowledge”, State University of New York Press, 1977, p.39.

③ See Nicholas Rescher, “Rationality: A Philosophical Inquiry into the Nature and the Rationale of Reason”, Clarendon Press, 1988, p.16-18.

识以及没有裂缝等；最后，具备充分证据支持，证据所提供的据以相信该命题的理由要足够完整、充分和可信，以确保该命题锚定于该证据。

三、似真推理在法律领域适用的典型模式

在法律领域，与推理问题密切相关的莫过于司法证明。如前所述，由于进入庭审的案件事实具有模糊性，对裁决的准确性造成了严重阻碍。似真推理的逻辑形式、具体内容及特征都表明，它是一种相当契合于处理模糊性并实现准确事实认定的科学有效进路。经过长期的理论研究与实践探索，在司法证明领域发展形成了两种似真推理的典型模式——模糊信念理论和相对似真性理论，它们通过不同的方式处理模糊性，进而有效实现最佳似真解释的判断。

（一）标准化未知空间的模糊信念理论

似真推理建立在人类的普遍知识或常识之上。在模糊逻辑中，常识可以被认为是一种“思维倾向”集合，是人们通常认为正确的事物。司法审判系统的运行基础就在于，其假定事实认定者能够运用常识进行推理，从那些与处于争议事项有关的证据中得出结论。法学家注意到了概括在构建证据与要件事实相关性方面的重要性，[①] 而法律语境中的概括在性质上或者从模糊性视角来看总是具有倾向性的。此外，事实认定者（无论是法官还是陪审员）总是在使用各种模糊而非精确化的方式来表达关于事实结论的断言。如“证据不足，不能认定被告人犯有所控罪行”“现有证据还不能形成唯一结论”等。几乎所有重要的证据术语也都是模糊的，难以被精确表达，如“相关性”“证明力”“可信性”“证明标准”等。

克莱蒙特注意到了这一点，其将模糊逻辑运用于司法决策领域，并结合似真推理和信念函数理论，发展形成了模糊信念（fuzzy belief）理论。他首先借鉴信念函数理论，将待证事实命题的似真性定义为模糊信念，再运用模糊逻辑的具体运算规则，来对比判断模糊信念及其否定信念的大小，并据以作出事实推论。[②] 信念函数是多值逻辑而非二值逻辑，因此一个命题的信念及其否定命题的信念之和小于 1。在克莱蒙特看来，信念函数正好抓住了实际的事实认定过程（似真推理）特

① 参见罗纳德·J. 艾伦：《艾伦教授论证据法》（上），中国人民大学出版社 2014 年版，第 123-124 页。

② Kevin M. Clermont, “Standards of Decision in Law: Psychological and Logical Bases for the Standard of Proof, Here and Abroad”, Carolina Academic Press, 2013, p.201-220.

征——基于模糊的、不完整的、非结论性的，甚至是不协调或者不值得信赖的证据进行推理决策，事实认定者据以形成的信念也应该是模糊的。所以，在审判评议过程中，当事实认定者基于证据问自己有多相信命题 A 是真实世界的真相和有多相信命题 −A(A 的否定命题)的同时，实际上还存在很大程度的模糊性空间。这部分模糊性空间表示事实认定者心中未获得证据支持的那部分信念。①

如图 1 所示，在 Bel(A)与 Bel(−A)之间的黑色区域表示未获证据支持的信念，也就是前述所说的模糊性未知空间。当原告提出证据证明时，事实认定者心中未获支持信念的某些部分开始转变为对命题 A 存在的信念；当被告开始提出抗辩时，对于命题 A 不存在的信念也可能会相应增加。为了便于理解，用概率的形式表达如下：倘若根据所有在案证据，事实认定者认为事实 A 为真的信念 Bel(A)=0.4，事实 A 为假的信念 Bel(−A)=0.2，那么未获支持的那部分信念就是 0.4。接下来，如何在此模糊性空间存在情况下作出准确事实决策呢？克莱蒙特所采取的方式为，按比例放大 Bel(A)和 Bel(−A)使得它们之和等于 1，从而将未获得证据支持的那部分信念(模糊性未知空间)转移至另一个空间。该过程被称作“信念标准化”，经过标准化之后的信念即为模糊信念。② 据此可以得出，FuzzyBel(A)≈ 0.66，FuzzyBel(−A)≈ 0.33，且 FuzzyBel(A)+FuzzyBel(−A)≈ 1.0。

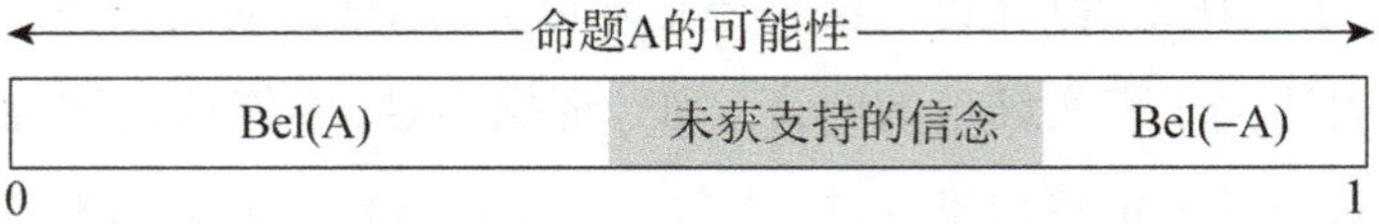

图 1　关于事实命题 A 的信念函数示意

以下，将基于“河北赵某某涉嫌强奸案”③ 对模糊信念理论的适用予以具体阐释。这是一起被告人“零口供”且基于间接证据指控的案件：(1)基本案情。2010 年秋天，被害人于某和被告人赵某某认识后开始间断性交往。2013 年 9 月，二人在东光雅馨小区(被告人赵某某家中)自愿发生性关系一次。其后于某因感觉被

① See Kevin M. Clermont, “Common Sense on Standards of Proof”, 48 Seton Hall Law Review (2018) 1057, p.1064−1066.

② See Kevin M. Clermont, “Common Sense on Standards of Proof”, 48 Seton Hall Law Review (2018) 1057, p.1066.

③ 河北省东光县人民法院刑事判决书，(2015)东刑初字第 00083 号。

告人赵某某作风有问题与其断绝了联系。2014 年 9 月，二人再次通过电话取得联系，同年 12 月 29 日通过短信约定当日下午由于某给赵某某做按摩，并送保健品和保暖内衣。当日 13 时 10 分，被害人于某来到被告人赵某某家中。于某先喝了两袋被告人赵某某准备的牛奶，后去了一趟卫生间，被告人赵某某又给了于某一杯装在杯子里的牛奶让其喝下，过了一会儿于某感觉头晕、犯困，等再醒来时发现自己躺在被告人赵某某家卧室床上，下身裤子稍有不整，在卫生间洗手时感觉左脸上像是有精液，还发觉自己下身疼痛、头脑不清。遂立即离开赵某某家中，并于当日下午 15 时 46 分，在紫御华府小区对面的电影院门前拨打“110”报警，同时在东光县医院妇科进行检查，其外阴多处破裂口、红肿，经检验于某面颊擦拭物和阴道内擦拭物上精斑与赵某某血样的 STR 分型相同，似然比为 7.11 × 1015，于某的血液和尿液中检出艾司唑仑，血液中艾司唑仑含量为 300ng/mL。2015 年 7 月 10 日，东光县人民检察院以被告人赵某某犯强奸罪提起公诉。

（2）控方主要证据。①被害人陈述，内容为其与赵某某认识经过，以及 2014 年 12 月 29 日下午上门到赵某某紫御华府家中为其按摩和送保健品，喝了赵某某提供的 2 袋中的 1 杯牛奶、吃下切好的苹果后，头晕、犯困，醒来时发现躺在赵某某卧室床上，脑袋发沉、下体疼痛、脸上有精液味等，遂离开并报警；②东光县医院妇科医生吴某证言，表明 2014 年 12 月 29 日下午，刑警队民警领着于某来做妇科检查，其提取了于某阴道内擦拭物、内裤、血液等证据，发现于某外阴有多处破裂口、红肿，精神恍惚，反应比较迟钝，走路不稳；③东光县医院诊断证明，内诊见于某外阴多处破裂口、红肿；④提取笔录，表明 2014 年 12 月 29 日 16 时许，在县医院妇科将于某阴道擦拭物、面颊擦拭物、一条内裤、一份血样和血液、尿液一并提取，2014 年 12 月 30 日 8 时 10 分至 8 时 15 分，在东光县公安局刑警大队提取赵某某血样一份；⑤ DNA 鉴定意见，显示送检的于某面颊擦拭物、于某的阴道擦拭物上精斑与赵某某血样的 STR 分型相同，似然比为 7.11 × 1015；⑥现场勘验笔录，记载在东光县城区紫御华府被告人家客厅茶几上发现一个透明玻璃水杯（原物提取），水杯内有少许牛奶；⑦物证检验报告，显示从于某血液和尿液中检出艾司唑仑，血液中艾司唑仑含量为 300ng/mL，从现场提取的水杯中未检出艾司唑仑，从送检材料中均未检出三唑仑；⑧紫御华府小区监控录像资料、报警通话记录。

辩方抗辩意见：a.2014 年 12 月 29 日下午，被害人于某上门为赵某某做按摩，还给赵某某买了一套保暖内衣，按摩前吃了 1 个苹果、喝了 3 袋牛奶，之后二人先后洗澡，再到卧室发生性关系，赵某某没有在牛奶里下药，也没让她吃下任何药物，发生关系时于某是清醒的、自愿的，精液都射到于某阴道里了，没有弄到她身体的其他地方；b. 被害人称脸上干巴巴的不舒服，用手摸后一闻像是精液味，不符合常理；c. 医生吴某是妇科医生不是精神科医生，其看到的精神恍惚、意识不清，具有很大的主观成分；d. 东光县医院诊断证明有异议，无法证明阴道破裂口是陈旧性的还是新鲜的；e. 监控录像本身没有异议，但证明的问题与公诉人不同，可以看出被害人从赵某某家出来时不存在精神恍惚、神志不清。

基于上述证据，可以通过模糊信念理论对“赵某某迷奸了于某”这一命题 P 是否为真进行判断。裁判者对该命题存在三种真实信念：有证据支持“赵某某迷奸了于某”Bel(P)，如证据①②③④⑤⑦；有证据支持“赵某某没有迷奸于某”Bel(−P)，如证据⑥⑦和 a；还有存在第三种未获支持(难以把握)的信念“可能是也可能不是赵某某迷奸了于某”Bel(U)，主张 b、c、d、e 都指向此种信念。假设用概率对三种命题的信念程度进行赋值，基于现有证据可以认为 Bel(P)=0.7，Bel(−P)=0.2，Bel(U)=1−(0.7+0.2)=0.1。由于未知空间 Bel(U)的存在影响决策的作出，需要进行标准化将其消解，如此就获得了模糊信念 FuzzyBel(P)≈0.78，FuzzyBel(−P)≈0.22。也即根据现有证据，大约有 78% 的可能性是赵某某迷奸了于某，而赵某某没有迷奸于某的可能性仅约为 22%。

不过，克莱蒙特强调，事实认定者在实际审判评议过程中不需要对信念进行量化处理，而只需按照他们的日常认知能力来判断评价模糊信念即可。考虑到人类评估似真性的有限认知能力与自认理解方式，应该用粗略的可能性等级而非那些不恰当的数字来表达模糊信念。据此，他运用自然语言来捕捉不精确的模糊信念，并提出了一套适当的分级尺度，如图 2 所示。

0 ---→ 1

最弱的可能性	合理的可能性	实质的可能性	均衡	可能	高度可能	几乎确定

图 2　模糊信念的不同等级

资料来源：Kevin M. Clermont, “Standards of Decision in Law: Psychological and Logical Bases for the Standard of Proof, Here and Abroad”, Carolina Academic Press, 2013, p.166−168。

当具体确定模糊信念之后，就可以运用模糊逻辑的运算规则来进行最终决策。基于模糊逻辑运算规则，能够得出如下结论：其一，证明标准是关于事实命题的模糊信念及其否定信念的对比判断，而不是以一种抽象的可能性说哪方的主张为真。事实认定者应该问自己关于法律提出的自然问题：你相信承担证明责任的一方的指控多于你不相信吗？而非你相信原告（或控方）的主张是否高于 0.5（或 0.9）的可能性。[①] 具言之，重述后的证明标准要求事实认定者分别为事实命题 A 和 -A 构建模糊信念，然后比较判断 FuzzyBel（A）和 FuzzyBel（-A）。也即优势证据标准意味着 FuzzyBel（A）>FuzzyBel（-A），而非 FuzzyBel（A）>0.5；排除合理怀疑标准则指的是 FuzzyBel（A）>FuzzyBel（-A），而不是 FuzzyBel（A）>0.9 或 0.95。

其二，模糊逻辑消解了多项要件事实“合取难题”。根据模糊逻辑的合取规则，多项要件事实合取后的模糊信念不再是每项（独立）要件事实模糊信念的相互乘积，而是等于其中可能性最小的要件事实的模糊信念。[②] 即 FuzzyBel（A and B）= Min[FuzzyBel（A），FuzzyBel（B）]。如果 FuzzyBel（A）=0.7，FuzzyBel（B）=0.6，那么根据模糊逻辑，它们的合取就等于 0.6 而非 0.42（0.6 × 0.7）。基于最小化规则产生了最准确的案件理论，该案件理论比所有其他可能案件理论的结合更有可能。也即结合后的案件事实与其中最弱要件事实的可能性一样大，如果最弱的要件事实都满足了证明标准，那么结合后的案件事实也就更加不必说了。尽管这种处理方式听起来相当神奇，但它是源于这样的认识：把各项要件事实连接在一起所讲述的整体案件事实之强弱程度，取决于其中最薄弱的一环，因此，论证者需要做的就是，确保每个链接的真实性都要大于其虚假性。[③]“木桶理论”可以形象地对此予以说明：一个木桶（案件事实）由多块木板（构成要件事实）拼装组合而成，其整体容量（似真性）取决于其中最短的那块木板（最小似真性）。

---

① See Kevin M. Clermont, “Common Sense on Standards of Proof”, 48 Seton Hall Law Review (2018) 1057, p. 1068.

② See Kevin M. Clermont, “Standards of Decision in Law: Psychological and Logical Bases for the Standard of Proof, Here and Abroad”, Carolina Academic Press, 2013, p. 361.

③ See Kevin M. Clermont, “Common Sense on Standards of Proof”, 48 Seton Hall Law Review (2018) 1057, p. 1079.

(二)消解未知空间的相对似真性理论

在知识发现与证成语境中,似真推理与探求真相的司法证明之间有着天然的亲和性。一方面,出于人类认识事物的共性,它们共享了极为相近的背景信念,并具有如下相似之处:其一,对于不知情的第三方事实认定者来说,他需要认定的事实范围和性质受到诉讼当事人提交法庭的证据和主张的限制,具有给定性,① 这与似真推理中产生潜在假说的"现实性选择"限制殊途同归。其二,庭审事实认定与似真推理都是基于人类认知主体的常识经验(或背景概括)进行的,并且都难以达到绝对确定性而只能是根据现有证据形成认识论意义上的似真性——所讨论事实命题与整个认知承诺框架的相符性程度。另一方面,司法证明的过程和特征也与似真推理具有非常接近的同构性。双方当事人向法庭提出各自的证据和诉讼主张,事实认定者通过观察和对比判断,结合理性标准去评价哪一方对案件事实和证据的解释更似真,就作出支持该方的裁决。

据此,艾伦和帕尔多等学者将似真推理引入法律领域,发展形成了司法证明的相对似真性理论。该理论不但能够有效解决事实的模糊性问题,而且相当契合于审判的实际运行过程与特征,并能够实现证明标准的潜在政策目标。相对似真性理论指出:司法证明的核心任务是决定与案件事实和庭审证据有关的潜在解释能否满足所适用的法定证明标准;该过程在本质上是比较的,即对于一方提出的解释是否满足法定证明标准的判断,可以通过对比判断双方解释的相对似真性来实现,主要包括两个阶段——产生与案件事实和证据相关的似真解释,根据所适用的证明标准对这些解释进行比较并据此确定最佳似真解释。②

如图3所示,在第一阶段,双方当事人可以提出他们认为关于案件事实和证据的似真解释,事实认定者也可以基于现有证据和主张提出不同于当事人的其他似真解释;进入第二阶段,事实认定者将根据法定证明标准的解释阈值对这些解释进行对比评价,确定最佳的似真解释并据此作出支持原告或被告的事实裁决。其中,解释阈值因证明标准的不同而存在差别:在优势证据标准之下,负有证明责

① "当事人的事实主张与抗辩限定了事实假说的边界。"参见吴宏耀:《诉讼认识论纲——以司法裁判中的事实认定为中心》,北京大学出版社2008年版,第14页。

② See Ronald J. Allen, Machael S. Pardo, "Relative Plausibility and Its Critics", 23 The International Journal of Evidence & Proof(2019)5, p.15.

任的一方对案件事实及证据提供的似真解释必须比其他替代性解释更似真；而在排除合理怀疑标准之下，只有当存在有罪的（最佳）似真解释并且不存在无罪的似真解释之时，才能作出有罪的事实裁决。[①]

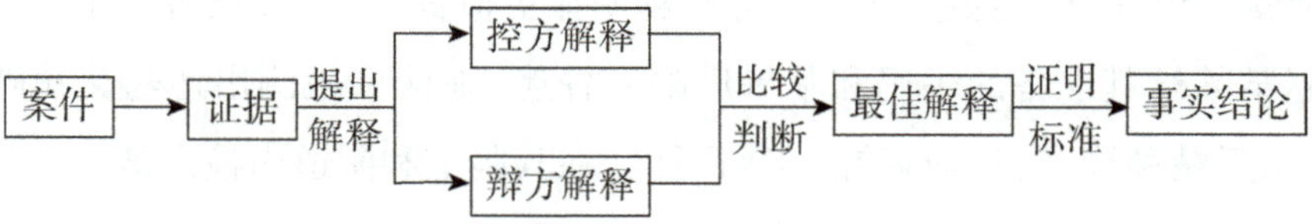

图 3　相对似真性理论具体流程

同样以“河北赵某某涉嫌强奸案”为例，对相对似真性理论的具体适用展开论述。首先，控辩双方分别提出各自最有利的似真解释。在该案中，控方的有罪解释为：被告人赵某某和于某之前认识并发生过一次性关系，其后于某因感觉被告人赵某某作风有问题与其断绝了联系。2014 年 9 月，赵某某再次通过电话与于某取得联系，2014 年 12 月 29 日邀请于某上门给自己做按摩，并送保健品和保暖内衣。29 日 13 时 10 分，被害人于某来到被告人赵某某家中，赵某某让其喝了含有迷药艾司唑仑的牛奶，随后于某就感觉头晕、犯困，赵某某趁此机会将陷入昏迷的于某转移到卧室床上将其强奸。被害人于某醒来后发现情况不对，赶忙离开并报警。辩方的无罪解释为：于某和赵某某是情人关系，之前二人曾发生过性关系，之后虽没有见面但仍保持联系。2014 年 12 月 29 日 11 时多，赵某某给于某打电话让其来紫御华府家中给自己做按摩，于某让其准备牛奶，并发短信说 13 时 30 分到。中午 12 时 10 分赵某某从连镇老家出来，12 时 30 分到信和商厦买了一箱牛奶和几个苹果，之后在家中等于某。于某准时到来，还给赵某某买了一套保暖内衣。于某先吃了一个苹果，又喝了三袋牛奶，然后就去洗澡，待赵某某也洗完澡，二人就去卧室发生了性关系，完事后在床上睡着了，醒来后已经是 15 时，二人又发生了一次性关系。后来于某去卫生间洗了澡，还给赵某某做了按摩。赵某某给了于某一张 300 元信和商厦的购物卡，之后于某就走了。赵某某没有在牛奶里下药，也没让于某吃下任何药物，发生关系时于某是清醒的、自愿的。

---

① 这一解释阈值显然要比优势证据标准高得多。在该标准之下，即使控方的解释比被告的更好，被告也可能胜诉，因为任何无罪的似真解释（未被证明或消除的解释）对于提出一个合理怀疑而言都是足够的。以这种方式提高解释阈值，符合证明标准将错误风险从刑事被告人身上转移开来的目标。See Ronald J. Allen, Machael S. Pardo, “Relative Plausibility and Its Critics”, 23 The International Journal of Evidence & Proof（2019）5, p.27.

其次，基于简明性、一致性、融贯性、符合背景知识以及没有裂缝等似真性判准，对比判断控辩双方提出的两种解释，确定哪一种是关于案情与证据的最佳似真解释。控辩双方提出的两种解释基本都满足简明性、融贯性要求，但在一致性、符合背景知识和没有裂缝方面，控方解释明显更似真。其一，被害人于某当天食用了赵某某给其准备的牛奶和苹果后陷入昏迷，血液中检测出迷药艾司唑仑成分，醒来后精神恍惚、反应迟钝、走路不稳，在其脸上和阴道内检出被告人赵某某精液，外阴有多处破裂口、红肿，符合被人下迷药后遭受强行性交所致症状。其二，根据经验常识，于某故意服食迷药艾司唑仑栽赃陷害赵某某的可能性极低，一方面于某与赵某某并无深仇大恨或其他动机，另一方面此种做法将会极大地牺牲于某自己的名誉和尊严；此外，即使迷药可以吞服，但下体多处裂口、红肿等症状是很难在短时间内作假的。其三，赵某某当时已是 62 岁老人，而于某时年 31 岁，正值青春靓丽，且已经身为人妻，没有理由会想念赵某某（二人已 1 年多没有见过面，期间都是赵某某在纠缠于某），自愿、主动献身于他（300 元购物卡至多折抵按摩和保暖内衣费用），并且，如果于某从赵某某家中出来时已经洗了澡，那么就不太可能在其脸上残留赵某某的精液。当然，控方解释也存在一定裂缝，诸如在赵某某家中客厅茶几上提取的有少许牛奶的玻璃水杯中没有检出迷药成分，没有提供关于艾司唑仑致人昏迷剂量的专家意见，也没有进一步确定赵某某获取艾司唑仑的途径和来源等。不过，在玻璃杯中没有检出艾司唑仑可以进行合理解释，如在警方提取此杯之前赵某某早已进行清洗、置换，赵某某是通过其他方式下药，等等。

最后，根据“排除合理怀疑”证明标准解释阈值作出最终事实认定。虽然控方解释明显比辩方的更似真，但能否据以认定控方解释就是案件事实，还取决于辩方提出的解释是否属于无罪似真解释，倘若是，则就不满足“排除合理怀疑”证明标准。如前所述，辩方的解释在简明性和融贯性上基本没有问题，但所提出的“被害人于某自愿与赵某某发生性关系”“于某两次洗澡”“发生性关系时于某是清醒的”等内容，与多个在案证据和经验常识相违背，不符合背景知识且存在多处裂缝，不应认定为无罪似真解释。据此，可以作出控方解释是本案事实的结论。

综合来看，相对似真性理论具有如下特征：

其一，该理论不主张直接将“最有可能”作为案件事实真相的评价标准，而是通过对比判断潜在解释之似真性来达成“什么是最可能发生”的判断。①

其二，被告方需要提出关于案件和证据的似真解释来与原告或控方的似真解释相对抗，否则其很可能会败诉。这一要求遭到许多学者的指责，认为其强加给被告不必要的证明责任，与法律的规定相违背。②对此，相对似真性理论的倡导者指出，法律确实没有要求不负证明责任的被告提供替代性的似真解释作为抗辩，甚至根本不用提供任何解释，然而，事实上他们却几乎总是这样做，因为那些保持沉默的被告通常都会败诉。③此外，无论被告是否提供竞争性似真解释，事实认定者实际上都会在其知识背景下，对基于庭审证据和主张所形成的其他潜在似真解释进行对比评价。

其三，相对似真性进路不主张对全部案件事实进行析取，而是将需要援引多少案件事实范围提交审判的权利赋予当事人，以此实现对模糊性的有效消解。一方面，要求当事人将案件事实证明到排除一切怀疑，这几乎是不可能完成的任务。事实的未知空间只能尽可能最小化，但永远难以完全消除。另一方面，当事人是自己案件的主人，通过法律赋予最大的权能给当事人，由他们自己决定自己的案件，可以最大化消解案件事实的模糊性。没有谁比当事人更清楚自己的案件，他们有权决定提起诉讼的事项、案件调查方式以及在审判中作出何种解释，如果他们选择不对争议的某些方面提起诉讼，或者追求一些相对不太可能却适当的假设，这也都取决于他们自己。④在实际庭审过程中，援引案件事实的全部范围往往不利于当事人，同时也会给事实认定者带来法庭灾难。有效的做法是，赋予当事人决定提出哪些案件事实与证据，从而确定抛弃哪些模糊性。⑤

---

① See Floris Bex, Douglas Walton, “Burdens and Standards of Proof for Inference to the Best Explanation: Three Case Studies”, 11 Law, Prob & Risk(2012)113, p. 113-133.

② 法律并未要求被告需要承担提供替代性解释的义务，并且，法律允许保持沉默的被告仍然可以胜诉。See Kevin M. Clermont, “Standards of Decision in Law”, Carolina Academic Press, 2013, p.359; David S. Schwartz, Elliott R. Sober, “The Conjunction Problem and the Logic of Jury Findings”, 59 William & Mary L. Rev.(2017)619, p. 651.

③ 如果只有一种对证据的似真解释，那么公正和理性的事实认定者一般会得出结论认为：这是真的。See Ronald J. Allen, Machael S. Pardo, “Relative Plausibility and Its Critics”, 23 The International Journal of Evidence & Proof(2019)5, p.22-23.

④ See Ronald J. Allen, Machael S. Pardo, “Relative Plausibility and Its Critics”, 23 The International Journal of Evidence & Proof(2019)5, p.16.

⑤ 减少人类条件下棘手的模糊性之法律机制，是当事人通过准确地确定要诉讼的内容而进行的创造性活动。See Ronald J. Allen, “Factual Ambiguity and a Theory of Evidence”, 88 Nw. U. L. Rev.(1993-1994) 604, p.609-612.

其四，在相对似真性进路下，对竞争性似真解释的评价是整体适用证明标准而非逐项要件进行，因此有效规避了要件事实“合取难题”。事实认定者一旦选择了某个似真解释，就需要将其与实体法规定的构成要件进行比较，以确定它是否涵盖这些要件，并满足相应的证明标准。这种整体性进路不仅避免了要件之间的合取难题，而且还契合于事实认定者对于案件事实的实际评议过程。

其五，相对似真性理论是一种“自然认识论”进路，其充分考虑到了人类对于过去事实的认知能力与特征，强调法律中的事实认定理论必须延续和依赖经验常识，①但是又不完全等同于建立在“融贯论”之上的“故事模型”——一种被称为契合于人类认知实践的“建构主义”方法。②一方面，“故事模型”理论并不涉及对证明标准的解释，其仅是关于信息处理的一种心理学解释；另一方面，“故事”只是作为司法证明的一种解释形式，但并不是必要的。当事人一般都会按照时间或者逻辑顺序叙述他们各自案件的故事版本，但是在许多类型的诉讼中并不存在这种常规的故事形式。然而，庭审中却始终存在关于证据与事件的似真解释。相对似真性理论经常被混同于故事模型理论，进而被误以为是一种“融贯论”进路，实际上，其仍然属于“符合论”。只不过对于真相的追求而言，相对似真性理论主张，不能要求为了符合真理而必须到达真理那里，这在认识论上是无效的。只有通过似真性判断才能够实现对真相的发现与揭示，借助似真性解释才能导出可能性推论。③在此意义上，相对似真性理论是一种发现或揭示真相的启发式方法。

四、将似真推理引入法律领域的风险与挑战

任何一种理论都不可能是完美的，似真推理也不例外。尤其是作为一种外来理论，似真推理在法律领域的适用必然会面临许多潜在的风险与挑战。总体来看，尽管似真推理是一种相当契合于实际审判过程并充分考虑到人类有限认知能力与庭审过程特征的推理类型，但是，其在法律领域的适用仍然存在以下问题：缺

---

① See Ronald J. Allen, Brian Leiter, “Naturalized Epistemology and the Law of Evidence”, 87 Va. L. Rev. (2001) 1491, p. 1493-1499.

② 彭宁顿和黑斯蒂提出，故事模型理论具有全面性和一致性两个基本原则：全面性是故事版本对法庭上所出示的证据的涵盖程度或符合程度；一致性主要包括三层标准，即故事情节的连贯性、故事内容的似真性和故事结构的完整性。See Nancy Pennington, Reid Hastie, “A Cognitive Theory of Juror Decision Making: The Story Model”, 13 Cardozo L. Rev. (1991) 519, p.519-557.

③ See Peter Lipton, “Inference to the Best Explanation”, 2nd ed., Routledge, 2004, p.57-63.

乏对证明结构内部应有关注，对事实的未知空间予以忽视，并面临科学化调查方法的挑战。

(一)缺乏对证明结构内部应有关注

无论是模糊信念还是相对似真性理论，它们基本都缺乏对证明结构内部的应有关注。模糊信念理论注意到了要件、命题以及证据相互之间的内部逻辑关系，但是这种逻辑关系被其简化为"合取"与"析取"两种结构，并通过"Min 算子"和"Max 算子"这两种"粗放"的方式来计算模糊信念之间的结合。① 形式逻辑的基础研究表明，命题与命题之间至少存在链式与收敛两类基本逻辑结构，链式结构又可进一步分为单级结构与多级结构，而收敛结构也可划分为协调性与不协调性两种类型。协调性类型包括补强关系和聚合关系，不协调性类型涉及矛盾关系与冲突关系。命题之间基于不同关系进行结合后的结果是不同的，并且还受到相互独立或相互依赖等因素的影响。② 显然，模糊信念理论对这些证明结构内部的逻辑关系进行了简化处理，就此而言，其所得出的结论在某种程度上很可能真的就是模糊不清的。

至于相对似真性理论，则几乎完全忽视了证明结构内部。相对似真性理论实际上是一种整体主义解释进路，③ 其将双方当事人关于案件事实的似真解释都纳入整体性考量，从而规避了要件事实之间的合取难题，并结合所适用的证明标准来对双方解释的整体似真性进行对比判断，通过此方式避免了类似概率推理那样的复杂运算过程，从而契合于审判的实际运行过程以及人类的自然认知能力与特征。然而，如同有学者所指出的，这种简要的框架留下许多重要的事项没有说，例如，关于一个解释证据的假说之似真性意味着什么，最佳的假说何时才称得上足够好或者令人满意等。也许在相对似真性理论看来，所有这些事项都属于常识

① 所谓"Min 算子"是指两个模糊集合的合取或交集等于其中的最小值，即 $\mu A \cap B = Min[\mu A(x), \mu B(x)]$；相应地，"Max 算子"指的是两个模糊集合的析取或并集等于其中的最大值，即 $\mu A \cup B = Max[\mu A(x), \mu B(x)]$。See Lotfi Zadeh, "Fuzzy Logic", 21 Computer 83, 1988, p.83-93.

② See David A. Schum, "The Evidential Foundations of Probabilistic Reasoning", Northwestern University Press, 1994, p.366-408.

③ "根据我们的进路，竞争性解释的评价是基于证明标准的适用，而非逐项要件进行。它是在整个诉讼主张的层面进行的。" See Ronald J. Allen, Machael S. Pardo, "Relative Plausibility and Its Critics", 23 The International Journal of Evidence & Proof (2019) 5, p. 30.

领域。[①] 实际上，正是由于相对似真性理论有意忽略或者没有深入到证明结构的内部，因此才避免了对这些问题的回答。由此导致的直接后果是，在面对多个似真解释或者拥有复杂证据群及事实争议的案件时，相对似真性理论将陷入判断困难。

（二）忽略未知空间所导致的潜在风险

标准化未知空间的模糊信念理论和消解未知空间的相对似真性理论，它们处理模糊性之实质基本上都是忽略事实的未知空间。为了能够运用模糊逻辑的运算规则，模糊信念理论需要对信念进行标准化，使一个命题及其否定命题的信念之和等于 1。该过程实际上就是将未获证据支持的那部分模糊性未知空间拿掉，然后再按比例将两种信念分别放大，直至填充被拿掉的这部分未知空间。相对似真性理论更是直截了当地指出，只需通过法律制度赋予最大的权能给双方当事人，即可有效处理与解决事实的模糊性问题。减少人类条件下棘手的模糊性之法律机制，是通过准确地确定要诉讼的内容而进行的创造性活动，当事人将决定提出哪种故事，从而确定提出和抛弃哪种模糊性。[②] 也即在相对似真性进路下，只需要对比判断双方当事人提出的关于案件事实和证据的两种竞争性解释，而不用考虑他们未提出的部分。任何一种对未知空间的分配方式都会背离准确性与错误风险分配的证明标准目标，最好的做法是假设这部分模糊性空间真的就是未知的，并且不对其进行任何分配。[③]

然而，忽略事实的未知空间将会导致如下潜在风险：其一，关于事实的裁决可能偏离甚至背离真相。仅关注当事人提出的竞争性解释而对未主张的那部分未知空间予以忽视，事实认定者可能会误以为事实真相就在于二选一，导致其不再去考虑隐藏在未知空间的其他可能性，从而偏离甚至背离于实际发生的事实真相。一方面，双方当事人会出于自利等目的隐藏那些不利于己的内容；另一方面，难以排除虚假诉讼、被告人替他人“顶罪”或者因遭受刑讯、胁迫而“自愿”认罪等

---

① See Ho Hock Lai, “How Plausible is the Relative Plausibility Theory of Proof ?”, 23 The International Journal of Evidence & Proof（2019）191, p. 196.

② “当事人是模糊性的丢弃者而非创造者。” See Ronald J. Allen, “Factual Ambiguity and a Theory of Evidence”, 88 Nw. U. L. Rev.（1993–1994）604, p.609–612.

③ See Ronald J. Allen, Machael S. Pardo, “Relative Plausibility and Its Critics”, 23 The International Journal of Evidence & Proof（2019）5, p.18.

情形。其二，忽视未知空间会导致事实认定者面临一种两难困境，即在尚未形成关于案件事实的确信时，却必须在双方当事人提出的两种竞争性解释之间做出选择，并将之视为满足了证明标准。显然，这在无形中降低了严格意义上的证明标准，意味着某个"猜想性"或者"怀疑尚未消除"的解释也可能成为真相。其三，要求事实认定者对未知空间予以忽略可能只是一种"不切实际"的做法，由此导致所作出的事实结论容易沦为一种"真实表象"。出于各种现实原因，未知空间总是贯穿于从事件发生到提起诉讼的各个环节，不能被完全消除。据此，要求事实认定者将其从自己的脑海中剔除，这是不可能做到的，相应作出的事实认定可能只是一种真实表象而非真相。

（三）来自科学化调查方法的挑战

作为一种建立在常识与人类感官判断之上的自然认知方式，似真推理必然面临来自现代科学化调查方法的挑战。传统认知方式与现代科技手段之间的紧张关系似乎是一个恒久话题。18 世纪英美证据法所形成的经验理性主义，已经将诸如神判、宣誓涤罪以及决斗这样的"非理性"事实认定方式逐步驱离。[①] 如今，现代科学技术又开始对这种经验理性主义传统发起挑战。越来越多的实例表明，人类的经验理性在现代科学面前完全不堪一击。事实认定者所依赖的经验常识与直觉，几乎总会被建立在足够数量规律现象和体系严密之上的科学依据所摧毁。[②] 不仅如此，随着现代科学技术的广泛使用，审判中许多重要的专门性问题直接诉诸人类感官几乎没有什么作用，只能借助先进的科学仪器或专家才能得到有效证明。同时，经由社会沉淀而形成的许多真知灼见——作为事实认定者理解、评价证据的常规手段或背景知识——也面临严峻挑战。现行统计学方法与朴素的盖然性判断之间的不一致性，对于日常认知方式的潜在颠覆作用愈发凸显；在高度精密的现代仪器设备面前，那些基于经验直觉作出的判断结论所导致的错误也频繁遁形。随着科学证据越来越多出现在法庭，证明的科学化与依靠经验常识的传统事

① 参见[英]威廉·特文宁：《反思证据：开拓性论著》，吴洪淇等译，中国人民大学出版社 2015 年版，第 92 页。

② "科学将会稳步地将经验常识从各种认识机制中的特权地位上排挤出去——正是通过这些认识机制，我们才能够理解我们所处的生活世界。"参见[美]米尔吉安·R. 达马斯卡：《比较法视野中的证据制度》，吴宏耀、魏晓娜译，中国人民公安大学出版社 2006 年版，第 43-44 页。

实认定模式之间的紧张关系，无疑会更加趋于白热化。①

建立在自然认知方式之上的似真推理，显然也面临上述问题。然而，无论是模糊信念还是相对似真性理论，都没有对这些来自科学化调查方法的挑战予以有效解决。其根源在于，自然认知制度天生具有一种反技术干预倾向。其核心可以简述如下：程序的直接目的是判决准确性，能够最大化实现该目的的程序制度是自然制度——一种刨去人为技术制度特征，回归简化、常识和理性的普遍经验认知模式。② 作为自然认识论的先驱，边沁所生活的年代尚未面临类似现代科学技术的严峻挑战，其所反对的也只是那些机械僵化的人为技术规则。不过，这种自然认识论却被现代英美证据法理性主义传统所继承，并反映到与之密切相连的似真推理之中。然而，似真推理在继受和发展自然认识论之同时，却有意或无意地忽视了时代的发展变迁，以及日益普及的科学技术对人类日常事务的深刻影响。那么，似真推理能否在保留这种契合于人类认知方式的自然制度之基础上，有效应对来自科学化调查方法的挑战呢？审判实践在此方面提供了一些启示：科学技术可以为专门性问题提供标准化的似真解释，事实认定者再运用似真推理作出最终的判断。未来，探寻一种融合科学化调查方法的似真推理进路，将是有益且可行的研究方向。

（编辑：杜文静）

① 参见［美］米尔吉安·R. 达马斯卡：《比较法视野中的证据制度》，吴宏耀、魏晓娜译，中国人民公安大学出版社2006年版，第223-227页。

② 参见［英］威廉·特文宁：《证据理论：边沁与威格莫尔》，吴洪淇、杜国栋译，中国人民大学出版社2015年版，第69-73页。

备案审查中形式审查与实质审查的冲突与协调*

丁思绮**

摘　要　备案审查工作中开展合法性(形式)审查与合理性(实质)审查产生的冲突要求厘清二者关系以及审查次序。规范文本未曾对两种审查类型的审查次序作出明确规定,理论界大多主张应遵循"合法性(形式)审查优先于合理性(实质)审查"的审查次序,同时,该次序也是实务界的通行做法。但是,通行做法难以解决两种审查类型之间的冲突,这种冲突本质上反映了形式法治观与实质法治观之间的争论,即法的安定性与法的正当价值之间的冲突。在备案审查中,审查主体应始终保持自制立场,既要尊重制定机关,也要维护法制的统一。审查主体应当根据被审查规范的类型构建阶层化的审查次序,遵循相应的审查步骤:对于地方性法规而言,只有在不构成逻辑抵触情形下才可能产生审查冲突,当执行性立法规定了上位法没有规定的情形,且被审查规范属于地方性事务时,可以实质审查优先;当补充性立法符合上位法的立法目的与地方实际情况时,可以实质审查优先。

关键词　审查次序　实质法治　实质审查　逻辑抵触　审查冲突

---

*　本文系研究阐释党的十九届四中全会精神国家社科基金重大项目"完善弘扬社会主义核心价值观的法律政策体系研究"(项目编号:20ZDA055)的成果。

**　丁思绮,女,福建平潭人,厦门大学法学院博士研究生,厦门大学立法研究中心研究人员,研究方向为立法学、法理学。

一、案例与问题

近年来,我国对备案审查工作愈加重视,法律法规以及有关政策都在逐步完善规范性文件备案审查制度。党的二十大报告提出,要完善和加强备案审查制度。当前,理论界多从宏观层面对规范性文件备案审查存在的问题及其完善路径等进行探讨,[①]即便有学者试图在微观层面探讨规范性文件的备案审查标准[②]或者审查逻辑顺序,[③]也难以对实践中存在的疑难杂症开出良方,尤其是"合理不合法"的审查情形,如下两个案例所示。

案例Ⅰ:《某市非机动车安全管理条例》第42条第1款规定:驾驶无号牌的非机动车上道路行驶,专用号牌电动自行车未按规定进行安全技术检查,驾驶禁止通行的非机动车上道路行驶,或者未按规定使用悬挂专用号牌的电动自行车的,由公安机关处50元以上200元以下罚款。2021年,有公民对此规定提出审查建议,认为该处罚幅度明显超出了《道路交通安全法》的规定,该法第89条规定,行人、乘车人、非机动车驾驶人违反道路交通安全法律、法规关于道路通行规定的,处警告或者5元以上50元以下罚款。全国人大认为,《道路交通安全法》自2004年施行以来,社会上出现了诸多新型非机动车种类,数量多、速度快、安全性差,因而事故发生率、伤亡率高,社会危害性明显增强。地方人大基于道路交通安全管理的实际需要,通过制定法规对非机动车上路行驶的新情况作出具体回应,既符合法律的原则和精神,又在一定程度上弥补了法律规定的滞后。并且,为发挥地方立法实施性、补充性、试验性作用,应当允许地方在合理范围内先行先试,逐步形成行之有效的经验,既解决实践急需,又为下一步修改国家法律提供实践

① 参见刘松山:《备案审查、合宪性审查和宪法监督需要研究解决的若干重要问题》,载《中国法律评论》2018年第4期,第21页;梁鹰:《备案审查制度若干问题探讨》,载《地方立法研究》2019年第5期,第1页;林彦:《法规备案制度运行的双重悖论》,载《中外法学》2018年第4期,第937页;宋智敏:《论以人大为主导的行政规范性文件备案体系的建立》,载《法学论坛》2020年第6期,第39页。

② 参见王锴:《论规范性文件的备案审查》,载《浙江社会科学》2010年第11期,第11页;卢群星:《论规范性文件的审查标准:适当性原则的展开与应用》,载《浙江社会科学》2010年第2期,第58页;周宇骏:《合目的性的审查分层:我国地方性法规审查基准的实践及其逻辑》,载《政治与法律》2021年第3期,第74页。

③ 参见王锴:《合宪性、合法性、适当性审查的区别与联系》,载《中国法学》2019年第1期,第24页;袁勇:《规范性文件合法性审查的逻辑顺序》,载《河南师范大学学报(哲学社会科学版)》2019年第1期,第41页。

依据。①

案例Ⅱ:《某市食品安全条例》(以下简称《条例》)第19条第3款规定,从事生猪产品及牛羊等其他家畜的产品批发、零售的,应当依法取得食品经营许可。《条例》对从事家畜产品规模化销售设定了行政许可,违反了上位法《食品安全法》(2015年修订)第35条第1款规定,国家对食品生产经营实行许可制度。……但是,销售食用农产品,不需要取得许可。若展开合法性审查,《条例》构成了对上位法《食品安全法》的反向抵触,即上位法要求"不需要取得许可",而下位法规定"应当取得许可"。② 但审查主体认为,由于该市2006年曾连续发生瘦肉精食物中毒事故,造成较为严重的社会危害,事故的源头就是该市的生猪产品,因而需要更严格的监管措施。此外,《食品安全法》之所以规定"不需要行政许可"主要是将农民和小、散的个体经营者作为规制对象,经营的对象主要是蔬菜、瓜果等鲜活农产品,③ 而《条例》规制对象多为农产品批发交易市场、标准化菜市场等具有一定规模的场所,因而,有必要设定行政许可进行管理。④ 据此,审查主体认为《条例》不构成与上位法抵触。

对案例Ⅰ与案例Ⅱ中的规范性文件作规范分析可知,其均存在不符合合法性审查标准的问题。但是,若依据合理性标准开展审查,似乎被审规范均具备正当理由,无须进行纠正。此时,合法性审查与合理性审查便显现出了张力。当规范性文件符合合理性审查标准,但是不符合合法性审查标准的时候,审查主体应当适用何种审查次序?是合法性审查优先?抑或合理性审查优先?本文将对以上问题展开深入探讨,以期为实践提供可供借鉴的方法。

二、备案审查类型的先后次序

(一)规范文本未规定审查次序

现行规范仅规定了合法性(形式)审查与合理性(实质)审查两种审查类型,

① 参见《全国人民代表大会常务委员会法制工作委员会关于2021年备案审查工作情况的报告》。
② 参见胡建淼:《法律规范之间抵触标准研究》,载《中国法学》2016年第3期,第21页。
③ 参见信春鹰主编:《中华人民共和国食品安全法释义》,法律出版社2015年版,第90页。
④ 参见全国人大常委会法制工作委员会法规备案审查室编:《规范性文件备案审查案例选编》,中国民主法制出版社2020年版,第27-28页。

但未曾规定这两种审查类型的适用次序。[①]《立法法》(2023年修正)第107条、《各级人民代表大会常务委员会监督法》第30条以及《地方各级人民代表大会和地方各级人民政府组织法》(2022年修正)第50条规定了合法性审查与合理性审查两种审查类型,《法规、司法解释备案审查工作办法》(以下简称《备案审查工作办法》)第36条至第39条分别规定了法规、司法解释的合宪性、政治性、合法性以及合理性四种审查类型。

从立法语言上看,以上条款未对审查类型的适用次序作出规定,有关条款多采用"××有下列情形之一的,由有关机关依照本法第××条的权限予以改变或撤销"、"××认为有下列不适当的情形之一的,有权予以撤销"或"对××进行审查研究,发现××有下列情形之一的,应当提出意见"等表述。根据以上表述,各审查类型之间是并列的关系,并无优先审查次序。

但是,确立审查次序能够在适用不同审查标准产生争议时提供指引。审查次序与司法适用方法——如何处理法律原则与法律规则之间的关系具有相同之处。在司法裁判中,"法律规则是法律推理的基本前提,只有在规则的适用必然明显地导致严重违反法治的后果时,才能够考虑使用法律原则进行推理。而若要适用法律原则,则必须经过一定的特别的理性对话程序,对法律原则的内容进行认真识别。"[②]上述司法适用方法有助于解决"法律规则涵义存在模糊性""法律规定存在空白""适用现有法律规则将致使明显荒谬的裁判结果"等司法演绎推理的困境。[③]同理,在备案审查中也会面临开展形式审查与实质审查的审查结果存有争议等困境。[④]此时,若能规定审查次序将为审查主体提供必要的指引,进而有助于解决审查结果冲突引发的困境。

从后果上看,若缺乏审查次序将使得审查缺乏明确的可预期性,可能导致审查主体依据自身的偏好和判断恣意为之,[⑤]不利于维护国家法制统一,甚至难以实

① 参见封丽霞:《制度与能力:备案审查制度的困境与出路》,载《政治与法律》2018年第12期,第101页。

② 葛洪义:《法律原则在法律推理中的地位和作用——一个比较的研究》,载《法学研究》2002年第6期,第14页。

③ 参见葛洪义:《法律原则在法律推理中的地位和作用——一个比较的研究》,载《法学研究》2002年第6期,第4页。

④ 参见袁勇:《规范性文件合法性审查的逻辑顺序》,载《河南师范大学学报(哲学社会科学版)》2019年第1期,第45页。

⑤ 参见孙海波:《"后果考量"与"法条主义"的较量——穿行于法律方法的噩梦与美梦之间》,载《法制与社会发展》2015年第2期,第170页。

现法的平等价值。同审判人员一样，审查人员也具有一定的自由裁量空间，对存在争议的审查案例，若未能规定审查次序将导致审查人员随意依据自己对审查次序以及具体审查案例的理解开展审查，最后陷入“主观恣意”“领导拍板”等困境，进而使得审查结果缺乏可预期性，同一类型的规范性文件很可能因为审查逻辑的不同产生截然不同的结果，这将直接影响法律体系内部的统一性与融贯性，最终侵害法制的统一。并且，“同案不同判”还会对公民权益造成侵害，违反平等原则。

（二）理论界的主要观点及其质疑

与实务界不同，理论界对审查次序进行了学理总结。当前学界的主流观点是，在备案审查中，应构建起一个“先合法性审查、再合宪性审查、最后适当性审查”的阶层性审查次序。① 这一审查次序遵循了以下审查逻辑：一是审查次序的构建原则为“由表及里、由浅入深”，也有学者直接表示“合理性审查的程度比合法性审查要深，合理性审查往往是在已经合法的前提下进行。”② 换言之，合理性审查是审查的内核，合法性审查是审查的外延，合理性审查本身蕴含了合法性审查，③ 二者之间只有程度差异，没有性质差异。二是认定合理性审查主要起到对合法性审查和合宪性审查进行“补遗”的作用。④ 主流观点将合理性审查与合法性审查的关系界定为主次关系、补充关系，合理性审查只是起到对合法性审查“锦上添花”的作用，基本上违反了合法性审查标准等同于规范性文件面临着被纠正的命运，合理性审查在审查工作中甚至可以“忽略不计”。

主流观点对审查次序的界定未能周延地探讨合法性审查与合理性审查之间的关系。事实上，合理性审查绝不仅仅只是合法性审查的补充，甚至有时能够产生“推翻”合法性审查的后果，案例Ⅰ与案例Ⅱ中审查主体的审查结论则完全显示了这一点。由此可见，在审查实践中，合理性审查是可以优先于合法性审查的，但对于合理性审查可以优先于合法性审查的情境应包括哪些范围，主流观点也未能给

---

① 参见王锴：《合宪性、合法性、适当性审查的区别与联系》，载《中国法学》2019 年第 1 期，第 23-24 页。

② 王锴、刘犇昊：《现状与问题：地方备案审查制度研究——以 31 个省级地方为例》，载《江苏行政学院学报》2018 年第 3 期，第 131 页。

③ 参见封丽霞：《制度与能力：备案审查制度的困境与出路》，载《政治与法律》2018 年第 12 期，第 102 页。

④ 参见王锴：《合宪性、合法性、适当性审查的区别与联系》，载《中国法学》2019 年第 1 期，第 23-24 页。

出相应的阐释。

究其根本,主流观点未能从事物本质出发厘清合理性审查与合法性审查的内涵与外延。主流观点所主张的二者关系——“合理性审查蕴含了合法性审查”,实际上视合理性审查与合法性审查为同一性质的事物,只是程度不同。主流观点忽视了合理性审查与合法性审查性质不同的情况,而这种情况在实践中也常常出现,即两种审查类型所秉持的价值以及维护的利益相冲突。在案例Ⅰ中,若依据《备案审查工作方法》第38条对被审规范展开审查,并优先适用合法性审查标准,其合法性审查背后所支持的价值除了法的安定性以外,还涵盖了对公民权益的保护,防止对公民增设过多的义务、造成更大的负担;但是若依据《备案审查工作方法》第39条对被审规范展开合理性审查时,并对合理性审查作出支持性的结论时可发现,其背后所支持的价值为“防止对社会造成更大的危害”,即出于维护公共利益的考虑而提高最低处罚数额,此时,个人利益与公共利益之间形成了张力。由此可知,在不少情境下,合理性审查与合法性审查不是程度的问题,而是本身性质具有固有差异。

(三)构建动态开放的审查次序

审查主体仅遵循“合法性审查优先于合理性审查”的审查次序难以应对纷繁复杂的审查实践,主流观点存在缺陷,需要予以完善。时任全国人大常委会法工委法规备案审查室主任的梁鹰曾指出,由于立法实践纷繁复杂,因此必须要在审查实践中掌握、丰富和发展审查标准,审查标准不是一成不变的,而是随着实践发展不断变化的。① 因此,基于备案审查标准的动态性,合法性审查也不一定总是占据上风。例如,《条例》第19条第3款创设了行政许可在不违背上位法的规定和精神的情况下,全国人大常委会认为这是属于地方适应新情况新需要作出的带有创制性的规定,应当允许探索。② 可见,全国人大常委会对规范性文件审查中的合法性审查的态度绝不是毫无例外优先于合理性审查的。在特定情况下,合理性审查可以优先于合法性审查。实际上,“中国合宪性审查制度建设不是一个理性的

① 参见梁鹰:《备案审查工作的现状、挑战与展望》,载《地方立法研究》2020年第6期,第17页。

② 参见全国人大常委会法制工作委员会法规备案审查室:《规范性文件备案审查理论与实务》,中国民主法制出版社2020年版,第124页。

构造过程，主要是一个经验的积累过程”。①

备案审查工作是一个动态开放的过程，审查主体在审查过程中应通过具体的案例来丰富、深化审查标准的内涵，总结出一套具有可操作性的审查次序运用方法。这种动态性理论是对机械性理论的有益补充，“体系性工作是一种永续的任务；只是大家必须留意，没有一种体系可以演绎式地支配全部问题；体系必须维持其开放性。它只是暂时地概括总结……法学体系必须保持‘开放’，绝不可能是已经终结的体系，因此也不可能为所有问题备妥答案”。② 可见，理论界的主流观点仅仅是对备案审查标准与审查次序的暂时性总结，审查主体必须保持开放，结合实践持续探索新的答案。如果恪守主流观点，纠正一些实施效果好的规范性文件，难免会打消制定机关的积极性，不利于地方立法主体积极行使地方立法权，亦不利于地方人民政府积极履行职能。

如何解决案例Ⅰ、案例Ⅱ存在的“合理不合法”问题？根据现行规范文本，审查主体在规范性文件存在合法性问题时应提出审查意见。另外，根据主流观点，审查主体应当先进行合法性审查，后进行合理性审查，因此当难以经受住合法性审查时，该规范性文件也将面临被纠正的结局。若审查主体能够以动态的、开放的视角开展审查工作，则将为探索更加合理的审查次序提供一套新的方案。为了维护法的安定性，合法性审查优先的审查次序必然不能随意突破，但是，毫无例外的合法性审查优先既不可能，也不现实，当正义与法的安定性之间的冲突到了不能容忍的地步时，作为“非正确法”的制定法必须向正义屈服。③ 具体而言，若以合法性审查优先，则维护了法的安定性，但是将侵害法的正当价值，以合理性审查优先则反之。两种审查次序持有不同的看待法的安定性与法的正当价值二者关系的立场，而不同的立场源于所持有的不同法治观。

三、形式法治观与实质法治观之争及其在备案审查中的体现

从表面上看，案例Ⅰ的审查难点在于合法性审查与合理性审查之间的争论，从本质上看，二者的冲突本质上源于形式法治观与实质法治观的冲突，即审查主体基于不同价值判断下的立场冲突。“备案审查在本质上是一种解决国家机关之

---

① 秦前红、底高扬：《合宪性审查在中国的四十年》，载《学术界》2019 年第 4 期，第 47 页。
② ［德］卡尔·拉伦茨：《法学方法论》，陈爱娥译，商务印书馆 2016 年版，第 45 页。
③ 参见雷磊：《再访拉德布鲁赫公式》，载《法制与社会发展》2015 年第 1 期，第 114 页。

间立法权限纠纷的方式。”[①] 审查主体对制定机关的态度间接表明了制定机关立法权限的范围。严守形式法治观的审查主体往往认为制定机关不可以超越法定权限，遵循实质法治观的审查主体则认为当存在特定情形时，制定机关能够适当超越法定权限以制定规范性文件。

(一)形式法治观与实质法治观之争

形式法治与实质法治共享着法治的基本要义，二者的根本区别在于通过何种路径实现法治这一政治理想。形式法治观认为应当通过形式合法性限制政府权力。概括之，只有确保法的安定性，才能保证个人权利不受任意和不可预测的国家强制力的粗暴干涉，进而达到限制政府权力的目的。[②] 但是，实质法治观主张仅仅依靠形式合法性难以实现法治国家的政治理想。这是由于，遵循形式合法性难以解决实践中存在的各种困境，包括法律的不确定性、民众的不认同等。由此导致法律不具有实然的社会效力，并且实际上其也不具有伦理学上的应然效力。[③] 实质法治观主张在法律秩序框架体系与最大限度实现社会公平正义之间达致一种平衡。

在法律适用中，形式法治观与实质法治观之间的冲突表现为，当法律规则与法律规则背后的正当性理由之间存在“规则裂缝”(normative gaps)情形，即规则指示的结果与其背后的正当化理由所指示的结果不一致，表现为原则与规则的冲突，[④] 此时，法律规则背后的正当理由能否成为法律适用的替代性解释方案？形式法治观主张，法治是与特定实质价值相分离的，[⑤] 尤其尊重规则和程序，[⑥] 以追求法的安定性为目标，并且，严格遵守法律规则本身即代表了公平正义价值，它使法律具有可预期性。因此，形式法治观反对将法律规则之外的因素纳入法律适用的考量范围，即便是具有正当性理由的原则，也不可以排斥适用法律规则。对此，实质法治观持相反意见，法律适用既需要考虑法律规则的内在因素，也需要考虑外

---

① 程庆栋:《论全国人大常委会审查决定的法律效力》，载《北京社会科学》2021年第2期，第78页。

② 参见雷磊:《法律方法、法的安定性与法治》，载《法学家》2015年第4期，第3页。

③ 参见[德]罗伯特·阿列克西:《法概念与法效力》，王鹏翔译，台北，五南图书出版股份有限公司2013年版，第127-131页。

④ 参见范立波:《规范裂缝的判定与解决》，载《法学家》2010年第1期，第6-20页。

⑤ 李桂林:《实质法治:法治的必然选择》，载《法学》2018年第7期，第81-82页。

⑥ 陈金钊:《魅力法治所衍生的苦恋——对形式法治和实质法治思维方向的反思》，载《河南大学学报(社会科学版)》2012年第5期，第70页。

在因素，价值判断常常发生在法律适用之中。

总的来看，形式法治观认为，法律规则一旦制定完毕，就与其内容无关，法律规则的存在本身即为遵守规则的理由，具有正当性与合理性；但实质法治论认为，法律规则与其内容的正当性息息相关，只有内容的正当性才是行动的理由，否则人们即可以根据更为正当的理由而不遵从法律规则。①

（二）形式法治观与实质法治观争议在备案审查中的体现

在备案审查中同样存在形式法治观与实质法治观的争议。备案审查是法律适用的重要领域。两种法治观在备案审查中的争议体现为法的安定性与正当理由（价值）何者优先的问题。在对案例Ⅰ、案例Ⅱ中的被审规范开展审查过程中，法的安定性与正当理由之间的交锋尤为激烈。

一般而言，备案审查工作仍然坚持法的安定性优先的立场，即认为规范性文件与法律体系内部的一致性和无矛盾性是实现备案功能的充分必要条件，只有在符合形式合法性的基础上才能够开展合理性审查，当前备案审查工作中遵循的是以“形式审查优先、实质审查次之”的审查次序逻辑。形式审查与实质审查之间不是补充的关系，在规范性文件内容不正当时，实质审查也无法真正起到弥补形式审查的作用。

但是，在案例Ⅱ中，从规范层面上看，审查主体似乎遵循了实质审查优先的审查次序逻辑。若以形式审查优先，《条例》第19条第3款超越了法定权限，增设了行政许可，审查主体若出于维护法的安定性需要，应当认定该条款与上位法抵触，须予以纠正。若遵循实质审查优先的审查逻辑，鉴于《食品安全法》第35条“食用农产品无需设置行政许可”这一法律规则与规范目的之间出现了裂缝，使得该法律规则处于不完满的状态，《条例》则能够消除这一状态。真正的规范裂缝存在于规则的评价和规范性之间，亦即介于规则的价值和规范约束力之间。② 具体而言，立法者的规范目的是根据实际情况对销售农产品的经营者进行有效管理，立法者认为销售农产品的经营者主要是小、散的个体经营者，因而无须也无法进行许可管理，但是立法者对实际情况的把握不够准确，忽略了规模化食用农产品经

① 参见王琳：《我国形式法治论诸版本区辩与批判性反思》，载《法制与社会发展》2019年第3期，第68–69页。

② 参见范立波：《规范裂缝的判定与解决》，载《法学家》2010年第1期，第10页。

营者的重要作用,由此导致法律规则缺少了必要的行为模式,不利于规范目的的实现。为了填补法律漏洞、实现法的正当价值,《条例》对该法律规则进行了补强,增加了特定的行为模式以实现规范目的。可见,在实践中,全国人大常委会法制工作委员会法规备案审查室已经在个例中运用"实质审查优先"的审查逻辑。

形式法治观与实质法治观的冲突同样凸显在案例Ⅰ之中。从形式法治角度观之,被审规范降低了上位法《道路交通安全法》所规定的处罚幅度,与上位法相抵触。若从实质法治上看,《道路交通安全法》第89条的规定难以实现规范目的,其规定的处罚数额难以有效满足当前社会发展对非机动车管理的需求,现有法律规定的处罚过轻,其将导致过罚不适当的困境。此时,为了填补规范与现实之间的裂缝,地方立法机关制定了被审规范。因此,若依据实质审查优先于形式审查的审查逻辑,案例Ⅰ中的被审规范根据地方实际需要,弥补规则缝隙,有助于实现过罚相当,因而无需纠正。据此,对案例Ⅰ进行形式审查与实质审查将得出不同的结论,维护法的安定性抑或公平正义等价值反映了两种不同的审查次序逻辑。

以上两个案例共同反映了两种法治观在审查过程中的冲突,根本上体现为原则与规则之间的冲突。在案例Ⅱ中,审查主体事实上对制定机关的意图进行了某种程度的猜测,认为制定机关是根据实际情况总结出一项原则,即"为防止造成较为严重的社会危害,需要对从事生猪产品批发零售的厂家等采取更为严格的监管措施"。与此项原则不同,《食品安全法》(2015年修订)第35条第1款规定,销售食用农产品,不需要取得许可。此时,原则与规则之间就是否可以设定行政许可产生冲突。最终,审查主体优先适用此项原则对条款进行审查,据此认定第19条第3款不存在合法性疑义。换言之,审查主体认为,当被审规范具有相当程度的正当性(合理性)时,该规范就不存在合法性疑义。同理,在案例Ⅰ中,制定机关同样也凝练出一项原则"驾驶非机动车的社会危害性增大,需要对驾驶者采取更加严格的处罚",并以此来制定被审规范,实际上提高了《道路交通安全法》的处罚标准,究竟是依据《道路交通安全法》还是制定机关的正当理由来审查被审规范呢?两种审查思路将带来相反的结果,若优先适用原则来进行审查,被审规范亦不存在合法性疑义。

面对审查过程中形式法治与实质法治的冲突,审查主体应当如何协调冲突是审查实践中亟须解决的问题。如前所述,确定审查次序是化解审查冲突的有效途径。审查主体应当如何确定一套行之有效的审查方法，在审查过程中保持何种立场？下文将围绕这两个问题进行深入探讨。

四、审查主体的自制立场与方法论要求

审查主体大多适用以“形式审查优先，实质审查次之”为审查逻辑的审查次序。不可否认，这种审查次序可以最大限度保证法的安定性，但实际情况是，审查主体往往难以在形式审查与实质审查中划出一条明确的界限，因此，审查主体除了应当时刻保持自制的立场以外，还应当通过适用阶层化的审查次序方法以化解形式审查与实质审查之间的张力。

（一）审查主体应当保持自制立场

“自制立场”主要为普通法院或者宪法法院在审查立法合宪性时所采取的认定立法事实的态度，在我国合宪性审查背景下，由于合宪性审查主体在审查程序、所能掌握的事实状态方面较之立法机关均不占据优势，因此在对立法事实的认定和判断中，也应当保持自制立场。① 全国人大及其常委会在进行适当性审查时应当秉持自制立场。② 同理，审查主体在审查过程中，面对形式法治与实质法治冲突时，亦需要保持自制立场，主要理由如下：

首先，审查主体不得轻易破坏法制统一、侵害法的安定性价值。法的安定性价值“天然地要求法律冲突的情形减至最低限度，使确定的规范内涵在法律体系内不同的渊源中得以存续”。③ 审查主体所持有的自制立场不仅应当对制定机关制定的规范性文件保持谦抑的姿态，还需要对国家法律体系保持敬畏的态度，不应当随意以支持实质法治为由打破现有的法律规范体系。

其次，制定机关应当在法定权限范围内行使立法权或规范性文件制定权，面对制定机关的越权行为，审查主体应当依法严格审查。倘若地方立法根据更为正当合理的理由抵触上位法，那很可能导致人们也基于正当的理由拒绝服从法律规则，由此将造成法律实施的无序与混乱。④ 总体而言，审查主体不可以纵容制定机

① 参见陈鹏：《合宪性审查中的立法事实认定》，载《法学家》2016 年第 6 期，第 6-8 页。

② 参见程庆栋：《论适当性审查：以地方性法规为对象》，载《政治与法律》2018 年第 3 期，第 74 页。

③ 参见林来梵主编：《宪法审查的原理与技术》，法律出版社 2009 年版，第 459 页。

④ 参见程庆栋：《执行型立法“抵触”的判定标准及其应用方法》，载《华东政法大学学报》2017 年第 5 期，第 184 页。

关“享有”过宽的立法权限,若审查主体不遵守国家法律对立法权限的分配,将产生较大的法律风险,导致法律适用的混乱与无序,甚至致使地方立法权力、行政权力或司法权力的膨胀。

最后,我国法规备案审查工作的特点要求尽可能对制定机关保持谦抑的姿态。我国地方立法审查工作主要涉及“央地关系”与“审查主体与被审查主体之关系”,立法监督制度的基础是人民代表大会制度下不同国家机关的权力关系,包括同级国家机构内的人大机关与其他国家机关的监督关系,以及同一权力系统内部的中央与地方立法机关的监督关系。① 但是,由于“我国中央立法机关对地方立法是否‘符合’中央立法是一种自上而下的单向认定,地方立法基本无法排斥中央立法机关对立法判断的介入”。② 在这种固有的格局下,审查主体更应当保持谦抑的审查态度,以防止对地方立法积极性和自主性的不当侵害。

(二)规范冲突情形的识别与审查次序的确立

根据以上两个案例的总结可得出两种法治观的冲突表现为审查依据的冲突,即究竟应当优先依据“原则”还是“法律规则”来进行审查?除此之外,是否还存在其他类型的冲突?要想全面了解两种法治观之争在备案审查中的具体体现,必须回到法律规范的体系中找寻规范冲突的具体类型。在备案审查过程中,实际上还是要解决低阶规范与高阶规范之间的冲突问题,不同位阶规范之间往往容易产生合法性与合理性相缠绕的困境,而同一位阶的规范则多涉及合理性审查问题。审查主体应当结合规范的类型识别不同规范之间的冲突。鉴于案例Ⅰ、案例Ⅱ中的被审规范皆为地方性法规,下文试以地方性法规的审查作为典型代表。

下位法与上位法之间的冲突可分为“法的违反”与“法的抵触”两种类别。前者指的是下位法超越上位法的“立法权限”“违反法定程序”或不具有“立法主体资格”情形。③ 后者指的是对相同事项的调整,下位法是否对上位法的规范要求作出了不当改变。④ 具体而言,对于“法的违反”情形,一旦出现违反形式法治的现

① 参见周旺生:《立法学》,法律出版社2009年版,第351-352页。

② 参见周宇骏:《合目的性的审查分层:我国地方性法规审查基准的实践及其逻辑》,载《政治与法律》2021年第3期,第80页。

③ 参见袁勇:《法的违反情形与抵触情形之界分》,载《法制与社会发展》2017年第3期,第136-137页。

④ 参见俞祺:《论与上位法相抵触》,载《法学家》2021年第5期,第58页。

象，审查主体也应当维护法的安定性，严格遵守上位法的规定作出合法性判断。只有在“法的抵触”情形中，才可能妥善考虑实质法治的应有价值，在形式法治与实质法治产生冲突时作出合理的判断。一般而言，在法的逻辑抵触（直接抵触）中不存在形式法治与实质法治冲突的情况，当下位法与上位法逻辑抵触时，应直接判定下位法无效，审查主体能够得到唯一正解。只有出现法的非逻辑抵触（间接抵触）才可能涉及两种法治观的冲突，其主要涉及下位法是否违背上位法的目的或精神。① 此时，应结合规范性文件的具体类型予以阐述。审查主体对规范性文件的审查应遵循如下的方法与步骤。

第一，审查主体需要判断被审规范是否与上位法构成逻辑抵触（直接抵触），避免混淆逻辑抵触与非逻辑抵触。审查主体需将规范拆分为“规范词、构成要件以及法律后果”三个部分，构成要件指的是除了规范词、法律后果之外的部分，② 具有实定法意义的规范词包括四种类型，分别是“必需的、禁止的、准许的、免为的”，表现为“应当、禁止、可以、无须”，即应为、勿为、可为、无须四种类型。③ 逻辑抵触的判断方式可以遵循以下方法：规则之间逻辑抵触的根源在于规范词之间的不一致。（1）若其他成分一致而规范词不一致，两规则构成逻辑抵触。（2）若其他成分一致而法律后果不一致，两规则构成逻辑抵触。（3）若其他成分一致而构成要件出现收缩或交叉，两规则构成逻辑抵触。（4）若其他成分一致而构成要件出现扩张或相异，除非该构成要件在实践中有且仅能有一种可能性，否则两规则不构成逻辑抵触。④（5）若所有成分之间均不一致时，需将构成要件进行更加细致的拆分比对，当存在一致成分时，按照如上第一至第四步骤进行判断，但是，若不存在一致成分，说明被审规范不存在与之对应的上位法。

适用以上方法对案例Ⅱ中《条例》第 19 条第 3 款进行审查时会得出与前文分析有所不同的结论，被审规范实际上与上位法构成了逻辑抵触，因而无须进一步审查其是否构成非逻辑抵触，继而也根本无须判断是否存在形式法治与实质法治相冲突的可能。一般而言，规则之间的不一致表现为相异、扩张、收缩以及交叉四种关系，不一致具体表现为规则中的行为主体、行为、行为对象或相关限定条件等

---

① 参见俞祺：《论与上位法相抵触》，载《法学家》2021 年第 5 期，第 66 页。
② 参见俞祺：《论与上位法相抵触》，载《法学家》2021 年第 5 期，第 60 页。
③ 参见袁勇：《法的违反情形与抵触情形之界分》，载《法制与社会发展》2017 年第 3 期，第 139 页。
④ 俞祺：《论与上位法相抵触》，载《法学家》2021 年第 5 期，第 65 页。

概念的差异。[①] 总的来看,《条例》第19条第3款在与《食品安全法》第35条第1款进行比对时,呈现出复杂的样态。《食品安全法》第35条第1款规定,国家对食品生产经营实施许可制度。从事食品安全生产、食品销售、餐饮服务,应当依法取得许可。但是,销售食用农产品,不需要取得许可。该款实际上包含了三个层面的含义。按照规则成分可以将该条完整地阐述为以下三部分:一是食品生产经营者应当取得许可证;二是食品生产者、食品销售者、餐饮服务者应当取得许可证;三是食用农产品的销售者无须取得许可。《条例》第19条第3款的具体含义为:从事生猪产品及牛羊等其他家畜的产品批发者和零售者应当取得许可。事实上,第19条主要可能与第35条第1款构成抵触关系,第19条与第35条第1款的第三个层次的构成要件不一致,前者的行为主体是"从事生猪产品及牛羊等其他家畜的产品销售者",后者的行为主体是"从事食用农产品的产品销售者",下位法第19条与上位法第35条第1款的第三层次形成了交叉关系,即两个概念存在部分交集,第19条与上位法重叠部分的范围为"从事生猪产品及牛羊等其他家畜的农产品销售者",其小于上位法概念,构成收缩关系,而与上位法概念不重叠的部分则构成相异关系,即"从事生猪产品及牛羊等其他家畜的非农产品销售者"。而构成要件的交叉关系,必然转化为规范词的差异,对于"从事生猪产品及牛羊等其他家畜的农产品销售者",上位法认为无须取得许可,下位法认为必须取得许可,规范词由"无须"变为了"必须",构成抵触。由此可见,通过规范的审查方法,我们基于一个较为科学、规范的理由得出了与法规备案审查室不同的结论。但是,这不是对第19条的否定,事实上,立法者只需在立法过程中更加讲究立法技巧,将设定行政许可的范围限定为"从事生猪产品及牛羊等其他家畜的非农产品销售者",这样一方面可以避免与上位法抵触,另一方面也可以符合地方实际情况。同理,依照审查方法对案例Ⅰ的被审规范进行审查也可以发现其构成了与上位法的逻辑抵触。

第二,排除了逻辑抵触后,应结合被审规范的类型判断是否存在非逻辑抵触,进而认定形式法治与实质法治相冲突的情形,并进一步确定审查次序。

总体而言,审查主体需要从地方性事务与上位法的目的和精神两个方面判断被审规范是否构成间接抵触,并在二者之间达致一种平衡。一般而言,审查主体

① 参见俞祺:《论与上位法相抵触》,载《法学家》2021年第5期,第60页。

可以根据被审规范是否属于地方性事务决定审查的强度，若被审规范的地方属性越强，则审查的合法性要求越弱，合理性的空间越大，被审规范的地方属性越弱，则审查的合法性要求越强。自主性立法因涉及地方性事务，应具有相对较大的立法空间，若自主性立法规范对上位法目的有阻碍，但不存在与上位法的逻辑抵触，则应以地方性事务为重，不构成非逻辑抵触，同时也不构成形式法治与实质法治的冲突；当自主性立法强化了上位法目的时，更不会产生两种法治观的冲突。

对于执行性立法而言，其立法的自主权较之于自主性立法受到更加严格的限制，当执行性立法阻碍了上位法目的，则应认定为抵触，当执行性立法没有阻碍反而强化了上位法目的时，则可能出现形式法治与实质法治的冲突，即下位法规定了上位法所没有规定的情形，此时，若执行性立法所规定的事务为中央性事务，则构成抵触，若规定的是地方性事务，则不构成抵触。例如，2017 年有公民针对六省区地方性法规中关于老年人护理假的规定提出审查建议，认为该制度变异成“政府请客，企业买单”的怪异现象，增加用人单位的负担。其中五省区反馈老年人护理假符合立法权限、《老年人权益保障法》《人口与计划生育法》的有关规定，符合地方老龄事业发展的实际情况，不存在违反法律的情形。全国人大法规备案审查室对被审规范进行规范分析后指出：老年人护理假制度无疑符合《老年人权益保障法》《人口与计划生育法》等上位法的立法精神和立法目的，不存在与法律抵触问题。但同时也需要注意的是，老年人护理假会造成地区之间人力资源流动与配置、企业之间的市场竞争等问题，需要进一步进行立法后评估和实践检验。①

有关老年人护理假是否属于中央事项也存在一定的争议。国务院负责假期管理的机构认为其从性质上属于全国统一事项，地方不宜设置自己的假期。② 显然随着社会老龄化的发展，国家的态度也作出了转变，不少省区的相关条款继续施行，实践中默认了设置老年人护理假为地方性事务，《老年人权益保障法》(2018年修正)第 18 条第 3 款规定，用人单位应当按照国家有关规定保障赡养人探亲休假的权利。因此，地方性法规设置老年人护理假是为了执行该款而作出的具体规定，不构成与上位法的抵触。此时，审查主体应遵循的则是实质法治优先的审查

① 参见全国人大常委会法制工作委员会法规备案审查室编:《规范性文件备案审查案例选编》，中国民主法制出版社 2020 年版，第 39-42 页。

② 参见程庆栋:《执行性立法“抵触”的判定标准及其应用方法》，载《华东政法大学学报》2017 年第 5 期，第 189 页。

逻辑。

不同于执行性立法，补充性立法只可能存在非逻辑抵触问题，需要结合上位法的立法目的进行价值判断，但是非逻辑抵触也需要在形式法治与实质法治之间达致一种平衡。①“某一领域国家已经制定法律、行政法规，但法律、行政法规对某一具体问题未作规定或者规定不完备的，地方性法规可以行使行政处罚补充设定权，创制全新的规范或者补充中央法规范的法律后果，该类立法属于地方补充性立法。”②2021年修改的《行政处罚法》明确了补充型立法的法律地位。“地方性法规补充设定的行政处罚在种类上与该法律、行政法规已经规定的行政处罚种类不一致，在幅度上低于或高于该法律、行政法规已经规定的行政处罚幅度，并不当然地构成与该法律、行政法规抵触。”③

事实上，地方立法不仅可以在行政处罚领域，还可以在其他领域进行补充立法。当下位法对上位法的构成要件以及法律后果进行补充时，规范之间即可能产生形式法治与实质法治的冲突，当地方补充性立法符合上位法的立法目的与地方实际情况时，一般情况下可以遵循实质法治优先的审查逻辑。例如《某省物业管理条例》第88第3款规定：“业主大会选择自行管理专项维修资金的，应当接受物业管理行政主管部门的监督，在物业管理行政主管部门指定的银行设立专项维修资金专户”。全国人大法规备案审查室认为，虽然上位法《物权法》《物业管理条例》没有对专项维修资金的管理作出具体规定，但是该条款坚持问题为导向，规范了专项维修资金的管理和使用，不构成与上位法抵触。④事实上，被审规范对“专项维修资金管理和使用制度”作出了补充规定。该补充规定是否符合上位法目的呢？我们可以从上位法及其有关配套立法的规定窥知一二。《物业管理条例》(2007年修订)第54条第3款规定，专项维修资金收取、使用、管理的办法由国务院建设行政主管部门会同国务院财政部门制定。

随后，建设部制定了《住宅专项维修资金管理办法》(2008年施行)(以下简称

① 参见程庆栋:《执行型立法“抵触”的判定标准及其应用方法》，载《华东政法大学学报》2017年第5期，第191页。

② 程庆栋:《地方补充性立法与行政处罚设定权的配置》，载《政治与法律》2021年第5期，第81页。

③ 王太高:《论地方性法规行政处罚补充设定权》，载《苏州大学学报(哲学社会科学版)》2021年第6期，第93页。

④ 参见全国人大常委会法制工作委员会法规备案审查室编:《规范性文件备案审查案例选编》，中国民主法制出版社2020年版，第62-64页。

《办法》)以作为配套立法,该《办法》第15条规定,业主大会成立后,应当按照下列规定划转业主交存的住宅专项维修资金:业主大会应当委托所在地一家商业银行作为本物业管理区域内住宅专项维修资金的专户管理银行,并在专户管理银行开立住宅专项维修资金专户。另外,根据《办法》第4条的规定,住宅专项维修资金管理实行专户存储、专款专用、所有权人决策、政府监督的原则。由此可见,参照《办法》的有关规定,业主大会通过在银行设立专项维修资金的专户来对资金进行管理符合上位法的目的,但《办法》与被审规范的区别在于确定银行的方式,对此,制定机关也回应不是通过政府指令方式确定,而是以业主大会的意见为准。虽然根据《立法法》(2023年修正)第106条的规定来看,地方性法规与部门规章之间不是上下层级的关系,被审规范无须与《办法》保持一致,但是可以通过《办法》了解上位法的立法目的。据此,被审规范符合上位法目的,而设立专户的方式亦符合地方实际情况,故不存在与上位法抵触情形。

综上所述,审查主体在对地方性法规的审查过程中应遵循如下步骤:第一,判断地方性法规的类型,作为执行性立法、补充性立法的地方性法规才有可能导致形式法治与实质法治相冲突。先行性立法因涉及中央性事务,当其与现行其他领域的上位法或未来已制定上位法的目的造成阻碍时,应认定为抵触,[①] 不存在形式法治与实质法治冲突的情形。自主性立法也不存在形式法治与实质法治冲突的情形。第二,判断是否存在逻辑抵触,若存在逻辑抵触,则应以形式审查优先,若不存在逻辑抵触,则进入下一个步骤。第三,判断是否存在非逻辑抵触,对于执行性地方性法规而言,当被审规范规定了上位法没有规定的情形时,且被审规范属于中央性事务时,应当以形式审查优先,当被审规范属于地方性事务时,可以实质审查优先;对于补充性地方性法规而言,当下位法对上位法的构成要件以及法律后果进行补充时,若地方补充性立法符合上位法的立法目的与地方实际情况,可以实质审查优先。

五、结语

本文从案例引入揭示了当前备案审查过程中存在的合法性审查与合理性审查相冲突的困境,即难以妥善处理"合理不合法"这一审查现象,这种现象反映了审

① 参见俞祺:《论与上位法相抵触》,载《法学家》2021年第5期,第67-68页。

查次序存在的固有问题，即理论界主张合法性审查应当优先于合理性审查，实务界也往往采用这种做法，但是，这种审查次序难以应对纷繁复杂的审查实践。对此，本文认为应当构建一种开放、动态的审查次序。究其根本，合法性审查与合理性审查的冲突本质上源于形式法治与实质法治之间的冲突与矛盾，表现为法的安定性与法的正当价值之间的张力。对于审查实践中出现的形式法治与实质法治的冲突，审查主体不能一律采取“形式审查优先，实质审查次之”的审查次序。在备案审查过程中，审查主体应当保持自制的立场，一方面需要最大限度尊重制定机关，另一方面也要尽可能维护法制统一。审查主体应当根据被审规范的类型建立阶层化的审查次序，本文选取地方性法规作为典型代表构建了确立审查次序的具体步骤。具体而言，审查主体应当根据被审规范的类型来确立审查次序，对于地方性法规而言，只有执行性立法与补充性立法才可能存在审查冲突的情形，并且只有在不构成逻辑抵触情形下才可能产生审查冲突，当执行性立法规定了上位法没有规定的情形，且被审规范属于地方性事务时，可以实质审查优先；当补充性立法符合上位法的立法目的与地方实际情况时，可以实质审查优先。根据以上审查方法对案例Ⅰ与案例Ⅱ的被审规范进行审查可发现，其均构成了逻辑抵触，甚至不具备判断是否产生审查冲突的前提，事实上，被审规范看似产生了合法性与合理性的冲突，但实际上存在逻辑抵触的被审规范，审查主体不可以轻易主张以实质审查优先的审查次序，否则将对法制统一与法的安定性构成不当侵害。本文更倾向于以一种谦抑、审慎的态度开展备案审查工作。需要注意的是，本文无意于推翻现行规范文本中确立的审查标准，而是强调审查主体可以通过适当的审查方法更好地适用审查标准，而确立审查次序属于审查方法的重要内容。此外，笔者提及的形式审查与实质审查主要是指涉合法性审查与合理性审查，与合宪性审查、政治性审查无直接关联。毋庸置疑，审查方法作为法律方法中的重要组成部分，当前的研究较之司法裁判方法略显空白，因而其发展还仰赖于理论界与实务界持续的研究。

（编辑：杨知文）

民法方法论

新《公司法》视角下股东共益权行使的深层逻辑探析*

——基于“权能”的解构及应用

郑　乾**

摘　要　我国《公司法》改革呈现出股东赋权主义的趋势，共益权作为表彰股东积极参与公司治理的权利日益受到重视。然而，既有的立法设计未能将表决权、提案权、知情权等具体共益权视作具有相同特征的规范集合，采取了孤立的制度表达形式，应有的法律效果遭致削弱。从组织法角度来看，理想的治理模式应当是多主体参与的复合结构，因此“赋权”的核心在于尊重股东异质性基础上的“赋能”。运用权能范式可以解构出共益权协同支配、意见表达、反馈获取、更正回复的四项内核，为股东行权实践提供一套新的方法论指引。一方面，实现共益权权利谱系的拓宽，既能证成《公司法》修改中规则变化的正当性，又能找准未尽完善之处，增强对规范中模糊内容的解释力；另一方面，指引共益权行使的多情景实践，通过开辟差异化的治理路径，增进不同利益股东的参与度，从而释放市场内生活力。

关键词　共益权　权能分离　公司治理　股东利益

---

*　本文系国家社科基金重大项目“我国资本市场制度型开放的法律体系构建研究”（22&ZD204）、国家社科基金一般项目“公司法制度竞争视野下股权结构变革研究”（21BFX095）的阶段性研究成果。

**　郑乾，男，山西汾阳人，武汉大学法学院博士研究生，武汉大学资本市场法治研究中心助理研究员，研究方向为经济法基础理论、公司法。

股东作为公司出资者而享有权利,有恒"产"者有恒心的保护机理应当进一步诠释为有恒"权"者有恒心。其中,以剩余索取权为核心的自益权和以最终控制权为核心的共益权构筑了股东的权利配置结构。从二者的依存关系来看,由于股东参与公司意思形成、决定公司事务需要共益权提供权利途径,故共益权是自益权实现的必要保障。[①]2023年12月29日审议通过的新修订《公司法》(以下简称新《公司法》)就共益权范畴下涵盖的表决权、提案权、知情权及由此伴生对公司决议、董事高管诉权等具体制度进行了完善更新,回应了公司治理实践。不过,这也反映出学界对共益权的既有关注一方面习惯以填补权利缺陷的立法论思路出发,鲜有剖视权利内涵的解释论视角;另一方面偏重于采取单点式的规范完善,缺乏在遵循共益权内部共通性特征基础上展开的体系化建构,忽视了各项具体共益权彼此间的关联,公司法作为协调不同主体权利的组织法角色未能充分发挥作用。因此,股东共益权运行机制亟待新的理论阐释。权能是权利构造内部必不可少的、对权利创制目的实现发挥特定功能的构成要素。民法上所有权具有占有、使用、收益、处分四项权能,由此厘定了物权关系中不同主体及不同权利的界限,使物的价值最大化。引言之,倘若能够以新《公司法》为对象,勾勒一幅完整的共益权权能图景,便可以廓清权利内涵,突破单个共益权之间的封闭与隔阂,赋予当前制度更强的包容性,探索多元治理主体融洽共存的行权空间,统筹推进公司良性发展。

一、中国股东共益权规范效果受限的去蔽

德国哲学家海德格尔首次提出"去蔽"(aletheia)的概念,指的是当现象已沦入遮蔽状态的假象时,必须经历一个敞开和揭示的过程。[②] 如果某个问题经常被讨论却迟迟难以解决,则意味着可能陷入了既往研究的局限,需要引入新的视角。综观新《公司法》中的共益权规范,在文本设计上,仍未改变一直以来形式移植所附生的缺陷,对本土性特征关照不足;在制度内容上,脱离了我国公司经营情境中股东差异化的治理型需求,忽视了全体股东共同参与治理的内涵。因此,须适时

① 参见刘俊海:《论股东会中心主义治理模式的勃兴:评〈公司法(修订草案)〉中股东会的权力机构地位》,载《法学杂志》2023年第5期,第16页。

② 参见[德]马丁·海德格尔:《存在与时间》,陈嘉映、王庆节译,商务印书馆2018年版,第304-306页。

植入权能话语体系建构新的制度想象，充分激发共益权规范效果的全部发挥。

（一）共益权立法逻辑本土性思维的缺失

一个有效的公司治理结构必须能够在满足个人理性约束和激励相容约束的双重条件下实现企业总价值的最大化。① 在以德、日等国家为代表的公司法理论中，与股东个体私益直接关联的资产收益权被称作自益权，而与之相对应的共益权则指的是股东参与公司经营管理的权利。② 由于相同的大陆法系基因，该种类型划分同样影响到了我国学界对于股东权利的认知。知情权、表决权、提案权、公司决议无效和撤销请求权、股东代表诉讼提起权、公司解散请求权等均归属于共益权规范群。这些具体共益权环环相扣，串联成完整的行权链条：股东通过向公司提交议案发声（提案权），为使议案转化为公司运行实践，必须获得足够数量的投票（表决权），经营权与所有权相分离的预设结构下，决策价值与股东所获取信息的充分程度（知情权）息息相关，并通过代表诉讼或直接诉讼的救济权利予以维护。然而，新《公司法》既未明确宣示股东中心主义价值观，亦未专章规定股权保护。③ 立法的分散设计从文本上割裂了共益权内部的实然联系。例如，规定在“设立”部分的知情权与规定在“组织机构”部分的表决权、提案权缺乏呼应，使共益权的相关制度成了单纯规制公司股东行为的法律规则，而其本身蕴含的治理公司的功能在条文设计中则不太明显。这种立法现实使“共益 / 自益”仿佛落入纯粹概念意义上的区分，遗忘了共益权这一“权利集合”对理论界开展研究、股东参与公司治理实践等场景的重要性，进而导致不同的具体共益权之间日渐疏离，不再能够对其综合看待并形成系统性的认识。

这一现象的产生是因为在对以美国为代表的域外制度进行效仿时，忽视了权利体系的深层差异。其一，权利体系的观念基础不同。我国股权结构与英美法系国家大相径庭，简单的法律移植可能会导致“水土不服”。与英美法系国家上市公司的分散持股结构相反，我国大部分公司由家族或控股股东控制，股权尤

① 参见张维迎：《理解公司：产权、激励与治理》，上海人民出版社 2014 年版，第 24 页。

② 参见［德］托马斯·莱赛尔：《德国资合公司法》，高旭军译，法制出版社 2006 年版，第 99-103 页；参见［日］近藤光男：《最新日本公司法》，梁爽译，法律出版社 2016 年版，第 51 页。

③ 参见刘俊海：《论〈公司法〉的法典化：由碎片化走向体系化的思考》，载《法律科学（西北政法大学学报）》2024 年第 1 期，第 19 页。

为集中，且股东的参与诉求较为强烈。因此，我国在共益权的设置上，不仅要关注股东与管理层的利益冲突，还应着重考虑大股东与中小股东的利益冲突。其二，权利体系的结构形态不同。美国法上证券法律制度归联邦统一规制，而公司法的立法权限则交由各州行使，出于尊重州法管辖公司治理的传统，二者既相对独立又互相制约，形成了在一定约束前提下的高度自治。我国公司法本质上是一部成文法，若其内容变得富有弹性，则不再是一种标准化、强制性的要求，这可能导致公司法丧失大陆法系立法模式中最重要的优势——可预测性。① 若希望给企业更多的灵活性和自治空间，便需在制度层面为其提供宽松优良的环境，但成文法的基本属性如何才能实现这一点，是首先应当解决的关键矛盾。② 其三，权利体系的设计目标不同。虽然我国股东拥有充分的治理意愿，但对自己能够参与公司管理的共益权认识程度不足，只知有权却不知权利本旨，更不知如何在合适的范围内为争取自身利益与公司利益而行使权利，故立法者采取强制性制度变迁的思路试图在此种外部环境下快速形成一套较为科学的规则体系，激励公司内部各方的角色发挥。尽管该问题纯属立法技术问题，并不关涉立法者的价值判断，但法律的指引功能使实际效果朝反方向发展：股东根本无法意识到参与公司治理具有何种价值，制度重心本应是权利分配与供给的公司法失语，共益权规范究竟是强制性抑或任意性的界限模糊。追根溯源，正是因为美国并没有“共益 / 自益”的类型化区分，其自发形成的治理创新往往先于实证法，故规范的完善只需针对个别权利来展开。我国在比照其制度时不自觉地将关注点聚焦在提案权、表决权等单个具体共益权的填补上，忽视了我国的统一立法模式追求规则间的体系化和部门法之间的协调配合，在“宜粗不宜细”“成熟一条制定一条”的“阶段性”“零售式”的立法策略下，未从组织法维度架构起一套专属于股东共益权的内核。事实上，共益权规则的有限性恰恰表明不能对域外规则亦步亦趋，现阶段我国公司法的目标应当优先向股东阐明共益权“是什么”和“如何用”，基于共益权的行权过程梳理出一套权能分析框架，从而认识其多维面向，丰富公司治理实践。

---

① See Henry Hansmann & Reinier Kraakman, “Property, Contract, and Verification: The Numerus Clausus Problem and the Divisibility of Right”, Journal of Legal Studies, Vol.31, 2002, p.373.

② 参见朱大明：《公司法的国际化——最新日本公司法的动态与对我国的启示》，载张志铭主编：《师大法学》（第 11 辑），法律出版社 2023 年版，第 236 页。

（二）全体股东共同参与治理内涵的澄清

治理理论的代表人物詹姆斯·罗西瑙认为，治理是具有一定独立性的各主体相互依存，通过协商达成共同目标的过程。[①] 这一过程的基础不是控制，而是持续地协调互动。[②] 同样，股东间既有冲突、对抗与竞争，也有妥协、包容与合作。从团体法角度来看，共益权不是基于股东的资格被赋予的权利，而是一种作为团体成员享有的权利。换句话说，若仍将"股权—股东资格"予以捆绑理解，便始终无法摆脱"所有者—占有者"的身份认知，缺乏"组织"的概念，最终导致公司利益被替换为股东利益，股东利益又被扭曲为股权所有者的利益。[③] 因此，公司治理实质上是代表不同利益的股东运用共益权使其个人意思通过董事会或股东会转化为团体意思的过程。经由该过程所作出的决策能够突破有限理性，关切大多数成员的决策偏好，优于成员的平均决策与成员中的最佳个人决策，形成个人利益与组织利益在价值判断上的同向性。

在资本平等的语境下，股东平等的内涵被抽象为不具有伦理价值的经济关系，衡量平等原则的标准通常是股东持股数量、分红权利等方面所存在的巨大差异。[④] 然而，当凭借资本多数决取得公司控制权的股东成为全体股东利益的权威代表后，其意志就被拟制为公司意志。由于控制股东不必然追求利益的最大公约数，其强势地位容易忽视居于弱势地位的非控制股东的治理诉求，导致股东普遍对公司治理的准入门槛和行权程度存在误解，在"过分介入公司侵犯经营层自主性"和"事不关己只获取财产性收益"的选择中使公司治理走向失衡。事实上，股东之间的天然差异更值得被尊重，满足股东不同偏好应当成为当前语境下股东平等的新内涵。具体而言，一方面，股东加入公司的目的存在差异，有的股东为获取短期投资收益，有的则为赢得长期控制地位，各自诉求的不同导致其在参与公司

---

① See James N. Rosenau, "Governance without Government: Order and Change in World Politics", Cambridge University Press, 1992, p.49-51.

② See The Commission on Global Governance, "Our Global Neighborhood: The Report of the Commission on Global", Oxford University Press, 1995, p.145-146.

③ 参见邓峰：《公司利益缺失下的利益冲突规则——基于法律文本和实践的反思》，载《法学家》2009年第4期，第88页。

④ 参见汪青松：《一元股东权利配置的内在缺陷与变革思路》，载《暨南学报（哲学社会科学版）》2016年第8期，第69页。

治理时的行权决策差异。另一方面,股东的能力存在显著差异,如缔约能力、判断能力和信息收集能力都存在很大区别,这决定了每个股东会注意股权中的不同方面,以利于自身行权。有学者指出,公司内部的“权力—权利”配置模式,可以看作是政治制度的简化翻版。① 共益权的行使可以类比参政议政与执政的关系,② 虽然控制力不足的其他股东无法支配决策的直接做出,但其参与力并未受克减,当然可以行使共益权进行管理、监督,对公司产生间接性的拘束力。在实务中,股东若不参与公司的任何治理,有可能引发法院将其认定为“债权债务关系”的倾向,这也侧面印证了行使共益权的必要性。

如前所述,资本多数决的正当性依据是股东利益同质化。当股东在利益偏好、投资目的、治理能力三个方面表现出显著的异质化特征时,③ 便会在如何使用共益权参与治理的深度和方向上再次分化成不同的次级利益团体。股东异质的外化表现是股权异质,而股权中各具体共益权的“全有”或“全无”是对细微偏好的忽略,不足以保障股东实践中层次丰富的治理追求,应当深入至下一级的权能异质化层面。有观点试图将共益权解释成表决权能、知情权能、诉权权能等。④ 这种名异实同的建构方式显然只是对表决权、知情权、诉权等具体共益权的重复性描述,并未真正理解剖析权能的意义,无益于彰显股东对共益权的区分使用。新《公司法》第144条所规定的类别股制度表明已经允许公司按照章程规定设计含有特别内容的股份类型,但以列举式的立法语言仍旧会在一定程度上限制股东多样化诉求的解释空间。不同的类别股所指向的利益分配不同,无法用单一的、固定的特征或内容来描述,因此权能解构应当作为识别不同股东参与目的的工具,从而实现针对性地流转和再分配,完成精准的利益互换。通过分析共益权的权能,规范大股东行使权利,赋予小股东特别保护,才能够矫正资本多数决带来的实质不平等结果,进而把公司内部各种利益的股东培育成规模化的、成熟的利益团体,在公司决策过程中形成公共论辩,使各类次级利益团体与公司利益实现梯度趋同,降低边际成本,极大助益公司治理。

---

① 参见邓峰:《中国法上董事会的角色、职能及思想渊源:实证法的考察》,载《中国法学》2013年第3期,第107页。

② 参见[日]上村达男:《公司法改革——公开股份公司法的构想》,陈景善译,法律出版社2015年版,第38页。

③ 参见冯果:《股东异质化视角下的双层股权结构》,载《政法论坛》2016年第4期,第134页。

④ 参见黎珞:《股权权能分离制度的法律分析》,载《学习与实践》2016年第10期,第75页。

二、权能范式构造共益权本质内核的动因

(一)前提:权能范式解释共益权的可行性

“权”的概念指称和反映对象在法律生活中的重要性决定了“权”在法学学科内必然处于基础性范畴的地位。① 权利在法律关系中的重要性毋庸讳言,在追求现代化公司治理体系的过程中,共益权具体制度成为股东权利的关键组成部分。但我国法律中涉及共益权的规定过于模糊,停留在移植权利外在形态的阶段,始终未把目光落在内部权能的剖析上,导致适用情形狭窄,规则的可解释力有限。大陆法系传统民法受天赋人权的自然法思潮所影响,认为所有权具有先在性。② 而划分权能的目的在于宣示法律全面地、总体地认可所有权人能够想象到的、对所有物的支配方式。③ 因此按照传统民法理论,所有权可划分为占有、使用、收益、处分四种权能。同理,股东出资设立公司,是以其现实拥有的财产或者在将来的某个时间交付的财产为代价的。对于股东来说,这是一种所有权置换,股东失去对出资财产的所有权,换来对公司的所有权,而共益权即为股东对公司的所有权表现形式之一。从体系解释与目的解释的角度来看,具体共益权不应受新《公司法》篇章体例的分散规定所局限。采取“概括权利—具体权利—权能”的递进分析模式有助于充分展现具体共益权的特点,既可以向上归纳共性冠以共益权的统称,实现权利的周延保护;又可向下细化差异来明确价值取向,丰富对权利内涵的解释。

霍菲尔德的权利分析理论认为,如果某个主体通过自己意志支配的事实(行为)改变了法律关系,则此人行使了权能。④ 权能是权利的内生,没有具体权能的权利不具有实用性,仅仅是一种权利的宣示。提案权、表决权等之所以成为独立的共益权,恰是因其均有一个不可或缺的核心权能,在内部占基础性地位,并与其他居于次要地位的权能具有牵连关系,共同包裹形成该权利本身。部分权能的限制不影响权利本体的完整性,而且可以容纳对权利意思自治的空间。这样也可

---

① 参见董之伟:《“权”字向中文法学基础性范畴的跨越》,载《法学》2021年第11期,第39页。
② 参见尹田:《法国物权法》,法律出版社2009年版,第138页。
③ 参见[德]M. 沃尔夫:《物权法》,吴越等译,法律出版社2004年版,第28页。
④ 参见[美]霍菲尔德:《基本法律概念》,张书友译,中国法制出版社2009年版,第53页。

以解释,失去了部分权能的某项权利并不是化作新的权利,只是以特定的方式在权利所有人和对此权利有权的权利人之间进行了分割重组。在拉伦茨看来,行为的权能并非都作为"权利",而是把某种具有相对独立意义的权能称为权利。权能若没有从权利中分离出来,在还不能独立地被转让时,它们本身就还不能被作为"权利"。[①] 因此,权能残缺不代表主体虚位。具言之,部分权能的分离或转让并不会导致股东法律地位丧失,其仍享有其他权能以及由此构成的具体共益权。我国《公司法》在修订的过程中呈现出向美国公司法等法律的模仿与学习,逐步形成权利内容较为相似,权利体系的观念基础却不尽相同的立法体例。作为成文法国家,一般而言,增加制度供给是尽可能减少争端的主要手段。不过,当前《公司法》的修订已完成,则解释论成为弥补制度不足的优位方式。运用一贯的权能话语表达能够充分发挥成文法的"符号技术"功能,使立法更加精致化、分析化。[②] 需要指出的是,权能范式是适应了路径依赖的思维方式,并不是对英美法的摒弃,相反,用权能并不影响我们在共益权的内容创新上继续向域外法借鉴,而是运用这种系统的解构过程使共益权理论证成更加丰盈和融贯。

(二)现实:权能范式规正共益权的迫切性

权利行使是权利享有被确证之后才会发生的问题。[③]《公司法》以赋权形式对股东的共益权进行确证,但或因不清楚权利的内容、边界而放弃,或因遭到公司董事、其他股东的阻挠而无法运用,共益权人仍无法有效行权,实然与应然之间的鸿沟应通过权能范式来填平。一旦强弱关系导致的不公平现象蔓延,某个行业或领域就可能面临社会治理失败的情形。[④] 因此,亟待通过分割权能来真正实现其法律效果,以保证每类具体共益权从不同方向参与公司治理时所展示的意思支配力。

例如,新《公司法》对股东提案权设置了一个隐形限制,即赋予董事会依据章程审查股东提案的权力。[⑤] 如此一来,股东在行使提案权积极参与公司决策时,有可能会面临董事会对提案的苛刻审查,避免该提案被提交至股东大会上进行表

---

① 参见[德]卡尔·拉伦茨:《德国民法通论》,王晓晔等译,法律出版社2013年版,第263页。

② 参见杨仁寿:《法学方法论》,中国政法大学出版社2013年版,第138页。

③ 参见蔡立东:《从"权能分离"到"权利行使"》,载《中国社会科学》2021年第4期,第97页。

④ 参见叶静漪、李少文:《新时代中国社会治理法治化的理论创新》,载《中外法学》2021年第4期,第846页。

⑤ 参见林一英:《新〈公司法〉对股东权利保护的完善》,载《法律适用》2024年第2期,第23页。

决，从而按照董事会的意愿推进公司各项议程。一方面，从经营层角度，明晰权能有助于经营层在当前法律法规较为原则的情况下结合自身需求审慎合理地作出细化规定，避免引发股东等其他治理主体乃至监管主体的质疑。另一方面，从所有者角度，只知权利不知权能易导致虽允许表达意见观点，但实际反馈处理效果欠佳，背离了股东参与治理的原意，无法真正解决因两权分离导致的高度专业性、技术不确定性、决策信息不对称性和价值结构多元性等问题，股东的群体性焦虑相伴而生。《公司法》虽然赋予了股东知情权、参会权、提案权、质询权和表决权等多项权利，但既没有规定股东行权的步骤、顺序、方式和时限，也没有规定公司该如何配合股东行权以及若不配合应承担何种责任，这导致股东的权利往往有名无实。① 为此，丰富共益权内涵的需求应运而生，这便要求围绕权能来加以解释。因为赋权是从整体权利的视角出发，将规制对象和保护对象置于一个理性运行的框架下，向主体提供一种理想化状态，而要真正实现制度目的必须从赋能入手，使股东更加关注参与治理中的亲身经历，体现对主体信息知悉、意见表达等人身权益的尊重。凯尔森认为，权能是联结法律条件和法律后果的纽带，有权能者的行为才可能作为法律条件而产生相应的法律后果。② 共益权规范急切需要改变目前僵硬的静态体系，否则股东只能依从于不完善的既有规范内容。权能谱系能够成为跨越各具体共益权的解释力因素，简明扼要地告知权利人权利内容，允许不断变化的各类事实有序进入法律规范，丰富依托共益权利而诞生的董事会审查提案制度、表决权征集制度、股东派生诉讼制度等，使当前的共益权规则实现自我修正和续造。当利益冲突发生时，将共益权分解为具体权能，有助于分析特定情形下的利益冲突成因，极大提升治理主体间互动沟通的有效性。

（三）衍生：权能范式介入共益权的有益性

对于公司法的认知必须站在整体主义的立场和功能主义的视角去多维度地思考和观察，面对多元价值的追求与重叠冲突，需要确立差异化的制度设计，以免顾

---

① 参见龚浩川：《公司法程序转向论——以股东（大）会制度完善为例》，载《法制与社会发展》2021年第2期，第196页。

② 参见［奥］凯尔森：《法与国家的一般理论》，沈宗灵译，中国大百科全书出版社1996年版，第101页。

此失彼、进退失据。[①] 共益权兼具身份性权利和行动性权利的双重面向，既包括享有参与公司事务的机会，也包括对公司治理产生实质影响的行动能力。因此，权能范式能够实现利益分析与衡量的精细化，在保障股东高效行权的基础上，进一步上升至公司治理结构层面的塑造。

其一，运用共益权权能强化股东的权利享有。共益权的基本立场是该权利的行使应当对公司有利，故解构权能可以直观地比较股东利益与其他相关者的利益，行权不超出必要的限度。例如，查阅权行使必然会涉及公司经营信息，在很多情况下，公司账簿中包含着不少的商业秘密，如果股东滥用查阅权，极有可能对公司及其他全体股东造成不可估量的损害。此外，如同用益物权等他物权是对占有、使用、收益或处分的某一项或几项权能的分离，在当前追求公司个性化需求和股东异质化偏好的资本市场中，采取权能概念能够实现共益权的私序定制。所谓的私序定制，即在一部分股东有特别需求而其他股东愿意承认其优先性时，对不同的持股原因和背景进行权利义务上的重新约定，其范围不限于法定授权的主题，也在挑战和改变传统上被视为强制性规范的领域。[②] 共益权的部分权能丧失不能认为失去共益权本身，股东也不能被视作失权。当股权子权利被分离并重新组合，意味着其权能被扩张或限缩。[③] 同样，在具备法定事由的场合，股东当然可以行使救济权利终止不圆满的共益权，使权利回复完整状态。简言之，权能有助于划定共益权从配置到行使全流程中的适当边界，体现“尊重商事理性、合理引导规制”的赋权态度。

其二，运用共益权权能理顺公司机关职权配置。公司机关的职责范围出现重叠模糊，会导致彼此间权力互相侵蚀，扰乱正常的公司治理秩序。新《公司法》将原属于股东会职权的“决定公司的经营计划和投资方案”调整至董事会项下，强化了董事会对公司经营管理的主观能动性与决策力。有学者认为，当某项职权必然专属于某个机构，否则该机构的设置就失去应有功能时，那么该项职权就应具

① 参见冯果：《整体主义视角下公司法的理念调适与体系重塑》，载《中国法学》2021年第2期，第83页。

② See Jill E. Fisch, “Governance by Contract: The Implications for Corporate Bylaws”, California Law Review, Vol.106, 2018, p.373.

③ 参见潘林：《论公司机关决策权力的配置》，载《中国法学》2022年第1期，第215页。

有强制性；反之则否。[①] 共益权是对公司的最终控制权，是股东介入公司重大决策的必要手段，加之公司机关职权的分配过程本身是一种零和博弈，当判定某项职权与哪一公司机关的功能相关时，便需要分割权能、厘清本质来辅助甄别。例如，股东积极主义下，股东提案议题十分广泛，了解提案权的权能可使股东行动有方向可依。而董事会对股东提案权的审核应当定性为监督，明确审核是职权的行使方式而不是阻碍行权的方式，可改善提案压制和隐藏的情况。董事会应当承担起协调和缓和公司内部主体矛盾的角色，而非冲突制造者。

三、共益权权能的静态观察

权能的分割是对“权利”的再认识。共益权权能是对共益权固有内容的具体分解和自然延伸，是权利构成的基本单位。若欲形成体系，不仅需对性状进行描述，还应当呈现出构成要素间的逻辑一致。[②] 权能无法脱离权利而独立诠释，故本节将对共益权制度进行观察，归纳出“协同支配、意见表达、反馈获取与更正回复”四重权能。这些权能分别代表不同的效用，通过彼此间的主次轮换，由利益支配性质，[③] 组合转化为不同类型的具体共益权。

（一）协同支配权能

协同支配权能承担着整合多元股东利益的效用。把所有权的占有权能做“砧木”，以共益权为“接穗”，发掘出协同支配的权能。协同支配有两个方面的要求：一是成员的协同；二是在协同前提下的“支配”。前者直观反映“共益”性质，表明股东不单只是交易法上的投资者个体，毋论控制权与否，都可作为公司组织体内参与治理的一员；后者意味着股东据此可将权利指向公司事务并产生决定性影响。首先，就“协同”一面而言，新《公司法》将提出临时提案的门槛从 3% 降到 1%，目的是便于中小股东参与公司治理。然而，这种改变看似扩大行权股东范围，但未作进一步规范，仅是简单粗暴地降低持股比例标准，能否使股东提案权回

① 参见赵旭东：《公司法修订中的公司治理制度革新》，载《中国法律评论》2020 年第 3 期，第 120 页。

② 参见陈金钊：《作为法治原则之法律的体系性》，载《济南大学学报（社会科学版）》2024 年第 1 期，第 127 页。

③ 参见李国强：《“权能分离论”的解构与他物权体系的再构成——一种解释论的视角》，载《法商研究》2010 年第 1 期，第 37 页。

归本位仍值得商榷。事实上，在股票发行高度分散、集中持股比例大幅下降的经营趋势下，股东行使共益权更表现为一定数量股东的意思一致。基于共益权的此种协同性，股东选择投资进入目标公司前更加关注类似提案公告或否决情况等，考量将来与其他股东及经营层的融洽度，预估行权风险。其次，就“支配”一面而言，比照物权中占有权能带来的对世性和排他性，股东共益权同样可以产生专属的支配力。易言之，公司的所有者权力为所有者专属拥有，但经营者权力却不具有法定专属性。①因此，新《公司法》将提案权的内容限定于不违反公司章程与股东会职权范围之内。不过值得注意的是，对于股权流通高度自由的上市公司，提案权极易被与公司敌对的竞争对手利用，通过短期持股达到扰乱公司正常经营之目的，故此种支配力应当是有限的，须考虑权利主体行动能力的强弱与权利行使实效性之间的密切相关性。美国规定，提案股东持有股票需达 1 年以上且在股东大会召开时持续持有。日本和韩国立法对提案股东的持股期限亦有相似要求，即在提案 6 个月前持有或持续持有公司股份的股东方能行使提案权。②这体现了股东在参与公司治理的深度、范围与方式都需由共益权规范来指引。最后，该权能明确了“协同”与“支配”缺一不可，更多股东的协同将引发公司管理层的重视程度，放大对公司支配管理的效果，显著提升共益权的治理价值。

（二）意见表达权能

意见表达权能承担着证成股东决策理性的效用。共益权的意见表达权能创造了股东对公司决策享有阐释主观态度和利益诉求的言说机会，该权能所依托的外在表现形式既可以是直接发声，也可以是间接影响。通过意见表达的互动交流才能够全面地体现各方价值站位，否则共益权“共同参与”的属性将成为无本之木。首先，从行权场所上看，股东会作为控制权展开博弈的平台，意见表达是博弈的基本手段。新《公司法》第 24 条新增电子通信方式召开股东会和表决，确保了股东居家在线实时参加股东会并行使会议召集权、知情权、提案权、质询权和表决权。一是降低股东参会成本，提高股东参会积极性；二是电子方式参会能够使股东充分获得讨论、发言或者质询管理层的机会。其次，从行权功能上看，意见表达

① 参见郭富清：《我国公司法的权利 / 权力再配置》，载《甘肃社会科学》2023 年第 6 期，第 146 页。

② 参见伍坚：《股东提案权制度若干问题研究》，载《证券市场导报》2008 年第 5 期，第 17 页。

促进信息融合,从某种程度上降低获取信息的成本,有效缓解信息不对称的问题,成为信息披露的有机组成部分。欧文·戈夫曼的互动秩序理论指出,互动参与者表现出合意的公共形象与特征,彰显共享的价值观可被视为对共同体价值的表意性复原和重新肯定,但同时互动秩序中也不可避免地存在相对自主性和独立性。因此,有表决权的股东并不意味着必然允许其意见表达。新《公司法》第15条关于关联担保的股东表决回避制度,揭示了不当的意见表达会增加信息噪声。而不具有表决权的股东所拥有的意见表达权能也不能贸然剥夺,因为这忽视了意思互动的可能性,与股东民主参与的理念不合。股东通过发言,改变其他股东投票倾向的实例并不鲜见。最后,从行权方式上看,股东通过决议对公司产生约束力,这既是对内的一种合意,也是对外的一种公共意思。① 但控制股东参与公司并不是为了参与公司决议的形成过程,而是为了指导自己的候选人被选为董事,把自己制定的议案变成公司决议,最终实现对公司的控制。② 因此,即便主体对决策的控制力或影响力非常小,难以得到想要的决议结果,但其仍然想要表达出自己的意见。保障意见表达的程序可以给参与者释放一种信号,这种信号表明了参与者自身居于受重视、信任和尊重的地位。充分表达能够让参与者感受到自己能够影响决策的进程,有助于提升其控制权。

(三)反馈获取权能

反馈获取权能承担着促进股东主动监督的效用。倘若参与治理时仅允许观点的意见表达,却无法获得实际反馈及处理,此种低程度的参与将削弱股东继续行使共益权的动力。在新《公司法》的修订过程中,曾试图对董事会职权采取“剩余权力标准”的宽泛式表达,但最终在出台的文本中,仍回归了原《公司法》的列举董事会职权的设计,并用“公司章程规定或者股东会授予的其他职权”兜底。这流露出董监高表面上仅对公司利益负责,但从经济实质看,因公司利益中的核心是股东利益,董监高仍对股东的最佳长远利益负责,应预防其反客为主的道德风险。③ 正因为共益权内嵌反馈获取的权能,在落实经营权与所有权相分离原则的前提下,股东得以主张权利来对经营层监督,保证其对公司事务的知悉。具体而言,

---

① 参见葛伟军:《股东合意的结构体系》,载《华东政法大学学报》2023年第4期,第63页。
② 参见梁上上:《论股东表决权——以公司控制权争夺为中心展开》,法律出版社2005年版,第16页。
③ 参见刘俊海:《股东中心主义的再认识》,载《政法论坛》2021年第5期,第90页。

该权能蕴含两个层面：一是要求“反馈”，包含股东所提的合理要求应当被采纳与股东有权被说明其要求不被采纳之理由的双重内容。新《公司法》第110条与第187条分别规定了股东对公司经营和对董监高提出质询的权利，但未规定集体质询与回应制度。因此，根据目的性扩张解释，股东在股东会上针对议题进行质询的，若没有指定回应对象，应当由主持会议的董事长或执行董事进行回应。同样，对股东提出行使查阅权的请求，公司在拒绝时须清晰指出属于何种“不正当目的”。当股东的查阅请求提交给公司后，其最关心的莫过于该请求是否得到处理的情况。二是能够“获取”。数据作为生产要素，结构化的信息被公司占有后基于人格独立性而脱离股东个人直接控制。由于信息不存在单次使用后效用减少的问题，某次对信息的使用并不妨碍他人对该信息的再次利用。[①] 故信息既能成为经营层开展内幕交易等侵损公司利益的方式，也可作为股东监督公司运营情况，并决定是否以及如何采取适当行动的依据。新《公司法》第57条第3款较现行的司法解释，仅增加了可以委托会计事务所和律师事务所等中介机构进行资料查阅的规定，按照文义解释，并未要求股东必须在场。代理人只是一种查阅的“工具”，只要代理人能出示授权，即证明股东能够利用该种方式“获取”，股东在场与否意义不大。有人认为，“相对于获取投资收益的自益权而言，共益权是手段性权利”，[②] 实际上这种认识忽略了共益权中的反馈获取权能本身也是股东行权的目的。股东的共益权多大程度能够得到公司的理解和尊重，是否通过监督行为来拘束公司，能够彰显其股东地位，与反馈获取权能受保护的强弱程度息息相关。

(四)更正回复权能

更正回复权能承担着纠正股东权利受损的效用。权能可以划分为积极权能与消极权能，后者保障权利人排除权利行使过程中他人的干涉和妨害。[③] 消极权能并非始终存在，只有在积极权能遭破坏时才彰显出来。换言之，积极权能能够转移、占有和利用，而消极权能由于只能够被动触发，具有更强的附着性。公司法保

---

① 参见朱新力、周许阳:《大数据时代个人数据利用与保护的均衡——“资源准入模式”之提出》，载《浙江大学学报(人文社会科学版)》2018年第1期，第22页。

② 参见朱锦清:《公司法学》(上)，清华大学出版社2017年版，第398页。

③ 参见温世扬:《标表型人格权的制度价值与规范构造》，载《法律科学(西北政法大学学报)》2021年第6期，第145页。

护股东利益的救济制度基本上是诉讼救济模式，股东必须行使共益权才能使得这些救济制度发挥作用。[①]如果股东参与公司治理的协同支配、意见表达与反馈获取权能已发生错配或被攫取，则有赖于事后救济的方式使受损的共益权恢复到未受侵害的状态。据此，享有更正回复权能意味着该股东是适格原告。一方面，直接损害共益权权能的行为采用股东直接诉讼来更正回复。例如，新《公司法》第27条将现有决议效力诉讼中无效与可撤销的二分逻辑增补为不成立、可撤销和无效的三分法。决议不成立是事实判断问题，属于有无的范畴；决议效力判定是价值问题，属于好坏的范畴。在未召开股东会、召开但未表决等情形下，股东的共益权权能根本没有发挥，将其归入决议无效或可撤销的范围并不合适。另一方面，通过损害权能间接造成财产减损的，启动代表诉讼来更正回复。新《公司法》第189条规定了股东双重代表诉讼，通过穿透母公司对子公司的实际控制权，将被告范围扩张到全资子公司的董监高，以此维护母公司的中小股东权益。如同物上请求权之于所有权，更正回复作为共益权的消极权能，无法与法益相分离。[②]故不能单向、孤立地看待更正回复权能，它既能恢复其他权能的圆满，在其他权能受损时以诉讼的形式出现；又依托于其他权能的动静而实现，支配、表达、反馈得到的信息能够成为举证材料。新《公司法》第57条规定了有限责任公司股东有权查阅、复制公司全资子公司的相关资料的知情权穿越制度，正是与股东双重代表诉讼的衔接。由此可见，对更正回复权能的保护应当以尽可能减少给股东起诉所设置的障碍、为股东行使权利提供便利为要旨。通过对滥权股东施以矫正性约束以及对不合格的管理层形成外部压力，从而维护着每位股东享有共益权的安宁。

如图1所示，三项积极权能与一项消极权能交迭，形塑了具体共益权的各种形态。因不同权能在各个权利中的核心地位有别，外化为权利保护指向的不同域，如偏向于协同支配的A点典型权利是提案权、临时股东会召集请求权和自行召集权，偏向于意见表达的B点典型权利是表决权；偏向于反馈获取的C点典型权利是查阅权等知情权，而主要蕴含更正回复的则是以股东代表诉权、瑕疵决议诉权等诉讼权利。具体、特定的权利之所以相互不同，只是因为其各自作为权利载体的行为各不相同，如果将这些作为权利载体的行为都删去，那么所有的具体、

① 参见陈景善：《公司社会责任的股东共益权实现路径》，载《政法论坛》2020年第1期，第78页。

② 参见孙山：《请求权制度的运作机理初探——以物上请求权称谓之争为视角》，载王利明主编：《判解研究》（第91辑），人民法院出版社2020年版，第128页。

特定的权利中的剩余的“普遍要素”的含义都是相同的。[①]权能本身具有独立自洽性,彼此间又相互融通,清晰的权能构造成为识别具体共益权内涵的度量衡。

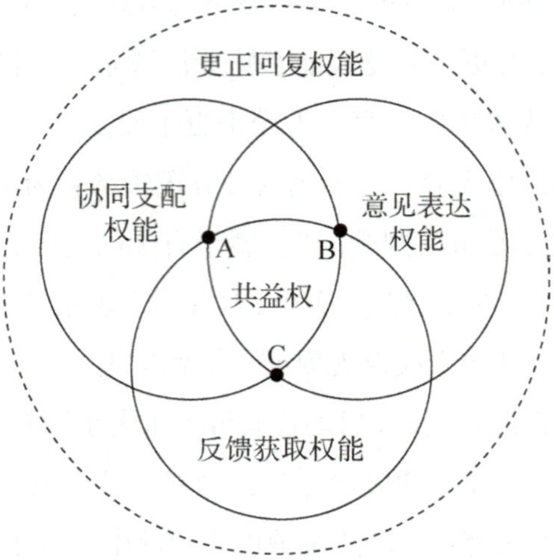

图1 共益权权能关系示意

四、共益权权能的动态实现

静态观察绝非本文论证的终点,权能的剖释只是理顺共益权底层逻辑的第一步。与财产收益具有直接联系的自益权符合股东天然的趋利本能,故其运行秩序仅需依照出资比例或章程要求便基本能够得到妥善安排。而在共益权视角下,效果实现充斥着时间上的间隔性与因果关系上的或然性,隐匿在参与公司治理的每个环节中。透过权能,股东将不再以“有权”作为共益权保障的依归,愈加重视用“行权”反映个人偏好和自主选择,微观上即体现为如何用权能工具降低股东行权成本,满足行权条件,达到行权目标。本节试图依托权能解构之“术”,循权利延展之“道”,应治理实践之“势”。即首先阐释权能如何重塑共益权谱系,进而展示权能如何指导具体场景,综合实现权能的动态应用。

(一)权能范式养护共益权权利谱系

公司法的改革趋势是由强制引导逐步向鼓励私序建构过渡。虽然大型的、高知名度的公司往往成为理想的治理实践榜样,但每个公司的处境不会完全等同,

① 参见张恒山:《论具体权利概念的结构》,载《中国法学》2021年第6期,第106页。

内部结构需求存在很大出入。① 我国《公司法》对表决权、提案权等具体共益权的规则内容更多体现为一种操作方法，缺乏专业知识的股东无法对文本背后的实际权利含义形成自我认知。使用提炼出的协同支配、意见表达、反馈获取与更正回复四项权能，从广度、向度、幅度三方面对当前的具体股东权利制度进行完善，来帮助股东在遵循客观判断标准与主观自洽选择相平衡中实现对权利的精巧设计。

1. 拓宽股东异质化下差别行权的广度

不同股东对公司的利益诉求，决定了其对公司的关切度，进而影响了其权利行使的方式和途径。根据民商合一的立法体例，《民法典》第125条将股权纳入民事权利体系之中，并在第5条与第130条指出民事主体依照自己意愿不受干涉地行使民事权利，以及设立、变更、终止民事法律关系。股东异质化的本质是经济性权利和参与性权利不成比例或相互分离。② 因此，按照体系解释，共益权作为民事权利的一种，除非法定事由剥夺各具体共益权的核心权能（此时构成权利的限制）③，股东可以根据自己参与公司治理的能力和需要，采取意定方式对积极权能进行不同深度上的调整，使差异行使共益权区分度更高、弹性更强。实践中已出现的股东表决权不统一行使的情形，指的是持有复数表决权的股东部分行使或不行使表决权，或者对同一议案出现两种以上的投票意见，或者将部分表决权委托给他人行使，以及将表决权委托给复数代理人行使的情形，均是对意见表达权能的个性化配置。同样，反馈获取权能实质上亦能彰显行权中的差异化。传统上认为，只有长期投资者才能被称为经营股东，其对公司信息更感兴趣，而伺机牟取暴利的短期投机型股东对公司管理并不关注。④ 但事实上，由于信息披露会影响股票价格波动以及投资策略，后者对获取信息有时甚至会显得更加积极。“由于股东间在信息成本上的差异，在这种情境下关于公司股东利益同一的一般假定是不适当的。”⑤ 一方面，表决权式微的弱势股东要发挥参与公司治理的最可靠途径之

① See Kobi Kastiel & Yaron Nil, “The Corporate Governance Gap”, Yale Law Journal, Vol.131, 2022, p.782.

② 参见汪青松、赵万一：《股份公司内部权力配置的结构性变革——以股东“同质化”假定到“异质化”现实的演进为视角》，载《现代法学》2011年第3期，第40页。

③ 例如《公司法》(2023年修订）第15条第2款“关联担保中的回避表决”、《最高人民法院关于适用〈中华人民共和国公司法〉若干问题的规定（四）》第8条第3项“不正当目查阅后的三年内禁止查阅”等情形。

④ 参见韩秀华：《论优先股股东类别表决权之表决事项确定》，载《法律科学（西北政法大学学报）》2020年第4期，第176页。

⑤ See Roberta Romano, “The Political Economy of Take-over Statutes”, Virginia Law Review, Vol.73, 1987, p.113.

一即查阅公司文件获取信息，避免不知情状态下作出盲目决策，反馈获取权能应在其共益权行使中突出彰显；另一方面，公司内部文件繁多，部分股东受自身的认识能力所限而轻率行权，一味赋予所有股东查阅文件的同等权利可能增加查阅成本，不必要的查阅阻碍公司正常经营，甚至纵容不正当目的查阅现象的发生。因此，在保证知情权的固有权属性的外观下，权利内部对反馈获取权能在股东间进行调适，譬如可以采取对查阅文件层级划分的方式，考量合理性、必要性、可操作性，达成查阅范围与不同股东角色的匹配，从而确保对股东知情权保护力度与对公司经营产生不利影响合乎恰当比例。(见图 2)

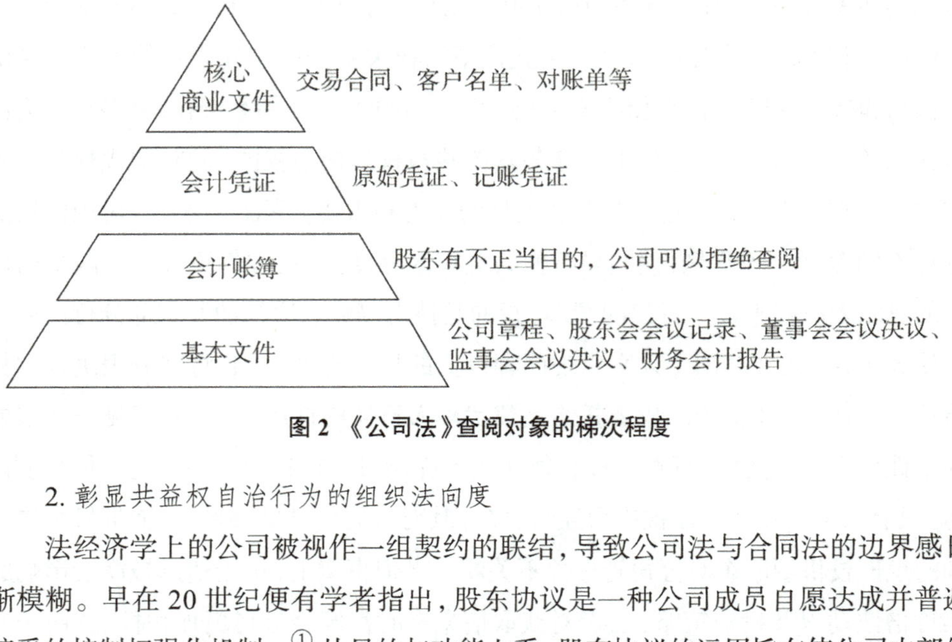

图 2 《公司法》查阅对象的梯次程度

2. 彰显共益权自治行为的组织法向度

法经济学上的公司被视作一组契约的联结，导致公司法与合同法的边界感日渐模糊。早在 20 世纪便有学者指出，股东协议是一种公司成员自愿达成并普遍接受的控制权强化机制。[①] 从目的与功能上看，股东协议的运用旨在使公司内部的关系建构更适应参与者的具体需要。协议不仅能分配股东的经济权利，同时也可涉及公司治理机制的安排。公司法缺少对这类共益权协议的解释，背离组织法属性而扩张适用合同法的概率越来越大。一方面，不同于自益权，共益权强调是共同参与公司治理的意思，通过协议重新分配权利的过程就不能忽视公司角色和其他股东意愿，越过公司法而径行采用合同法，那么便需要在每一个具体合同场景中区分强势群体与弱势群体，不仅制度运行面临巨大成本，且法人组织关系也会

① See Frank Easterbrook & Daniel Fischel, The Economic Structure of Corporate Law, Harvard University Press, 1991, p.235.

发生混乱。[①] 另一方面，在股东间对多个具体共益权的协商过程中，还牵涉了框架协议、股权转让协议、表决权委托协议以及后续补偿安排等，各式合同的相对方间的权利义务约定存在交叉，认定烦琐。故不得不引入“联立合同”的概念，以一个合同效力发生变化时另一个合同当同其命运的方式予以解释。[②] 但目前立法仅对融资租赁合同与商品房买卖合同有所规定，如若扩张至共益权协议，其进路仍需论证。而共益权的权能范式则将调整权利的协议视为一种“治理构造”，不再仅具有相对性，而是表现出极强的涉他性，由此应当落入公司组织法调整的范畴。例如，在新《公司法》对于终止表决权差异安排的“事件触发型”和“固定期限型”日落条款仍缺乏规定的情况下，用合同法范式分析只能将前者解释为瑕疵履行构成预期违约而解除合同的情形，后者是附期限合同的实现。如此一来，仅考虑固定情形的判断标准过于形式化，忽视了公司经营状况的不同，未考虑制度的实际效益。组织法视角能够规避各种合同类型和效力的认定，直接简化成更正回复权能的发挥，故可以将权能流动失序纳入日落条款的判断要素。作为表决权停止行使条件的优先分配不能实现时，为了给予股东实质性的救济，表决权当然复活。[③] 质言之，股东共益权权能受损揭示了差异化安排不再符合股东预期，共益权协商自治的信任基础已消失殆尽，更正回复的消极权能成为对其他三项积极权能自治效果的实质性评估。

3. 界定共益权治理架构调整的基本幅度

共益权治理边界难以清晰界定，因为权益并非完全排他，行使权利所得收益具有正外部性，很多共益权人都希望不支付私人成本而是依靠他人适用权利规则来分享收益。[④] 因此，股东在行使共益权参与公司治理的过程中往往存在重复博弈，极大消解了公司法的结构性特点，加剧了治理机制的不透明性。对股东间共益权权能的分配，要遵从比例原则进行柔性地调适，不能超出必要的限度。[⑤] 一方面，例如新《公司法》第 114 条第 3 款增加“单独或者合计持有公司百分之十以

① 参见丁晓东:《法律如何调整不平等关系?:论倾斜保护型法的法理基础与制度框架》,载《中外法学》2022 年第 2 期,第 445 页。

② 参见舒金曦:《“合同联立”的司法认定标准》,载《人民法院报》2021 年 7 月 22 日,第 7 版。

③ 参见沈朝晖:《公司类别股的立法规制及修法建议——类别股股东权的法律保护机制为中心》,载张育军、徐明主编:《证券法苑》(第 5 卷),法律出版社 2011 年版,第 563 页。

④ See Oliver Hart, “An Economist’s View of Fiduciary Duty”, University of Toronto Law Journal, Vol.43, 1993, p.299.

⑤ 参见陈洪磊:《论比例原则在公司法中的适用》,载《法制与社会发展》2023 年第 6 期,第 136 页。

上股份的股东请求召开临时股东会会议的，董事会、监事会应当在收到请求之日起十日内作出是否召开临时股东会会议的决定，并书面答复股东”以及第115条第2款增加“公司不得提高临时提案股东的持股比例”的规定，体现了不得阻碍中小股东行权的渠道。另一方面，又承认有些情况下应当受到“正当目的”的限制。① 例如，美国一些封闭公司的员工持股计划要求员工股东放弃知情权，以保护公司财务信息，被认为是合理的限制。② 由此看来，若一项治理架构虽然具有个性，但其调整却依照一定的标准，不违反权能的本意，则公司法的固有结构与重要价值依然得到了彰显与尊重。实体权利如果未经一定程序予以彰显，则是一种权利假象。③ 为避免共益权治理架构不当调整可能带来控制权滥用、代理成本增加、中小股东利益受损等风险的外溢，需设置以下几个条件：(1)身份性要求：必须基于该公司股东身份而非其他身份。这是为防止股东借权能获利，将其转给公司以外的人，无视公司“主人翁”的地位，故只能以权能本身互为对价在股东内部进行。(2)合意性要求：必须由全体股东一致同意，而非个别流转。因为一致决的表决要求比多数决更高，且很难实现，因此一旦形成了一致决，那么这种合意的效果是终极的，最大程度完整体现了股东的共同意志。(3)目的性要求：必须以公司利益为主要行使。尽管权能调整的驱动力是不同股东的利益偏好，但落脚点仍是公司整体利益。综上，共益权治理架构是公司组织结构的一个子系统，只有让代表不同利益的股东在各归其位的基础上进行权能间的相互补偿，才会保证所有成员在实现集体目标后都能获利的结果。

(二)权能范式指引共益权多情景实践

公司是不同群体博弈的场所，缺乏指引的股东受到趋利因素的影响最终会发展为完全的竞劣主体。如果不对共益权的行使加以调和，交错的参与意愿会加剧治理关系的紧张程度。挑选特殊情景下的几类共益权实践展开分析，更能凸显权能范式应对“企业黑箱”中各种复杂样态的逻辑优势，由此触类旁通，具象化权能

① 参见黄辉：《〈公司法〉修订背景下的股东知情权制度检讨：比较与实证的视角》，载《比较法研究》2023年第3期，第100页。

② See James D. Cox, Kenneth J. Martin & Randall S. Thomas, “The Paradox of Delaware's ‘Tools at Hand’ Doctrine: An Empirical Investigation”, Business Lawyer, Vol.75, 2020, p.2123.

③ 参见林少伟：《程序型公司法的证成与实现》，载《当代法学》2022年第1期，第127页。

范式的解释力。

1. 公司状态特殊：破产场景

破产时公司陷入困境，股东从公司剩余资产中获益的自益权与债权人清偿债务的利益产生直接冲突，① 自当失权。但正在破产中的公司仍然是股东的公司，股东既拥有公司外观，也拥有公司的内在价值，② 故共益权并不必然丧失。只不过债权人的清偿需求使共益权权能不再由股东专有，依照公司经营风险进行再分配。我国现行的《企业破产法》第89条明确规定重整计划由债务人负责执行，属于公司自我挽救阶段。公司失去了来自控制权交易市场的监督压力，股东相较债权人对公司重大事项的决策具有信息与经验优势，有助于维持内部治理体系并继续运营。破产法的经济法属性以实现各方利益公平保护为目标，股东作为重要的利益相关者，需要尊重其非破产法权利，形成重整程序下的多方平等主体利益博弈。③ 但如果仍赋予股东全部权能，极易导致滥用共益权而降低公司整体价值，损害清偿顺位。这对信贷市场是不利的，因为债权人在提供信贷前需要具备稳定可预测的偿还预期。④ 因此，考虑到重整计划的制定过程实质上是债权人与股东对重整债务人或其继受者进行投资，在获得有关重整计划的充分信息披露后，以申请前债权或股权来换取重整计划所提供的清偿或其他权利，⑤ 股东共益权需在权能的指导下开始变动，以满足其富含拯救企业的价值取向。一部分脱胎于公司法设定的既有权利，通过对未破产状态下完整权能的保留与限制，形成债权人、股东等利益相关者之间就原本仅归属于股东的参与权利的重新配置；另一部分是权能基于重整的需要所设定的参与权利，包含协同支配权能影响下的重整程序启动与终止申请权，反馈获取权能影响下的重整程序知情权，意见表达权能影响下的重整计划草案的讨论参与权、表决权等。为防止债权人与股东的权利交叉冲突，法院通过居中调配权能来介入公司治理。例如，对协同支配权能的干预：一方面，法院出于

① 参见李永军、王欣新、邹海林等：《破产法》，中国政法大学出版社2017年版，第4页。

② 参见齐明：《我国上市公司重整中出资人权益强制调整的误区与出路》，载《法学》2017年第7期，第164页。

③ 参见杨鹿君：《公司法到破产法：重整程序下的股东权利行使》，载《大连理工大学学报（社会科学版）》2023年第6期，第116页。

④ See Jared A. Ellias & Robert J. Stark, "Bankruptcy Hardball", California Law Review, Vol.108, 2020, p.745.

⑤ 参见孙济民：《破产重整计划的变更：观念统合与规范重构》，载陈金钊、谢晖主编：《法律方法》（第43卷），研究出版社2023年版，第368页。

防止剥夺无担保债权人的正当权利等原因，必须谨慎关注股东做出有关出售、协商解决索赔决议的行为；另一方面，法院也应适时建议和引导股东以召开股东会等方式行权，激励股东参与重整程序、监督债务人与管理人。当公司进入事实破产阶段，剩余索取权人已确定为债权人，股东继续行使共益权便失去了经济基础，权能全部被剥离。

2. 出资形式特殊：隐名股东场景

出于尊重组织法的外观主义原则，名义股东在公司日常运转中具有股东主体地位。新《公司法》第56条规定："记载于股东名册的股东，可以依股东名册行使权利。"由于诸如披露要求等事项与股东身份挂钩，其能够利用这些信息优势参与决策，地位远高于公司外的其他群体。① 实际出资人与名义股东之间是封闭的契约关系，因欠缺登记为公司股东的形式事由，实际出资人便退化成公司的其他利益相关者。2019年《全国法院民商事审判工作会议纪要》将"实际行使股东权利"作为出资人显名的必要条件，表明股东行权对资格确认的重要意义。自益权即《公司法司法解释(三)》第25条第1款中实际出资人与名义股东所约定的"投资利益"，当然归实际出资人享有，不具有区分意义，因此"实际行权"更侧重于参与公司治理的共益权。

权利的行使主体具有互斥性，但权能可以在主体间分享，一定程度上化解了用委托代理、信托关系、无名合同等角度解释协议性质的难题。名义股东滥用股东权利，在未得到隐名股东许可的情况下，擅自参与重大决策，对公司经营会产生消极影响。鉴于实际出资人仅受合同约束，不能直接对公司事务行使共益权，通过赋能的方式监督、管理名义股东代其妥善行权。反馈获取权能与意见表达权能帮助实际出资人获得必要信息、传达特定指示。而协同支配权能和更正回复权能只能由名义股东享有，前者因牵涉与其他股东的通力合作，其他股东乃至公司并不是隐名出资协议的缔约方；后者则因实际出资人并不真正享有共益权，不存在凭借消极权能提起诉讼的前提。实际出资人系经权能支持，由名义股东与公司发生联系，达到间接参与公司的目的。新《公司法》第216条调整了实际控制人的定义，删除了"不是公司股东"的规定。然而，在隐名出资的场合，不能仅因为实

---

① See Ann M. Lipton, "Not Everything Is about Investors: The Case for Mandatory Stakeholder Disclosure", Yale Journal on Regulation, Vol.37, 2020, p.499.

际出资人提供了资金即认定其为实际控制人，① 故名义股东不完全受实际出资人意思支配，具有一定独立性。有学者认为，对公司隐名才属于隐名出资，而对公司外部人隐名实际属于登记对抗的范畴。② 如果实际出资人绕过名义股东直接行使权利本身，而不是利用部分权能干预名义股东决策，那么公司与其他股东对此应当是知情认可的，此时不构成隐名出资，实际出资人作为公司组织成员负有义务，从而克服责任承担上的相互推诿。

3. 股东类型特殊：机构投资者场景

《公开征集上市公司股东权利管理暂行规定》指明了机构投资者参与公司治理的行动力。过去通常认为，指数基金是公司管理层的盲目支持者，因奉行自动跟踪的被动投资模式，公司业绩好坏并不影响其决策。然而，如果完全否定具备专业知识及影响力的机构投资者所应享有的共益权，将使基金客户承受公司治理失败的风险，并降低机构投资者的声誉。③ 因此，许多大型投资机构会在公司内部设立专业的公司治理团队或专门的投票专员，以向不同基金提供投票决策建议。④ 利用权能构建灵活的激励与约束机制。如果机构投资者对涉及公司利益的重大事项怠于行权，则反馈获取、意见表达等权能受限，化整为零而直接由基金持有人参与表决、建议或质询，既推动上市公司的理性决策，也向市场发出信号，宣告机构投资者的消极举动。

在 2018 年《上市公司治理准则》新增的“机构投资者”专章中，第 82 条规定：“中小投资者保护机构应当在上市公司治理中发挥积极作用，通过持股行权等方式多渠道保护中小投资者合法权益。”从体系解释角度出发，中证中小投资者服务中心有限责任公司（以下简称投服中心）属于特殊的一类机构投资者，因其持有所有上市公司的一手股票，更增添了公益性色彩。从投服中心的角度而言，共益权对其不产生直接的经济性，缺少基于大宗股份持有而进行投票、议案、提名等方式的能力，⑤ 那么其行权的正当性恰恰来自运用权能范式来维系保护投资者、尊重

① 参见周游：《实际控制人识别标准的差异化实践与制度表达》，载《政法论坛》2024 年第 1 期，第 174 页。

② 参见李建伟、罗锦荣：《有限公司股权登记的对抗力研究》，载《法学家》2019 年第 4 期，第 145 页。

③ See Marcel Kahan & Edward B. Rock, “Index Funds and Corporate Governance: Let Shareholders Be Shareholders”, Boston University Law Review, Vol.100, 2020, p.1771.

④ 参见缪若冰：《被动投资者消极参与公司治理的法律规制》，载《证券市场导报》2022 年第 2 期，第 36 页。

⑤ 参见邓峰：《论投服中心的定位、职能与前景》，载郭文英、徐明主编：《投资者》（第 2 辑），法律出版社 2018 年版，第 92 页。

公司自主经营和规范公司治理之间的微妙平衡。其一,有关保护投资者的权能与主体捆绑。《证券法》第104条第3款规定投服中心在履行前置书面请求程序未果后即可提起股东派生诉讼,不受持股时间和持股比例限制。将协同支配、更正回复权能固定在投服中心这一特殊主体上。其二,根据权能不同深度调整行权方式,以避免过分染指公司自主经营。投服中心参与公司治理客观上会造成控制权与剩余索取权分离而导致代理成本增加的情形,也难免受到市场相关方对其参与正当性的非议。① 创设柔性的公开发表投票意见权作为意见表达权能的浅层行权方式,避免征集表决权对介入公司日常经营产生形成的不利影响。其三,除持股行权的股东角色外,投服中心还可以作为投资者保护机构拥有提起示范诉讼、特别代表人诉讼的职能。经权能判断后,若共益权无法规范公司治理,则适时审慎地选择公权来保护投资者。由反馈获取等权能获取的信息也能增加其和解的达成或提升其胜诉率,实现股东与投资者保护机构双重身份的能力叠加。

五、结语

随着法治化营商环境与服务型政府的构建,公司法律制度从最初公法色彩浓厚的规制法逐渐迈向以权利保护与促进为核心的自治法,股东的行权逻辑亦发生变化。共益权肇始于出资者所有权,枝分叶散表现为表决权、提案权、知情权、诉权等诸多具体权利。遗憾的是,当前的立法设计与学理研究多着眼于各个具体共益权内部,缺乏整体性思维,不仅将苦心打造的“共益/自益”划分变得毫无价值,也淤塞了不同权利间的联动配合。在新《公司法》出台后的时间节点下,有必要结合共益权制度的本土实践,追求解释论层面上的有益创新。权能范式以“赋能”为基础,力图实现对权利规范的关注从个体主义向结构主义转换。协同支配、意见表达、反馈获取、更正回复四项权能便于观察不同层次的共益权内涵,有助于规训股东注意有效行使权利的边界,进而引导不同股东有层次、有梯度地发挥自由意志来参与公司治理,打通各具体共益权之间的制度“孤岛”,消解行权时的不协调与不适配,构建多元化股权结构下共益权分配的“相机治理机制”。

(编辑:吴冬兴)

① 参见郭雳:《作为积极股东的投资者保护机构——以投服中心为例分析》,载《法学》2019年第8期,第153页。

大数据背景下数字作品著作权侵权的法经济学分析

——惩罚性赔偿的规则适用

李子豪 *

摘　要　近年来大数据的广泛应用将大量的作品赋予了数字属性，数字化作品在具有易复制、易传播的数字信息特性的同时，也具有传统知识产权的特质。因此一旦侵权行为发生，其多重属性会对案件审理带来特殊的挑战。现行的《著作权法》以惩罚性赔偿为惩戒手段，其在面对网络著作权案件时能否也起到相同的补偿和震慑效果，本文将从法经济学角度出发，使用卡梅框架对数字作品著作权侵权行为是否适用惩罚性赔偿进行规则确认，后使用博弈论对震慑效果进行分析并提出建议，以实现社会效益最大化。

关键词　大数据　惩罚性赔偿　著作权　法经济学　博弈论

引言

为遏制著作权侵权行为的产生，我国于 2020 年 11 月 11 日公布对《著作权法》的第三次修正。修订后的《著作权法》相比旧版大幅提高了侵权成本，其中第 53 条和第 54 条提出了以 5 倍为上限的补偿性赔偿条款。其针对著作权侵权行为

---

* 李子豪，男，天津市人，天津财经大学法律经济学专业博士研究生，研究方向为反垄断经济分析。

实施若干惩罚性赔偿措施，以起到对权力受到侵害后的自然人进行救济的作用。具有双重激励属性的惩罚性赔偿制度通过高昂的惩戒倍数刺激侵权人，迫使其衡量收益成本，从而抑制其侵权行为；同时高额的赔偿金额也激励产权人在面对侵权行为时可以更坚决的选择法律的保护，以获取超出实际亏损价值的经济利益。结合惩罚性赔偿制度这一概念的适用范围即可知，其在经济救济方面有着天然的优越性和适用性。随着大数据时代的来临，大数据提倡的信息共享与产权的保护带来天然的冲突性，人们靠着大数据的特性，低成本的使用、复制和传播盗版。虽然《著作权法》第 10 条规定，信息网络传播权也属于著作权的一部分，同时辅以《信息网络传播权保护条例》，但是我国每年信息类侵权案件每年的年均增长值已达到 24.5%；仅 2023 年上半年，审理数字信息类侵权案件 4161 件，占侵权类案件的 23.1%。[①]“精雕诉奈凯案”作为我国发生的首例数据类侵权案件，法院以原告提供的数据文件非电脑程式为由，判决其为非有效的受保护主体，导致原告败诉。而近年类似的问题频发，在一定程度上对群众创新的积极性造成了影响，那么数字信息类侵权案件的频发是不是因为其特殊属性与惩罚性赔偿的适配性不佳所导致？惩罚性赔偿能否保证著作权人与公共利益的双向满足？能否针对侵权人的侵权行为做出满足经济效率最大化的赔偿，以达到社会资源分配的最优解？因此以法经济学角度出发，以尽可能实现帕累托最优为准则，根据《著作权法》，对数字化作品侵权行为是否适用惩罚性赔偿制度做出法经济学分析，利用博弈论和卡梅框架对适用惩戒性赔偿后的经济救济效果和惩戒规则的适用范围提出探讨。

一、著作权侵权惩罚性赔偿制度

数字作品著作权作为著作权以及知识产权的一部分，不仅具有易传播等数字化的优势，其同样具有传统产权所涵盖的财产属性以及收益均衡性。著作权人作为专著的生产者，可以通过产品以获得收益，从而实现正收益。[②]科斯定理也指出，在交易费用为零的情况下，不论权力如何分配，资源最终会被分配至最合理（效用最佳）的一方，进而实现帕累托最优。然而，现实中的交易行为往往存在过高的交易费用，其迫使不同主体间对资源的效用产生不同的理解方式，从而导致侵权行

① 裁判文书网，截至 2023 年上半年，共载著作权侵权类案件 18,162 件。

② 参见班晓倩、张进：《大数据视阈下著作权权益保护的法经济学分析》，载《经济研究导刊》2022 年第 35 期，第 154−157 页。

为的产生。根据风险分配理论，侵权人对著作权人造成侵权的这一行为可转化为伤害成本，而避免侵权的最优解就是将潜在风险合理的分配给产权人与侵权人，迫使两个责任主体对侵权行为的成本进行再评估，使伤害成本进行内部吸收，迫使双方实现效益均衡（著作权人注意保护产权，侵权人避免侵权行为）。

（一）惩罚性赔偿的适用

在著作权侵权赔偿制度中，惩罚性赔偿的适用首先要从司法逻辑层面对侵权行为进行责任认定。在兼顾过错责任原则的同时，我国《著作权法》中规定，要以是否“故意”作为主观要件。在适用著作权侵权惩罚性赔偿时，在侵权责任成立的前提条件下，侵权人是否存在“故意”这一主观性过错行为会直接影响是否适用惩罚性赔偿。对此，产权人只要证明侵权人存在“明知”“应知”的主观心态，无论其为“直接故意”或“间接故意”，都可完成对“故意”这一主观要件的举证。[①]另外，在著作权侵权案件中，因为侵权行为的责任主体相对复杂，很难将侵权主体与受损失主体进行一一对应；通过二元归则进行责任认定，可以帮助权利受到损失的权利人跳过寻找侵权主体的不效率行为，直接锁定承担责任的责任主体。

从经济角度出发，侵权人的主观程度会影响最终判罚的惩戒倍数；经由过错责任原则评估侵权人的主观过错程度，将其过错程度转化为对应的金额惩戒倍数。而侵权行为存在多种类型，同时侵权主体并不一定具有独一性，产权人可能在不知情的情况下受到多个主体多次的侵权。惩戒倍数提供的超额救济，将产权人可能受到的隐形损失一次补全，形成了对权利人经济成本的强保护。与此同时，虽然侵权人就判罚结果来说也对其他隐含的侵权人的侵权行为进行了赔偿，但是正因为对应高昂的赔偿成本，才能从根源上打消侵权人欲实施侵权行为的念头。有研究也证明，侵权后的赔偿数额与侵权人的主观恶意程度呈正相关，赔偿数额会在一定程度上降低侵权行为发生的概率。[②]同时，我国的司法判决也将侵权人的主观恶意程度纳入是否对其加重惩罚的考虑范围。因此，结合过错责任原则对侵权人的主观态度进行认定，使该结果与赔偿数额直接挂钩的行为，最终产生

① 参见李扬、陈曦程：《论著作权惩罚性赔偿制度——兼评〈民法典〉知识产权惩罚性赔偿条款》，载《知识产权》2020 年第 8 期，第 34-45 页。

② 参见贺宁馨、李黎明：《我国专利侵权赔偿额的影响因素及预测研究》，载《科研管理》2016 年第 10 期，第 142 页。

的巨额赔偿可以对潜在侵权人起震慑效果，潜在侵权人出于成本考虑，进而打消其进行著作权侵权的念头。

著作权侵权的惩罚性赔偿以成倍增长的赔偿金额一方面时刻提醒着侵权人对侵权行为保持警惕，另一方面也实现了对权利人的激励。在现实世界中，行使任何权力都需要费用，权利的行使也必定会带来成本的产生以及费用的支出。[①]当作者的权利遭到侵害想要维权时，其作为权利人要付出律师费、差旅费、诉讼费等经济成本，以及大量的时间精力成本。作为理性人，大多数侵权人会出于对成本的考量、胜诉的概率等进行收益计算，进而放弃上诉。根据汉德公式的逆运算：B 为预防成本，P 为遭到侵权的概率，L 为损失程度（直接成本，包括经济成本、时间成本等）。在保证 $B<PL$ 的同时，满足 $L=\frac{B}{P}$；即在激励产权人做出预防行为的同时，也能保证一旦侵权行为发生，侵权人仍可获得公平的经济救济。因此，在引入惩罚性赔偿以后，高赔偿金额会刺激被侵权人的积极维权行为，从而在保护著作权人创作动力的同时，通过激励产权人自发的预防行为，降低解决侵权行为的社会成本，推进创作者的效益最大化。

（二）惩罚性赔偿的威慑效果

对于著作权侵权行为，根据《著作权法》第 54 条，“对故意侵犯著作权或者与著作权有关的权利，情节严重的，可以在按照上述方法确定数额的一倍以上五倍以下给予赔偿”。根据法条规定，在使用过错责任原则的同时适用惩罚性赔偿原则。对此结合二者进行分析：假设自然人 A 为潜在权力主体，其可以选择创作或者侵权，那么 A 对专利保护的注意水平以及侵权赔偿的关系如图 1 所示。x 表示对侵权的注意水平，y 为需求的金额。Wx 为自然人对侵权的预防成本（包括著作权的申请成本、版号申请成本、防止侵权检索成本等），P 为侵权行为发生的概率，c 为侵权行为发生时需支付的赔偿金额。Pc 代表判决后侵权人应支付的预期赔偿金额（$P_c'<0,\ P_c''>0$），自然人行使权力的总成本为 F，惩罚倍率相关系数为 M_p。在未引入惩戒性赔偿倍率时，令 $\frac{\partial F}{\partial x}=0$，则 F 交与 x'，即自然人权利总成本最小；若 $x_0=x<x'$，则侵权的总成本过低，其支付成本为 Wx_0+Px_0，自然人 A 将选择侵权行为

① 参见［美］霍尔姆斯·桑斯坦：《权利的成本》，毕竟悦译，北京大学出版社 2011 年版，第 39 页。

以实现对其效益最大化；$x_0=x\geqslant x'$ 时，若侵权行为的发生，侵权人须支付的侵权成本将高于预防成本，这一结果将逼迫自然人选择谨慎的态度，故放弃侵权转而选择原创行为（见图 1）。

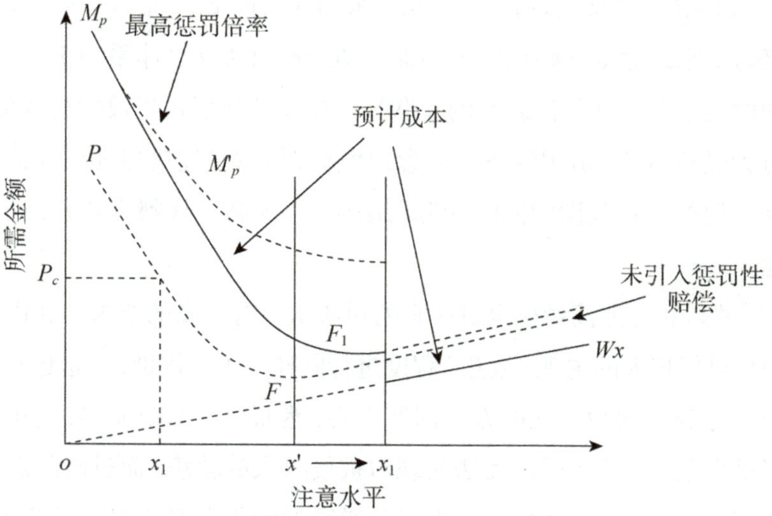

图 1　惩罚性赔偿震慑效果

当引入惩戒倍率 M_p 时，$M_p\in[1,5]$，当 x_1 为极值点，有 $\lim\limits_{x'\to x^1}M_p=1$（$M_p^{'}<p<0$, $p<0$, $M_p^{''}>0$）；得出自然人行使权力的总成本为 $F_1=M_pP_c+Wx$。假设引入惩戒性赔偿后，F_1 的极值点位于 x_1，当 $x=x_1$ 时，$\frac{\partial F_1}{\partial x}=0$。$M_p^{'}P_c+M_p^{'}P_c^{'}+Wx=0$，因为 $Wx>0$，故 $M_p^{'}=\frac{-M_pP_c^{'}-Wx}{P}<0$。又因为 $-Wx=P_c^{'}$, $x=x_1$，推导得出 $M_p^{'}P_c^{'}>P_c^{'}$，$\frac{P_c^{'}x}{P_c^{'}x_1}>\max\limits_{0<x<1}M_p^{'}x_1$, $x_1>x'$。因此，随着惩罚性赔偿制度的加入，发生侵权行为的最优注意水平由 x' 向 x_1 移动，当注意水平到达 x_1 后，预防成本 $Wx_1<Wx$, $Wx_1<Wx'$；其代表惩罚性赔偿制度在降低创新成本的同时，加强了法律的震慑作用，同时降低著作权人的成本，起到激励创作的效果。

（三）惩罚倍率选择

惩戒性赔偿的引入确确实实能对权利人起到保护作用，其通过提高注意成本对潜在的侵权行为产生威慑，在相关法条中，将惩罚倍数设置为 1 倍以上、5 倍以下，表示在审理著作权类侵权案件时，法官将保留一定程度的自由裁量权。首先，从立法目的角度出发，根据上述理论，在引入惩罚性赔偿的五倍赔偿上限后，$\max_{0<x<1} M_P x_1$决定了最优注意水平 x_1 的最大增量，大幅提高了著作权法的震慑力。其次，我国《专利法》以及《商标法》都先后采用 5 倍以下、1 倍以上的惩罚倍数，因此以 5 倍为上限的惩戒性赔偿制度确保了知识产权法立法体系的统一，增强了知识产权法框架下各个部门法之间的关联性。惩罚性赔偿通过设置惩戒倍数范围，对侵权行为进行量化，引用经济学概念，使惩戒倍数与过错程度相挂钩的这一行为在提高量刑的适用范围的同时降低司法成本，提高法官判决效率，进而达到帕累托最优。

然而，过高的自由裁量权也对法官的司法水平有更高的要求。我国大多数判决需要法官对侵权人的主观“故意”程度进行同样的主观辨别，[①] 这也对其司法中立性做出了考验。这种主观的方式固然重要，然而一旦判断失误，适用过低惩罚倍数会降低对侵权人的威慑，无法实现对被侵权人的救济；而过高的惩罚倍数会破坏涉案双方的经济效益均衡，对本应被激励的创作者群体起到反效果，进而导致原创著作行为的减少，也会导致被侵权概率和边际预防成本的增加。另外，随着互联网的日常化，越来越多的创造行为从跃迁型创新向积累型创新转变，积累型创新对比传统创新表现出的创新性和优势性相对较小；其相对微小的变化带来更小更细致的违法界定范围，加重了专利权边界界定的模糊性，导致对创新行为的管理产生更多的复杂性和多变性。[②] 在产权边界模糊的情况下，更容易产生产权纠纷，同时法官对违法程度判罚的难度也成比例上升。虽然产权边界的明晰度可以通过增加审查人员、延长案件审理时间等方式提高，但是其增加了司法流程的成本，违背效率最优的原则。最终，产权纠纷问题仍要回归法官手中，造成恶性循环。

二、大数据背景下著作权侵权问题

随着网络的发展，推动大数据时代的到来，虽然大数据技术应用的初衷本是为数据共享提供便捷的渠道，但也为侵权带来了便利。传统作品的传播形式较为

---

① 参见李世阳：《故意概念的再定位——中国语境下“盖然性说”的展开》，载《政治与法律》2018 年第 10 期，第 124 页。

② See Richard J. Mahoney & Stephen E. Little John, “Innovation on Trial: Punitive Damages Versus New Products”, Science, Vol.246, 1989, p.1395.

固定，而当作品以数字的形式在互联网中传播时，不论文章、照片、视频、音频都具有了可复制以及可下载的特性。这就导致一旦原创作品被上传到网络，就可以借由他人下载和复制的形式进行无限制的传播。使互联网中的著作权只要稍有不慎就极易受到侵权，且极难追踪和确定侵权责任人，[①]作者也很难在第一时间察觉是否被侵权。

（一）侵权形式多样

由于数字作品易复制、易传播的特性，导致其侵权形式相对传统介质的作品变得多样且复杂。以书籍为例，传统纸质书籍同时具有书号、条形码、出版商印刷编号、中国图书在版数据编号等多种查验机制，其相互配合能有效地抑制未经商业授权的非法复制行为。而电子书籍在没有以上种种查验机制的同时，在互联网进行搜索后，发现除国家图书馆外，我国绝大多数电子书籍相关网站提供的电子书籍均为“免费资源”，大多电子图书类相关网站依然将“免费”作为电子书籍的默认属性。随着作品借由网络、数字技术的传遍，作品的载体也由有形向着无形转化。无形化的作品在数字化的网络空间被大量复制，其可以无视传统有形载体时的多种限制，达到完美复制；每一位使用该作品的互联网用户都可能参与这种复制行为，同时其可能对侵权行为是不知情的，因此大大加重了侵权主体认定的难度。根据其复杂特性将侵权行为进行总结，常见的网络著作权侵权可归纳为：

（1）传播侵权，指未经著作权人同意，将其作品上传至互联网，侵犯其著作权。对著作权人的作品进行非法转载，未经著作权人同意，或不标明原作者的行为。

（2）抄袭侵权，对著作权人在网络或未在网络空间发表的作品进行篡改（抹除或删改原作者）。

（3）销售侵权，未经许可的情况下将著作权人的作品数字化，或将已发表的数字作品提供给他人并用于营利的目的。

（4）下载侵权，包括个人或者单位非法下载并出版网络作品的行为。

---

① 参见蔡宏波、张铭洪、王斌：《盗版、反盗版激励与版权市场演化》，载《经济管理》2012年第7期，第12-20页。

(二)侵权成本低廉

法经济学认为,侵权人作为理性人选择进行侵权行为是将侵权的成本和收益进行评估得出的结果。而数字作品因为其产品特性加上对侵权主体界定困难、被侵权人难以察觉等特点导致对数字作品著作权侵权的成本无限趋近于零。以音乐作品为例,据统计,每年通过互联网上的非法渠道散播、转载的盗版音乐作品约占市场总体的 85%,其总额更高达 46 亿美元。[①] 其原因正是过于低廉的盗版成本对侵权人产生难以抵挡的巨大诱惑,根据偷盗—保护模型,[②] 偷窃行为承担的风险越小,犯罪的可能越大。

(三)损失界定困难

数字产品因为易复制的特性,在导致损失难以计算的同时也会造成著作权人的维权成本上升,进而对法院的判罚产生影响。过低的赔偿金额无法对著作权人起到救助的效果,导致著作权人创作动力过低,进而影响社会效益。自 2022 年年初至 2023 年 6 月,涉及数字作品著作权侵权类案件 42,142 件,其中适用惩罚性赔偿案件仅 1912 件,占数字信息类侵权案件的 4.5%。以南京市阿童木电玩盗版任天堂电子游戏软件案为例,阿童木电玩对任天堂公司出版的电子游戏软体进行“破解”后,将盗版软件进行复制并从事非法销售。[③] 原告任天堂游戏公司提出上诉成本约 39 万元(包括律师费),主张造成损失 30 万元。法院因原告任天堂公司没有举证证明因被告阿童木电玩侵权造成的实际损失,故判决被告赔偿原告损失 20 万元。由此不难看出数字化产品在计算损失时的困难程度。

三、数字作品的惩罚性赔偿适用

惩罚性赔偿作为全新的救济方式其表现出双重激励特性,在激励著作权人维权并积极创新的同时也对侵权行为起到了惩戒作用。而面对大数据环境带来的数字化著作权侵权时,惩罚性赔偿能否也起到相同的补偿救济与震慑效果呢?针对

---

① 参见戴墨轩:《我国数字音乐产业的版权保护问题及对策》,载《经济论坛》2017 年第 8 期,第 136–139 页。

② See Cooter R and Ulen T, “Law and Economics”, Pearson Publisher, 2011, p.73–109.

③ 江苏省南京市中级人民法院民事判决书,(2021)苏 01 民初 1160 号。

该问题，首先使用卡梅框架作为标尺对惩罚性赔偿适用范围内决策者的法律责任规则进行界定，检验惩罚性赔偿规则适用网络信息著作权侵权行为的成本与收益的有效性，然后通过博弈论分析著作权人和侵权人双方在现行法律法规下的最优选择，根据对决策参与者的影响建立博弈模型，进行分析，进而对是否适用惩罚性赔偿及其震慑效果给出说明和建议。

（一）卡梅框架下的规则与属性

卡梅框架从经济效率的角度出发，根据法益的特性将经济救济相关法律规则进行分类，归纳为“财产规则”“责任规则”“禁易规则”三个种类。①卡梅框架所划分的规则类型从行为结果出发，以法益归属权明确为前提，对不同法律主体中法益的流转特性进行划分。在“财产规则”下，国家允许自然人以自愿协商，自由交易的方式对其法益进行自由转移。即法律不对产权交易双方的方式、价格进行干涉，通过惩罚性措施保证当事人的法益不会进行非自愿转移。因此“财产规则”完全符合科斯定理中“只要交易成本足够低，那么资源的分配终会通过市场交易达到帕累托最优”的状态。如果一项权利适用“责任规则”，那么当某项权利被侵犯时，法律允许第三方（一般指法院）以市场平均价对非自愿转移的法益进行定价，由侵权人对被侵权人进行补偿。②“禁易规则”表示法律禁止该法益进行转移，并对非法交易的双方进行处罚。对于具有明显外部特性的权利变动，应禁止权利的改变，避免因权力关系变动对权利人以外的其他社会主体造成损害。③

根据上述规则，虽然我国《著作权法》第 53 条中提到惩罚性赔偿的适用金额由司法判决进行确定，但是其适用的救济行为仍应归属于财产规则。其一，惩罚性赔偿具备惩戒功能。从处罚条例来看，第 53 条中“有下列侵权行为的，应当根据情况……予以警告，没收违法所得……违法经营额五万元以上的，可以并处违法经营额一倍以上五倍以下的罚款；没有违法经营额、违法经营额难以计算或者不足五万元的，可以并处二十五万元以下的罚款；构成犯罪的，依法追究刑事责

① 卡梅框架所提到的法益（Legal Entitlement）与传统法益不同，其定义介于“权利”和“利益”之间，该法益的范围比“权利”大，比“利益”小，指代一切可以受国家公权力调节或保护的利益。

② 凌斌：《法律救济的规则选择：财产规则、责任规则与卡梅框架的法律经济学重构》，载《中国法学》2012 年第 6 期，第 5−21 页。

③ 参见郭洁、姚宇：《卡—梅框架下我国物权保护规则的配置研究》，载《政法论丛》2017 年第 6 期，第 12−21 页。

任”。第 55 条“主管著作权的部门对涉嫌侵犯著作权和与著作权有关的权利的行为进行查处时……对于涉嫌违法行为的场所和物品，可以查封或者扣押”。这两条法律都表明现行标准是通过罚没、扣押和刑事手段对侵权人进行行政及刑事处罚，通过高额的赔偿金对侵权人进行经济惩罚。其二，惩戒性赔偿具备预防功能。惩戒性赔偿对比传统侵权赔偿除了具备对被侵权人的补偿功能外，还起到了对侵权人客观经济以及主观意识两方面的威慑作用。潜在侵权人决定是否侵权往往取决于侵权后的期望利润，而惩戒性惩罚通过高昂的赔偿金增加了侵权的经济成本，迫使潜在侵权人重新对侵权行为的成本和收益进行评估，降低其侵权行为的总收益预期，实现预防侵权的功能。

针对责任规则的适用，《著作权法》第 54 条表示“侵犯著作权或者与著作权有关的权利的，侵权人应当按照权利人因此受到的实际损失或者侵权人的违法所得给予赔偿；权利人的实际损失或者侵权人的违法所得难以计算的，可以参照该权利使用费给予赔偿……实际损失、侵权人的违法所得、权利使用费难以计算的，由人民法院根据侵权行为的情节，判决给予五百元以上五百万元以下的赔偿”。卡梅框架显示，为实现权益的保护，对同一权利应合理配置责任规则和财产规则，单独适用财产规则无法对权利实行最优保护，辅以责任规则是兼顾制度完整性和经济效率的理性选择。① 诚然，责任规则在处理侵权问题时被侵权人的经济损失将由法院进行认定，我国法院的惩罚标准一般采用收益消除法或者损失内化法进行界定。② 虽然无法满足惩罚倍数，但是其适用范围也表明只有当侵权的涉案金额难以界定时才会使用此条款作为应急手段。另外有学者提到使用责任规则不能充分满足被侵权人的情况，《著作权法》第 54 条明确提到“人民法院为确定赔偿数额，在权利人已经尽了必要举证责任，而与侵权行为相关的账簿、资料等主要由侵权人掌握的，可以责令侵权人提供与侵权行为相关的账簿、资料等；侵权人不提供，或者提供虚假的账簿、资料等的，人民法院可以参考权利人的主张和提供的证据确定赔偿数额”。即法院将尽最大努力，尽可能对权利人实施救济，甚至将被侵权人的主观“主张”也可视为赔偿金额定夺的证据。卡梅框架下法经济学分析表明，

---

① See Mark A. Lemley, “Contracting Around Liability Rules”, California Law Review, Vol.100, 2012, p.472–473.

② 参见吴汉东:《知识产权损害赔偿的市场价值分析:理论、规则与方法》,载《法学评论》2018 年第 1 期,第 65–74 页。

实现权力保护的最优效率规则，必须保证物权保护规则各司其职，相互协调，其中侵权责任应偏重于财产规则的保护方式。① 而我国将责任规则作为当著作权侵权发生而侵权额度无法确定时的补充救济条款，正是将财产规则和责任规则进行合理配置的结果。

卡梅框架规则的重点正是当自然人的权利受到侵犯时受到救济的保护力度（结果模式），而禁易规则需要公权力主体对权利本身进行不可交易的规定，其具有一定特殊性。故学者一般将卡梅框架的三类规则简化为财产规则与责任规则，将禁易规则省略。② 而卡梅框架的精髓正是因为其是根据交易成本来选择规则：（1）如果权利交易的成本较低，③ 则由权利主体之间进行自愿交易可以实现效益最大化，此时法律主体应对该权利赋予财产规则的适用。（2）如果赋予权利主体交易权利后导致交易成本过高，甚至无法自由交易时，法律主体应停止财产规则的适用。如果发生侵权行为，对权利人造成了损失，应采取财产规则中的停止侵权，同时采取责任归责以进行损失赔偿。④ 由此得出，目前我国《著作权法》采用以卡梅框架中财产规则作为主导，以责任规则为辅助的规则模式，实现了将卡梅框架基本概念中二者相结合的效果，数字化作品同样具有著作的属性，因此其同样享有财产规则与责任规则的双重保护。

（二）基于惩罚性赔偿的博弈分析

在通过卡梅框架对我国《著作权法》中所使用的惩罚性赔偿的判罚规则作出界定后，使用博弈论将权利人与侵权人对双方作为参与者所可能作出的策略进行判断和分析，解释当网络信息著作权侵权发生时惩罚性赔偿适用的倍率选择以及震慑效果问题。博弈论的前提是假设每一个人都是理性人，因此每个博弈的参与者做出的决定都出自对自身利益最大化的考量。著作权的侵权围绕著作权人与侵权人之间是否存在侵权行为而展开博弈，其中侵权人除了以营利等为目的的不法

---

① 戴墨轩：《我国数字音乐产业的版权保护问题及对策》，载《经济论坛》2017 年第 8 期，第 136–139 页。

② 参见蔡宏波、张铭洪、王斌：《盗版、反盗版激励与版权市场演化》，载《经济管理》2012 年第 7 期，第 12–20 页。

③ 此处的成本指权利交易时的难易程度，便利性等，而非指权利人对其权利的定价高低。

④ 刘铁光、吴玉宝：《大数据时代数据的保护及其二次利用侵权的规则选择——基于“卡—梅框架”的分析》，载《湘潭大学学报》2015 年第 6 期，第 76–79 页。

分子外，也包括一般用户。一般用户若以合法渠道使用著作权人的作品时必然需要付费，而一般用户同样也是理性人，因此只要产权的使用产生了费用，作为理性人会主动选择对自身利益最大化的决策（在此抉择中表现为：尽可能地省钱），使用户的决策向不付费倾斜。当一般用户做出不付费的决策时，代表一般用户群会主动的选择对著作权人侵权（如自发的寻找盗版资源、使用非法复制的作品等），该决策的产生使一般用户或消费者也转变成了侵权人。

当著作权侵权的博弈发生时，著作权人的策略选择会落在（维权，不维权）这一策略空间；而侵权人的策略空间为（侵权，不侵权）。① 双方作为理性人，通过“维权”“不维权”“侵权”“不侵权”之间策略的自我调整达到纳什均衡，以实现成本最小化及利益最大化。而双方的决策选择会相互影响、相互纠缠，因此将引入惩戒倍数后救济金额加入博弈关系，对决策双方进行动态博弈。

1.当未引入惩罚性赔偿时二者博弈（见表1）

表1　未引入惩罚性赔偿时双方受益矩阵

—		著作权人	
		维权	不维权
用户	使用正版	$U-A, R$	$U-A, 0$
	使用盗版	$U-F, F-R-L$	$U, -L$

其中，著作权人的收益为 $C(C>0)$；正版价格为 A；用户使用作品得到收益为 U；用户购买正版后的实际收益为 $U-A$；著作权人维权成本（包括直接成本与间接成本）为 R；侵权发生时著作权人受到的损失为 L；侵权人被发现后需要支付的赔偿金额为 F。

未引入惩罚性赔偿时，侵权人虽然会因为受到法律制裁，但是从博弈结果来看侵权人更倾向于侵权作为最优决策。无论著作权人是否选择维权，侵权人通过非法渠道获得产品后，即便被发现并支付赔偿金额后，其收益仍远远大于不侵权的收益，即以未修改前《著作权法》为例，其中第49条规定：侵犯著作权或者与著作权有关的权利的，侵权人应当按照权利人的实际损失给予赔偿；可知 $U > U-$

① 参见肖光进、赵莹：《循环经济理论的挑战及其立法的博弈分析》，载《统计与决策》2009年第7期，第126-128页。

$F > U-A$，故选择侵权为侵权用户的最优选择。当著作权人获得的赔偿金额少于其维权成本与被侵权带来的损失之和时，著作权人将更倾向选择不维权的决策（$A< F < R$）。

由于 $U-F > U-A$，根据图 2 中动态决策博弈可知，决策双方的纳什均衡点落在（著作权人创作，用户使用盗版），当 $\lim C \to 0$ 时，（著作权人不创作，0）为双方纳什均衡点。在关于作品的博弈中，著作权人具有优先决策权，其应当得到最好的保护；若作者的作品得不到良好的保护使其受到收益趋近于零或对其利益造成损害，著作权人作为理性人会因为创作的激励过低，为了保护自身权益，而选择选择谨慎，即不创作，这将会导致社会层面的创新不足，降低社会活性。

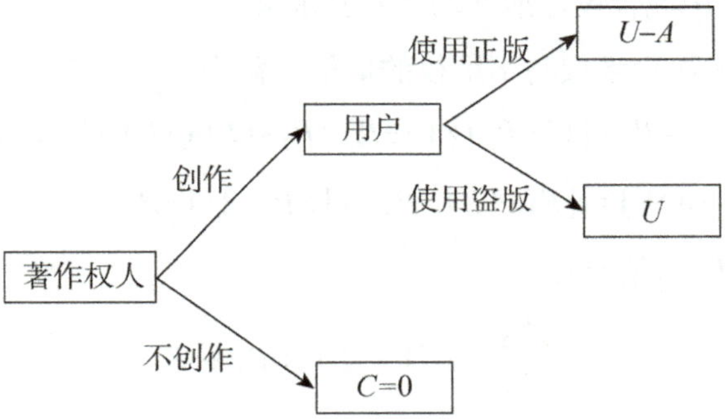

图 2　未引入惩罚性赔偿时双方决策博弈树

2.适用惩罚性赔偿时二者博弈（见表 2）

表 2　适用惩罚性赔偿时双方受益矩阵

—		著作权人	
		维权（P_1）	不维权（$1-P_1$）
用户	使用正版（$1-P_2$）	$U-A, A-R$	$U-A, C$
	使用盗版（P_2）	$U-F(1+E), F(1+E)-R-L$	$U, -L$

其中，在适用未引入惩罚性赔偿变量的基础上，设惩罚性赔偿适用倍率为 E，著作权人选择维权的概率为 P_1，用户选择侵权的概率为 P_2。

因为惩罚性赔偿的存在，当侵权发生时，侵权用户需支付的赔偿金额远大于违法所得收益，即 $F(1+E) > U$，著作权人维权成功后由补偿小于维权成本。因 $F < R$，得补偿大于维权成本与损失之和 $F(1+E) < R+L$。对于用户来说，购买正版

的价格应小于其获得的收益的同时保证使用正版的价格不会高于惩罚的金额,[①]即 $A < U-A$ 且 $A < F$;否则对于用户来说侵权后的惩罚金额将小于正版版权,使用盗版将继续成为用户的最优策略,将丧失惩罚性赔偿本应带来的优势。由 $A < F$, $F < F(1+E)$,可以推出 $A-R < F(1+E)-R$,即在使用惩罚性赔偿后,著作权人发现侵权行为时,将更倾向于选择维权。

通过对收益矩阵的分析可知,著作权人与用户之间不存在占优策略;随着惩罚倍率的提高,侵权人的收益会降低,有 $0 < P_1 < 1$, $0 < P_2 < 1$,证得侵权人侵权概率降低的同时,著作权人维权概率将提高。用户与著作权人两者之间的决策随着惩罚倍数这一因子的改变而改变,为保证决策双方在混合策略博弈中随机概率决策趋于理性,故采用混合策略纳什均衡对其求解。

对于著作权人而言维权与不维权的期望效益为:

$$U_2(P_1,P_2)=P_1\times[(1-P_2)\times(A-R)+P_2\times(F(1+E)-R)]+(1-P_1)\times[(1-P_2)\times A+0]=[F(1+E)\times P_2-R]\times P_1+A(1-P_2)$$

对维权概率 P_1 求偏导得:

$$\frac{\partial U_2}{\partial P_1}=F(1+E)\times P_2-R$$

当决策成纳什均衡时,著作权人无论采用哪种策略其收益均相同,即$\frac{\partial U_2}{\partial P_1}$和为零可得$P_2=\frac{R}{F(1+E)}$,得出用户选择侵权的概率$P_2=\frac{R}{F(1+E)}$。

对于侵权人(用户)选择购买正版或侵权使用盗版的期望效益为:

$$U_1(P_1,P_2)=(1-P_2)\times[0\times(U-A-A)+1\times(U-A-A)]+P_2\times\{P_1\times[U-A-F(1+R)]+(1+P_1)\times(U-A)\}=[A-P_1\times F(1+E)]\times P_2+(U-A-A)$$

对侵权概率 P_2 求偏导得:

$$\frac{\partial U_1}{\partial P_2}=A-F(1+E)\times P_1$$

当决策成纳什均衡时,用户无论采用哪种策略其收益均相同,$\frac{\partial U_1}{\partial P_2}$和为零:

① 参见张维迎:《博弈论与信息经济学》,上海人民出版社2004年版,第79页。

$P_1 = \frac{A}{F(1+E)}$，即著作权人在被侵权时选择维权的概率为$P_1 = \frac{A}{F(1+E)}$。

因此，著作权人与侵权人之间的混合策略纳什均衡为：

$$\left(\frac{A}{F(1+E)},\frac{1-A}{F(1+E)}\right),\left(\frac{R}{F(1+E)},\frac{1-R}{F(1+E)}\right)$$

由此可以看出，以惩罚性赔偿为因子介入博弈关系后，当著作权人被侵权时其维权的概率与著作权价格 A 呈正相关；用户或其他潜在侵权人选择侵权与否的概率与著作权人维权成本 R 呈正相关，即降低著作权人维权成本也可以降低被侵权的概率。随着惩罚倍率 E 的提高，侵权概率 P_2 得到有效降低。因此，数字化作品适用惩罚性赔偿是有效且必要的。

3.博弈策略解析

由上述博弈策略解可知如果著作权人的经济效益得不到保障，数字化作品的数量甚至质量都会下降。甚至可能减少一般用户获取信息的媒介，进一步蚕食用户获取信息的权利。

（1）适当降价

假设用户使用正版的收益与使用盗版的收益之差为 U_0，即 $U_0=[U-F(1+E)]=-A-F(1+E)$，二者之差越大代表用户越倾向于选择正版。U_0 与正版价格 A 之间成反比，即降低正版价格可以提高用户使用正版的可能。因为数字化作品的传播复制成本基本为 0，所以著作权人为了保证正版产品对用户有可持续的吸引力，应当采用与实体影音类产品一致的折价策略，①使数字作品的价格也会随着时间推移而逐步降低，以阻止盗版产品成为廉价替代品而挤占正版市场。目前，我国仍有大部分人对版权需要付费产生不解，认为使用盗版是理所应当，其中售价确实成为其使用盗版的主要原因。通过对 160 位不同教育水平及收入的自然人做调研发现，88% 的中国青年不拒绝使用盗版，42% 的人认为使用盗版理所应当。②因此可以通过降低价格的手段，在保证著作权人经济收益的条件下，引导用户选择正版产品，培养用户使用正版的习惯。

---

① 折价策略是厂家通过降低产品售价，来促进消费者购买的一种销售方式。其包括：直接打折、数量折扣、附加赠送三种策略。针对消费者往往对价格敏感的特质，厂家通过降低价格的方式提高产品竞争力，以及通过客流量的提高带动其他商品的销量。

② 姚林青、刘丹丹、陈博：《中美青少年版权意识的比较与启示》，载《现代出版》2012 年第 4 期，第 21-24 页。

(2)降低维权成本

因为用户侵权概率 P_2 与著作权人的维权成本 R 呈正相关,故在审理数字作品侵权类案件时可以适当降低著作权人的维权成本;主要包括以时间成本为主的无形成本。惩罚性赔偿的适用是通过经济救济的方式激励著作权人进行维权,而维权成本的降低也会使著作权人在面对侵权行为时更倾向于选择通过维权的方式来保护自己的合法权益。逐年增加的数字信息类侵权案件也能从侧面证明越来越多的权利人选择选择维权,因此进一步简化维权流程、降低维权成本也能进一步降低潜在侵权人侵权的概率。

(3)优化惩罚性赔偿倍率

针对惩罚性赔偿倍率适用的问题,设惩罚倍率 E 分别为 1～5 倍的整数(见图 3)。

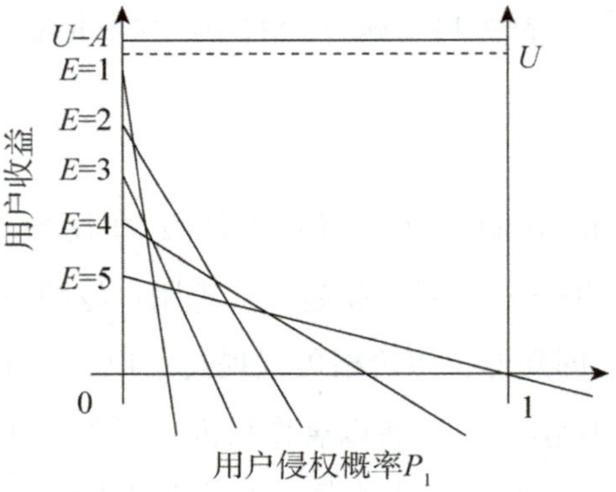

图 3　适用不同惩罚性倍率的用户决策

用户使用正版的收益 $U_0=U-A$,用户选择到盗版的收益根据倍率的不同分别为:$U_1=U-2F$、$U_2=U-3F$、$U_3=U-4F$、$U_4=U-5F$、$U_5=U-6F$。如图 3 效益曲线所示,因为 $F(1+E)>U$,且 $F<R$,$F(1+E)>R+L$,$A<U-A$ 且 $A<F$,因此表 3 中 $\lim U\to 0$;当赔偿倍率为 $E=\{1,3\}$ 时,震慑效果最佳。当 $E=\{4,5\}$ 时,用户侵权概率 P_1 有不降反增的趋势。另外需要注意,当 $E=2$ 时用户侵权概率大于 $E=3$ 时的侵权概率,因此盲目选择较低惩戒倍率也不可取。而我国在处理数字信息类著作权侵权案件时,大部分判决为回避适用倍率过高会刺激潜在侵权人以及降低社会活性这一问题,大多选用较低的惩罚倍率,导致震慑效果不佳;以百度诉京百度图标侵权案为例,终审以初审三倍赔偿过高为由将赔偿金额降至 1 倍,而根据京

百度提供的财务数据和账簿计算其营业利润为735,489.57元，在扣除品牌贡献率后，适用一倍赔偿无法满足 $F(1+E) > R+L$，故对原告百度方起到的激励程度较低，对被告方的震慑效果同样不佳。因此，应根据博弈效益区间对倍率的适用实现帕累托改进。可以就现有侵权人“故意”程度对其实行积分制度，如“侵权行为可能危害国家安全的”记1分，“因侵权造成著作权人经济损失或获利100万～500万元的”记2分。在审理数字作品著作权侵权案件是计算侵权得分，以20为满分，如表3所示，根据侵权人积分适用不同的惩罚倍率。

表3 惩罚性赔偿倍率积分

项目	得分情况				
	[1,4)	[4,8)	[8,12)	[12,16)	[16,20)
适用倍率	[1,2)	[2,3)	[3,4)	[4,5)	5

四、结语

随着网络和大数据的发展，著作权人的作品变得更容易流通和推广，但是著作的数字化也带来了新的挑战。数字化作品因为其独特的产品特性迫使著作权人需要花费更多时间、金钱等成本去维护，其具有的无形性与易复制性也对侵权案件审理时举证的困难程度起到了影响。在新版《著作权法》中推行的惩罚性赔偿措施可以对数字化作品的侵权起到震慑作用，也可以对被侵权作者进行救济，起到激励的效果。然而错误的使用惩罚倍率也会对社会效益造成不良影响；建议针对侵权人主观严重程度，设定倍率区间并同意认定规则，在保障法官拥有自由裁量权的同时，既能保证著作权人的利益也能起到适度的震慑效果，从而达到社会效益均衡。

（编辑：杨知文）

“适格个体规则”的理论构造与司法适用

韩　旭*

摘　要　“适格个体”是残疾就业歧视受害者寻求《美国残疾人法》法律救济的“资格门槛”，其意指只有能够完成基本工作职责的适格个体才有资格享有平等就业权并获得合理便利措施的保障。美国立法上针对性地保护适格个体，并结合司法上举证责任的合理分配，妥善平衡了雇主用工自主权和残疾雇员平等就业权，推动了残疾人实现自我发展和融入社会的进程。通过深入研究美国法上“适格个体规则”的理论构造及司法适用，总结其立法特色与实践经验，对完善我国禁止残疾就业歧视制度具有借鉴意义。

关键词　适格个体规则　利益衡量　平等就业权　用工自主权

1990年的《美国残疾人法》(The Americans with Disabilities Act, ADA)与2008年的《美国残疾人法》修正案(The ADA Amendments Act of 2008, ADAAA)实现了美国残疾人权利活动家和政治游说家多年来的夙愿，成为美国历史上第一部内容最全面、适用范围最广泛的残疾人权利保障的法律文件。它确保残疾人作为公民享有机会平等、充分参与的权利，实现独立生活和经济上的自给自足，因而被称为美国残疾人的“解放宣言”。

法律保护的残疾人范围是美国禁止残疾人就业歧视法律制度首要解决的一个

* 韩旭，女，山东济南人，山东政法学院讲师，华东政法大学博士后，研究方向为宪法学与行政法学。

核心问题。法案规定受保护主体必须满足两个前提。他/她必须符合"残疾人"的定义和认定标准,这是"大前提"。而残疾就业歧视受害者符合"残疾人"的认定标准,还尚不足以成为法律保护的主体。《美国残疾人法》及其修正案并没有不加区别地保护所有残疾人,而只是为能够完成基本工作职责的适格个体提供平等就业和获得合理便利措施的保障。这也就意味着,满足"适格个体规则"是残疾人寻求就业歧视之法律救济的"小前提"抑或"资格门槛"。

"适格个体规则"(qualified individual)① 是《美国残疾人法》及其修正案中一项独具特色的规则。这种针对性区别对待的立法设计促进了残疾人的平等就业与生活上的自给自足。我国禁止残疾就业歧视制度采用了"不加区别、全部保护"模式,这种模式对促进残疾人就业无疑是大有助益,但同时也存在侵害雇主用工自主权之虞。本文通过分析阐释适格个体的两个构成要素以及排除性与特殊性规定,深入探讨"适格个体规则"的理论构造,细察该规则司法适用中每个构成要素的举证责任分配问题以及法院对雇主诉讼策略的识别和矫正,尝试总结该规则的立法特色与实践经验,以期为修正我国残疾人平等就业法律主体规则,完善我国残疾人平等就业法律制度提供借鉴。

一、"适格个体规则"的理论构造

美国禁止残疾人就业歧视制度中的适格个体,是指在借助或者无须借助合理便利措施的情形下,足以完成岗位基本工作职责的人。② 笔者将在下文中详细论证适格个体构成要素、"适格个体规则"中的排除性以及特殊性规定。

(一)适格个体构成要素

适格个体含义中明确包含了"基本工作职责"和"合理便利措施"两个要素。其中能否完成"基本工作职责"对于适格个体的认定起着决定性的作用。

---

① "法律禁止任何责任主体在招聘、雇佣、晋升、解雇、薪酬、培训等环节或其他雇佣条款、条件和权益上,基于残疾而歧视适格个体"。42 U.S.C. § 12112(a).《美国残疾人法》修正案将禁止残疾就业歧视领域的受保护主体,从《美国残疾人法》之下的"适格残疾人"(qualified individual with a disability)转变为"适格个体"(qualified individual),将"残疾"这一要素从受保护主体的概念中剔除。因为通常受到法律保护的残疾就业歧视受害者是残疾人,但存在一种例外,即关系性歧视,也就是与残疾人有密切关系的个人也有可能受到就业歧视,故美国法也将之纳入"适格个体"概念范畴予以保护。因而《美国残疾人法》修正案用"适格个体"一词取代了原有的"适格残疾人"。

② See 42 U.S.C. § 12111(8); 29 C.F.R. § 1630.2(m).

1. 基本工作职责(essential functions)

"基本工作职责"具体指个人在某个岗位上借助合理便利措施或无须使用合理便利措施所能完成的主要工作任务。[①]在判定"基本工作职责"时,法官首先考虑雇主关于"基本工作职责"的意见。如果雇主在发布招聘信息或者面试求职者之前,有一份关于职位的书面描述,那么这份书面描述应作为判定"基本工作职责"的证据。[②]除此之外,集体谈判协议、以往员工和现任员工的工作表现说明都可以成为"基本工作职责"的判定依据。[③]

在听取了雇主意见,审查了雇主提供的相关证据后,法官进而会考察雇主是否确实要求所在岗位的雇员完成其主张的"基本工作职责"。例如,雇主认为打字是某岗位的基本工作职责,但实际上雇主从未要求在此岗位上的任何雇员去打字,这就说明打字并不是该岗位的"基本工作职责"。如果雇员确实需要完成雇主主张的"基本工作职责",那么判断这项工作职责是否真正构成所谓的"基本"工作职责,就需要进一步考察。通常首先考察该岗位是否需要求职者履行特定的工作职责。例如,雇主招聘某人,指令其从事校对文件的特定工作。那么,该岗位的基本工作职责就是校对文件,因为这是设立该岗位的原因。接下来,考察完成这项工作职责的雇员适当人数。假如在雇员人数较少,但工作量很大的情况下,每个岗位上的员工为了尽快完成工作任务,可能从事多个不同的工作职责。在此种极端情形下,雇主很难重新分配划定每个岗位的基本工作职责。所以,只有在工作量适中,每个岗位的雇员人数有限且人员确定时,才便于判断基本工作职责。另外,考察完成这项工作职责所需的专业技能。譬如,某岗位若需要熟练地使用专业技能,则可以初步认定具备专业技能是一项基本的工作职责。第四步,考察完成这项工作职责所花费的时间。假如某岗位需要求职者长时间地在收银台工作,那么操作收银机就是该岗位的基本工作职责。最后一步,从反向分析,如果雇主没有要求这项工作职责,是否会导致严重的后果。如消防员的工作如果不要求将已经意识模糊的人抬出正在着火的建筑,将会导致危及他人生命的后果。[④]由此推定,"将已经意识模糊的人抬出正在着火的建筑"就是消防员的基本工作职责。

---

① See 29 C.F.R. § 1630.2(n)(1).

② See 29 C.F.R. § 1630.2(n)(3).

③ See 29 C.F.R. § 1630.2(n)(3).

④ See 29 C.F.R. Part 1630, Appendix, § 1630.2(n).

通过以上步骤，法院可以判定残疾就业歧视受害者所在岗位或者应聘岗位的基本工作职责，从而进一步考察他/她能否完成该基本工作职责，以达成适格个体资格。

2. 合理便利措施（reasonable accommodation）

在判定残疾人是否属于适格个体时，首先要分析他/她能否完成基本工作职责。如果不能完成，还需要考虑为其提供合理便利措施，使其完成基本工作职责。假若雇主能够提供可行的合理便利措施，残疾求职者或残疾雇员在便利措施的辅助下，达到基本工作职责的要求，那么该人仍属于法律保护的适格个体。

《美国残疾人法》及其修正案中未给合理便利措施下定义，而只是列举了一些常见的表现形式，其中包括"使残疾人较为容易地接触到和使用工作场所中的现有设施；调整工作安排；调整工作时间或安排非全日制工作；重新分配一个空缺岗位；获得或改造工作设备和工具；适当调整或修正测试（内容和方式）、培训材料以及相关政策；提供合格的阅读器或手语翻译；以及可供残疾人使用的其他的便利措施"①。以上列举的合理便利措施只是起到举例示范作用，并没有形成封闭式的清单，因而没有排除其他可能的形式。

为了帮助残疾求职者或残疾雇员完成基本工作职责，雇主应当综合考虑残疾人的实际工作障碍和自身经营管理的现状，提供具体可行的合理便利措施。如果唯一一项能提供的便利措施可能造成雇主经营或财务上的过度负担，②而残疾求职者或残疾雇员在没有可行的便利措施辅助下，又无法达到该工作岗位要求，那么他/她就不属于法律保护的适格个体，雇主的法律义务也随即免除。

（二）"适格个体规则"中的排除规定

"适格个体规则"中除了包含两个构成要素的正面规定，还有将正在非法使用毒品之人排除的反面规定。③也就是说，法案将正在非法使用毒品之人排除在适格个体的保护范围之外。雇主因为残疾雇员正在非法使用毒品而解雇他，不构成残疾就业歧视。其中"正在"一词，表示该人最近正积极地从事此行为，所以"正在"不只限于雇主解雇当天或者做出解雇决定的前几天从事非法使用毒品的行

① 42 U.S.C. § 12111（9）.

② See 42 U.S.C. § 12111（10）.

③ See 42 U.S.C. § 12114（a）.

为。[①]ADAAA的解释规则中又分析了三种与正在非法使用毒品之人相关的例外情形，即“已经经过戒毒康复项目的治疗戒除毒瘾，并且不再非法使用毒品的人，或者正在接受戒毒康复项目的治疗，且不再非法使用毒品的人，又或者被他人错误地认为在非法使用毒品，但并没有从事如此行为的人”[②]，均不属于“正在非法使用毒品之人”。那么，以上例外情形的三类人仍可以享有法律保护的适格个体资格。

(三)“适格个体规则”中的特别规定

虽然在半个世纪以前美国残疾人权利运动旨在追求平等机会和融入社会，但是美国社会中却依然存在对残疾人的误解、偏见和恐惧态度。这种歧视往往还蔓延到与残疾人有密切关系的人身上。举例来说，美国艾滋病病毒携带者、艾滋病病人已经被多个判例确认属于残疾人。假设雇主发现一位女员工的儿子患有艾滋病，并且该员工为了方便照顾他，与她的儿子长期居住在一起。由于雇主对艾滋病人的误解、偏见和恐惧，担心艾滋病感染威胁到公共健康，于是解雇了该员工。案例中女员工并非残疾人，她只是残疾儿子的照看人，雇主的这一解雇行为看似并非构成基于残疾的就业歧视，但实则应当承担残疾就业歧视的法律责任。

因为，保护关系歧视受害者是“适格个体规则”的特别规定。关系歧视受害者自身不是残疾人，却因为与残疾人有密切关系而遭到雇主歧视。这种密切关系不仅限于家庭关系，还包括商业关系和其他社会关系。[③]例如，雇员工作之余参与志愿服务活动，与残疾人建立了深厚的友情；或者雇员曾是残疾人特殊学校的教师。为了彻底消除对残疾人的歧视、偏见和恐惧心理，法案禁止雇主基于个人与残疾人之间的任何社会关系而歧视残疾人之关系人，除非雇主能够证明雇员或与其有密切关系的残疾人确实给工作场所中他人的健康和安全造成直接威胁，[④]否则雇主必须承担残疾就业歧视的法律责任。

根据前述的考察分析，即可发现《美国残疾人法》及其修正案中的“适格个体规则”是在残疾人平等就业权与雇主用工自主权之间进行利益衡量、法益平衡的

---

① See 29 C.F.R. Part 1630, Appendix, § 1630.3(a).

② 42 U.S.C. § 12114(b).

③ See 29 C.F.R. § 1630.8.

④ See Den Hartog v. Wasatch Academy, 129 F. 3d 1076 (10th Cir. 1997).

产物。《美国残疾人法》及其修正案并没有采用"不加区别、全部保护"模式，而是在符合残疾人认定标准的大前提下，设置了"适格个体规则"。只有适格个体才能享受平等就业权利以及获得雇主提供合理便利措施之保障。如果将仅有工作意愿而不具有工作能力的残疾人就业权强行纳入法律保障与司法救济范围，势必会降低生产效率，减少企业利润，侵害雇主的用工自主权，最终也会侵害经济与社会发展。

二、"适格个体规则" 的司法适用

通过上文对"适格个体规则"的分析阐释，厘清了"适格个体规则"的理论构成；而这一规则要发挥其应有的功能，还需要设计科学的举证责任分配机制与法庭举证技术予以支撑。

（一）举证责任的分配

目前，美国联邦法院就"适格个体规则"的举证责任分配问题已基本达成一致意见。大多数法院认为原告证明自己属于适格个体，是表面证据确凿案件（prima facie case）成立[①]的必经步骤。原告只需举证证明自己能够完成基本工作职责，"表面证据确凿案件"就成立。接下来由被告承担举证责任，比如证明原告无法完成基本工作职责，或者认为提供合理便利措施会造成经营过度负担，因而不存在一项合理便利措施可供原告使用，这些都构成被告的积极性抗辩。一旦被告的抗辩事由被法官认可，将直接导致原告适格个体资格不成立，使其无法获得ADAAA的法律救济。

但是，在原告必须借助合理便利措施才有可能完成基本工作职责的情形下，到底由谁来证明原告属于适格个体，这在不同的上诉法院有不同的处理方式。比如第六巡回上诉法院采用通常的举证责任分配方式，认为原告仍有责任证明自己

---

① 法院在处理残疾就业歧视案件时，适用1964年《民权法案》第七章规定的就业歧视案件举证方式。一般来讲，在难以掌握雇主歧视的直接证据时，原告承担"表面证据确凿案件"成立的证明责任（证明自己符合残疾定义；属于适格个体；原告使用间接证据证明发生了基于残疾而遭到雇主歧视的不利行为）。根据原告提供的证据，法官初步推断被告的歧视行为可能存在，就意味着"表面证据确凿案件"成立。而此时举证责任转移，要求被告证明歧视行为不存在，提供做出不利行为的合法、非歧视的理由或者提出其他抗辩事由。接下来，再由原告承担最终的证明责任，证明被告的理由只是歧视行为的借口。

属于适格个体。① 而第八巡回上诉法院在 Benson v. Northwest Arlines, Inc. 一案中认为,原告提出存在一项合理便利措施后,应由被告承担说服责任,证明原告即使使用了合理便利措施,也无法达到基本工作职责的要求。② 如果被告不能完成举证,就反向推断原告具备适格个体资格。这种举证责任倒置实际上是减轻了原告的证明责任。

关于适格个体中的排除性和特殊性规则的举证责任分配问题,较少存在争议。综上所述,在残疾就业歧视纠纷中,求职者或雇员证明自身属于适格个体。而法案许可雇主对求职者或雇员做药检。③ 若药检结果呈阳性,雇主可以此来证明解雇决定符合法案关于适格个体的排除性规定。至于"关系歧视受害者",若要获得法律救济同样需要举证证明自身属于适格个体。只不过证明的核心内容是雇主知晓自己与残疾人之间有密切关系。假如雇主不知晓残疾人的存在抑或不知晓两人之间有密切关系,那么该人就不属于关系歧视受害者。④

综上所述,考虑到原被告之间证据搜集和信息控制的能力差异,"适格个体规则"的司法适用进行了合理的举证责任分配。这是因为基本工作职责的内容和合理便利措施的提供几乎都取决于雇主的意见。原告只清楚自己的工作能力并且了解工作环境中的不便,从而形成对便利措施的需求。适格个体举证责任分配的司法设计,既没有完全交由原告承担,这是为避免因证明难度大而导致残疾人平等就业权司法救济的落空;同样地,也没有要求被告承担全部的举证责任,以防范雇主用工自主权遭受不当限制而面临过高的法律风险。法院将适格个体裁判问题分成三部分,在原被告之间合理分配:由原告证明自己有能力完成工作任务,达到岗位要求。剩下两部分(基本工作职责和合理便利措施)作为被告的抗辩事由,雇主可借以否定原告的主张。

(二)具体适用技术

基本工作职责是影响适格个体资格成立的决定性内容。司法实践中,由雇主来举证证明岗位的基本工作职责。为了应对潜在的诉讼风险,公司、企业等责任

---

① See Monette v. Eds Corp., 90 F.3d 1173(6 Cir. 1996).

② See 62 F.3d 1108(8th Cir. 1995).

③ See 42 U.S.C. § 12114(b).

④ See H.R. Rep. 101-485, pt. 3, at 38-39, 1990 U.S.C.C.A.N. 445, 461-462.

主体的经营管理人员在雇主方法律顾问的建议下，纷纷着手制定或修改书面的职位描述，宽泛地界定基本工作职责，尽可能地将全部工作任务，甚至将员工的组织规范①以及资格标准②等内容纳入。这样一来，雇主主张求职者或雇员由于无法达到组织规范或资格标准各方面的要求，说明其不能完成基本工作职责而认定求职者或雇员不属于适格个体，就变得更为容易了。

面对雇主规避法律、"阻止"适格个体资格成立的雇佣与诉讼策略，法官应当严格依据法案及美国平等就业机会委员会（Equal Employment Opportunity Commission，EEOC）行政规章的规定，将雇主意见作为判定基本工作职责的首要考察依据，同时还需要结合前述的步骤来确定岗位的基本工作职责，而不能听信雇主的一面之词。如果把雇主意见视为认定基本工作职责的"重要的"③"实质性的"④证据予以采纳，将会导致大量的残疾就业歧视受害者被排斥在适格个体的保护范围之外，限制其获得应有的法律救济。由此看来，雇主意见并非起着决定性作用的证据。⑤

俄亥俄州南区法院在审理 Peirano 诉其雇主 Momentive Specialty Chemicals，Inc. 一案时，就通过细致的事实分析推论，识别出雇主意见中的诉讼策略，从而否定了将按时出勤作为客户服务代表基本工作职责的主张。庭审过程中，Momentive 公司提供了出勤考核的书面证据材料，尤其强调客服代表按时出勤的重要性，认为其中一人的缺勤将会导致整个六人团队工作效率降低。但是，Peiranode 的同事证言指出，公司认为的缺勤将导致效率降低问题其实并不存在，灵活的上班时间不会影响客服代表完成工作任务。法官在结合了原告提供的证据后，则判定公司的出勤考核制度实际并未严格执行，客服代表的工作也并未要求必须按时出勤。因此，按时出勤不应当被认定为客户服务代表的基本工作职责。⑥

同样的，在 Shelton v. Price Waterhouse Coopers，LLP 一案中，雇主主张按

---

① 工作场所中的组织规范，往往是雇主对雇员完成工作任务的时间和地点的具体要求。如按时出勤、轮流值班以及工作时长的要求。

② 资格标准是雇主对雇员的身体（视力、听力等）、技能、经验、教育背景和安全性等要求。See 29 C.F.R. § 1630.2（q）.

③ See Jones v. Nationwide Life Ins. Co.，696 F.3d 78，88（1st Cir. 2012）.

④ See Chin-McKenzie v. Continuum Health Partners，876 F. Supp. 2d 270，290（S.D.N.Y. 2012）.

⑤ See 42 U.S.C. § 12111（8）.

⑥ See Peirano v. Momentive Specialty Chems.，Inc.，No. 2：11-CV-00281，2012 WL 4959429，at *21-22（S.D. Ohio Oct. 17，2012）.

时出勤是 Shelton 所在岗位的基本工作职责,而她并不能够做到按时出勤,所以 Shelton 不是法律保护的适格个体。Shelton 则举证认为,被告提到的几项需要本人按时出勤的工作中,"重启服务器"既可以远程操控,也可以请其他同事帮忙;"收取包裹"和"接待客户"也并不是岗位书面描述中的工作职责。因此,要求雇员按时出勤不能作为岗位的基本工作职责。法官最终拒绝采纳雇主的意见,认为按时出勤作为工作场所的组织规范不构成岗位的基本工作职责。即使无法按时出勤,也不能借此否定原告适格个体资格的成立。[①]

除了将考勤制度等组织规范要求混同为岗位的基本工作职责,雇主还试图采取选聘或考核雇员的资格标准作为基本工作职责的诉讼策略,由此造成许多残疾雇员不具备适格个体资格。例如,雇主将交通部关于大货车司机视力的要求列入货运驾驶员的基本工作职责,[②]或者将搬举至少 40 磅东西的要求作为护士的基本工作职责,[③]均属于混同处理的做法。平等就业机会委员会就曾代表部分残疾雇员起诉联邦包裹服务公司。该案中,被告主张"雇员在病假期结束后,应重返工作"是一项基本工作职责。经查,根据公司现有的制度规定,请病假不得超过 12 个月。病假期限实际上是雇主对员工患病医疗期所设置的一种资格标准。可见,本案中雇主试图将资格标准与基本工作职责做混同处理。法院最终判定,病假期满重返工作不是基本工作职责,雇主意见实际上阻碍了残疾雇员适格个体资格的成立。[④]

综上所述,针对雇主将组织规范、资格标准与基本工作职责混同处理的做法,法院不仅会识别限制适格个体资格成立的诉讼策略,而且在确定岗位基本工作职责时,也会综合雇主意见与其他因素一起考量,矫正了混同处理的不利结果,确保适格个体获得应有的法律救济。

三、"适格个体规则"对我国的启示

美国禁止残疾就业歧视制度无论从立法上还是司法上都体现出鲜明的特点。经过平衡雇主的用工自主权和残疾雇员的平等就业权,有针对性地保障适格个

① See No. 8: 12-cv-02757-T-27TBM, 2014 WL2581348, at *5 (M.D. Fla. May 2, 2014).

② See Knutson v. Schwan's Home Service, Inc., 711 F.3d 911 (8th Cir. 2013). Knurson 虽然眼部受伤,无法达到大货车司机的视力要求,但是他仍然能够胜任驾驶员的工作。

③ See Griffin v. Prince William Health System, No. 10: 10-cv-359, 2011 WL 1597508, at *4 (E.D. Va. Apr. 26, 2011). 该护士由于背伤只能搬举不超过二十五磅重量的东西。

④ See Eeoc v. Ups, Inc., No. 09 C 5291, 2014 WL 538577, at *1 (N.D. Ill. Feb. 11, 2014).

体，具有法理正当性、正义可及性和实践可行性，这为完善我国残疾人平等就业的法律主体规则，促进该规则在司法实践中的适用，同时防止可能出现类似的用人规避策略，提供了一定的借鉴和启示。

（一）美国"适格个体规则"的立法特色与实践经验

根据前述的考察分析，笔者将"适格个体规则"的立法特色和实践经验概括为以下几个方面。

第一，"适格个体规则"是利益衡量、法益平衡的产物。《美国残疾人法》及其修正案并非保护所有的残疾人，而是为受保护主体在符合残疾人认定标准的大前提下，设置了适格个体的小前提。说明只有适格个体才能享受平等就业权利以及获得雇主提供的合理便利措施。法案如果将不具有工作能力的残疾人纳入保障范围，则会降低生产效率，减少企业利润，侵害雇主的用工自主权。所以，法案经过平衡雇主的用工自主权和雇员的平等就业权，有针对性地保障适格个体，才有真正的规范价值和实践意义。

第二，"适格个体规则"不只规定了残疾适格雇员完成基本工作职责，还要求雇主为了协助雇员完成工作而提供合理便利措施。当残疾人自身无法完成基本工作职责时，还可以与雇主积极沟通，请求雇主提供可行的、合理的便利措施。当残疾雇员借助了便利措施就能够完成基本工作职责时，该人便属于法律保障的适格个体。

第三，"适格个体规则"的适用进行了合理的举证责任分配。法院将适格个体问题分成三部分，在原、被告之间合理分配：由原告证明自己有能力完成工作任务，达到岗位要求。剩下两部分（基本工作职责和合理便利措施）作为被告的抗辩事由，用以否定原告的适格个体资格。司法设计并没有将适格个体问题的举证责任完全交由原告承担，这是因为证明难度相当大，不利于残疾人平等就业权的实现；同样地，也没有要求被告承担全部的举证责任，否则雇主的用工自主权会受到严重限制，面临过高的法律风险。

第四，"适格个体规则"的适用识别并矫正了雇主混同处理的做法。完成岗位的基本工作职责是认定适格个体的决定性标志。在司法实践中，基本工作职责的举证责任由雇主来承担。这就促使雇主往往宽泛地界定基本工作职责，不仅可能包含了全部工作任务，使得基本工作职责失去了“基本”属性，同时还将完成工作任务的方式（组织规范）、完成工作任务的条件（资格标准）与工作任务本身（基本工作职责）混同使用，“阻止”残疾适格个体资格的成立。在案件具体审理过程中，法院会综合雇主意见与其他因素共同考量，确定岗位“真正”的基本工作职责，避免了雇主混同处理的不利后果。

（二）我国禁止残疾就业歧视制度中法律主体规则的缺陷与不足

1. 法律主体规则的缺陷

我国与美国同时于 1990 年制定了《残疾人保障法》，并且于 2008 年对其进行修订。此后又于 2018 年部分修正。该法规定残疾人“在招用、转正、晋级、职称评定、劳动报酬、生活福利、休息休假、社会保险等方面”①享有与其他公民平等的权利。这款规定类似于美国法上的雇主不歧视义务。与此同时，法条中规定单位应当提供适当的劳动条件和劳动保护，并且根据残疾职工的需要，对劳动场所、劳动设备和生活设施加以改造。②这款规定又与美国法上合理便利措施的内容近似。

值得注意的是，由于我国《残疾人保障法》中没有“适格个体”的概念，奉行的是“不加区别、全部保护”理念，以上这些规定都是针对所有残疾求职者或残疾职工而设的。也就是说，根据国务院制定的残疾评定标准，视力、听力、言语、肢体、智力、精神以及多重残疾的、程度由重到轻的（第一至第四等级）所有残疾人都与其他公民一样，享有平等的就业权利。而事实上这只能停留在法律宣告层面，所有残疾人的平等就业权是不可能实现的。因为残疾与性别、民族、宗教信仰等其他个人特征不同，残疾状况无疑会不同程度地限制个人的相应能力，影响工作任务的完成。轻度残疾的人可能在经过改造的劳动场所、借助一定的劳动设备同其他人一样能够出色地完成工作任务；而重度残疾的人可能无法顺利完成或根本不具备劳动能力。即使用人单位为其改造工作场所、另行安排其他工作岗位，他 / 她可能仍然无法进行工作。此种情况下，重度残疾人急需的并不是平等就业的法律保障，而是相应的社会保障。

我国这种“不加区别、全部保护”的法律主体规则，忽视了残疾人之间劳动

① 《残疾人保障法》第 38 条第 2 款。另外，《就业促进法》第 29 条也有禁止残疾就业歧视的规定。

② 参见《残疾人保障法》第 38 条第 3 款。

能力的差异，将有无劳动能力的所有残疾人均纳入平等保护的框架之下，既违背了企业追求生产效率和利润最大化的常理，又妨碍了雇主的用工自主权。与此同时，这种立法设计不仅无助于消除社会对残疾人的"刻板印象"——残疾人是需要特殊关照的对象，还会导致残疾人更难获得平等的就业机会。因为这种保护模式会强化而不是淡化社会已固化的歧视性思维——由于残疾人是无能之人，才需要法律的额外保护。殊不知，法律越是强调特别保护，可能越会加深社会对残疾人的排斥与歧视心理。这种保护模式可能引致的后果就是用人单位宁可缴纳残疾人就业保障金，也不愿意雇佣残疾人；或者依法雇佣法定额度的残疾人，但却不考虑他们的需要与能力，而是抱着完成任务的心理将他们随意安排在性质不重要、工作水平低的职位。① 最终将导致残疾人难以获得平等的就业机会，无法实现融合就业与独立自足的权利目标。

2. 司法救济设计上的不足

根据《残疾人保障法》和《就业促进法》的规定，遭受残疾歧视的劳动者可以向人民法院提起诉讼。② 理论上，针对招聘、转正、晋级、职称评定、劳动报酬、解雇等各个雇佣环节的具体的残疾歧视行为，均可起诉。③ 接下来，法院受理残疾就业歧视诉讼后，需要为案件确认案由。而在最高人民法院《民事案件案由规定》(法〔2008〕11号，法〔2011〕41号第一次修改)中，并没有"就业歧视纠纷"。之后在2018年12月，最高人民法院发布了《关于增加民事案件案由的通知》(法〔2018〕344号)，在"人格权纠纷"第三级案由的"一般人格权纠纷"项下增加第四级案由"平等就业权纠纷"，至此为受到歧视的求职者提供了维权根据，也破解了求职阶段还未形成劳动关系，无法作为劳动争议纠纷加以保护的困局。

尽管诉讼案由已不再成为残疾求职者的维权障碍，但在具体案件中其将负担

① 根据《残疾人就业条例》第8条的规定，用人单位按比例安排残疾人就业不得低于本单位在职职工总数的1.5%。

② 参见《残疾人保障法》第64条、《就业促进法》第62条。由于目前禁止残疾歧视的法律规定过于原则，不具有可操作性，且残疾歧视的法律责任不够明确，残疾求职者或残疾员工缺乏权利意识和救济能力，因此，并没有出现一例残疾歧视的司法判决。

③ 但是，法院不会受理针对招聘启事上抽象的残疾歧视表述而发起的公益诉讼。因为根据《民事诉讼法》第58条关于提起公益诉讼的规定，其类型不包含就业歧视。同时《民诉法》第122条明确指出，诉讼的原告必须是与本案有直接利害关系的公民、法人和其他组织。所以，针对招聘启事上的歧视表述发起公益诉讼，法院不会受理。但是2022年10月修订的《妇女权益保障法》第77条明确了"侵害妇女平等就业权益"的，检察机关可以依法提起公益诉讼。这是平等就业权领域法律救济的立法进展，必将为残疾人平等就业权法律救济途径的完善提供先行指引。

过重的举证责任。司法实践通常认为对平等就业权的侵害属于一般侵权行为,须符合一般侵权责任的构成要件。① 而在侵权纠纷的案件中,除法律直接规定的特殊侵权纠纷以外,均采用民事诉讼"谁主张,谁举证"的一般原则。② 残疾求职者的平等就业权纠纷并不属于任何一种特殊侵权纠纷类型,因而采用民事诉讼的一般举证原则。如果用人单位不对拒绝录用残疾人的决定承担证明责任,则只能由残疾人举证证明自己符合用工条件但却遭受招聘歧视的主张。事实上原告是很难搜集到雇主歧视的有力证据。实践中,正是大多数用人单位拒绝录用残疾人,才导致有劳动能力的残疾人难以进入劳动力市场,残疾人就业率普遍低于其他人。我国残疾人在就业前遭受的歧视比在就业中遭受的歧视更为普遍,危害更加严重。若在招聘歧视争议中,不采取举证责任倒置的方式,无疑是加大了残疾歧视受害者的证明难度,不适当地抬高了诉讼门槛。

若残疾劳动者被用人单位正式录用后又遭受不合理地区别对待,根据《最高人民法院关于审理劳动争议案件适用法律若干问题的解释(一)》(法释〔2020〕26号)③ 第1条界定的劳动争议范围,并未明确包含劳动关系存续期间发生的歧视纠纷。从目前来看,残疾劳动者通过劳动争议诉讼寻求法律救济的方式尚无直接依据。在劳动争议纠纷的案件,鉴于争议事项有关的证据属于用人单位掌握管理,劳动者无法积极举证提供,故而在举证责任分配上采取部分倒置,用人单位要对开除、辞退、解除劳动合同等人事决定的合法性和合理性承担举证责任。④ 如果以平等就业权纠纷或是侵权纠纷起诉,无论以哪一种案由受理时,举证责任均遵循"谁主张,谁举证"的原则,而未采用举证责任倒置。⑤ 考虑到劳动关系存续期间用人单位与残疾员工的地位悬殊,证据收集能力存在差异,因此,劳动争议纠纷案由

① 详见最高人民法院185号指导性案例《闫佳琳与浙江喜来登度假村有限公司平等就业权纠纷上诉案》(2020)浙01民终736号。《关某某诉北京减脂时代科技有限公司平等就业权纠纷案》(2019)京0105民初3496号。

② 参见《民事诉讼法》第67条。

③ 现已废止。下同——编者注

④ 参见《劳动争议调解仲裁法》第6条"发生劳动争议,当事人对自己提出的主张,有责任提供证据。与争议事项有关的证据属于用人单位掌握管理的,用人单位应当提供;用人单位不提供的,应当承担不利后果。"《最高人民法院关于审理劳动争议案件适用法律若干问题的解释》(法释〔2001〕14号)第13条、《最高人民法院关于审理劳动争议案件适用法律问题的解释(一)》(法释〔2020〕26号)第44条。现已废止。

⑤ 有学者分析法院受理就业歧视案件,一旦确立一种案由,将会在管辖、时效、举证责任以及法律责任上产生与另一种案由不同的影响。参见林嘉:《论劳动者受到就业歧视的司法救济》,载《政治与法律》2013年第4期,第6页。

之下举证责任倒置方式更能体现出诉讼程序公正的精神。

另外，在用人单位解除劳动合同而引发的劳动争议中，单位应当证明做出解除劳动合同的决定是合法合理的，如提供劳动者严重违反单位规章制度的证据。假设用人单位将考勤制度作为规章制度之一，并且规定严格，与残疾人的工作习惯不相适应，导致残疾员工不得不多次违反单位的考勤制度，单位就可以借此"合法合理地"解雇残疾员工。这种假设的实践情形，同美国法院适用"适格个体规则"时所面对的组织规范与基本工作职责混同处理的诉讼策略情形几乎一致，同样值得立法和司法部门的关注，需要修改实体法并且做出程序上的适当调整。

（三）我国对"适格个体规则"的借鉴

为了修正我国禁止残疾就业歧视制度中法律主体规则的立法缺陷，促进规则在司法实践中的适用，我国应当参考美国"适格个体规则"的立法特色和实践经验，摒弃"不加区别、全部保护"的模式，完善残疾人平等就业的法律主体规则及司法救济技术设计。

首先，应转变社会对残疾的理解范式，确立残疾的社会模式。我国社会对残疾的理解仍然停留在医学模式。残疾被视为医学意义上的不健康状态，是个人健康范畴内的问题。所以，社会为了治愈残疾这个个人健康问题，为残疾人提供各种医学治疗或康复手段的社会福利，帮助其恢复至正常状态。该模式下将残疾人置于被同情、被怜悯的社会角色中。由于其患有残疾，所以被认为只能接受他人的照顾，而免除其参加学习、参与工作和开展社会交往的社会义务。但同时其个人人格、行为能力和权利能力遭到了克减与丧失。

而美国"适格个体规则"的背后理念是残疾的社会模式。20世纪后半叶，美国残疾人在黑人民权运动追求平等的精神激励下，要求独立自强，拒绝歧视偏见。残疾的社会模式在此期间诞生发展。它突破了医疗模式将残疾与个体健康挂钩的局限，转而将残疾置于宏大的社会情境之下加以审视，引入外在环境和社会要素重构对残疾的理解。在残疾社会模式看来，残疾人之所以在社会举步维艰，身体障碍只是表面诱因。社会环境以非残疾人为设计原型，并未充分考虑到残疾人的特殊需求，从而造成残疾人参与社会的诸多"障碍"。因此，《美国残疾人法》及其修正案的立法宗旨就是改变现有的社会环境，使其尽可能地满足残疾人的特殊需求。残疾人作为与其他公民一样平等的个体,同样享有独立生活、融入社会的权利。“适格个体规则”通过平衡残疾人的平等就业权与雇主的用工自主权两端法益,为具备一定劳动能力、有积极的劳动意愿,同时能够完成岗位基本工作职责的残疾人提供平等就业权的法律保障,促使残疾人从社会救助者转变为价值创造者。

其次,应立足于我国残疾人发展的实际,进行明确的规则定位。美国残疾人就业制度基于残疾人普遍具有权利意识和救济能力的实际,因而只包含禁止歧视的法律内容,没有规定配额制等强制性就业措施。我国残疾人基本缺乏权利意识,并且救济能力薄弱,法律中禁止残疾就业歧视的内容只具有宣示意义,因此国家通过设置残疾人按比例就业制度(配额制)来推动残疾人就业。① 完善我国禁止残疾就业歧视制度的法律主体规则并不是简单地复制模仿美国法上的“适格个体规则”,而是在目前残疾人按比例就业的制度框架之下,适当融入“适格个体”的基本理念。② 立法要求用人单位不仅要雇佣达到法定比例的残疾人数,还要给予适格残疾人以平等的高质量的就业机会。

再次,应尽快修订《残疾人保障法》,明确规定“针对性”的“适格个体规则”,摒弃“不加区别、全部保护”的法律主体规则。我国的“适格个体规则”保障具备劳动能力,并能够胜任相应工作的残疾劳动者。③ 为了确保残疾人能够胜任工作,单位应当提供适当的劳动条件,必要时还应当对工作安排和劳动场所进行调整和改造。如此一来,用人单位在作出雇佣决定时,其关注重点就从残疾人的个人状况转向残疾人的工作能力。只要残疾求职者或残疾员工能够胜任工作,用人单位就不得基于残疾歧视和偏见拒绝雇佣、区别对待。用人单位还可能会雇佣更多胜

① 参见谢增毅:《美国就业中的反残疾歧视——兼论我国残疾人按比例就业制度》,载《月旦财经法杂志》2007年第9期。

② 笔者发现,尽管我国《残疾人保障法》中没有“适格个体”的类似概念,但是劳动立法中蕴含着“适格个体”的基本理念。一般性劳动法律中设置了用人单位解除劳动合同的几种情形,“在试用期间被证明不符合录用条件的;劳动者患病或者非因工负伤,医疗期满后,不能从事原工作也不能从事由用人单位另行安排的工作的;劳动者不能胜任工作,经过培训或者调整工作岗位,仍不能胜任工作的”。该条如果经过进一步解释,残疾劳动者只要符合录用条件、能够从事单位安排的工作并且胜任工作,就不得被用人单位违法解雇。详见《劳动法》第25条、第26条,《劳动合同法》第39条、第40条,《劳动合同法实施条例》第19条。

③ 我国《工伤保险条例》第16条在认定工伤时,将酗酒或吸毒的情形排除。这已经隐含地表达出酗酒和吸毒之人不属于残疾人,也不构成法律受保护主体。另外,笔者认为,由于我国目前残疾关系歧视的问题并没有同歧视残疾人本身那样频繁、严重,所以建议法律主体规则的范围先及于胜任工作的残疾人。待实践中残疾关系歧视问题突出之时,再加入关系歧视的规制内容。

任工作的残疾人，而不只是为了雇佣达到法定比例的人数目标。

另外，应在《残疾人就业条例》中细化适格个体的判定标准和方法。其中判断残疾人是否具备劳动能力时，建议用人单位在招聘伊始做出主观估量。若由此产生争议，应申请当地的劳动能力鉴定委员会，参照最新的劳动能力鉴定标准，加以量化评定。只要不被认定为完全丧失劳动能力的，即具备一定的劳动能力。至于判断能否胜任相应工作，主要是考察残疾人能否按照要求完成劳动合同中约定的任务或者同工种、同岗位人员的工作量。这里劳动合同中约定的工作任务或者工作量就如同美国法上雇主在书面职位描述中列举的基本工作职责。但同样也要避免用人单位故意混淆工作任务与规章制度、录用条件的要求，或借此提高任务考核的定量标准，使残疾劳动者被判定为无法胜任相应工作。

最后，应当在残疾就业歧视受害者和用人单位之间合理地分配举证责任，同时防止出现美国法实践中被告规避法律的诉讼策略。在残疾人就业歧视案件中，由原告先提供证据证明自己能够胜任工作，再由被告反驳原告的主张，举证证明经过培训或调整其他工作岗位后仍无法胜任工作。当单位指出残疾人严重违反规章制度（类似美国法实践中的“组织规范”）、不符合录用条件（类似美国法实践中的“资格标准”）时，实际上也是采用了美国法上雇主混同处理的做法。法官应区分工作任务与规章制度、录用条件的要求，对规章制度以及录用条件的合法性、制定程序的民主性、内容的公开性以及商业必要性加以细致考察。如果缺乏其中一项，就不能认可被告的抗辩事由。①经过综合考量，法官来最终判定原告是否享有适格主体资格。只要残疾人具有适格主体资格，就不得被拒绝录用或解雇。

需要指出的是，笔者建议保障具备劳动能力并能够胜任工作的残疾人的平等就业权利，并不是提倡降低对重度（丧去劳动能力）残疾人的保护力度，而是建议为不同程度的残疾人设立多元衔接的保障机制。对于重度残疾人的保障来讲：一方面，应当进一步完善生活困难补助和护理补贴的扶助机制，保障他们的基本生活水平；另一方面，随着现代医疗技术的发展，许多重度残疾人在康复过程中，残疾程度逐渐减轻并有所缓解，从而具备了一定的工作能力，就可以同轻度残

---

① 根据《最高人民法院关于审理劳动争议案件适用法律若干问题的解释》第 19 条的规定，规章制度须同时具备“民主程序制度”“合法”“公示”三个条件，才可作为人民法院审理劳动争议案件的依据。

疾人一样，享受平等就业权利，通过就业实现经济上的自给自足与人格上的自我价值。

四、结语

任何制度都需要在实践中不断落实和完善。我国禁止残疾就业歧视制度长期被虚置，缺乏实践回应，从而无法实现残疾人平等就业的法律目的。为推动残疾人自我发展和融入社会的进程，立法机关应当借鉴美国“适格个体规则”的基本理念，摒弃“不加区别、全部保护”的模式，有针对性地为能够胜任工作的残疾人提供平等就业的法律保障。与此同时，法院应当积极适用“适格个体规则”，为遭受或可能遭受就业歧视的残疾人提供司法救济，促使残疾人的平等就业权由“纸面上的权利”落实为“现实中的权利”。

（编辑：杜文静）

刑法方法论

刑法中想象重构解释的反思与重塑*

余昌安**

摘　要　想象重构作为一种解释理论由来已久，但其在本土刑法语境下遭受了由受推崇到逐渐被冷落的命运。既有观点将想象重构定位为探究理性原意的解释方法存在疑问；就本质上而言，想象重构是一种探究最佳原意的解释态度，处于二阶理论层次。应当认为，想象重构解释体现了对立法者的尊重以及主体间性，实现了对刑法解释方法的一种进阶与超越。就优化该理论而言，解释者应跨越文本—作者—读者的三元视角，通过视域融合来探求合理的刑法规范意旨；同时基于论题学导向重构视域融合的操作流程，其中文本视角处于优先性地位，作者视角及读者视角处于补强地位。对想象重构解释规则进行实例展开，可以发现，解释者宜对破坏军婚罪中的“同居”进行实质理解，使其限定在具有类结婚属性、足以破坏军婚感情的“通奸”情形。

关键词　想象重构　解释态度　视域融合　论题学　同居

一、何谓“想象重构”：脉络及问题

法律解释是解释者对法律文本意思的理解和说明，意味着对法律意义的明

*　本文系国家社会科学基金一般项目“中国刑法评注及其编纂研究”的阶段性成果。

**　余昌安，男，江西赣州人，中国人民大学刑事法律科学研究中心博士研究生，研究方向为刑法学、法律方法。

确。其中，一种有力学说—— 原意说认为，法律文本的意思即是立法原意。① 探究立法原意存在诉诸法律语词、立法史材料或者理性立法者假设三种途径，其中想象重构理论系基于理性立法者假设衍生出来的探寻立法者原意的方法论工具。我国学界的通说观点认为，所谓想象重构（Imaginative Reconstruction）理论（亦称理性原意说、想象性重构），是指解释者基于立法者“是以合理手段追求合理目的之理性立法者”的假设，想立法者之所想，以重构立法者意图的方法解释法律，弥补法律所可能产生的缺漏。② 换言之，按照想象重构的要求，立法是国家的理性活动，解释者（法官）应尝试着将自己放在理性立法者的立场上，想象合理的立法者在面对系争问题时会采取何种处理方案，推知立法者面对当下情境可能会有何种立法偏好。③

想象重构是一个古老的理论，其最早可以追溯至古希腊时期的“制定法的衡平”原则；当时的亚里士多德即将想象性重构作为实现制定法衡平的一种解释路径，其指出“当法律的规定过于简单而有缺陷和错误时，由例外来纠正这种缺陷和错误，来说出立法者自己如果身处其境会说出的东西，就是正确的”④。尔后，随着衡平法的兴起，普通法系的法官们逐渐明确将想象性重构与制定法的衡平联系在一起；20世纪之后，由于制定法成为普通法系国家的重要法律渊源，想象重构理论在弥补制定法漏洞、准确辨别立法意图上的作用日益凸显，因而其受重视程度不断上升。例如，法律过程学派的两位领军人物—— 哈特和萨克斯在《法律过程》（*The Legal Process*）一书中，主张将法律解释过程理解为想象重构，“法院应当努力通过想象将自己放在采取这些步骤的立法者的位置上……除非出现了毋庸置疑的事实，法院应假设立法是由合理地追求合理目的的人制定的”。⑤ 在相当长的一段时期内，这种想象重构的方法论深刻地影响了英美法系的司法实践，汉德、波

① 需要指出的是，无论是立法原意还是立法目的、立法意图、立法宗旨、立法精神、立法意旨等称谓，实际上都是同一个概念的不同表述方式，它们都表达同一个意思。

② 参见张志铭：《法律解释学》，中国人民大学出版社2015年版，第26页。

③ See T. Alexander Aleinikoff, “Updating Statutory Interpretation”, The Michigan Law Review, Vol.87, 1988, p. 26.

④ ［古希腊］亚里士多德：《尼各马可伦理学》，廖申白译，商务印书馆2017年版，第161页。

⑤ 参见［美］理查德·A. 波斯纳：《法理学问题》，苏力译，中国政法大学出版社1994年版，第134页。

斯纳等人均在不同程度上表达了对这一解释立场的青睐。①

同时，需要指出的是，想象重构解释并非英美法系的“专利”，其在大陆法系亦有一席之地，甚至有国家还将想象重构理念写入实定法文本中。只不过，与普通法系国家倾向于将想象重构定位为解释态度（立场）不同，大陆法系国家受解释论发达的影响，更倾向于将想象重构作为一种法律解释方法来对待。例如《瑞士民法典》开篇第 1 条规定，“在依循文义、习惯法仍然无法明确法律条文如何适用时，法官可以依据自己作为立法者所会提出的规则裁判”。易言之，在法律适用模糊的情况下，法官应当将自己置于立法者的地位，追问倘若立法者处在当下语境会期冀法律表达出何种含义。然而，由于想象重构强调法官的造法功能，故其并未在大陆法系国家中形成广泛的影响力。

将目光从域外返转至本土，可以发现，想象重构理论在中国的历史并不长。按照陈兴良教授的学术演变史叙述，20 世纪 90 年代属于社科方法大量引入和法社会学兴起的时代。② 随着大量域外社科法学译介的传播，想象重构理论被介绍到国内，就笔者阅读范围来看，最早对想象重构理论进行介绍的论著是苏力教授翻译的《法理学问题》（波斯纳著，中国政法大学出版社 1994 年版）。随即想象重构理论在我国学界获得了一定的关注，有相关论文和专著跟进讨论。③ 而且在当时的刑法学界，部分学者将想象重构作为一种重要的解释方法，称之为想象重构解释方法，甚至将其放在与文义解释、目的解释旗鼓相当的地位，予以重点介绍。当时的周光权教授认为，想象重构解释方法作为原意解释的下项，属于将不确定概念进行具体化的刑法解释方法；该种解释方法要求法官在适用法律时探求立法者在制定法律时的价值观念，即用立法者的意图来解释法律规范的边缘含义。④ 饶有趣味的是，随着时间推移，想象重构在刑法解释方法中的地位下降，其不仅失去了主

① 详细论述可以参见刘翀、龚廷泰：《论美国制定法解释中的想象性重构》，载《江海学刊》2014 年第 4 期，第 204-206 页。

② 参见陈兴良：《法学知识的演进与分化——以社科法学与法教义学为视角》，载《中国法律评论》2021 年第 4 期，第 76-77 页。

③ 举例而言，胡基认为，想象重构解释旨在寻求立法者制定法律的主观意图，可以用来解释法律规范中的边缘含义。相较于目的解释而言，虽然想象重构解释受到一定的质疑，但仍不失为解决疑难案件的优势见解。参见胡基：《审判解释方法与我国审判实践》，载《中外法学》1996 年第 6 期，第 32-35 页。

④ 参见周光权：《刑法诸问题的新表述》，中国法制出版社 1999 年版，第 313 页。持相同观点的代表性文献还可以参见宗建文：《刑法机制研究》，中国方正出版社 2000 年版，第 163 页。

要解释方法的地位，而且日益边缘化，直至在刑法主流解释方法中销声匿迹。① 偶尔有司法实务人员主张，想象重构解释方法在解释不确定性概念或者概括性概念时具有重要意义；② 此外，法学界对该解释方法也逐渐多持批判性态度。尽管部分法理学者表示出对想象重构理论的倾向性，③ 但这一见解并未在刑法理论界中形成充分的对话交流，④ 在法学方法论和部门法领域之间存在沟通隔阂。

综上所述，不难发现，想象重构解释在本土刑法语境下经历了一个“由热转冷”的过程。令人不禁想问，为什么短短20年间想象重构理论在中国的命运发生了如此大的变化？其背后的原因和深层逻辑为何？其应然理论定位究竟属于解释态度还是解释方法？“式微”迹象的想象重构理论的刑法意义何在以及如何在困境中“突围”？上述一系列问题都值得认真对待并加以发掘思考，而解答这些问题，绕不开的是对想象重构解释的深入剖析。因此，笔者接下来首先对该刑法解释理念展开审视，阐释其功能定位及理论优势，然后在此基础上进行精细化重构，对该理论进行优化性处理，试图提供一个可操作性地获取最佳立法原意的框架。

二、想象重构解释的反思性解构

以上基于脉络意识和问题意识阐述了想象重构解释的产生、兴起与危机，但这更多地停留在宏大叙事的层面，需要进行更细节的微观考察。迄今为止，尚未得到充分讨论的一个问题是，想象重构解释究竟属于一种解释态度（或者说解释理念）还是一种解释方法？这一问题对于反思性理解想象重构理论而言具有先决

① 翻阅今日的刑法主流教科书，不难发现，已然没有关于想象重构解释方法的介绍。值得注意的是，在当今美国的法律实践中，想象重构这种解释思路已经呈现出衰落的趋势，例如，斯卡利亚大法官与布莱恩·加纳合著的《读懂法律：法律文本的解释》(*Reading Law: The Interpretation of Legal Texts*)一书指出，“假设立法者在场”的衡平法传统是缺乏意义且反常的，产生了一定的司法弊害；根据想象重构来应对“立法时未曾预见的情况”，并不妥当。See Antonin Scalia & Bryan A. Garner, Reading Law: The Interpretation of Legal Texts, Thomson West Press, 2012, p. 349-350.

② 相关论述可以参见牛克乾：《关于“两高”渎职犯罪案件司法解释（一）的法律方法论思考》，载《法律适用》2014年第1期，第78页；方海明、范莉：《概括式加重情节的司法实现》，载《法律适用》2009年第10期，第46页。

③ 持赞成态度的代表性文献可以参见强世功：《文本、结构与立法原意——“人大释法”的法律技艺》，载《中国社会科学》2007年第5期，第157-158页；李广德：《法律文本理论与法律解释》，载《国家检察官学院学报》2016年第4期，第99页；杨铜铜：《论立法目的的类型划分与适用》，载《东岳论丛》2023年第2期，第188页；郭春镇：《法律解释的公共性》，载《中国法学》2023年第1期，第154页。

④ 不可否认的是，法意解释方法在刑法理论界仍然颇有“市场”，但更多是根据历史原意说及语义原意说的思路对立法者意图进行解读，典型例子可以参见刘艳红：《法秩序统一原理下侵害英雄烈士名誉、荣誉罪的保护对象研究》，载《法律科学》2021年第5期，第113-115页。

性意义，因而接下来将首先围绕此问题展开讨论。

（一）功能定位：解释态度而非解释方法

1. 想象重构与解释方法的对接存在错位

如前所述，尽管我国想象重构理论继受于普通法系，但是学界通说并未像普通法系惯例那样将想象重构定位为解释态度，而是将其作为一种法律解释方法来对待。应当说，这一观点可能是受大陆法系国家法教义学传统的惯性影响，因而对想象重构定位为解释方法采取一种“不言自明”的态度。可是，这一通说难免产生以下疑问：

首先，大陆法系国家内部对于想象重构的定位并非意见一致，其阵营内部亦存在分歧。例如，著名法学家萨维尼也曾表示出对想象重构的兴趣，其指出，想象性重构要求当代司法者“站在立法者的立场上，模拟他形成法律思想”。[①] 显然，萨维尼在此处是将想象重构视为一种尊重立法者的解释态度，而非解释方法。

其次，更为重要的是，解释方法说难以回应的问题在于，何以说想象重构解释是与文义解释、历史解释等并驾齐驱的解释方法？解释者为何要在常用的四种解释方法之外单列出想象重构解释方法？众所周知，自萨维尼以来，经典的解释因素有文义解释、体系解释、历史解释和目的解释，而想象重构解释与上述四种解释方法之间具有较大的亲缘性和重叠性。具体而言：一方面，由于文义构成解释的出发点，以及寻求理性的立法原意亦需要将立法文本、立法资料等放置于体系脉络中进行解释作业，故想象重构解释本身离不开文义解释与体系解释的方法运用，其并不具有像文义解释等方法那样的基础性地位。另一方面，正如上文所指出的，想象重构作为原意解释的下项，其与主观目的解释之间具有密切关系，难以认为想象重构可以独立于主观目的解释方法而存在；同时，想象性重构在“模拟理性立法者所想”时，不可避免地会参考回溯立法者在立法制定之初的意图，因此想象重构解释亦难以脱离历史解释的影响。

最后，从当前想象重构解释的特质来看，其也不具有独立解释方法的可操作性。正如杰里米·沃尔德伦（Jeremy Waldron）所指出的那样，面对一条模糊的法

---

① 参见［德］格林·萨维尼：《法学方法论讲义与格林笔记》，杨代雄译，法律出版社2008年版，第78页。

令,我们把立法者叫到跟前、问它究竟是什么意思,对于具有多样意见和心态的立法机构而言并不具有直接意义,难以提供任何帮助。① 因此,针对想象重构理论的一个易见的质疑是,该理论的内容显得空洞,并没有提出一个可操作性规则,缺乏教义学的内涵。追问理性立法者倘若今日在场会作出何种回答,将解释者的所作所为当作立法者会采取的做法,并没有为解释者尤其是司法官提供一个统一、简便的高效操作标准,反而像是解释者为自己的解释结论添加一层“立法者原意”的掩饰。或许正是基于此,想象重构解释方法在进入21世纪以后,在我国刑法解释学中的地位陡降,遭受了不少批评之声。

基于以上论述,应当认为,我国法学理论界(尤其是刑法学界)将想象重构定位在解释方法层面,很可能就存在着理论定位上的严重偏差。

2. 想象重构本质上属于解释决定因素的态度

在笔者看来,想象重构解释自始就不是一种刑法解释方法,而应属于一种刑法解释的态度。按照通行的汉语词典的解释,解释态度中的“态度”是指人对解释的看法和采取的行动。② 刑法的解释态度无须作严格限定,只要体现了“人对解释的看法和采取的行动”,就可能成为一种刑法解释态度。以通行刑法教科书所举解释态度之例说明之,严格解释与灵活解释即是常见的两种刑法解释态度。③ 相较于处于微观层面的解释方法而言,解释态度、解释立场是宏观层面的价值引领。④ 前已述及,想象重构可以被理解为尊重立法者价值判断的一种解释态度。事实上,从想象重构解释的特质来看,其本身并不决定内容或者意义,而更多的是提供解决问题的视角,本质上属于探究立法原意的系统性知识。因此,在某种程度上完全可以说,想象重构解释不是直接指导解释者得出妥当结论的解释方法,而是一种对解释方法的反应、属于建构性的解释态度。“法律的态度是建构性的,在解释的精神上,其目的在于为实践制定原则,表明通向更好未来的最佳途径,并对

---

① 参见[英]杰里米·沃尔德伦:《立法的尊严》,徐向东译,华东师范大学出版社2019年版,第30页。

② 参见中国社会科学院语言研究所词典编辑室编:《现代汉语词典》(第7版),商务印书馆2016年版,第1266页。

③ 参见张明楷:《刑法学》(第6版),法律出版社2021年版,第39页。

④ 参见魏东:《刑法的文义解释:一般法理、概念与特点》,载魏东主编:《刑法解释》(第7卷),法律出版社2022年版,第58页。

过去保持正确的信念”①。

进一步而言，尽管说刑法解释态度是用立场的言语表述传达出一种解释理念倡导，可能显得较为抽象和宏观，但这并不意味着想象重构解释态度无用。相反，解释态度和解释方法、解释技巧一起构成了刑法解释学上不可或缺的思维工具，其中的解释态度决定了解释方法、解释技巧的作业方向。正如托马斯·格雷（Thomas C.Grey）所言，解释主义者真正的问题不在于是否应当坚持解释，而是他们应该解释什么以及应该采取何种解释态度。②态度对于解释决策而言具有决定因素的作用，“法官的个人价值立场或见解与他的判断之间可能的关联，可以通过引入态度概念来解释”③。通过将想象重构定位为观念维度的解释态度，有利于引导法官或者法律适用者在技术维度上探究合理的立法原意；同时，这也有利于绕开上述对想象重构作为解释方法的批评，妥善解决想象重构解释的体系位置。

（二）理论优势：作为二阶理论的想象重构

既然想象重构本质上属于一种解释态度，那么其正当性根据何在？抑或作为刑法解释态度的想象重构具备何种理论优势？这一问题有必要予以阐明。

1. 对其他刑法解释方法的超越

众所周知，刑法解释方法是无穷无尽的，对于这些散在化的解释方法而言缺乏一种规范化的指引和限定，影响了解释方法的体系化运用。而想象重构解释旨在说明应当如何使用各种解释方法、借此获取合理的立法原意，起到了一种将不同解释方法规范化的作用。著名法哲学家拉兹曾提出一阶（first-order）理由与二阶（second-order）理由，其指出，我们必须区分一阶和二阶的行动理由，二阶理由是因为某个理由而行动或者因为某个理由而不行动的任何具有排他性理由的属性。例如，相较于道德、心理、事实等一阶理由而言，法律规范属于二阶理由。二阶理由约束一阶理由，规定了应当如何适用一阶理由。④借用拉兹的一阶/二阶理由，完全可以认为，在解释论体系脉络之中，想象重构解释相较于历史解释、主观

① 刘星：《法律是什么：20世纪英美法理学批判阅读》（增订版），广西师范大学出版社2019年版，第205页。

② See Thomas C. Grey, “The Constitution as Scripture”, Stanford Law Review, Vol.37, 1984, p. 1.

③ ［德］乌尔弗里德·诺伊曼、弗兰克·萨利格主编：《当代法哲学和法律理论导论》（第9版），郑永流译，商务印书馆2021年版，第476页。

④ 参见［英］约瑟夫·拉兹：《实践理性与规范》，中国法制出版社2011年版，第28、33、76页。

目的解释等一阶理论而言，处于二阶理论层次，实现了对刑法解释方法的一种进阶与超越。二阶理论由于是关于一阶理论的元(后设)理论，而具有一阶理论不可替代的重要性。① 换言之，作为解释态度的想象重构具有规范功能，扮演着“法律解释法”的角色，约束着作为一阶的其他解释方法，将单纯的解释技术二阶化为解释的技术规范。此外，作为一阶理由的法律解释方法之强弱严重依赖于其所处的情境，因此基于解释方法所作出的行动选择，都应进行通盘考量，以辨别该情境中何者解释力为最强。② 想象重构在某种程度上属于法律解释的元规则问题，为探究立法原意提供了二阶的总纲。

2. 其体现了对立法者价值判断的尊重

由于传统学说将想象重构解释归入主观解释论的范畴，故客观解释论对主观解释论的批判也会波及想象重构理论。激进的客观解释论倾向于排斥乃至否定将立法者原意作为解释对象的主观解释论，认为刑法解释的目标应是存在于刑法规范中的客观意思，在其看来，立法原意解释最大的疑问在于立法原意不可知。③ 进而认为，想象重构理论只不过是在“律无正条”的情况下将立法意图予以“借尸还魂”，“所谓立法者的意图不过是经过乔装打扮后的理解者的意图而已”。④ 然而，在我国刑事司法实践中，探究立法原意作为一种论证案件处理结论的重要方法已被广泛应用。⑤ 质言之，主张从根本上否定立法意图的观点，本质上属于在创制法律。⑥ 我国《立法法》第104条亦明确规定，“最高人民法院、最高人民检察院作出的属于审判、检察工作中具体应用法律的解释，应当主要针对具体的法律条文，并符合立法的目的、原则和原意”。换言之，法律解释规范的制定应当注意遵循立法原意，这是解释者的义务。基于此，解释者必须按照“立法者制定的法律”而不是按照“法律适用者所可能希望制定的法律”来适用法律，原意解释具有可取

---

① 参见陈景辉:《法理论为什么是重要的?——法学的知识框架及法理学在其中的位置》，载《法学》2014年第3期，第66页。

② 参见陈景辉:《规则、道德衡量与法律推理》，载《中国法学》2008年第5期，第49页。

③ 张明楷教授即认为，主观解释论的最大“软肋”在于如何确定立法意图。具体而言，其大致包括：立法意图如何寻找；立法意图是立法者当时的体现，如何在当下时代准确对之予以把握；立法意图产生之后与立法者之间的客观距离如何处理；随着社会的变化，立法意图的缺陷如何克服等。对此，参见张明楷:《立法解释的疑问——以刑法立法解释为中心》，载《清华法学》2007年第1期，第19-36页。

④ 参见王云清:《制定法解释中的想象性重构》，载《法律科学》2017年第3期，第54页。

⑤ 参见喻海松:《实务刑法评注》，北京大学出版社2022年版，引言第8页。

⑥ 参见陈兴良:《规范刑法学》(上册)(第5版)，中国人民大学出版社2023年版，第32页。

之处。[①]

想象重构解释态度注重对立法者原意的探寻，体现了立法者与司法者、解释者之间的沟通，其背后是对立法机构决定的尊重。解释的目的在于查明法律中包含的立法者价值判断，法官首先要服从立法的规制目标和价值设定，让解释获得正当性。[②]法律是民意的体现，立法者是法律的作者，民意体现在立法者意思里面。是故，应根据立法原意解释法律在某种程度上体现了对法的忠诚。通过想象重构寻找有根据的立法原意，维护了立法者的权威，同时也为解释结论提供了权威性的支持。进言之，绝对的客观解释论很容易导致不受约束的解释，并易造成解释者利用专业知识而形成任意、专断的解释；而《刑法修正案（十一）》中几个重要立法事例（如高空抛物罪等轻罪的增设）也表明，“立法本意”并非不可捉摸，刑事修法中的立法考量因素亦有迹可循。[③]在当今法学研究中的精英主义受到广泛质疑的社会背景下，更应坚持有根据的“立法原意”，限制司法适用的擅断并维护刑法的安定性，此时想象重构理论的意义便得以突显。

3. 其体现了沟通、理解与共识的主体间性

不可否认的是，寻求立法原意的过程总会充满陷阱与圈套，容易被质疑为“虚幻的徒劳无益的工作”。[④]然而想象性重构认为，寻求立法者原意不是一个逻辑演绎命题，而是一种交流，通过分享经验的过程，实现说话者的意图与想象性重构之间的会聚。[⑤]因此，相较于其他原意说，想象重构理论的最大优势在于其体现了商谈理论的精髓，有利于减少解释分歧，促进多方沟通以至形成解释共同体。解释过程是说话者的意图与我们的想象性重构之间的会聚，其实践基础在于每个社会有特定的解释共同体，立足于解释共同体的相互理解与认可，使共识性解释成为超越个人意志的产物、赢得公众认同。[⑥]通过想象重构解释有利于贯彻法律解释活

---

① 参见舒国滢、王夏昊、雷磊：《法学方法论》，中国政法大学出版社2018年版，第380页。

② 参见[德]伯恩·魏德士：《法理学》，丁晓春、吴越译，法律出版社2013年版，第309页。

③ 参见周光权：《刑事立法进展与司法展望——〈刑法修正案（十一）〉总置评》，载《法学》2021年第1期，第18-22页。

④ 参见[美]E.博登海默：《法理学：法律哲学与法律方法》中国政法大学出版社2017年版，第556页。

⑤ 参见[美]理查德·A.波斯纳：《法理学问题》，苏力译，中国政法大学出版社2002年版，第128-129页。

⑥ 参见庄劲：《符号学视野下的刑法解释》，载中国人民大学刑事法律科学研究中心编：《新中国刑法学自主知识体系的演进与前瞻》，中国人民大学出版社2023年版，第279页。

动的公共性,引导法官必须以一种指向公共理解的方式形成对法律文本的妥当解释。[①] 也正基于此,解释者作为法律的读者,可以通过想象和过去、现在的立法者进行对话,弥补成文法可能具有的局限和疏漏。倘若读者不能理解法律文本,那么国家与国民之间的沟通就无法进行。只有通过解释者与作者的对话,将解释者中存在的非客观因素纳入解释进程中,方能达到一个合理合意的、具有可接受性的结论。[②] 进言之,在立法原意模糊不明或者在多份体现不同立法精神的立法资料中难以取舍时,解释者有必要发挥想象重构理论的作用力,通过与立法者进行对话,实现对当下可能的立法原意的探寻和选择。

"现代刑法解释学致力于打破认知诠释学建构的主、客体二分认识图式,而旨在获得一种建构在主体间交谈、理解与共识所形成的主体间性[③]"[④]。就本质上而言,想象重构解释理论体现了主体间性的考量,突破了传统的主观解释与客观解释之争,属于探究型解释学而非独断型解释学。按照中国传统文学解释学的话语体系来说,想象重构否认了以意逆志和我注六经的阐释原则,转向了诗无达诂和六经注我的阐释原则,注重理解的开放性以及意义的创造性。[⑤] 按照该理论,法律文本的读者应想象立法者就在自己的面前,作为权威的立法者面对裁判事项会流露出何种立法意图,这其实本质上是不同解释主体之间的沟通。应当说,面对同一个法律条文,不同的解释主体会产生不同的理解;但只有像立法者理解法律那样解读条文、辨别立法机关意图,如此对法律真实含义的把握才是准确的。总而言之,通过想象性重构这一解释者和立法者的虚拟对话、共享生活经验,以一种宽容而平等的对话态度去实现文本意义的丰富性,试图重建立法者面对当下问题的可能思路,有利于增加解释结论的说服力和融贯性。

---

① 参见郭春镇:《法律解释的公共性》,载《中国法学》2023年第1期,第146页。

② 参见郑永流:《出释入造——法律诠释学及其法律解释学的关系》,载《法学研究》2002年第3期,第32页。

③ 所谓主体间性(inter subjectivity),即"主体间理解的一致性",是主体与主体在交往中形成的交往关系,强调参与者通过主体间的交流协商而达成一种共识。对此参见[德]尤尔根·哈贝马斯:《交往行为理论》(第1卷),曹卫东译,上海人民出版社2018年版,第138页。值得注意的是,虽然我国古代没有"主体间性"这样的话语,但早在春秋时期就有群己关系的讨论。如"己欲立而立人,己欲达而达人""兼相爱,交相利""爱人若己"等诸子箴言间就蕴含了主体间性之意蕴。

④ 姜涛:《刑法解释的基本原理》,法律出版社2019年版,第6页。

⑤ 参见李有光:《中国诗学多元解释思想研究》,人民文学出版社2014年版,第38页。

三、视域融合视角下的方法论重构

刑法学突围的方向之一是建构理解的、沟通的刑法学，[①] 毋庸置疑，想象重构为原意解释提供了新的理解进路，有其独特意义和功能。然而一种强有力的批评意见认为，立法者和解释者的认知和价值判断存在差异，立法者的具体意图难以通过想象重构的方式进行司法建构。[②] 诚然，传统的想象重构解释仅仅是提供了一个理论粗坯，至于面对具体问题如何想象重构具体的立法者意图和进行移情式思考并不明确，因而我们需要明确进一步的思维规则。可以注意到的是，想象重构解释存在解释者与立法者之间的陌生性与疏远性，进而使想象重构的努力“难以突破个体之间的屏障”（波斯纳语）[③]，这有点类似于诠释学理论中理解者与文本之间存在难以消除的障碍。同时，解释者在进行重构合理立法者原意时，会出现多个不同视角（文本、作者与读者等）的多个视域交叠。倘若解释者仅仅站在自我视域去重构立法者原意的话，将会遮蔽想象重构理论的对话意义。此时可以借鉴伽达默尔提出的“视域融合”（fusion of horizons）理论，将不同的理解视域交融在一起，进行视域转换，通过对话与商谈达成积极的创生性意义并生成全新视域理解。换言之，既有的想象重构解释需要根据视域融合理论进行重构，跨越解释者与立法者之间的障碍，实现创造性的转换，如此一来可以有效地提升该理论的可感性、可视性、可接受性。正如伽达默尔极具洞见地指出，理解总是存在于各种视域融合之中，进而对解释文本进行一种生产性的努力，不断检验和调整解释者的前见。[④]

（一）想象重构视野下的三重视角

通常认为，作者（立法者）、读者与文本构成了法律解释中的三个基本要素，就

① 参见周光权：《刑法学的向度：行为无价值论的深层追问》（第3版），中国人民大学出版社2023年版，第12页。

② 参见李可：《对法律意图主义的另类思考——基于想象性重构条件之考察》，载《北方法学》2012年第1期，第29—30页；张志铭：《法律解释学》，中国人民大学出版社2015年版，第28页。

③ 波斯纳不无遗憾地指出，想象性重构的努力难以突破个体之间的障碍，要求法官站在立法者的位置上设想具体问题的答案，不过是一种枉费心机的徒劳而已。参见［美］理查德·A. 波斯纳：《法理学问题》，苏力译，中国政法大学出版社2002年版，第131—132页。

④ 参见［德］汉斯－格奥尔格·伽达默尔：《诠释学Ⅰ：真理与方法》，洪汉鼎译，商务印书馆2021年版，第442—444页。

“如何决定法律文本的意思”而言，存在作者决定论、读者决定论和文本决定论三种视角。[①] 显然，刑法解释是三元(作者、读者与文本)结构在特定场景之下的视域融合。不过需要指出的是，上述三种视角并非等量齐观，而是有轻重之别。面对一个具体的问题，想象立法者在场如何所思所想、提出处理方案，应当采取递进式判断的思路，分配好不同视域的权重，寻求解释共同体的共识。

1. 文本视角

相较于口头言谈的暂时性、现实性等特性，刑法规范文本具有固定性和超时性的特征。如利科尔所言，“文本就是任何由书写所固定下来的话语”，解释者通过阅读法律规范文本与作者进行对话。[②] 法律是国家和国民之间的沟通与交流，这种沟通是通过书面语言来达成的，立法者将自己的意思体现在规范文本中。既然立法者是规范文本的作者，将自己的意思通过精准规范的文字表述表达出来，故探究当下的理性原意，必须回到现行有效的法律规范中来。从某种程度上说，对法律文本的语义解读就反映出了立法者的倾向性意见。举例而言，《刑法》第243条第2款并没有像第238条第4款那样明示要求“利用职权”这一要素，仅仅表述为“国家机关工作人员犯前款罪的，从重处罚”，就应倾向于认为此举系立法者有意而为之，无论国家机关工作人员犯诬告陷害罪是否利用职权与否，都应按照诬告陷害罪从重处罚。

根据法律文本理论的表述，法律解释是法律文本的读者对文本意义所作的探寻，因而必须要考虑到规范文本本身所具有的特性，在特定语境中探寻文本的规范意义。[③] 首先需要注意的是，刑法规范有不同种语言文本，在进行文本视角的解读时可以中文汉字版本为基点，将具有同等效力的他种语言文字表述(少数民族语言、外文语言)的刑法规范作为参照系进行对比，以获得对文本原意更清晰的认识。这种全面的语言比较方法要求，可以更加清楚地解释官方语言版本中不清楚或者含义矛盾的地方。[④] 其次，基于法秩序统一性原则，解释者在对理性立法者原意进行想象式重构时，并不能拘泥于该刑法条文本身，应当将视野放在整个法秩序之下，结合其他相关规范性文件进行理解，通过法律规定进行推理。详言之，一

---

① 参见杜宇：《类型思维与刑法方法》，北京大学出版社2021年版，第194页。

② 参见[法]利科尔：《解释学与人文科学》，陶远华等译，河北人民出版社1987年版，第148页。

③ 参见李广德：《法律文本理论与法律解释》，载《国家检察官学院学报》2016年第4期，第98页。

④ 参见[奥]恩斯特·A.克莱默：《法律方法论》，周万里译，法律出版社2019年版，第47页。

方面，文本和文本之间可以对照地理解，使条文之间保持协调、避免矛盾；另一方面，根据《立法法》等宪法性法律，立法解释、司法解释、行政法规扮演着对相关刑法文本进行细化的角色，因此解释者在进行想象重构时，可以参考相关规范性法文件、前置性法律对立法场景进行还原。举例而言，追问立法者原意是否会认为非法采集水资源构成非法采矿罪，对此可以参考《矿产资源法实施细则》第7章第44条规定的"地下水资源具有水资源和矿产资源的双重属性"，显然立法者在当场也会认为《刑法》第343条非法采矿罪中的"采矿"亦包括采集地下水资源。最后，刑法典文本视角具有发挥"边裁"作用、捍卫罪刑法定原则的功能，解释者得出的文本视角见解仍须根据刑法典文本的表述、进行禁止类推解释的检验。详言之，文本视角存在解释限度，其揭示的规范意旨仍须受到罪刑法定主义等刑法基本原则的约束；初步得出的解释结论一旦逾越了语词的"可能语义空间"，便落入类推解释的范畴，为罪刑法定主义原则上所禁止。举例而言，基于法规范文件初步得出的原意倾向于将野生动物死体定性为危害珍贵、濒危野生动物罪中的"动物"，① 如果认为此入罪解释结论属于类推解释的话，也应当在文本视域的理解中否认这一解释属于合理的立法原意，因为智慧的立法者不会在刑法典文本中规定不利于被告人的类推解释。

2. 作者视角

法律文本是获取立法原意最直接、最有效的论据，我们理解刑法规范须从相关规范文本本身寻求规范意义。同时，"刑法文本只是解释的起点，而不是解释的终点"，② 立法者在立法过程中留下的文献资料也可以辅助我们对法律文本的理解。亦即作者视角也是我们获取合理立法原意的重要窗口和线索。需要指出的是，文本视角也可谓一种作者视角，二者之间并非排他关系，只不过基于文本视角的特殊性与优先性地位，有必要将文本视角从作者视角中单列出来、自成一体，以更清晰地构建想象性重构的判断规则，捍卫罪刑法定原则的底线。

有论者认为，在文本的理解和解释活动中，作者已经退居幕后，视域融合并不

---

① 相关论述可以参见最高人民法院刑事审判第一、二、三、四、五庭主办：《刑事审判参考》（总第125辑），人民法院出版社2020年版，第80-82页。

② 姜涛：《刑法解释的价值判断》，载《中国社会科学》2023年第7期，第139页。

包含立法者视角。[①] 这种观点值得商榷:一方面,用书面语言表达的规范文本本身存在局限性(词与物的分离),解释者(尤其是法官)更多的是有限理性。事实上,除了规范文本本身所体现的立法意旨以外,立法者在制定法律时可能还有其他深层意图,这一深层意图需要求诸于相关立法资料。[②] 另一方面,发生学解释不可能脱离法律文本的制定者,制定法背后隐含了立法者追求的某种确定的调整意图、价值导向以及对于事理的考量。鉴于此,进行想象性重构在规范文本视角以外,还应参考记录立法形成、演变过程的"立法材料",将立法时的背景文献与历史资料作为解读立法者意图的重要参照,以古知今。

作者视角在某种程度上也可谓是立法材料视角,通过谱系解释的方法,综合运用立法的历史素材,把法律置身于历史的语境下进行考察。须注意的是,在选取刑事立法资料时,宜优先考虑具有权威性、代表性的书面文本,寻找立法者的规范想法,例如历次审议稿、草案以及全国人大常委会法工委作出的修正案(草案)说明等。[③] 至于立法机关人士组织编写并出版的解读性著作,尤其是其中的"参与立法过程之人的个人意见",只有在前述立法资料缺位时才予以考量。[④] 举例说明之,当前一种蔚为通说的观点认为,轮奸立法是"严打特殊历史背景下""情绪化立法的产物",进而主张对轮奸进行严格的限缩解释。[⑤] 然而,通过细致梳理权威立法文献资料,可以发现,立法者提升轮奸的法定刑配置系有意而为之,旨在更好地实现保护受害女性和扩大一般预防的功利性目的。[⑥]

3. 读者视角

前已有述,想象重构解释的优越性在于寻求解释共同体的共识,寻求为不同解释主体所共同接受的解释,通过主体性的参与、能动性的理解和策略性的选择

---

① 参见王政勋:《法教义学与语言分析——基于正当防卫权威判例的研究》,载《中国法律评论》2022年第4期,第138页。

② 参见[美]安德瑞·马默:《解释与法律理论》,程朝阳译,中国政法大学出版社2012年版,第192页。

③ 参见陈兴良:《刑法教义学中的历史解释》,载《比较法研究》2023年第4期,第45页。

④ 参见[德]托马斯·M.J.默勒斯:《法学方法论》(第4版),杜志浩译,北京大学出版社2022年版,第245页。

⑤ 参见付立庆:《论轮奸的限制性认定》,载《法学》2020年第4期,第107页;持赞成态度的代表性文献还可参见刘明祥:《轮奸涉及的若干争议问题剖析》,载《政治与法律》2022年第6期,第53-54页。

⑥ 具体可以参见高铭暄、赵秉志编:《新中国刑法立法文献资料总览》(第2版),中国人民公安大学出版社2015年版,第520、681、718页;高铭暄:《中华人民共和国刑法的孕育诞生和发展完善》,北京大学出版社2012年版,第453-454页。

达成主体间性的普遍共识。① 也正是基于这一点，在进行想象性重构时，读者（解释者）视角亦不可或缺，而这往往为主观解释论者所忽视。“法律生效后所进行的解释对于今天的理解也具有重要意义。由此，我们将面临如何把迄今为止的判例和学说纳入方法上的论证这一问题。这既是一个认识问题，也是一个阐述问题”。② 学理上有一种观点认为，“读者”是指“一群实际上了解或旨在了解一个特定规范文本意义的真实或潜在的人”。③ 显然，这一定义可能会导致想象重构中的读者视域变得极其庞杂，不利于刑法解释的经济性。事实上，此处的读者是一个群体性、制度性的解释者概念，并非任意的个人。进一步而言，这里的“读者”视域应是指刑法文本解释者的共识性解读，旨在抽象出刑法学者（尤其是权威刑法学者）、司法工作人员等法律职业共同体的理解公约数。通过对“读者”范围进行限定，不仅为寻求理性立法原意提供重要参照系，也提升了立法原意的可采信度。

伽达默尔曾经指出，真正的理解是文本与读者之间的“视界融合”，产生一种历史的真实和历史理解的真实，达到理解中的历史有效性及“效果历史”的程度。④ 申言之，倘若基于规范文本、权威立法资料得出的立法原意，同时也得到了理论界、实务界的权威人士或者多数人士的认同和支持，那么这一处在不同视域交集内的立法原意也就获得了更强的正当性以及极强的说服力。在刑法文本的解读环节，文本含义的客观性与读者视界的主观性实现了有机统一。可以这样说，通过解释者视角的加入，想象重构在某种程度上具有立法原意共识论的色彩。

（二）视域融合过程的论题学建构

以上为想象重构解释提供了“文本—作者—读者”三重视角以及递进式判断的思路，进一步来说，更需要思考的问题是，解释主体围绕前述三重视角如何进行视域融合。遗憾的是，由于视域融合理论的态度是开放性和探究式，伽达默尔并未对如何进行视域融合提供指导步骤。“诠释学乃是实践哲学”，考虑到视域融合重视理解和解释过程中的“问题意识”，而想象重构从本质上而言，是从具体问题

---

① 参见袁林：《超越主客观解释论：刑法解释标准研究》，载《现代法学》2011年第1期，第168页。

② ［德］罗尔夫·旺克：《法律解释》（第6版），蒋毅、季红明译，北京大学出版社2020年版，第117页。

③ Jorge J. E. Gracia, “Texts: Ontological Status, Identity, Author, Audience”, State University of New York Press, 1996, p. 141.

④ 参见章启群：《伽达默尔传》，河北人民出版社1998年版，第111页。

出发重构立法者赋予刑法规范的意义和目的,故解释者不妨引入论题学①的方法对视域融合过程进行调适,进而使得以问题为导向的想象重构解释思考方式更具有鲜明的实践品格,有利于解决疑难案件。不过,以论题学为导向建构视域融合过程尽管具有灵活性的优点,却可能出现以下局面:对于一项刑法解释结论,有些人认为符合想象重构解释态度,有些人则可能认为完全背离合理的立法原意。②因此,在论题学导向之后,有必要通过特定程序对此加以甄别和确证,以此来发现和确定隐匿其中的真理和推理的前提,进而约束视域融合过程中可能出现的主观恣意。③进一步而言,论题学思考属于开放型体系,并不排斥体系思维,体系思考在问题思维中常常体现为潜在的确定秩序。④基于此,解释者一方面要坚持用论题学导向来塑造想象重构,另一方面则需要为前述视域融合填充更为具体的体系化内容、使之更具有可操作性。鉴于此,笔者试图提出以下标准。

1. 文本视角处于优先性地位

或许有人认为,想象重构理论更多的是作者决定论的思维色彩,故应以作者视角优先。然而法律文本的作者是制度性的产物,在我国当前的刑事立法制度下,权威立法文献资料相对匮乏,并没有类似于日本立法理由书之类的规范性文件,存在官方立法资料缺位、半官方的立法释义书良莠不齐、不少法条的立法者原意晦暗不明的问题。⑤而且,如前所述,文本视角还具有维护罪刑法定铁则的功能,能够较早地将类推解释予以过滤排除。基于此,通过作者视角进行最佳原意探寻并非想象重构解释的首选,此时宜将目光转向文本视角,优先进行规范文本视角

---

① 按照特奥多尔·菲韦格的界定,所谓论题学(Topik)是指以问题为取向的思考技术,运用情境思维来消解解释困局。详细论述可以参见舒国滢:《法学的知识谱系》(下),商务印书馆2021年版,第1246-1248页。

② 举例而言,能否将反向刷单炒信的行为评价为破坏生产经营罪的"其他方法",理论界存在不同意见。如张明楷教授认为,根据破坏生产经营罪的立法精神,由于成立破坏生产经营罪不要求数额较大与情节严重,故该罪的手段行为只能被限定为物理性地毁坏生产资料,进而有利于贯彻构成要件的定型性和明确性原则。(对此参见张明楷:《侵犯人身罪与侵犯财产罪》,北京大学出版社2021年版,第364页)与之相对,陈洪兵教授则认为,不宜按照农耕社会和机器工业时代的固有思维去解释破坏生产经营罪,完全可以与时俱进地将该罪理解为妨害业务致使他人遭受财产损失的行为。(参见陈洪兵:《双层社会背景下的刑法解释》,载《法学论坛》2019年第2期,第85-86页)那么,根据想象重构理论,立法者今天会作出何种回答?如何合理地探究破坏生产经营罪的立法原意,恐怕难以得出令人充分信服的答案。

③ 参见舒国滢:《走近论题学法学》,载《现代法学》2011年第4期,第9页。

④ 参见徐国栋:《从"地方论"到"论题目录"——真正的"论题学法学"揭秘》,载《甘肃社会科学》2015年第4期,第201页。

⑤ 参见贺剑:《案例评析与法律评注:从民法学写作切入》,北京大学出版社2021年版,第114页。

的考察。举例而言，对于未达定罪金额起点（3万元以上）的职务侵占案件能否转以其他犯罪（如诈骗罪）论处这一具体问题，想象立法者处在解释者的位置是否会处罚此类行为，首先可以基于规范文本寻找线索：从《刑法》第183条第1款[①]的规定来看，无论骗取保险金数额多少，都应适用职务侵占罪条款来处理案件；从《刑法》第272条第2款[②]的规定来看，职务侵占罪是贪污罪而非侵占罪，即应将职务侵占罪理解为与职务相关的贪污型犯罪。以刑法条文为抓手，从文本视角来看，如果职务侵占没有达到数额较大的门槛，就应得出无罪结论而不能转以诈骗罪等普通法条来处理。

规范文本由于是处于官方位置的人或者机构按照法定程序制定的，具备权威性，因而在解释视域中处于优先性地位。进言之，倘若通过作者视角、读者视角获取的线索与文本视角产生矛盾冲突，此时原则上应将文本视角放在更优地位。举例而言，我国学界有一种颇为流行的观点认为，《刑法》第27条第1款中“在共同犯罪中起次要作用的犯罪分子”是指次要的实行犯；[③]然而当翻阅全国人大法工委颁布的“刑法英文文本”时，可以发现，立法者对“从犯”使用的是“accomplice”这一用语，[④]由于“accomplice”（意为“帮凶”“附随”）难以与实行犯形成对接，因而次要实行犯之解释面临着文本视角的诘问，其妥当性需要补强。

还值得注意的是，在论题学思维看来，文本视角并非像磐石一般固定不变，也会随着社会生活的变动而发生流变，进而宜将立法原意作当下理解，想象当下的立法者就在案件处理的现场会作出何思何想。换言之，无论是文本视角的理解还是立法原意本身都是不断生长的。日本著名刑法学家牧野英一曾对此指出，刑法本身具有自律性，其随着时间的推移和客观环境的变化而不断进化，对法律的解

① 该款规定，保险公司的工作人员利用职务上的便利，故意编造未曾发生的保险事故进行虚假理赔，骗取保险金归自己所有的，“依照本法第二百七十一条的规定定罪处罚”。

② 该款规定，“国有公司、企业或者其他国有单位中从事公务的人员和国有公司、企业或者其他国有单位委派到非国有公司、企业以及其他单位从事公务的人员有前款行为的，依照本法第三百八十二条、第三百八十三条的规定定罪处罚”。

③ 参见高铭暄、马克昌主编：《刑法学》（第10版），北京大学出版社、高等教育出版社2022年版，第173页；周啸天：《正犯与主犯关系辨正》，载《法学》2016年第6期，第125页。

④ 《刑法》第27条第1款的官方英文译本为：A person who plays a secondary or supplementary role in a joint crime is an accomplice。参见全国人大法工委：“Criminal Law of the People’s Republic of China”，载全国人大法制工作委员会官网，http://en.npc.gov.cn.cdurl.cn/2020-12/26/c_921604.htm，最后访问日期：2023年12月3日。

释不应当拘泥于法律制定时的目的和意图。[①] 举例而言,《刑法》第 261 条遗弃罪的保护法益是被遗弃者生命、身体的安全还是家庭成员之间的平等生活权利？学界存在不同的看法。但只要注意到立法者在 1997 年《刑法》之后又以刑法修正案的形式增设了第 260 条之一（虐待被监护、看护人罪）以及第 262 条之一（组织残疾人、儿童乞讨罪）、之二（组织未成年人进行违反治安管理活动罪），可以发现遗弃罪的规范环境发生变化，因为上述增设刑法条文皆不是妨害婚姻家庭的犯罪。“规范环境的变化会导致迄今具有决定性的规范意义发生变化”[②]，刑法条文是一张蜘蛛网，一旦动了其中一个网点，就会引起整张蜘蛛网剧烈地颤动。是故，从作出同时代的刑法解释而言，当今的立法者不再会认为《刑法》第 257 条到第 262 条仍然属于妨害婚姻家庭的犯罪；进而应当认为，文本视角下的立法原意不会将遗弃罪的保护法益理解为家庭成员之间的平等生活权利。

2. 作者视角及读者视角处于补强地位

就作者视角而言，其表现为对文本视角的理解具有细化和补正功能。一方面，如前所述，规范文本视域虽然具有权威性，但同时也缺乏直接导向性和细节性，在某些情况下难以通过文本得出有效推论或者文本存在多重解读的可能性，此时需要参照相关立法资料以进行进一步的原意探索。解释者通过对立法资料的梳理，可以弥补文本视角下逻辑演绎的抽象性缺点。另一方面，作为文本视角前提的规范文本本身可能出现谬误，尤其是立法者基于疏忽出现了法律语言或逻辑上的错误时，[③] 倘若解释者单纯从文本视角出发进行原意探寻，很可能会出现“错上加错”的荒谬局面。此时相较于文本视角而言作者视角处于补正地位，解释者应基于立法资料对之作出补正解释，熨平文本编织物上的褶皱。举例而言,《刑法》第 11 条规定了外交豁免条款，即“享有外交特权和豁免权的外国人的刑事责任，通过外交途径解决”。显然，此处出现了立法的语言逻辑错误，条文中的“外交特权和豁免权”应补正解释为“外交特权或者豁免权”。这一点在作者视角中得到了很好的体现。详言之，解释者求诸立法资料可以发现，该条款制定

---

① 参见［日］牧野英一：《法律的进化与进步》，孟祥沛译，商务印书馆 2021 年版，第 31–38 页。

② 参见［德］卡尔·拉伦茨：《法学方法论》（第 6 版），黄家镇译，商务印书馆 2020 年版，第 443 页。

③ 有学者认为，补正解释不涉及刑法的动态错误，它只涉及刑法的静态错误。这种错误是立法者由于疏忽出现了法律语言或逻辑上的错误，此时需要解释者统观刑法全文加以补正，以阐明刑法真实含义的解释技巧。对此参见罗翔：《论刑法中的补正解释——以拐卖犯罪为展开》，载《中国刑事法杂志》2023 年第 3 期，第 73–75 页。

的初衷是基于国际外交惯例，履行《维也纳外交关系公约》规定的义务。① 因此，对于享有外交特权但没有外交豁免权的外国人，也应当通过外交途径解决相关案件。

就读者视角而言，其表现为对文本视角的理解具有强化和提醒功能。应当说，单纯的读者视角本身对于想象重构立法原意而言并没有强制约束力，难以说解释者能够从读者视角中解读出立法者在场的意思表示。然而，正如上文所指出的，想象重构理论具有解释共识论的意蕴，倘若基于文本视角及作者视角获取的合理立法原意能够获取读者视角的支持，有利于提升原意解释的可采性。亦即通过不同视域之间的融合，使想象性重构得出的立法者价值判断更加坚实，更有利于具体解答立法者意思的根据所在。同时，倘若解释者通过文本视角及作者视角重构的原意解释与读者视域下的共识性解读之间存在较大的冲突隔阂（当然此种情况极为罕见），那么解释者需要提供进一步的强化论证，且对于先前作出的原意解释要慎重采纳。换言之，作为“候补性角色”的读者视角具有警醒视域融合过程的功能，可以促进解释共同体内部以及解释视域之间的沟通。

3. 在论题目录下基于问题情境探寻最佳原意

“视域融合不仅是历时性的，而且也是共时性的，在视域融合中，历史和现在、客体和主体、自我和他者构成了一个无限的统一整体。”② 经由以上“规范文本—立法者（主要体现为立法材料）—解释者”这一分步骤、有顺序的视域融合，据此可以充分发挥想象重构的主体间性优势、得出有充分根据的立法原意，进而有效防止出现假借理性原意、将解释者篡位为立法者的情形。应当说，上述三个视角实际上构成了一个论题学上的论题目录，“可行的论题目录一旦形成，就可以为进一步的裁判开题提供一种逻辑上的固定联系。论题目录对于初次固定和构成一定的前理解具有重要的意义。它们使提问和答案得到有序整理，并且指明究竟什么东西值得更进一步的思考”。③ 在不同视域所组成的论题目录中，解释者基于上述

---

① 参见王爱立主编：《中华人民共和国刑法：条文说明、立法理由及相关规定》，北京大学出版社 2021 年版，第 21–22 页；冯军、梁根林、黎宏主编：《中国刑法评注》（第 1 卷），北京大学出版社 2023 年版，第 154–155 页。

② ［德］汉斯－格奥尔格·伽达默尔：《诠释学Ⅰ：真理与方法》，洪汉鼎译，商务印书馆 2021 年版，译者序言第 8 页。

③ 吕玉赞：《如何寻找“裁判理由”：一种系统化的操作》，载《东方法学》2020 年第 3 期，第 110–111 页。

理解的优位顺序，充分发挥论题目录对建构合理立法原意的指引功能，通过在论题目录之中进行反复斟酌考量，目光返转往回于作者、读者与文本之间，探求最佳的刑法规范意旨。这样的想象重构解释也就具备了稳定而清晰的品格，进而利于发挥作为一种解释态度的想象重构的“规范作用”，有力地回击了“解释者处在立法者的位置上想他们会意图如何等同于假设意图论题”①等质疑之声。概言之，通过想象重构获取的立法原意由于具有充分依据，其往往被赋予一种推定为最佳原旨的效果，在解释顺位上具有优先性。法官或者法律适用者在解释刑法时原则上必须遵循该原意解释，在例外情况下经过严密论证方可推翻这一推定。

在实用的方法论多元主义时代，法律体系形成了一种开放的“集合论点式”体系。②论题学视野下的视域融合过程本身具有一定的开放性，“视域之间是一种流动关系”，解释者面对一个待决的具体刑法学问题，根据论题学式情境思维对不同视角进行灵活调整，在不同的问题中基于问题导向可能会作出不同的视角回应，证成有根据的立法原意结果。从本质上而言，论题学法律方法立足于问题—情境，基于动态运作的、贴近法律运作实际的主体间的对话方法来解决原意解释存在的难题。③它提示法律适用者应当发挥能动主义、寻求有根据的原意作为解释依据，根据具体情境作灵活调适，在具体的刑法问题中重构立法者意图。此时想象重构解释扮演的不仅仅是探究理性原意的路径，而是提供一种尽可能接近于最佳立法原意的分析话语和理论框架。解释性预判结论能否获得妥当证成，关键要看在特定情境下所选用的解释方法是否最具分量，以及应尽可能提出所有可能解释方案中最佳的那一组。④申言之，在解释和理解多元化的语境之下，对立法原意的探寻不应拘泥于理性的原意，而应是如何以最好的方式来确定立法原意以及如何对该立法原意作出最佳理解。在论题学视角下进行想象性重构，本质上属于基于具体问题在解释“立体网络”中斟酌最佳的解释点、发现深层含义，使想象重构

① 参见[美]安德瑞·马默:《解释与法律理论》，程朝阳译，中国政法大学出版社2012年版，第196页。

② 参见[德]亚图·考夫曼:《类推与事物本质——兼论类型理论》，吴从周译，新学林出版社1999年版，第115页。

③ 参见焦宝乾:《法律论证:思维与方法》，北京大学出版社2010年版，第111、117页。

④ 参见傅爱竹:《如何“综合运用”解释方法?——检讨法律解释的“霰弹枪模式”》，载《法治社会》2023年第5期，第101页。

不仅是一种解释态度，更是一种解释方法论。[①]

四、解释规则运用的实例展开

承前所述，应以论题学、视域融合为导向重塑想象重构解释，这意味着想象性重构下的解释学是一种问题式而非教条式，解释者宜根据具体问题情境来重构立法者原意。因此，有必要结合具体事例来更好地说明视域融合下的想象重构解释。接下来，笔者将以破坏军婚罪中的“同居”认定为例展开。在我国刑事司法实践中，存有大量案例将行为人与军人配偶多次、长期通奸的情形论以破坏军婚罪中的“同居”，典型案例有《刑事审判参考》第130辑所刊载的李某破坏军婚案。在该案中，被告人李某明知侯某系现役军人的配偶，却多次与侯某在各地宾馆开房并且生育一子，最终侯某与其配偶之间的婚姻关系破裂。一审法院判决认为，被告人的行为属于破坏军婚罪中的“明知是现役军人的配偶而与之同居”。一审宣判后，被告人李某不服、提起上诉；二审法院依法驳回上诉、维持原判。[②]应当说，该案的案情并不复杂，关注的焦点问题集中在多次通奸是否属于破坏军婚罪中的“同居”上。对此学界存在不同意见，有学者认为此种解释属于类推解释，[③]也有学者对此持赞成态度。[④]接下来，笔者将根据前述想象重构解释理论，站在视域融合的不同视角，追问当前的立法者面对这一具体情形，是否会将多次、长期通奸解释为“同居”，探究其间存在的最佳立法原意。

（一）规范文本视域下的“同居”

立法者的意思首先是通过法条文字所体现出来的部分，解释者一般通过阅读法律文本来理解立法者的意思。文本视角未必为解读“同居”的立法原意直接提供答案，但也提供了直观的视角以及必要的线索，在视域融合过程中居于优先性地位。首先，可以注意到的是，“同居”这一规范文本表述的词典含义之一是“男

① 参见[美]罗纳德·德沃金:《身披法袍的正义》，周林刚、翟志勇译，北京大学出版社2010年版，第184-185页。

② 参见最高人民法院刑事审判第一、二、三、四、五庭主编:《刑事审判参考》(总第130辑)，人民出版社2022年版，第75-79页。

③ 详细论述可以参见李立众:《刑法解释的应有观念》，载《国家检察官学院学报》2015年第5期，第15页。

④ 相关代表性文献可以参见马文博:《破坏军婚罪的定罪机理澄清与出罪路径建构》，载《中国社会科学院大学学报》2023年第2期，第155-158页。

女双方没有结婚而共同生活”,① 即核心含义在于共同生活。同时,参照全国人大法工委颁布的“刑法英文文本”,其对“同居”使用的是“cohabits with”表述,② 通常可被翻译为“同居、姘居”,意为“无合法婚姻仪式而居住在一起”,即强调一起居住之意。③ 归结而言,从不同语言版本的刑法规范来看,“同居”意味着共同生活和一起居住。进一步梳理刑法典文本,破坏军婚罪有两种类型,即“明知是现役军人的配偶而与之同居”与“明知是现役军人的配偶而与之结婚”。基于同类解释的规则,“同居”必须与“结婚”在破坏军人婚姻以及一夫一妻制度上具有实质相当性;亦即,“同居”具有类婚姻的性质。因此,行为人与现役军人配偶单纯发生“一夜情”的行为由于不具有类婚姻的性质,且难以称得上是共同生活,故不属于破坏军婚罪中的“同居”。

其次,从前置法规定来看,我国《民法典》第1042条第2款规定,“禁止重婚。禁止有配偶者与他人同居”,第1079条第3款将“重婚或者与他人同居”作为夫妻感情破裂、调解无效时准予离婚的情形之一。由此可见,在民法上的“同居”须具有破坏军婚感情的属性,不宜泛化理解。基于法秩序统一性的视野,破坏军婚罪中的“同居”亦须具有夫妻关系的一定属性与特征,如要求二者之间有稳定的性关系以及在精神上、情感上存在联系,如此才能足以破坏军婚感情,进而使“同居”与“结婚”之间存在等价性。基于此,倘若行为人与现役军人的配偶没有稳定发生性关系,或者仅仅是单纯“包养”现役军人的配偶、定期发生性关系,都不能称作是刑法意义上的“同居”。那么,多次长期通奸且在宾馆等场所短暂居住这一情形,能否称得上是共同生活或者一起居住呢?能否破坏军婚感情、进而与婚姻情形具有类似性呢?恐怕不能一概而论,至少在文本视角的理解看来,该情形成立“同居”要求行为人必须与现役军人的配偶之间存在一定程度的情感联系。

最后,文本视角得出的见解还须经过禁止类推解释的检验。上文已述,有论者质疑该解释结论属于类推解释,因而上述见解需要对这一质疑进行回应。一方面,“同居”的语义具有开放结构,其核心含义在于一起生活居住,并未限制居住

① 参见中国社会科学院语言研究所词典编辑室编:《现代汉语词典》(第7版),商务印书馆2016年版,第1313页。

② 参见全国人大常委会法工委:“Criminal Law of the People's Republic of China”,载全国人大法制工作委员会网,http://en.npc.gov.cn.cdurl.cn/2020-12/26/c_921604_12.htm,最后访问日期:2024年2月27日。

③ 参见齐桂红、张保平主编:《国际移民法英汉双解词典》,中国法制出版社2018年版,第284页。

的时间长短。在宾馆等场所多次一起居住虽然时间较为短暂、不在“同居”的核心语义范围，处在“同居”的边缘含义上，但至少存在一定的解释空间，这与前述单纯发生“一夜情”的行为存在明显差异。另一方面，“解释的实质性的容许范围与处罚的必要性成正比”，[①] 从处罚必要性的角度来看，倘若多次、长期通奸的情形达到了一定的恶劣程度、足以破坏军婚感情，即具备了值得科处刑罚的必要性，从而将其论以破坏军婚罪的定性结论应为解释所容许。

（二）立法者视域下的“同居”

立法者的意志对解释具有约束力，接下来将参考权威立法资料，对作者（立法者）视角下的“同居”进行考察。揆诸权威立法资料，可以发现，直接相关的刑事立法档案资料是缺乏的，解释者难以获取直观的有益启示；但是，2001 年 4 月全国人大法律委员会关于《婚姻法修正案（草案）》审议结果报告为指明立法者意旨提供了线索，其指出，之所以修改为“禁止重婚。禁止有配偶者与他人同居”，主要是考虑到被禁止的行为违反一夫一妻制。由此来看，在立法者的设计构想看来，“重婚”和“同居”都属于违反一夫一妻制的行为，“同居”必须具有破坏一夫一妻制的属性。此外，这一判断也可以从现有立法资料中得到印证。在立法机关人士撰写的相关著作中指出，婚姻法之所以增设“禁止有配偶者与他人同居”，主要是针对“养小蜜”“包二奶”等违反一夫一妻制行为。[②] 同时，破坏军婚罪中的“同居”是指虽没有办理结婚登记手续，但以夫妻名义共同生活，或者在较长时间内共同生活。[③] 显然，此处所谓的“在较长时间内共同生活”隐含有夫妻生活以及双方之间有情感生活上的联系等夫妻关系属性。因此，从立法材料的角度来看，破坏军婚罪中的“同居”在很大程度上借鉴了婚姻法上的“同居”理解，进而立法者视角下的原意解释认为，成立刑法中的“同居”要求破坏一夫一妻制度以及具有一定的夫妻关系属性。

---

① ［日］前田雅英：《刑法总论讲义》（第 6 版），曾文科译，北京大学出版社 2017 年版，第 52 页。

② 参见姚红等编：《中华人民共和国婚姻法释解》，群众出版社 2001 年版，第 27 页。

③ 参见王爱立主编：《〈中华人民共和国刑法〉释解与适用》（下），人民法院出版社 2021 年版，第 725 页。

（三）解释者视域下的“同居”

前已有述，“读者”视域旨在寻求刑法文本解释者的共识性解读，探究基于文本视角、作者视角得出的立法原意是否得到了刑法理论界、实务界的共识性观点支持。从理论界通行观点来看，破坏军婚罪中的“同居”有别于与军人配偶通奸，其是以两性关系为基础，双方以夫妻自居，并具有共同的经济生活和其他生活方面的姘居关系，可公开可秘密，可长期可短期。① 张明楷教授亦主张对“同居”进行限制解释，认为“同居”不等于通奸，刑法上特意使用“同居”的表述旨在避免出现打击面过广的局面。② 周光权教授持类似看法，其强调“同居”除了包含男女性关系的内容以外，还有相互照顾、共同生活的含义在里面。③ 归纳前述学界主张，可以得出同居的实质在于以两性关系为基础的共同生活，其要求行为人与现役军人的配偶具有持续、稳定的共同联系。④ 再从理论界返转至实务界，实务部门倾向于认为，“同居”是指有配偶者与婚外异性不以夫妻名义，持续、稳定地共同生活。⑤ 显而易见的是，此处的“持续、稳定地共同生活”类似于前述“持续、稳定的共同联系”，这在某种程度上与理论界的多数见解达成一致意见。

还可以注意到的是，2023 年 7 月，最高人民检察院发布的依法惩治危害国防利益、侵犯军人军属合法权益犯罪九起典型案例中，有两起破坏军婚罪案例（“案例八”钱某破坏军婚案以及“案例九”韩某破坏军婚案）。其中在钱某破坏军婚案中，检察机关通过证实被告人钱某与现役军人配偶陈某长期在生活上关系密切、经济上相互帮助，且通奸期间二人生育二子，导致军人婚姻关系破裂，进而认为属于“明知是现役军人配偶而与之同居”；在韩某破坏军婚案中，被告人韩某与现役军人配偶施某多次在宾馆开房、发生性关系并长时间同居，最终检察机关以破坏军婚罪对韩某提起公诉。⑥ 归纳上述两个典型案例，可以说，实务界的权威案例认

---

① 参见高铭暄、马克昌主编:《刑法学》(第 10 版)，北京大学出版社、高等教育出版社 2022 年版，第 492 页；王作富、黄京平主编:《刑法》(第 7 版)，中国人民大学出版社 2021 年版，第 436 页。

② 参见张明楷:《刑法学》(第 6 版)，法律出版社 2021 年版，第 1210 页。

③ 参见周光权:《刑法各论》(第 4 版)，中国人民大学出版社 2021 年版，第 92 页。

④ 参见冯军、梁根林、黎宏主编:《中国刑法评注》(第 2 卷)，北京大学出版社 2023 年版，第 2362 页。

⑤ 参见胡云腾等主编:《刑法罪名精释》(上)(第 5 版)，人民法院出版社 2022 年版，第 758 页。

⑥ 参见《全国检察机关依法惩治危害国防利益、侵犯军人军属合法权益犯罪典型案例》，载最高人民检察院官网，https://www.spp.gov.cn//xwfbh/dxal/202307/t20230728_623191.shtml，最后访问日期：2023 年 12 月 1 日。

为，破坏军婚罪中的“同居”不仅要求多次发生性关系，而且须有持续、稳定的经济生活联系，足以导致军婚破裂。此外，最高人民法院于1985年发布的《〈关于破坏军人婚姻罪的四个案件〉的通知》明确认为，倘若行为人与军人配偶属“长期通奸关系”，后果严重即可构成破坏军人婚姻罪（破坏军婚罪）。换言之，至少在最高人民法院曾经的见解看来，多次、长期通奸在特定情况下有认定为“同居”的余地。

基于上述，解释共同体（理论界、实务界的多数见解，权威判例等）的共识性解读并未否定多次、长期通奸成立破坏军婚罪的“同居”，而是倾向于附加一定的条件予以限制、对“同居”进行实质性认定。即便从形式上看双方并没有“共同生活”，但只要多次、长期通奸伴随有日常生活上的情感联系、足以破坏军婚感情，就可以认定为“同居”。

（四）不同视域融合下的“同居”

“当代解释学的意义观坚持意义的生成是本文与阐释者相互之间的对话、交流、重构，是二者间的相互溶浸、相互包含，是相互从属：你属于我，我也属于你，是一种动力学的交互运作、相互渗透、相互传递的‘共享’过程。”① 刑法解释是文本、作者与读者在特定场景下的视域融合，通过不同视域的论辩沟通，追求商谈式的交往理性，达成解释共识。而且，不同视域融合下获取的最佳立法原意具有极高的可信度与说服力，值得采用。基于以上探寻立法原意的三元过程，形成了一个论题学上的论题目录，它们包括：

（1）文本视角下的“同居”：意为共同生活居住，须具有类结婚的性质，具有夫妻关系的一定属性与特征，且足以破坏军婚感情。

（2）立法者视角下的“同居”：须破坏了一夫一妻制度，具有类夫妻关系的性质（如在较长时间内共同生活）。

（3）解释者视角下的“同居”：有别于单纯“通奸”，其不仅要求以两性关系为基础（如包含发生性关系的内容），而且要求有持续、稳定的经济生活联系，足以导致军婚破裂。

参酌以上论题目录，可以发现，上述三个论题学目录都主张限制性理解破坏

---

① 金元浦：《文学解释学》，东北师范大学出版社1997年版，第263页。

军婚罪中的“同居”，强调“同居”须与“结婚”之间具有类似性；同时要求认定涉案情形是否足以破坏军婚感情，进而从实质上解释“同居”这一构成要件要素。在这一梳理共性之处的基础之上进行商谈、对话和论辩，展开问题性思考。首先以文本视角下的“同居”为轴心，结合论题学目录之间的共性之处，构成初步的最佳原意为：立法者面对这一具体类型的破坏军婚罪案件，会倾向于认为，刑法中的“同居”意即实质上的共同生活居住，具有类结婚的属性（夫妻关系的一定属性）。只有坚持这样的限制理解，才能使“同居”能够破坏一夫一妻制与军婚感情，进而与“结婚”具有等价性与相当性。然后进入作者视角的考察，以发挥其对文本视角理解的细化功能。可以注意到的是，作者视角下的“同居”理解与文本视角具有高度近似性，其只不过是将破坏军婚感情替换为破坏背后的秩序法益—— 一夫一妻制度，同时“在较长时间内共同生活”也仅是细化类结婚属性的内容，并没有对前述初步观点进行补正。最后，读者视角在类结婚属性以及破坏军婚感情上与前述重构的立法原意之间具有类似性，且不存在冲突隔阂，进而有利于强化前述原意解释的可采性和可接受性，使初步得出的最佳原意具有共识性的意蕴。而且，解释者是否根据读者视角，将发生性关系、[①] 具有持续稳定的经济生活联系纳入类结婚属性的内容之中，这更多地属于斟酌衡量的问题，并无定论。本文认为，《刑法》第259条的“同居”与“通奸”不完全等同，其体现的类结婚属性在当前仍应以性关系为基础，且要求行为人与现役军人的配偶之间具有精神或者物质方面的持续稳定联系，如此限缩解释一则可以避免打击面过广，二则有利于将处罚时点界定在行为对破坏军婚罪保护法益的严重侵害上。因此，这一解释共同体的见解宜添加到前述原意解释之中，由此可以进一步细化具有共识性的最佳原意。

总之，基于立法者以合理手段追求合理目的，立法者会倾向于认为，满足上述最佳原意下的多次、长期通奸可以认定破坏军婚罪中的“同居”，此种解释不属于类推解释。如此来看，在李某破坏军婚案中，被告人李某与军人配偶侯某虽未形式上共同居住在一起，但二者多次发生性关系并生有一子，存在精神上、物质上的紧密联系，具有夫妻关系的一定属性。这样的行为足以破坏一夫一妻制以及导致军婚感情破裂，已经具备了类结婚的属性，完全可以从实质上认定为“共同生活居

---

① 当然，基于当前的性观念和性现状，是否基于立法原意成长论，对破坏军婚罪中的“同居”作与时俱进的理解、放弃发生性关系的要求，仍有待进一步讨论。

住”，成立破坏军婚罪中的“同居”。

五、结语

“法学方法是指以理性的、因而也是可论证的方式导向某一理论上或者实践上的认识，探求开放性问题之答案的路径。”[①] 想象重构解释虽然长期以来受到各方面的批判，存在一定的局限性，但不应就此抹杀其所具有的“法律解释法”的元规则意义。对法律文本的理解或解释并非一种纯粹的如作者形成作品般的创造行为，而是一种再创造或重构，其目的就是精确地像立法者所想的那样重新表述或重构作品的意义。[②] 归纳而言，解释者在面对一个具体刑法问题时，应当假设立法者在场，借助想象重构实现规范文本、立法者、司法者（解释者）等多个主体之间的沟通、交流，减少纷争与分歧，从不同视域获取寻找原意的线索；同时引入视域融合及论题学的思考，重构想象重构解释，借助最佳原意这一概念来形成价值共识。通过对想象重构解释态度进行路径优化及内容填充，有利于揭示出新的解释方向与可能，对于解决疑难问题和难办案件而言具有明显的优势。

（编辑：杨铜铜）

---

① ［德］齐佩利乌斯：《法学方法论》，金振豹译，法律出版社 2010 年版，第 1 页。

② 参见［美］安德雷·马默主编：《法律与解释：法哲学论文集》，张卓明、徐宗立等译，法律出版社 2006 年版，第 201 页。

侵犯著作权罪中"复制发行"的限缩解释

黄卓成*

摘　要　为了建设中国特色、世界水平的知识产权强国，加强著作权的刑事保护，我国《刑法》第217条和第218条分别规定了侵犯著作权罪和销售侵权复制品罪保护著作权人享有的著作权利。但是，司法实务中却难以区分两罪，导致出现同案不同判的现象，也一度迫使销售侵权复制品罪沦为虚置。问题的焦点在于如何理解与认定"复制发行"，即"复制发行"在部门法中是否需要保持概念一致以及"复制"与"发行"的含义、关系如何。在法秩序统一性原理的要求下，应坚持部门法之间概念一致性，准确认定刑法中"复制"与"发行"的含义，以"主体身份区分说"解释"发行"与"销售"，以"复制且发行说"解释"复制发行"。在此基础上，应准确厘清两罪，对"信息网络传播"与"出租"进行再定义，及时清理"复制发行"相关司法解释。

关键词　侵犯著作权罪　销售侵权复制品罪　复制发行

创新是引领发展的第一动力，著作权正是在此背景下诞生的一项权利。随着经济水平的快速提高和科学技术的不断发展，以网络空间和网络环境为背景的侵犯著作权犯罪活动愈来愈多，给著作权的刑事保护带来了严峻考验。为了实现知识产权强国目标，保护创新发展，保障《著作权法》的有效实施，《刑法》第217条

* 黄卓成，男，江西九江人，浙江大学光华法学院刑法学博士研究生，研究方向为刑法学。

和第218条分别规定了侵犯著作权罪和销售侵权复制品罪，同时围绕刑法条文相继出台了诸多司法解释，以此保护著作权人享有的著作权利。但是，应当注意到，关于侵犯著作权罪客观方面的“复制发行”一词的理解与适用上，理论与实务界均产生了较大的争议，各种观点众说纷纭，案件处理结果纷繁不一。除此之外，由于对“复制发行”一词的理解不同，导致侵犯著作权罪与销售侵权复制品罪之间的关系也存在诸多争议，在司法实务中更是一度出现废置销售侵权复制品罪的局面。由此可见，如何正确理解与适用“复制发行”，不仅影响如何准确定罪量刑、完善《刑法》条文衔接的问题，而且直接关系到我国关于著作权的刑事保护成效。

一、困境：“复制发行”的疑难问题

（一）此罪与彼罪的模糊

侵犯著作权罪与销售侵权复制品罪是刑法保护著作权的两个主要罪名，体现了刑法对打击侵犯著作权犯罪的严厉态度。但是，在司法实务中，两罪往往难以区分。具体而言，当行为人仅仅实施了销售侵权复制品的行为时，全国各地法院采取的裁判标准不一，进而导致同一行为的审判结果不同。

其一，认定单独销售侵权复制品行为构成侵犯著作权罪。例如，在范某震、戴某松等侵犯著作权罪案[①]中，被告人范某震、戴某松等通过微信、拼多多店铺、淘宝店铺等平台销售盗版图书，法院审理认为，本案中的销售行为既符合知识产权法律规定中的“发行”概念，又属于“零售”，符合刑事法律规定中的“发行”概念，而根据2008年最高人民检察院、公安部《关于公安机关管辖的刑事案件立案追诉标准的规定》(一)第26条之规定，复制发行包括复制、发行或者既复制又发行的行为。根据该项规定，法院认为，单独的销售行为属于“复制发行其文字作品”，对辩护人提出本案应定性为销售侵权复制品罪的辩护意见不予支持，被告人的行为符合《刑法》第217条的法律规定，构成侵犯著作权罪。

其二，认定单独销售侵权复制品行为构成销售侵权复制品罪。例如，在《2013年中国检察机关保护知识产权十大典型案例》之朱某君侵犯著作权、罗某勇等13人销售侵权复制品案[②]中，被告人朱某君、罗某勇等人销售非法复制的CFA教材

① 参见山东省冠县人民法院刑事判决书，(2022)鲁1525刑初39号。
② 参见上海市杨浦区人民法院刑事判决书，(2012)杨刑(知)初字第216号。

获取巨额利润，法院认为，朱某君未经著作权人许可，非法复制发行 CFA 教材，构成侵犯著作权罪，罗某勇等 13 名被告以营利为目的，销售非法复制的 CFA 教材，构成销售侵权复制品罪。

以上同一行为不同判决的现象并非个例，而是普遍存在于我国各地法院的审理案件中。如有学者对此进行过统计，在检索的 2475 份裁判文书中，将销售侵权复制品的行为定性为侵犯著作权罪的案件占比达到 67.52%，而以销售侵权复制品罪处罚的案件仅仅占比 2.99%。[①] 同样单独实施销售侵权复制品、实施复制发行的行为却被定性为不同罪名，这是令人难以接受的，也是不合情理的。

（二）销售侵权复制品罪的虚置

虽然我国《刑法》在立法上规定了侵犯著作权罪和销售侵权复制品罪以在刑事层面保护著作权利，打击侵犯著作权犯罪活动，但是，在司法实务中，销售侵权复制品罪却一度有沦为虚置罪名的倾向。根据最高人民法院颁布的《中国法院知识产权司法保护状况（2021）》白皮书，全国各地法院 2021 年受理侵犯知识产权刑事一审案件 6726 起，其中侵犯著作权案件 313 起，占比为 4.65%，销售侵权复制品案件仅有 15 起，占比为 0.22%。如表 1 所示，在逐年加大知识产权刑事保护力度的当下，销售侵权复制品罪的适用率一直较低，且适用的案件甚至出现减少的情况，由此可见，该罪名在司法实务中面临着被虚置的尴尬处境。

表 1　知识产权司法保护状况对比

年份	知识产权刑事一审案件 / 件	侵犯著作权刑事案件 / 件	侵犯著作权刑事案件占知识产权刑事一审案件比例 /%	销售侵权复制品刑事案件 / 件	销售侵权复制品刑事案件占知识产权刑事一审案件比例 /%
2019	5242	210	4.01	8	0.15
2020	5544	273	4.92	17	0.31
2021	6726	313	4.65	15	0.22

销售侵权复制品罪的重要性不言而喻，其目的在于打击侵犯著作权类犯罪的下游销售环节，是防止侵权复制品流入市场的重要一环。事实上，司法机关在打

① 参见郑承友：《著作权刑事司法解释的反思与优化——基于“复制发行”司法解释及相关判决的分析》，载《山东大学学报（哲学社会科学版）》2022 年第 3 期，第 168 页。

击侵犯著作权犯罪尤其是单独销售侵权复制品的行为时，也曾一度在典型案例中选择适用销售侵权复制品罪，意图改变司法实务中罪名判决混乱的现象。例如，在"顾某地等人非法经营案"[①]中，检方指控被告人顾某地等人经营、销售侵犯他人著作权的音像制品，而没有办理工商登记且并未得到国家有关部门的准许同意，应构成非法经营罪。法院审理认为顾某地等人应当构成销售侵权复制品罪，并在判决书中指出，"市场秩序不是受侵害的主要客体，那些著作权人和录音录像制作者的著作权与邻接权，才是我国刑法要保护而被顾某地的行为所侵害的主要客体"。之后，该案也得到了最高人民法院的认可，以典型案例被收录在《最高人民法院公报》中。此后，实务中以销售侵权复制品罪定罪处罚的案件数量有所增加，但是，好景不长，随着各项司法解释的出台，"复制发行"的概念极度扩张，"发行"和"销售"的关系难以区分，销售侵权复制品罪又逐渐走向边缘化，呈现目前无所适用的局面。

罪名的模糊与虚置是我国著作权刑事保护中的两大疑难问题，其根本原因在于对"复制发行"的不同理解："复制发行"的含义及二者的关系如何，"销售"又是否属于"发行"。具言之，如果认为"复制发行"包括"复制、发行、既复制又发行"，且"销售"属于"发行"的范畴，则侵犯著作权罪与销售侵权复制品罪的规制范围必然发生重叠，侵犯著作权罪的规制范围更大、刑罚更加严格，从而导致销售侵权复制品罪的虚置；若认为"销售"与"发行"有所区分，则应当深入讨论"发行"和"销售"的区别，进而区分两罪；如果认为"复制发行"的含义是"既复制又发行"，则无论"销售"与"发行"的关系如何，两罪均不会发生冲突，单独销售侵权复制品行为亦不可能构成侵犯著作权罪，只可构成销售侵权复制品罪。

二、限缩："复制发行"的解释进路

（一）"复制发行"在部门法中应保持概念一致

"法秩序的统一性要求排除法规范之间的矛盾"。[②]法秩序统一性被视为解决不同部门法之间交叉问题的重要原则，其概念是指包括刑法在内的各部门法组合

① 参见上海市第二中级人民法院刑事判决书，(2005)沪二中刑初字第1号。

② 转引自王昭武：《法秩序统一性视野下违法判断的相对性》，载《中外法学》2015年第1期，第170页。

形成的整体法秩序应当协调统一，内部之间不应存在矛盾、冲突的法规范。法秩序统一性将所有部门法视为统一的法规范整体，既包含立法，也包含各类法解释，从规范的角度看，法规范的整体不应当是自我矛盾的，因此，为了保证秩序的统一性，有必要排除法规范之间不协调的规定。

就刑法内部条文来看，根据第217条之规定，侵犯著作权罪的主要实行行为有四种，分别是“复制发行”“出版”“制作、出售”“通过信息网络向公众传播”，除《刑法修正案(十一)》新增的网络传播行为外，其余均为1997年《刑法》规定的传统侵犯著作权的犯罪行为。通过比较可以看到，“复制发行”和“制作、出售”虽然都是两行为，但是刑法却进行了不同的规定——“制作”和“出售”之间用顿号隔开而“复制”和“发行”之间却并无顿号。这究竟是立法者有意为之还是无意之疏，我们不得而知，但是既然立法已经对二者作出了不同的规定，那么便不可对二者作出类似理解。简言之，制作和出售是并列关系，任一行为均属于本罪的实行行为，但是“复制发行”不可理解为“复制、发行”，复制和发行的单一行为均不可构成本罪。

就刑法与刑法解释的关系来看，刑法解释对“复制发行”采取了“复制、发行、既复制又发行”的解释方法。① 但是诚如上文所述，“复制发行”语言结构的规定方式决定了复制和发行的单一行为不属于“复制发行”的应有之义，由此产生了刑法规定的理解与司法解释的规定之冲突。

就刑法与其他法律的关系来看，《著作权法》对复制权和发行权都作了单独的规定，分别赋予不同的权利，而《刑法》却将二者并列，刑法解释又扩大其含义范围，这无疑与法秩序统一性原理产生冲突。“复制”“发行”在《著作权法》中已经有详细的界定及区分，这也是著作权保护的基础所在，一旦将各类别行为混淆、不严格区分，便使支撑著作权法体系的基石坍塌，《著作权法》的适用将成为一纸空谈。故有学者提出，应对刑法中的“复制”“发行”等关键术语采取与《著作权法》一致的解释，“以免造成《刑法》对相关专有权利的保护范围超过《著作权法》赋权范围的不合理结果”和“民事责任与刑事责任的巨大鸿沟”②。

---

① 1998年《关于审理非法出版物刑事案件具体应用法律若干问题的解释》、2007年《关于办理侵犯知识产权刑事案件具体应用法律若干问题的解释》(二)等文件中均规定：“复制发行”，包括复制、发行或者既复制又发行的行为。

② 王迁：《论著作权保护刑民衔接的正当性》，载《法学》2021年第8期，第14页。

在法秩序统一性原理的要求下，应当坚持"复制发行"在不同部门法间作出同义解释。虽然法秩序统一性原理强调的是法规范的不冲突，并不必然要求用语的一致性，但是《著作权法》毕竟是赋权之法，无前置法则无著作权利，更不用提著作权的刑法保护，因此《刑法》中的概念不能完全脱离《著作权法》单独存在。此外，刑法对"复制""发行"并未作出准确界定，在刑法无规定的前提下，采纳前置法的规定不失为一个最有效的办法，否则将产生同一术语在不同部门法间的不同解释，导致民众在法律适用上产生疑惑与混同，难以发挥法律指引人们行为的规范目的。总而言之，法秩序统一性原理要求整体上应当遵循前置法的有关规定，妥善处理刑法与知识产权法的关系。①

（二）"复制"与"发行"的含义

1."复制"的含义

"复制"，字面意思是根据原件制作同样的物品。《刑法》本身未对"复制"进行定义，而根据《著作权法》第 10 条之规定，"复制"是指使用复制技术使作品再现、数量增加的行为。知识产权法理论上认为"复制"主要有两个特点：一是在有形物质载体上再现；二是作品相对稳定和持久地"固定"在有形载体之上。② 其中，《著作权法》对复制技术采取了列举的形式，有印刷、复印、拓印等八种方式，但我们亦可推断得知，网络环境中的拷贝、上传、下载、复制粘贴等行为均应当属于"复制"。由于无法将复制技术列举穷尽，故有学者将"复制"解释为"对作品非创造性的重复再现"③。本文认为，《刑法》中的"复制"应当是对作品非创造性重复再现的所有方式。具体而言，可以从以下两点来把握《刑法》中的"复制"：

第一，"复制"是对作品内容的再现。《刑法》注重作品的形式保护还是实质保护？或者说，《刑法》究竟保护作品的形式还是内容？本文认为，我们可以通过对剽窃类复制的理解来把握刑法的标准。《著作权法》中曾存在抄袭和剽窃两个概念，2001 年修法时因二者语义重复删去了"抄袭"一词，但二者均指代抄袭他人作品的行为。从形式上来看，既有原封不动的抄袭，也有改头换面的抄袭，前者被称为低级抄袭，后者为高级抄袭。通常，低级抄袭较容易鉴别，高级抄袭往往需要

① 参见贾阳：《侵犯知识产权犯罪认定仍有难点》，载《检察日报》2014 年 12 月 19 日，第 3 版。
② 参见王迁：《知识产权法教程》，中国人民大学出版社 2016 年版，第 125 页。
③ 李兰英、高扬捷等：《知识产权刑法保护的理论与实践》，法律出版社 2018 年版，第 325 页。

借助专业鉴定才可定性,如将文字作品制作成影视作品等。但无论形式如何,著作权注重的是保护“创造力”,故二者均属于“复制”行为。由此可见,《刑法》注重保护的是作品的内容。

第二,“复制”认定应采纳“实质性相似”标准。事实上,民事司法实践对“复制权”的认定标准采纳的是“接触+实质性相似”,而刑事司法实践中,侵犯著作权罪中“复制”的认定往往采取的也是“实质性相似”标准①,最高人民法院的指导性案例同样采纳了该标准。②本文认为,“实质性相似”标准有两点要求:一是作品的再现不要求与原作品完全相同。“实质性相似”标准的本质仍是相似,而不是相同,相同是指两种物品完全一样,不可区分,而相似是指两种物品不完全一样,本质上可以区分。复制品只需与原件达到相似的程度即可,不需要与之完全相同,如可以改变作品的载体、对作品进行删减改动等。二是对作品的再现、改动不要求具有创造性。剽窃他人作品时加入行为人的部分创作,此种形式呈现的作品不应称之为刑法意义上的“复制”,因为其融入了行为人自己意志的内容,体现了新的表达与创作,属于二次创作,而非简单的复制。如果刑法将二次创作认定为犯罪,则过度扩大刑法打击范围。值得注意的是,刑法中的“实质性相似”标准与民法中的“实质性相似”略有区别,具体体现在,刑事案件的判断标准往往要求更高,这也是刑法的地位和刑罚的功能所决定的。如在司法实践中,“实质性相似”往往通常需要达到70%~80%以上才可认定为刑法意义上的“复制”③,而民事实践中曾有作品存在25%相似即被认定为“复制”④。

2.“发行”的含义

“发行”,字面意思是将新的作品发布出去、使之流通的过程,其主要特点是“新”,即第一次。因此,通常语境下的“发行”可以解释为将作品第一次发布出

① 参见湖南省常德市鼎城区人民法院刑事判决书,(2021)湘0703刑初46号;湖南省华容县人民法院刑事判决书,(2021)湘0623刑初3号;湖南省南县人民法院刑事判决书,(2022)湘0921刑初31号;江苏省高级人民法院刑事判决书,(2021)苏刑终34号。

② 参见最高人民法院刑事审判第一、二、三、四、五庭主编:《刑事审判参考》,法律出版社2014年版,第72页。

③ 参见上海市徐汇区人民法院刑事判决书,(2013)徐刑(知)初字第20号;四川省成都市中级人民法院刑事判决书,(2016)川01刑终98号。

④ 参见广西壮族自治区高级人民法院民事判决书,(2009)桂民三终字第48号。

去，使其公之于众。[①] 既然第一次属于“新”，则之后的发布行为便不再属于通常意义上所说的“发行”，故字面意义上的“发行”侧重于第一次、首次发行。而根据《著作权法》第 10 条之规定，“发行”指的是向公众出售或赠与作品原件或复制品，其主要有三个特点：一是“发行”的方式仅限于出售或赠与；二是“发行”的对象是不特定多数的“公众”；三是“发行”的物品既可以是作品原件，也可以是作品的复制件。换言之，《著作权法》中的“发行”并不仅限于首次或第一次的发行，出售或赠与作品的复制件也属于此处的“发行”，这是《著作权法》与通常意义上的“发行”最大的区别。此外，也有知识产权学者提出这条规定背后还隐藏着另一个特点，即“发行”必须转移作品有形物质载体的所有权[②]，这也是著作权法理论的通说观点，并依此将发行权与信息网络传播权、出租权进行区分。本文认为，可以从以下四点来把握《刑法》中的“发行”。

第一，“发行”的物品既可以是作品原件，也可以是作品的复制件。通常情况下，我们所理解“发行”的物品一般是原创作品的复制件，但是在某些特殊情况下，行为人未经著作权人许可发布其尚未发布过的作品原件的行为也应当纳入处罚范围。因此，《刑法》中“发行”的物品与《著作权法》相同，均为作品原件或复制件。

第二，“发行”的对象应当是有形物质载体的作品。有学者认为《刑法》中的“发行”并不仅限于有形载体的作品[③]，这种观点有待商榷。其一，《刑法》应当参照前置法规范对概念下定义，其二，《刑法修正案（十一）》已经明确增加“通过信息网络向公众传播”行为作为侵犯著作权罪的实行行为之一，并将其与“复制发行”并列，显然立法者已经注意到前置法规范的合理之处并对“信息网络传播”进行了单独的立法规定，这就意味着《刑法》中“发行”的对象仅应当是有形物质载体的作品。

第三，“发行”是向不特定多数的公众提供作品的行为。“发行”的对象是不特定多数的公众，只针对少部分人或个人的发行行为不属于《刑法》意义上的“发

---

① 参见张远煌、余浩：《论刑法中“销售”与“复制发行”之关系》，载《中国刑事法杂志》2011 年第 6 期，第 39 页。

② 参见王迁：《知识产权法教程》，中国人民大学出版社 2016 年版，第 135 页。

③ 参见何怀文：《网络环境下的发行权》，载《浙江大学学报（人文社会科学版）》2013 年第 5 期，第 153 页。

行”,应当采取“向公众提供”的实质性判断标准。

第四,“发行”的方式是“销售”。有学者提出,《刑法》中的“复制发行”概念不必与《著作权法》统一,“发行”与“销售”是两种行为[①],本文认为此种观点失之偏颇。抛开《刑法》与《著作权法》的关系不谈,2011年颁布的《关于办理侵犯知识产权刑事案件适用法律若干问题的意见》(以下简称2011年《刑案意见》)已明确规定“发行”包含“零售”,在此基础上却继续认为“发行”与“销售”是截然不同的行为,这明显违背了法律的文理解释和正常的语言逻辑。诚然,解释法律的过程中既要重视客观解释,也要重视主观解释,但是无论如何,解释必须“尊重立法者所规定的语言,不能突破语言的极限”[②],解释者必须以法律文本为解释对象,而不能为达到意图的解释效果罔顾法律规定。在司法解释已经规定“零售”属于“发行”的前提下,无论如何不可能认为“发行”与“销售”毫无关联。本文认为,《刑法》中“发行”的方式应当参考前置法规范,而“赠与”在刑法中并不会引起犯罪的后果,因此“发行”的方式为“销售”。

(三)“发行”与“销售”的关系:“主体身份区分说”之提倡

关于“发行”与“销售”的关系[③],主要存在“发行销售等同说”“主体身份区分说”“等级梯次区分说”“首次销售区分说”等观点。“发行销售等同说”认为刑法中的“发行”应当与著作权法中的概念保持一致,立法者在修订《刑法》时已经注意到两法衔接的问题,但仍未在《刑法》中对“发行”作出定义,故立法者的原意是将其概念在部门法间保持等同[④]。“主体身份区分说”认为应当以行为人的身份作为区分二者的标准,只有复制者自身的销售行为属于“发行”;反之,则只能属于“销售”,如倘若行为人复制侵权复制品后自己实施了后续的销售行为,则此时的销售行为应当属于“发行”,但如果销售侵权复制品的行为人并非复制品的复

---

① 参见贾学胜:《著作权刑法保护视阈下“复制发行”的法教义学解读》,载《知识产权》2019年第6期,第33页。

② 曹纪元:《销售侵权复制品罪的重启路径研究——以T市某检察机关办案实践为视角》,载《黑龙江省政法管理干部学院学报》2021年第6期,第34页。

③ 如前文所述,“发行”的方式即为“出售、销售”,故此处探究的是《刑法》第217条中的“发行”与第218条中的“销售”之关系。

④ 参见陈志鑫:《侵犯著作权罪与销售侵权复制品罪关系辨析——兼评“两高”对〈刑法〉第217条“复制发行”的司法解释》,载《西南交通大学学报(社会科学版)》2011年第6期,第138页。

制者，则该行为应当认定为“销售”[①]。“等级梯次区分说”认为应根据销售的等级和梯次进行区分。详言之，若行为人属于销售链条的上游环节，承担批发商、生产商等角色，则应认定为“发行”，若行为人属于销售链条的下游环节，仅实施销售、零售等行为，则属于“销售”。“首次销售区分说”是大多数学者认可的观点，其认为《刑法》中的“发行”可以作日常生活意义上的理解，主要指复制后首次、第一次向公众公开的行为，而“销售”指的是“发行”之后的所有销售行为，包括批发、零售等，从时间上来看，“销售”在“发行”之后。[②] 本文认为，“主体身份区分说”能够更好地解释“发行”与“销售”的关系。

“等级梯次区分说”看似能够解决《刑法》第217条与第218条的区分问题，但是在司法实践中却存在许多疑问。其一，现实生活中侵权作品的生产销售环节并非严格的生产—批发—零售过程，批发环节很有可能并不存在，仅有生产—零售环节，且批发和零售的区分是较为困难的，因为二者仅限于购买数量的不同，实务界对此并没有严格的数量区分，因此难以界定批发和零售的界限，行为人完全可以进行少量多次的购买以避免被认定为批发行为，这样就可以避免较重的侵犯著作权罪。其二，由于侵犯著作权罪与销售侵权复制品罪的数额要求与刑罚的刑期均不一样，导致行为人的同一行为根据是否被认定为批发会产生不同的刑罚后果，有失刑法的公平公正原则。以行为人批发侵权复制品谋利为例，当其违法所得为3万～10万元时，虽然该数额尚未达到销售侵权复制品罪数额巨大的入罪标准（违法所得数额10万元以上），但是已经达到侵犯著作权罪数额较大的入罪标准（违法所得数额3万元以上），此时同一行为在两种不同的解释路径下便面临着罪与非罪的区别。

“首次销售区分说”认为“发行”是首次、第一次的公开发布行为，其后的均为“销售”。不得不承认，“首次销售区分说”与“主体身份区分说”在大多数情况下的处理结果是一样的，唯独一种情况下两种学说会得出不同的结论。例如，行为人甲在复制侵权复制品后，将其中的部分侵权复制品免费赠与行为人乙，由于赠与行为仅发生侵权复制品所有权的转移而乙不需要支付对价，且甲的行为仅仅面

① 参见侯艳芳、何亚军：《侵犯著作权罪界限划定疑难问题探析》，载《法学杂志》2008年第6期，第156页。

② 参见张远煌、余浩：《论刑法中“销售”与“复制发行”之关系》，载《中国刑事法杂志》2011年第6期，第41页。

向乙个人而非不特定多数的公众，故此处的赠与行为当然不属于刑法中的销售，乙在获得侵权复制品后进行了对外公开销售的行为，此时，侵权复制品是首次面向社会公开发布，根据“首次销售区分说”的观点，乙的行为应当属于“发行”，构成侵犯著作权罪。但是乙本人并无复制侵权复制品的故意，而仅仅是实施了对外的销售行为，将此种行为以刑罚更重的侵犯著作权罪定罪未免过于严苛，而根据“主体身份区分说”，因该批侵权复制品是甲本人复制生产的，乙仅实施了销售行为，故乙仅能成立刑罚更轻的销售侵权复制品罪。

至于“发行销售等同说”认为刑法中的“发行”与著作权法中的概念一致的观点，本文认为，这仅仅是站在不同的角度所倡导的论断，其实质与“主体身份区分说”并不矛盾。站在跨学科解释的立场上，“发行销售等同说”认为“发行”应当就是“销售”，而“主体身份区分说”是站在刑法解释的立场上，根据刑法将“发行”与“复制”合并固定为“复制发行”之规定，在“复制”的存在前提下进行“发行”的解释。换言之，“主体身份区分说”并不否认“发行”的实行行为确为“销售”，而是在“复制发行”的语境下将其解释为侵权复制品的复制者所实施的销售行为。

综上，“主体身份区分说”更为合理，“发行”是复制者销售其复制的侵权复制品，并不要求侵权复制品的首次公开，“销售”是销售者销售非本人复制的侵权复制品，既可以是首次公开也可以是后续传播。如此理解，侵权行为人复制侵权复制品并销售的，社会危害性更大，应当构成较重的侵犯著作权罪，行为人销售他人复制的侵权复制品时，社会危害性相对较小，应构成较轻的销售侵权复制品罪。

(四)“复制”与“发行”的关系:“复制且发行说”之提倡

关于“复制”与“发行”的关系，主要存在“复制发行中心说”“发行否定说”“复制或发行说”“发行目的说”“复制且发行说”等观点。“复制发行中心说”认为，刑法设置侵犯著作权罪的目的是以本罪名打击侵犯著作权的各种犯罪行为，主要是从“复制”和“向公众传播”两个层面来规制犯罪，实质上是构建了以“复制”和“发行”为中心的保护机制，其他行为不过是这两者的衍生行为，因此，刑法的目的是以“复制发行”为核心，打击所有侵犯著作权的犯罪行为。站在刑法的解释立场上，完全可以将“复制发行”的解释包含在任一侵犯著作权的行为，以达到对著作权权利的全面保护。①“发行否定说”认为，“复制发行”应当解释为“复制、既复制又发行”，排除了发行行为单独构成犯罪的可能。只复制不发行的行为可以构成本罪，本罪的成立并非需要实际发行侵权复制品获利，因为谋利的目的是主观要件，不要求现实实现。但是单独的发行行为意味着行为人并没有复制作品，而发行他人复制的侵权复制品又被销售侵权复制品罪所规制，故单独的发行行为不可构成侵犯著作权罪。②“复制或发行说”认为，复制行为和发行行为都是具有社会危害性的侵犯著作权的行为，都应纳入规制范围，要求既复制又发行才构成犯罪的，不合情理也不利于著作权保护。③也有学者提出，从语义逻辑来看，刑法中的“复制发行”中并没有表示二者并列的关联词，因此不能仅认为二者属于并列关系，而应考虑到所有可能的情形。两行为均符合构成要件，二者择一即可入罪。④“发行目的说”认为，侵犯著作权罪客观方面的要求应当是“复制便于发行”，发行是复制的最终目的，复制是为了便于发行，复制是行为手段，发行是复制的结果，二者并非选择或者并列的关系，而是递进的层次。发行必须以复制为基础，必然包含复制行为，复制必须与后续的发行紧密结合才具有刑事处罚必要性，二者是密切相关的整体行为，同时具备才能成立犯罪。同时，二者必须同时具备才可以构成犯罪的既遂形态，如果仅有复制而未发行，则不成立既遂。⑤“复制且发行说”认为，侵犯著作权罪的成立要件和既遂条件都要求复制和发行两行为同时具备，仅复制无发行或仅发行无复制的行为，均不能构成侵犯著作权罪，如果行为人意图实施复制且发行行为，但案发时尚未发行，则可能构成犯罪未遂。⑥也有学者认为，复制和发行应当是一个密不可分的整体，仅有一行为不具备刑法规制的必要，且只有将二者认为是并列关系才可与侵犯著作权罪中的“出版”行为

---

① 参见贾学胜：《著作权刑法保护视阈下“复制发行”的法教义学解读》，载《知识产权》2019年第6期，第27-28页。

② 参见赵永红：《知识产权犯罪研究》，中国法制出版社2004年版，第298页。

③ 参见胡云腾、刘科：《知识产权刑事司法解释若干问题研究》，载《中国法学》2004年第6期，第144页。

④ 参见王泽众：《对刑法第217条关于“复制发行”规定的法理分析》，载《长沙大学学报》2015年第4期，第80页。

⑤ 参见侯艳芳、何亚军：《侵犯著作权罪界限划定疑难问题探析》，载《法学杂志》2008年第6期，第156页。

⑥ 参见聂洪勇：《知识产权的刑法保护》，中国方正出版社2000年版，第122页。

对应,具备合理性。① 本文认为,宜提倡“复制且发行说”之观点。

“复制发行中心说”采取极为扩张的立场以“复制发行”为中心构建著作权的全面保护,该说存在以下三点不足之处:其一,忽视《著作权法》关于法定著作权利的规定。《著作权法》第10条规定了著作权人享有的4项人身权利以及12项财产性权利,共计16项著作权利。而“复制发行中心说”认为法定著作权的行为均由“复制权”和“向公众传播权”构成,这是不了解著作权理论所作的妄断。暂且不论出租权是否具有向公众传播的属性,属于演绎权的摄制权、改编权、翻译权和汇编权就显然不具有向公众传播作品的特征。其二,过度的扩张解释有类推解释之嫌。如果认为所有法定行为都是“复制+发行”的衍生行为,“复制发行”可以规制所有犯罪,那么“复制发行”一词就丧失了成文刑法的意义,一旦可以将其无限扩大解释,便造成了刑法本身的不公平,使民众难以预测行为。刑法的解释绝不可脱离词句本身的含义范畴,无限扩张的类推解释只能使刑法规定成为一纸空文。其三,以问题为导向的功利主义解释立场值得反思。毫无疑问,构建以“复制+发行”为中心的保护著作权所有权能、意图以现有的规定来解决现在及未来可能出现的所有情况的观点,是站在以解决问题为导向的功利主义立场思考的。诚然,我国知识产权领域的许多立法也体现着国家战略与政策,体现了功利主义的知识产权观②,但是,以解决问题为首要目的的功利主义仍然需要受到制约,否则即便解决了现实问题,也损害了刑法的权威性与严肃性。

“发行否定说”也可以称之为“复制、既复制又发行”的学说,该说存在以下两点不足之处:其一,不符合刑法文理解释的逻辑。“复制发行”一词本就由“复制”和“发行”两个词语构成,但是将两个词语并列联系起来后形成的新词语含义竟不包含其中的原词语,这是不符合文理解释的逻辑的。况且,为何“复制发行”能包含“复制”但不可涵盖“发行”,这也是从文义的逻辑上无法解释的。其二,不符合罪责刑相适应原则的要求。“发行”处于复制品与公众之间的流通环节,倘若无“发行”,复制品便无法走向市场,因此相比于“复制”,“发行”具有更严重的社会危害性,理应受到更重的处罚。但是根据“发行否定说”的观点,“发行”仅构成

① 参见刘远山:《论我国著作权犯罪的定罪和处罚及其刑法完善》,载《河北法学》2006年第4期,第21页。

② 参见杨帆、张海宏:《销售侵权复制品罪虚置之争的再思考——基于功利主义知识产权刑事政策立场的评析》,载《政治与法律》2014年第3期,第53页。

刑罚更为轻微的销售侵权复制品罪而非侵犯著作权罪，这与罪责刑相适应原则相抵触。

“复制或发行说”是当前司法解释所采纳的观点，认为“复制发行”指的是“复制、发行、既复制又发行”，该说亦存在以下三点不足之处：其一，单独的复制、发行行为的社会危害性显然低于既复制又发行的行为，但是该观点将三种行为作为选择罪状同等对待、平等入罪。侵犯著作权的行为主要危害在于其导致侵权复制品的流通，严重损害了国家知识产权管理制度和著作权人的权利，从这个角度来说，侵犯著作权罪首要打击的应当是“发行”行为，因为如果行为人仅仅复制了侵权复制品，没有实施导致侵权复制品流入市场的“发行”行为，虽然此时已经侵犯了著作权人的权利，但是尚未造成更严重的后果（如导致市场秩序紊乱），其行为的危害显然低于“发行”或“既复制又发行”的行为。换言之，以社会危害性大小对三种行为进行排序，应当呈现“既复制又发行 > 发行 > 复制”的顺序。但是，“复制或发行说”却将三种行为同等对待，同样作入罪化处理，这是不合情理的。其二，倘若单独的复制行为便可入罪，则本罪不存在犯罪未完成形态的问题，这与司法实务中的做法不同。按照“复制或发行说”的观点，“复制”也是侵犯著作权利的行为，应当单独入罪，则行为人一旦复制成功，就已经构成侵犯著作权罪，无论其发行与否，本罪已经实行终了，不存在犯罪未完成形态的问题。但是，这恰恰与司法实务中的做法截然不同。通常情况下，对于案发时查封的行为人已经复制完成但尚未进行销售的侵权复制品通常作为行为人犯罪未遂处理[①]，甚至有法院在既认可“复制或发行说”观点的同时也对已复制而未发行的侵权复制品作出未遂判决[②]，显然存在逻辑矛盾。除此之外，“复制或发行说”还有促使行为人完成全部犯罪流程的可能。试想一下，如果行为人仅实施了复制行为后，发现仅实施复制行为和既复制又发行行为在刑法上的后果相同，那么此种解释便将引导行为人朝着实施全部犯罪流程的目标走去，刑法不应产生这种激励犯罪的作用。其三，“复制或发行说”会产生罪数规定不协调的问题。“复制或发行说”将复制、发行、既复制又发行的三种行为并列，均作为侵犯著作权罪的实行行为，实施其中任一行为都应构成侵犯著作权罪。根据该观点，如果行为人施行了复制或既复制又

① 参见辽宁省大连市西岗区人民法院刑事判决书，(2021)辽 0203 刑初 241 号；广东省惠州市惠阳区人民法院刑事判决书，(2015)惠阳法刑二初字第 67 号。

② 参见山东省冠县人民法院刑事判决书，(2022)鲁 1525 刑初 39 号。

发行的行为,后又销售明知是他人复制的侵权复制品,因任一行为均为该罪名的选择罪状,所以综合来看也只应当构成侵犯著作权罪一罪,违法所得数额累计计算。但是,根据2004年《关于办理侵犯知识产权刑事案件具体应用法律若干问题的解释》(以下简称2004年《司法解释》)第14条第2款之规定,构成侵犯著作权罪的,又销售他人的侵权复制品的行为,应当数罪并罚。因此,"复制或发行说"的解释结论与司法解释关于罪数的规定存在冲突。

至于"发行目的说",本文认为,其与"复制且发行说"之观点具有同质性,只不过"发行目的说"侧重于强调"复制"和"发行"的递进关系,发行以复制的存在为基础,发行行为必定涵盖复制行为。而"复制且发行说"则强调二者是否需要同时存在,因此两观点在犯罪构成的层面上可以得到同样的结论,即"复制"和"发行"必须同时具备才可构成侵犯著作权罪。

综上所述,"复制且发行说"的观点更具合理之处。首先,从刑法条文的规定来看,"复制且发行"是"复制发行"的应然之义。侵犯著作权罪的6种行为类型中,第1、3、4类行为的主要内容是"复制发行",第2类行为的主要内容是"出版",从犯罪构成的角度分析,本罪的客观行为在逻辑上应当是并列关系,故"复制发行"与"出版"在逻辑上的含义应当一致。根据《著作权法》第63条之规定,"出版"即为"复制、发行"。由此可见,无论是从逻辑关系还是词语真实含义的角度,"复制发行"指的都是"既复制又发行"的行为。而立法者之所以在第2类行为中采纳"出版"的表述,可能是因为用语习惯的问题,第2类行为的对象是图书类作品,而"出版图书"也是日常生活中的常见表述。但是,此处的"出版"恐怕不可拆分理解为"复制、发行,既复制又发行",那为何与之并列且语义相同的"复制发行"可以拆分解释呢?

其次,将"复制发行"解释为"复制且发行"不会与《著作权法》相关规定产生冲突。《著作权法》中的"发行"的行为方式主要是"销售",而销售侵权复制品罪的主要行为亦是"销售",采纳其他学说的观点都会导致《刑法》第217条与第218条产生冲突,故学者们才会将目光转向如何解释与区分"发行"和"销售",但是这与《著作权法》的规定是背离的。而采纳"复制且发行说"之观点,便不会产生此种困惑。侵犯著作权罪与销售侵权复制品罪本就规制两种不同的行为类型,因此不必再区分"发行"和"销售",实现了《刑法》与《著作权法》的顺畅衔接。

最后，依据侵犯著作权罪的保护法益也可以得到"复制且发行说"之结论。侵犯著作权罪保护的是双重法益，且国家的著作权管理秩序是首要法益。在此前提下，应当看到，侵犯著作权罪主要规制的是使侵权复制品流入市场、扰乱市场秩序的行为。或者说，"发行"具有更严重的法益侵害性，是侵犯著作权罪首要打击的犯罪行为。但是，这不代表刑法不打击"复制"行为，而是与"发行"相比，单独"复制"行为的法益侵害性较低，且其通常与"发行"相关联，严厉打击"发行"行为同样可以起到预防犯罪的效果。因此，单独的"复制"不宜入罪，可以作为犯罪的未完成形态从轻、减轻处罚，与"复制且发行说"的结论不谋而合。

此外，从立法者设立两罪的立法目的来看，亦能得出"复制且发行说"之结论。根据《刑法》第218条的规定，销售侵权复制品罪的客观行为是"销售明知是本法第二百一十七条规定的侵权复制品"，"销售"一词不仅说明本罪只可规制销售行为，在体系性解释下，还应当认为其同时说明本罪规制范围必然与侵犯著作权罪有所不同。否则，若两罪处罚范围本就重叠，设立刑罚不同的两个罪名便是多此一举。事实上，从两罪设定不同的法定刑和入罪标准可以看出，第217条采取了较低入罪标准的意义就在于，相比于单纯的销售侵权复制品的行为，既复制又发行的行为因危害性较高理应受到更严厉的刑罚制裁；第218条采取了较高入罪标准的意义就在于，相比于既复制又发行的行为，单纯销售侵权复制品的行为因危害性较低理应适当提高其入罪标准。

三、适用："复制发行"的司法检视

（一）侵犯著作权罪与销售侵权复制品罪的厘清

司法解释关于"复制发行"一词上采纳"复制、发行，既复制又发行"的扩张解释立场，导致实务中单独销售侵权复制品的行为被认定为不同的罪名，出现侵犯著作权罪与销售侵权复制品罪混乱适用的情况，同时也致使销售侵权复制品罪一度沦为虚置，鲜有适用空间。为区分二者，刑法学者聚焦于如何解释区分"发行"和"销售"，却引起知识产权学者的质疑，因为"发行"和"销售"在知识产权领域并无显著区别。为了实现《刑法》与《著作权法》的衔接，保持用语及其含义的一致性，同时为了更好地区分两个罪名，应将"复制发行"解释为"复制且发行"，将"发行"限定为"复制者销售其本人复制的侵权复制品"，将"销售"理解为"销售者销售非本人复制的侵权复制品”。如此,便能清晰地区分两罪。

首先,司法解释扩大“复制发行”含义的解释立场值得反思。毫无疑问,采纳“复制或发行说”的观点可以扩大侵犯著作权罪的处罚范围,能够有效应对各种犯罪行为,但是司法解释为了应对实践中的问题而不断扩大解释范围的立场值得反思,即便为了满足现实需要,也不得以损失刑法的稳定性和严肃性为代价不断扩张含义范畴。其次,两罪规制的行为内容不同。侵犯著作权罪打击的是行为人既复制又发行的行为,发行前必须先复制,而销售侵权复制品罪的行为人并不进行复制,仅单独实施销售行为。再次,两罪销售的侵权复制品有所区分。侵犯著作权罪规制的是复制者销售其本人复制的侵权复制品的行为,属于复制后的首次销售行为,而销售侵权复制品罪规制的是销售者销售从其他的渠道获得(如购买、接受赠予)的侵权复制品的行为,虽然也可以是复制品的首次销售,但更多情况是后续的销售行为。又次,两罪的处罚标准不同。从入罪的数额标准上看,侵犯著作权罪规定的是违法所得数额较大,而销售侵权复制品罪则是违法所得数额巨大。由于前者规制的行为侵犯了复制权和发行权,法益侵害性较大,而后者规制的行为仅侵犯了发行权,法益侵害性相对较小,分别对应不同的刑罚处罚标准,实现了罪责刑相适应。最后,此种解释路径与司法解释关于罪数的规定相契合。在“复制且发行说”的解释路径下,行为人复制侵权复制品后又销售的,属于复制且发行的行为,应当定侵犯著作权罪一罪,若行为人明知是他人复制的侵权复制品而自己进行销售的,则构成销售侵权复制品罪。两行为同时存在,则同时符合两罪的犯罪构成,属于犯数罪,应当数罪并罚,这与2004年《司法解释》第14条关于罪数之规定相吻合。

此外,“复制且发行说”备受争议的一点是无法规制单独的复制行为,在“复制或发行说”的语境下,复制侵权复制品后即便不销售也会构成侵犯著作权罪,但是“复制且发行说”要求既复制又发行才可构成本罪,导致侵犯复制权的单独复制行为会逃避刑法的制裁。本文认为,此种担心是多余的,少量的复制行为由于社会危害性不大,完全可以作无罪处理,而大量的复制行为,其必然有后续的发行目的,此时可以由犯罪的未完成形态来解决,即将大量的单独复制行为作为侵犯著作权罪的未遂,从轻或减轻处罚。如前所述,侵犯著作权罪主要打击的是使侵权复制品流入市场的行为,单独复制行为虽然损害了著作权人的相关利益,但是对国家的著作权管理制度损害较小，且复制的目的是发行，复制之后往往紧跟后续的发行，仅仅为了复制而复制或不图利益的大量复制，现实中几乎不存在。行为人通常都是在复制的过程中或还没来得及发行便被抓获，此时将其比照犯罪既遂作从轻、减轻处理，也是合乎情理的。

将“复制发行”解释为“复制且发行”能够实现法法衔接，充分保障著作权利，又能够有效区分侵犯著作权罪与销售侵权复制品罪，避免罪名混淆导致虚置，重新启用销售侵权复制品罪，即侵犯著作权罪打击既复制又发行的行为，销售侵权复制品罪打击单独发行的行为。

（二）“信息网络传播”与“出租”的再定义

1.“信息网络传播”的再定义

关于“信息网络传播”与“复制发行”的关系，历次司法解释都作了相关回应，2004年《司法解释》采用拟制的方式认为“信息网络传播”应当视为“复制发行”，而2011年《刑案意见》直接认为后者包含前者。对此，学界也产生了不同观点，主要存在“肯定说”和“否定说”之区分。应当注意，即便认为“复制发行”包含“信息网络传播”，也主要是其中的“发行”行为，而非“复制”，故本文在此仅讨论“发行”与“信息网络传播”的关系。

“肯定说”支持“发行”包括“信息网络传播”，主要有两点理由：其一，“信息网络传播”的行为具有严重的社会危害性，应当纳入刑法规制。[①] 随着网络技术的发展和普及，越来越多侵犯著作权犯罪伴随互联网技术显现出新形式、新样态，且社会危害性不亚于传统手段，如果不将其纳入刑法的处罚范围，则只能构成民事意义上的侵权，这与行为的危害性不匹配，不利于著作权保护。其二，刑法可以单独设立刑事规范，不必与前置法规范相协调。[②] 根据法定犯的相对独立性，刑法具有独特的目的和手段，是直接规定罪名和刑罚的法律，刑法规范并不要求一定与前置法规范相等同，故判断行为是否构成犯罪只能在刑法中寻找依据。尽管《著作权法》中“发行”与“信息网络传播”彼此独立，但是不能据此认为刑法必须作出相同规定。在参照前置法规范的基础上，刑法可以独立规定犯罪及

① 参见刘宪权、吴允锋：《侵犯知识产权犯罪理论与实务》，北京大学出版社2007年版，第294页。

② 参见吴允锋：《非刑事法律规范中的刑事责任条款性质研究》，载《华东政法大学学报》2009年第2期，第43页。

刑罚。

本文赞同“否定说”，认为“信息网络传播”与“发行”是本质不同的两种行为，理由有三：首先，《著作权法》中的发行权和信息网络传播权是大相径庭的两种著作权利。1997 年《刑法》参照 1990 年《著作权法》制定了侵犯著作权罪，但是当时尚未出现大量互联网侵权行为，故《刑法》中的行为方式仅限于“复制发行”，而 2001 年《著作权法》根据现实的需要增设了“信息网络传播权”，《刑法》此后并未作出立法回应，而是通过一系列司法解释扩张“复制发行”的范围。但是，《著作权法》中的“发行”指的是提供有形载体的行为，而“信息网络传播”是以信息网络为媒介的有线或无线传播的行为，不以物品有形载体的转移为条件，故二者有明显的区分，且这种区分做法也是与绝大多数国家的立法规定相符合的，显然国际社会层面均承认二者存在显著不同之处。此外，根据著作权法的相关理论，发行权享有“一次用尽”的原理，这也是难以适用到信息网络传播权中的。① 倘若无视《著作权法》的相关规定，认为“信息网络传播”隶属于“发行”，不仅与前置法规范相违背，也与法秩序统一性原理和法定犯二次违法性原理的要求相冲突。其次，将“信息网络传播”纳入“发行”会带来实务中的司法适用难题。侵犯著作权罪的入罪标准是建立在传统的“复制发行”基础上，即以复制品有形载体的所有权变动为依据，2004 年《司法解释》和 2007 年《关于办理侵犯知识产权刑事案件具体应用法律若干问题的解释（二）》（以下简称 2007 年《司法解释》）都对此作出了具体数量标准的规定，但是 2011 年《刑案意见》第 13 条照搬照套以前司法解释的规定，将“信息网络传播”类犯罪的入罪数量标准与之等同，这无疑是为了保持司法解释之间的统一而作的机械性规定。“信息网络传播”与传统的“发行”不同，不是简单统计复制品的数量，而需要在复杂的网络环境下统计复制品的浏览量、点击量、传播量等，因此不可机械套用传统的数量标准，否则会导致实务中的认定困难。最后，《刑法修正案（十一）》的修订间接表明“发行”包括“信息网络传播”的解释有类推之嫌。众所周知，如果司法实务中出现大量新型犯罪，在尚未被刑法规制之前，往往会通过司法解释的方式将其解释为犯罪，再通过修订刑法的方式将其设为罪名新的行为方式或新罪。② 此种犯罪化的处理方式，在

① 参见王迁：《论著作权保护刑民衔接的正当性》，载《法学》2021 年第 8 期，第 6 页。
② 参见张明楷：《司法上的犯罪化与非犯罪化》，载《法学家》2008 年第 4 期，第 67 页。

表面上看似乎是立法对司法解释的认可，然而实际上是立法通过设立新罪或新的行为类型的方式，否认了司法解释的规定，表明了刑法原本并无此类犯罪的规定，间接或直接说明了该项司法解释属于类推解释。[①] 具言之，过往的司法解释将“信息网络传播”认定为“发行”，而《刑法修正案（十一）》却将其单独设立为侵犯著作权罪的一种行为类型，直接表明其与“发行”存在本质区别，也间接承认了刑法中的“发行”本不应当包含“信息网络传播”，故而推知司法解释的规定有类推解释之嫌。

《刑法修正案（十一）》将“信息网络传播”规定为独立的行为类型，当然承认其与“发行”存在区别，但是为避免司法实务中的裁判难题，应及时出台相关司法解释，制定与“信息网络传播”特点相契合的入罪标准。

2.“出租”的再定义

2011年《刑案意见》延续过往司法解释扩张的解释立场，继“信息网络传播”后又将“出租”纳入“发行”的范畴，由此引发了“出租”是否属于“发行”的争论。“肯定说”的论证思路与上文所述“信息网络传播”属于“发行”的观点类似，大多是以法定犯的相对独立性为核心展开。

本文认为，“出租”与“信息网络传播”一样，都是和“发行”并列的行为类型，并不存在包含或交叉关系，理由有三：首先，法定犯的成立前提是违反前置法规范。根据《著作权法》的规定，“发行”是转移复制品所有权的行为，而“出租”是临时使用的行为，并不转移作品的所有权，因此《著作权法》单独设立了出租权规制出租行为。但是《著作权法》第52条明确规定，侵犯出租权的仅需承担民事责任，第53条关于可以追究刑事责任的8种侵权行为中，也没有侵犯出租权的规定，《刑法》不顾前置法的约束径直将“出租”作为侵犯著作权罪的行为类型是不妥当的。此外，《著作权法》中出租权的适用对象仅限“视听作品”和“计算机软件”，若依据司法解释的规定认为“出租”属于“发行”，则“出租”的适用对象与“发行”一致，适用所有的侵权复制品，这显然与《著作权法》的规定矛盾，甚至产生刑法中的犯罪行为在民法、行政法中不构成侵权的现象，如出租盗版图书在著作权法中不构成侵权，但是在刑法中却可能是犯罪行为。如此倒置规定，违

① 参见张明楷：《〈刑法修正案（十一）〉对司法解释的否认及其问题解决》，载《法学》2021年第2期，第7页。

背了法定犯的基本逻辑构造。其次，“出租”入罪的必要性很低。本文认为，不能仅在理论层面讨论“出租”可否构成犯罪，更应当从实践的层面分析其入罪必要性的大小。出租盗版光盘、影碟的行为大多出现在20世纪末21世纪初，随着印刷技术的发展，制作盗版影视作品的成本越来越低，购买远比租赁划算，在现代的城市生活中也难以再见到出租店的身影，因此“出租”的入罪必要性很低，即便将其作为犯罪处理，司法实务中也很少出现相关案例。本文认为，只有严重危害社会的民事、行政违法行为才有入刑的必要性，对于少量、偶尔出租音像制品的侵权行为，没有必要动用刑事手段，根据《著作权法》《音像制品管理条例》等法律法规追究民事、行政责任即可。最后，应当避免“出租”走上类推解释的老路。如前所述，《刑法修正案（十一）》的规定否定了司法解释对“信息网络传播”的扩张解释，间接说明了司法解释属于类推解释。如今，面对“出租”是否属于“发行”的争论，应当吸取过往的经验教训，不得继续采取以解决问题为导向的扩张解释立场，避免“出租”成为第二个“信息网络传播”，导致司法解释僭越立法。

（三）“复制发行”相关司法解释的清理

基于“复制且发行说”的解释立场，“复制发行”应限缩解释为“既复制又发行”，且应将“信息网络传播”“出租”等概念从“发行”的范围中排除出去，但是这与现存司法解释的规定有较大冲突，且《刑法修正案（十一）》将“信息网络传播”作为新的行为类型与“复制发行”并列，也与司法解释产生矛盾。本文认为，《刑法修正案（十一）》颁布后，为避免法规范的矛盾、冲突，可以及时清理与刑法冲突的司法解释，使规范在法秩序内部协调统一。

1. 废除“复制发行”的扩张解释。关于“复制发行”的含义范畴，从1998年《司法解释》到2007年《司法解释》，司法机关始终采取“复制、发行、既复制又发行”的解释立场。在《刑法》尚未作出语义调整的背景下，司法解释意图通过扩大“复制发行”的含义将更多的犯罪行为纳入刑法的打击范围，但是却造成了销售侵权复制品罪的虚置以及原本应以销售侵权复制品罪定罪的行为被认定为刑罚更严格的侵犯著作权罪，导致罪责刑不均衡。《著作权法》第52条和第53条明确规定何种行为仅构成民事意义上的侵权以及何种行为可以追究刑事责任，《刑法》应当参照前置法规范，为其中部分严重的侵权行为设立刑罚后果，而非对所有侵犯著作权的行为进行刑法保护。为解决上述问题，应当废除现存司法解释中的相关规定或出台新的司法解释，将“复制发行”解释为“既复制又发行”，将“发行”定义为“复制者销售其复制的侵权复制品”，将“销售”定义为“销售者销售非本人复制的侵权复制品”。

2. 废除“发行”的扩张解释。2011年《刑案意见》将“总发行、批发、零售、通过信息网络传播以及出租、展销”等概念纳入“发行”范畴，极度扩张其内涵和外延。但是如前所述，“发行”通常与“复制”紧密关联，是复制者销售其复制的侵权复制品的行为，以复制品有形载体的所有权转移为要件，因此与“信息网络传播”“出租”“展销”等概念相区分。《著作权法》中的信息网络传播权、出租权、展览权等都是独立的著作权利，随意混淆概念范围只会降低《刑法》的稳定性和严肃性。应当及时废除司法解释对“发行”概念的扩张，还原“发行”本意，倘若刑法有意保护作品的出租权与展览权等，可以修订刑法条文补充规定，而非以司法解释的名义进行“造法”。

3. 废除将“信息网络传播”“出租”拟制为“发行”的类推解释。《刑法修正案（十一）》修改了《刑法》第217条的规定，将“信息网络传播”与“复制发行”并列作为一项侵犯著作权罪的行为类型单独规定。无论司法解释如何规定，抑或学界如何解释拟制规定的合理性，在《刑法修正案（十一）》出台后，司法人员都应当依据新的立法规定依法裁判。此外，《著作权法》中侵犯出租权的行为仅构成民事意义上侵权，不属于可构成犯罪的违法行为，且《著作权法》中出租权的适用范围远小于司法解释的规定，违反了法定犯的基本逻辑构造。因此，应当废除将“信息网络传播”“出租”拟制为“发行”的类推解释，同时出台新的司法解释，制定与“信息网络传播”特点相适应的入罪标准。

四、结语

本文立足于著作权刑事保护领域的现实困境，将研究重心聚焦于侵犯著作权罪中的“复制发行”一词，进行限缩解释并对司法实务中的疑难问题提出解决方案。诚然，本文所持的解释立场与司法解释的规定不符，但是，法律工作者应当忠于法律法规，而不是以司法解释为信条，在司法解释规定不当时，应当及时指出并且采取更为适当的解释。司法解释也不应一直采取以解决问题为导向的扩张解释立场,应当以法律文本为基础进行合理正当的体系性解释,妥善解决司法实务中的问题。社会发展日新月异,本文所持观点与解释立场也需不断完善,但正是理论与实务的革新和发展,才能更好促进著作权的刑法保护,推动建设新时代知识产权强国。

(编辑:杜文静)

非法利用信息网络罪中“情节严重”的体系性反思*

李　谦**

摘　要　“情节严重”是非法利用信息网络罪的重要构成要件。通过对国内判决书的实证分析，发现司法实务对该罪的“情节严重”采取了综合认定标准。采取这一标准导致部分认定要素的作用含混不清，难以区分该罪与其他犯罪，以及没有突出相关认定要素的证明重点。结合最高人民法院、最高人民检察院《关于办理非法利用信息网络、帮助信息网络犯罪活动等刑事案件适用法律若干问题的解释》第10条的规定，刑法教义学上应当明确“情节严重”属于客观违法要素。在司法实务中，应当构建个别化认定与整合化认定两种路径。对于个别化认定，应依据认定要素的法益侵害性质与大小，进行相对独立的判断。对于整合化认定，既要制定乘积型或者并列型的技术方案，又要确立固定型或者浮动型的比例配置，共同应用于相关认定要素的累计评价。

关键词　非法利用信息网络罪　情节严重　客观违法　个别化　整合化

*　本文系国家社会科学基金重大项目“数字经济的刑事安全风险防范体系建构研究”（21&ZD210）阶段性成果、江苏高校哲学社会科学研究一般项目“算法驱动型流量造假的刑法规制理念与路径研究”（2022SJYB0243）阶段性成果。

**　李谦，男，江苏淮安人，南京师范大学中国法治现代化研究院研究员，法学博士，研究方向为数字法学。

根据 1997 年《刑法》第 287 条之一的规定,非法利用信息网络罪包括三种行为类型。一是设立用于实施诈骗、传授犯罪方法、制作或者销售违禁物品、管制物品等违法犯罪活动的网站、通信群组;二是发布有关制作或者销售毒品、枪支、淫秽物品等违禁物品、管制物品或者其他违法犯罪信息;三是为实施诈骗等违法犯罪活动发布信息。此外,根据 2017 年 5 月最高人民法院、最高人民检察院《关于办理侵犯公民个人信息刑事案件适用法律若干问题的解释》(以下简称《公民个人信息解释》)第 8 条的规定,非法利用信息网络罪的行为类型还包括设立用于实施非法获取、出售或者提供公民个人信息违法犯罪活动的网站、通信群组。就该罪构成要件而言,除涉及上述行为类型外,还包括"情节严重"。立法者规定"情节严重",旨在合理划定该罪处罚范围,使预备行为可罚性基础立足于具体危险,以缓和刑法规制提前而可能致使预备行为过度犯罪化的局面。2019 年 10 月 25 日,最高人民法院、最高人民检察院《关于办理非法利用信息网络、帮助信息网络犯罪活动等刑事案件适用法律若干问题的解释》(以下简称《解释》)正式公布。其中,对非法利用信息网络罪之"情节严重"具体规定了 7 种情形。"情节严重"这 7 种情形的理论定位和司法认定等一系列问题,到目前为止,尚没有系统研究的学术成果出现,也未能引起法学界的足够重视。基于此,本文以非法利用信息网络罪之"情节严重"为研究对象,划分为相关联的三个部分:(1)通过分析判决书中有关此罪"情节严重"的认定要素,发现司法实务采取了综合认定标准,并对其进行反思。(2)评析有关"情节严重"阶层论体系位置的学说,并明确"情节严重"属于客观违法要素。(3)构建非法利用信息网络罪"情节严重"的两种认定路径,并分别论述个别化认定与整合化认定的适用情形。

一、非法利用信息网络罪中"情节严重"的实证分析

本文对非法利用信息网络罪"情节严重"的实证分析,主要是立足于判决书。判决书来自无讼案例网。在该网"案例数据库"中,按照案由——"非法利用信息网络罪"、文书性质——"判决书"、审理程序——"一审"进行检索,得到相应记录。[①] 在这些刑事判决书中,排除与该罪无直接关联的判决书 1 份。剩余有效刑事判决书即为本文研究样本。

---

① 参见 https://www.itslaw.com/,最后访问日期:2022 年 7 月 2 日。

（一）“情节严重”的认定要素

经实证分析，这些刑事判决书对该罪“情节严重”的认定要素，主要包括如下内容。

第一，网站、通信群组数量。数量对于“情节严重”的认定意义不言而喻。司法实务中，设立网站、通信群组的数量越大，越容易被认定为“情节严重”。例如，在刘某某非法利用信息网络案中，被告人刘某某应被告人任某某的要求，为任某某制作虚假网站61个，并为上述网站提供网络空间。其中，制作61个虚假网站被认定为“情节严重”。再如，在宋某敏非法利用信息网络案中，被告人宋某敏为推销性保健品，创建多个微信群，并在微信群成员不断壮大的同时发布淫秽物品。在此案例中，创建多个微信群也被法院认定为“情节严重”。

第二，违法犯罪信息的内容和数量。违法犯罪信息的内容和数量也是“情节严重”的重要认定要素。例如，在席某伟、王某瑶非法利用信息网络案中，被告人席某伟通过微信号多次发布销售若干管制物品的信息。此后，被告人王某瑶为其发布管制物品的信息进行宣传。对于此案，法院经审理认为，两被告人利用信息网络发布有关销售管制品信息，情节严重，其行为均构成非法利用信息网络罪。就违法犯罪信息的数量来说，类似的一个案例是，被告人杨某明知系为他人实施犯罪所用的短信，仍按照他人指示，使用车载“伪基站”设备冒充招商银行客服电话95555发送短信，共计5256条。最终同样被法院认定为“情节严重”。

第三，诈骗数额。诈骗数额反映了诈骗行为的法益侵害大小，毫无疑问，诈骗数额也是该罪“情节严重”认定要素之一。举例来说，在姜某某、康某某非法利用信息网络案中，两被告人通过信息网络发送诈骗信息，诈骗被害人的数额共计2243元。如出一辙，在方某某非法利用信息网络案中，被告人方某某利用互联网，指使他人为自己制作虚假网站，并提供给他人用于电信诈骗，诈骗数额共计33,600元。两案中的诈骗数额被法院以同样的理由认定为“情节严重”。

第四，非法获利数额。非法获利数额不仅包括诈骗数额，还包括基于其他违法犯罪活动获得的数额。在很多情况下，法官会将其作为“情节严重”的认定要素。典型案例是，被告人刘某城等5人利用信息网络，设立用于实施违法犯罪活动的通信群组，发布销售诈骗软件等违法犯罪信息，非法获利共计5万余元。法官在把握证据规则的基础上，认定非法获利5万余元属于“情节严重”。对此，我们还可从其他案例中有所发现。例如，在洪某岗非法利用信息网络案中，被告人洪某岗利用微信朋友圈发布含有违禁成分药剂的信息，之后进行销售从中获利。该案中，获利数额被法院认定属于“情节严重”。①

第五，社会影响及人身危险性。我国刑法理论认为，社会影响及人身危险性是预防性情节。② 在这些刑事判决书中，有部分判决书体现了预防性情节对于“情节严重”的认定作用。例如，在李某非法利用信息网络案中，被告人李某设立用于实施诈骗的虚假网站，并将此虚假网站出售给他人。法院经审理后认为，应综合考虑行为的社会危险性、社会影响、主观恶性等因素，并将其认定为“情节严重”。③ 无独有偶，在李某科、袁某非法利用信息网络案中，两被告人使用伪基站设备向手机用户发送短信，严重干扰中国移动及中国联通公司的正常业务。④ 法官在确证此事实的基础上，认定“严重干扰中国移动及中国联通公司的正常业务”属于“情节严重”。

第六，以营利为目的及以牟利为目的。在谢某星、谢某辉非法利用信息网络案中，两被告人伙同他人以营利为目的，出租“钓鱼网站”后台账号。⑤ 法官将两被告人以营利为目的，看成是一种目的性要素，并把它认定为“情节严重”。相差无几，在李某某非法利用信息网络案中，法官将被告人李某某以牟利为目的，认定为“情节严重”。⑥

(二)“情节严重”的综合认定标准及其反思

从该罪“情节严重”认定要素的实证分析来看，这些刑事判决书总体反映其综合认定标准。在刑法教义学上，目前有两种关于“情节严重”综合认定标准的观点。一种观点认为，应当结合行为人发布信息的具体内容、数量、扩散范围、获取非法利益的数额、受害人数量、造成的社会影响等因素，综合确定某违法行为是

---

① 参见江苏省常熟市人民法院刑事判决书，(2018)苏0581刑初654号。
② 参见张明楷:《刑法学》，法律出版社2016年版，第596页。
③ 参见安徽省桐城市人民法院刑事判决书，(2017)皖0881刑初100号。
④ 参见湖北省宜昌市西陵区人民法院刑事判决书，(2016)鄂0502刑初208号。
⑤ 参见福建省龙岩市新罗区人民法院刑事判决书，(2017)闽0802刑初422号。
⑥ 参见江苏省扬州市广陵区人民法院刑事判决书，(2017)苏1002刑初540号。

否属于"情节严重"。[①]另一种观点认为，信息的传播面（包括设立网站、发布信息数量和访问数量、实际点击数、发送信息数）、违法所得数额可以作为"情节严重"的认定标准。[②]这两种观点在阐释"情节严重"综合认定标准的内涵时，无法充分展现各认定要素的作用，导致该罪与其他犯罪的界限极易模糊，以及相关认定要素的证明重点被无形间忽视，因而难以令人信服，理由如下。

1. 部分认定要素的作用含混不清

第一，主观要素并非都能反映该罪的法益侵害实质。例如，综合认定标准将社会危险性、社会影响纳入"情节严重"，是将主观要素作为犯罪成立与否的认定要素，而在理论上，主观要素并不都具有这样的功能。再如，将以营利为目的及以谋利为目的等目的性要素纳入"情节严重"，是参照谋利型犯罪的构成要件与追诉条件，而这并不为该罪保护法益（网络安全管理秩序）所包含。

第二，非法获利数额无法准确表征该罪的法益侵害大小。非法获利数额主要是经济犯罪的构成要件与追诉条件，其反映行为人对于经济管理秩序或者交易秩序的法益侵害大小，而与该罪保护法益（网络安全管理秩序）的侵害大小没有必然联系。就此而言，综合认定标准将非法获利数额作为"情节严重"的认定要素，是把经济犯罪的数额要素直接搬入该罪，导致非法获利数额不加区分地作为"情节严重"的认定要素。这一做法在这些判决书中时有发生。

第三，部分认定要素没有体现对"情节严重"的认定作用。一般而言，"情节严重"司法认定的理想状态，是其所涉及的认定要素都经过有效分析，各认定要素的认定作用都能得到最大限度的体现。但实际上，之所有没有实现这样的理想状态，概因法官在对个案进行释法说理时，多是通过直接列举的方式将部分认定要素呈现出来，较少逐一分析其所具有的认定作用，也很少论证这些认定要素在什么条件下，将以什么方式被认定为"情节严重"。此外，在一个案件中，对于部分认定要素未达到"情节严重"，而其他认定要素达到"情节严重"，最终被认定成立"情节严重"。诸多此类案件，判决书并未就此展开详细说明，这表明法官没有理顺未达到"情节严重"认定要素与达到"情节严重"认定要素之间的关系。

---

① 参见全国人大常委会法制工作委员会刑法室：《中华人民共和国刑法修正案（九）条文说明、立法理由及相关规定》，北京大学出版社2016年版，第229页。

② 参见喻海松：《网络犯罪的立法扩张与司法适用》，载《法律适用》2016年第9期，第8页。

2. 难以区分该罪与其他犯罪

第一，诈骗数额难以区分该罪与诈骗罪。当该罪与诈骗罪发生竞合时，尽管应当适用《刑法》第287条之一第3款的规定。但这并不意味着，在诈骗数额被视为“情节严重”的认定要素时，就应把由此带来的区分该罪与诈骗罪的难题，直接交由此条款处理。如果将这一难题直接交由此条款处理，很显然，是误把诈骗数额这一不属于“情节严重”的内容，径直作为其认定要素来对待，而这无助于妥当认定该罪。通常而言，破解竞合区分的难题，前提是要尽可能合理解释罪名的构成要件，在合理解释罪名的构成要件后若发生竞合，才会运用刑法竞合理论作出最终认定。这样看来，此做法将人为加重此条款的承载负荷，并不符合刑法竞合理论的本义。

第二，“非法利用伪基站+诈骗信息的数量”难以区分该罪与破坏公用电信设施罪。在部分判决书中，法官以“非法利用伪基站+诈骗信息的数量”作为“情节严重”的认定要素，容易将非法利用伪基站发送诈骗信息的行为，评价为“破坏公用电信设施，危害公共安全”，这便容易导致该罪与破坏公用电信设施罪发生竞合。

3. 没有突出相关认定要素的证明重点

在这些刑事判决书中，有较多判决书将数额要素(包括诈骗数额、非法获利数额以及违法所得数额)作为“情节严重”的认定要素之一。这使犯罪认定的关注点，较多停留在证明难度较小的数额要素上，而轻视证明难度较大的网站、通信群组、违法犯罪信息的内容与数量，这导致证明相关认定要素顾此失彼，不利于凸显案件裁判的程序意义。

在一则典型案例中，多名被告人购买虚假投资理财网站并进行相应修改，准备向他人推送网站链接，以高额回报引诱他人进行投资并最终骗取非法利益。法官在列举公诉机关提供的在案证据后，以“多名被告人设立用于实施诈骗的网站，并在网站上发布诈骗信息，情节严重”为由，认定其构成非法利用信息网络罪。[①] 本文认为，该做法是存在疑问的。因为判决书并未指明有关网站情况和诈骗信息的数量，而网站情况和诈骗信息的数量恰恰是此案中“情节严重”认定要素的证明重点。

---

① 参见云南省昆明市五华区人民法院刑事判决书，(2017)云0102刑初1250号。

二、"情节严重"的阶层论体系定位

对于非法利用信息网络罪之"情节严重",坚持何种刑法教义学的观点将影响司法实务采取何种认定标准。反思综合认定标准的缺陷,可能是由于司法实务没有把握"情节严重"的阶层论体系位置,致使不同种类的认定要素掺入其中。有关"情节严重"的阶层论体系位置,我国法学界在借鉴德日刑法理论的基础上,经过十多年的本土化改造,形成了整体的评价要素说、客观处罚条件说、类构成要件复合体说以及客观违法要素说四种观点。本文认为,前三种观点均存在可商榷之处,相比较而言,第四种观点更具有说服力。

(一)整体的评价要素说

整体的评价要素说认为,当行为符合客观构成要件中的基本要素后,并不意味着行为的违法性达到了值得科处刑罚的程度,还需要对行为进行整体的评价,才能明确行为的可罚性程度。情节严重就属于一种整体的评价要素。[①] 整体的评价要素并非无所不含,它仅包括反映客观法益侵害的要素,可能导致如下两个方面问题。

一方面,整体的评价标准不够明确。整体的评价标准基于可罚的违法性理论,但在逻辑上却行不通。原因在于,一是日本学者佐伯千仞将可罚的违法性分为"量"与"质"。其中,"量"旨在说明如果行为违法是轻微的,则欠缺违法性。"质"旨在说明即使某行为违反其他法律,仍可能因为违法性的"质"而不具有可罚性。其实,不管对于可罚的违法性之"质"还是"量",它们的判断标准一向"云雾迷蒙",而且这也是部分反对者攻击可罚的违法性理论的利器。[②] 二是退一步讲,即使形成有关其判断标准的共识性意见,也不能直接把可罚的违法性理论视为"情节严重"的理论主张。这是因为,两者在法律功能和设立目的上均有所不同。"情节严重"作为一种对行为进行整体评价的罪量因素,在法律功能上,它是划分一般违法行为与犯罪的界限,而可罚的违法性理论是区分可罚行为与不可罚行为的界限。在设立目的上,它是缩小犯罪圈,而可罚的违法性理论是将一些违

① 参见张明楷:《犯罪构成体系与构成要件要素》,北京大学出版社 2010 年版,第 239 页。
② 参见王彦强:《可罚的违法性论纲》,载《比较法研究》2015 年第 5 期,第 112 页。

法性太轻微以致不具有处罚经济性的行为排除于犯罪圈。[①]

另一方面，整体的评价导致“情节严重”包括大量与行为无关的要素。在刑法教义学上，整体的评价要素会给“情节严重”贴上口袋化罪量因素的标签。如行为人甲采取欺骗方法获得他人身份信息，用于伪造身份证件，后为实施诈骗等违法犯罪活动发布身份信息。对此，能否把行为人甲采取欺骗方法作为“情节严重”的认定要素之一涉及“情节严重”阶层论体系位置的问题。按照整体的评价要素说，欺骗方法将与伪造身份证件、发布身份信息一道，整体作为“情节严重”的认定要素。众所周知，欺骗的不法是对人格利益的背反，不属于“情节严重”认定要素，与网络发布身份信息不能混为一谈。

(二)客观处罚条件说

德国的客观处罚条件理论认为，在有些情况下，对某个行为科处刑罚需要一定的客观处罚条件，而这种条件往往是独立于不法和罪责的。[②]近年来，有学者在借鉴德国客观处罚条件理论的基础上，将我国情节犯中关于情节的要求视为客观处罚条件。[③]与此观点类似，有学者认为，对于三阶层的犯罪论体系而言，情节是一种客观处罚条件。[④]本文认为，这种观点将面临如下两个问题。

其一，在内涵本质与功能作用等方面，客观处罚条件均有别于“情节严重”。根据客观处罚条件与构成要件的关系，可以将客观处罚条件分为内在与外在两个类型。就内在的客观处罚条件而言，它是在三阶层论体系之外，以有或者无的方式影响可罚性的客观违法要素，它的存在与否，一目了然，不需要进行价值判断。而“情节严重”需要进行价值判断，也只有经过价值判断，才能决定是否构成犯罪。就外在的客观处罚条件而言，它是基于刑事政策的考量，在行为具有可罚性基础上，进行利益选择并决定是否动用刑事处罚。而“情节严重”并非基于刑事政策的考量，它是决定可罚性的客观违法要素。

---

① 参见胡同春:《功能差异:罪量与可罚的违法性的本质区别》，载《学习论坛》2018 年第 1 期，第 88 页。

② 参见[德]乌尔斯·金德霍伊泽尔:《刑法总论教科书》，蔡桂生译，北京大学出版社 2015 年版，第 52 页。

③ 参见熊琦:《德国刑法问题研究》，台北，元照出版有限公司 2009 年版，第 99 页。

④ 参见陈兴良:《刑法的明确性问题：以〈刑法〉第 225 条第 4 项为例的分析》，载《中国法学》2011 年第 4 期，第 119 页。

其二，有违反罪责原则的嫌疑。根据客观处罚条件说，行为人对于“情节严重”不要求有认识。对于“情节严重”的司法认定而言，要么存在于故意或者过失等主观要素中，要么存在于行为或者结果等客观违法要素中，不可能独立于这两者之外。因此，如果把“情节严重”作为客观处罚条件而排除在行为人的主观认识之外，则有可能违反罪责原则。

（三）类构成要件复合体说

类构成要件复合体说认为，在我国，犯罪构成是一个包含了基本构成要件、加重结果、客观处罚条件以及其他刑事政策因素的类构成要件复合体。这是从基本不法量域的概念出发，以基本不法量域作为标尺界定“情节严重”的体系位置。①

关于非法利用信息网络罪之“情节严重”，类构成要件复合体这一概念有待进一步考究。一方面，虽然《解释》对“情节严重”作出规定，但不能据此认为此说就是其理论主张。依据此说，当违法行为不充足该罪的不法量域时，试图将社会影响大、人身危险性大，而行为不法度较小的量纳入“情节严重”，不符合阶层论体系先客观后主观的逻辑判断顺序。另一方面，此学说中的加重结果、其他刑事政策因素，也难以成为“情节严重”的言说工具。就加重结果而言，该罪是一种网络独立预备犯，罪质较轻，极少出现加重结果的情形。即使出现，也可能适用《刑法》第287条之一第3款，从而避开适用“情节严重”。就刑事政策因素而言，过度强调刑事政策对司法认定的作用，容易助长以刑事政策直接取代刑法规范的不良风气，而这对于当前中国司法环境来说，恰是需要保持谨慎态度的。

（四）客观违法要素说

一种有力的观点认为，“情节严重”系客观违法要素。② 违法行为没有落在其量域内，表明它只应当按照一般违法行为处理，而无须作为犯罪处理。坚持客观违法要素说，有助于区分行为人的客观不法与主观罪责。也就是说，在行为人对“情节严重”具有认识（认识可能性）时，才能对其施以责任非难，这是刑法教义学的重要基石。如果不将其作为客观违法要素，而仅作为违法要素，那么很可能在

① 参见王莹：《情节犯之情节的犯罪论体系性定位》，载《法学研究》2012年第3期，第144-145页。

② 参见陈洪兵：《“情节严重”司法解释的纰缪及规范性重构》，载《东方法学》2019年第4期，第90页。

判断违法性时,会不当掺入主观违法要素,而这也是其在司法认定中遭遇诟病的主要原因之一。由此看来,客观违法要素说比违法要素说更具有合理性,对于该罪“情节严重”来说,也是如此。

第一,客观违法要素说有助于强化先客观不法后主观罪责的认定顺序。客观违法要素说表明,在判断是否成立犯罪时,要坚守先客观不法判断,后主观罪责判断。这就是说,在该罪司法实务中,应首先考察网站、通信群组数量、违法犯罪信息的内容和数量等客观违法要素,然后再考察行为人是否对其具有故意等主观罪责。其中,为明确主观罪责的个别化评价,对于“情节严重”的判断,不应掺入社会影响及人身危险性、以营利为目的及以谋利为目的等主观违法要素。

例如,甲出于泄愤的目的,为实施诈骗活动发布信息。在此情形下,如果无法准确查明发布信息的内容和数量,根据客观违法要素说,甲的行为不属于客观不法,也就不再需要进行主观罪责判断。但是,根据违法要素说,或者采取综合认定标准,就有可能先判断甲是出于泄愤的目的,存在较大的主观违法性,从而将其认定为“情节严重”。可见,在犯罪论体系中,选取客观违法要素说还是违法要素说,将直接影响对该罪“情节严重”的司法认定。

第二,客观违法要素说有助于违法性判断的释法说理。坚持客观违法要素说,不仅能准确列举相关认定要素,还能清晰呈现其对于“情节严重”的认定作用,更能有效反映其可否被评价为“情节严重”。

具言之,首先,在这些刑事判决书中,对非法利用信息网络的行为方式、网站、通信群组数量、违法犯罪信息的内容和数量等认定要素的判断,相对而言是明确的。而对于以营利为目的、以谋利为目的、社会影响及人身危险性的判断,因为其本身并没有明确的可操作标准。与此同时,法官也可能因不同的知识背景与社会经验,而得出完全不同的认定结论。例如,在考察非法利用信息网络是否带来严重的社会影响时,由于行为人非法利用信息网络,导致周边用户通信时间受到不同程度的干扰。就此而言,法官有可能得出其社会影响严重或者不严重两个结论。其次,上述认定要素对于“情节严重”的认定作用也不尽相同。网站、通信群组数量与违法犯罪信息数量之间因反映网络违法的不同传播侧面,而应有所区分。此外,即使都落在违法犯罪信息的范畴,由于其内容与数量的不同属性,也应作进一步区分。这是因为,不同内容的违法犯罪信息需要不同的数量加以补强。例如,侵犯公民个人信息的数量一般要求较大,而发布有关制作或者销售违禁物品、管制物品等违法犯罪信息，其数量则不要求较大。最后，若法官依据客观违法要素说，判决书能一目了然地反映单个认定要素，还是多个认定要素，被评价为“情节严重”。

第三，客观违法要素说有助于应对犯罪区分问题。依据客观违法要素说，只有客观违法要素是“情节严重”的认定要素。这能够保证认定要素的相对有限性，不至于出现其选择范围过宽的风险。在某种意义上，这既把握罪与非罪的边界，也划分此罪与彼罪的界限。否则，若不坚持客观违法要素说，或者若采取综合认定标准，就可能人为增加额外的认定要素，极易提升不同罪名间的竞合概率，从而增加处理此类问题的难度。实际上，刑法竞合理论所要解决的，是在某罪名的成立范围已经基本廓清时，对违法行为涉及的不同罪名予以选择适用。而不是在某罪名成立范围不确定时，直接借助刑法竞合理论来处理由此引发的犯罪区分问题，很显然，这不符合刑法基本原理。

举例而言，某检察机关将行为人设立、制作网络交易平台供他人进行公民个人信息数据的存储、流转、买卖，并以此谋取非法利益的行为，指控成立帮助信息网络犯罪活动罪，而法官根据《公民个人信息解释》第 8 条的规定，认定行为人构成非法利用信息网络罪。① 查阅判决书可知，法官将网络平台交易量、交易数额、用于侵犯公民个人信息的数量等作为“情节严重”的认定要素，而没有将谋取非法利益等作为“情节严重”的认定要素，从而改变了检察机关的指控罪名。

三、非法利用信息网络罪中“情节严重”的认定路径

在司法实务中，本文研究的刑事判决书对于该罪“情节严重”整体上采取了综合认定标准。这一综合认定标准把个案中的认定要素一并予以评价，而没有区分个案涉及的行为类型之危害程度，这将导致刑事处罚的失衡：第一种情形是，若仅有一个认定要素达到“情节严重”，其他认定要素因违法性轻微而远未达到“情节严重”，根据综合认定标准，此情形符合了“情节严重”。第二种情形是，当所有认定要素无限接近但都没有达到“情节严重”时，根据综合认定标准，此情形并不符合“情节严重”。从法益侵害性与处罚必要性角度看，很明显，第二种情形比

① 参见浙江省绍兴市越城区人民法院刑事判决书，(2017)浙 0602 刑初 293 号。

第一种情形具有更高的法益侵害性与处罚必要性，理应符合“情节严重”。为破解这一处罚失衡的局面，本文试图构建非法利用信息网络罪“情节严重”的认定路径，包括个别化认定与整合化认定两种。如此构建认定路径，主要有两方面的目的。

一方面，构建该罪“情节严重”的认定路径，有助于推动司法实务从关注认定标准过渡到认定路径。意义在于：一是司法实务需要具有可操作性的认定路径。如果仅满足探讨“情节严重”在刑法教义学上的阶层论体系位置，而不去思考如何把相应理论观点落实到认定路径，则会对“情节严重”的认定发生偏误，从而导致不当扩张该罪的处罚范围。二是在某种程度上，认定路径能为“情节严重”的认定预留合理的弹性空间，以弱化认定标准在司法实务中可能出现的僵化风险。通常来说，认定路径能够考察符合什么条件的认定要素最终将被认定为“情节严重”，而这在认定标准的语境下是难以实现的。

另一方面，司法实务中出现的行为类型或者行为对象是否一致，影响构建其认定路径的种类。首先，当行为类型或者行为对象均不一致时，“情节严重”存在不同的定量要求。皮勇教授明确指出，本罪第一项危害行为“设立用于违法犯罪活动的网站、通信群组”具有预备或帮助行为，其危害程度较低，要使其受到惩罚，本罪“情节严重”就需要较大的“积数”，如用于违法犯罪活动的网站、通信群组的人数必须较大。① 再如，行为人设立用于实施传授犯罪方法的网站，又发布有关制作淫秽物品等违法犯罪信息。就此而言，网站数量与违法犯罪信息数量所表征的客观违法性，不可等量齐观。由此导致对其“情节严重”的认定，就不同于仅设立用于实施传授犯罪方法的网站，或者仅发布有关制作淫秽物品等违法犯罪信息。其次，当行为类型不一致或者行为对象不一致时，“情节严重”的认定也会有所不同。以行为对象不一致为例，同是发布行为，但由于违法犯罪信息的内容本身千差万别，致使无法形成统一的认定。最后，即使行为类型或者行为对象均保持一致，也不代表“情节严重”的认定就不存在任何差别。譬如，同为发布信息，但仍会由于信息的法律性质等不同特征而存在细微差别。尤其当信息的法律性质存在中立、一般违法与犯罪的程度区分时，对构建“情节严重”的认定路径提出了

① 参见皮勇：《论新型网络犯罪立法及其适用》，载《中国社会科学》2018年第10期，第139-140页。

不同要求。

除交代构建认定路径的目的外，还应交代个别化认定与整合化认定之间的关系。本文认为，由于两者在司法实务中认定要素的具体情形存在差异，因而在个案裁判中应保持独立。也就是说，个案裁判中的认定路径，只能是个别化认定或整合化认定中的一种。为清晰论证个别化认定与整合化认定，本文绘制如下非法利用信息网络罪“情节严重”的认定路径结构图。（见图 1）

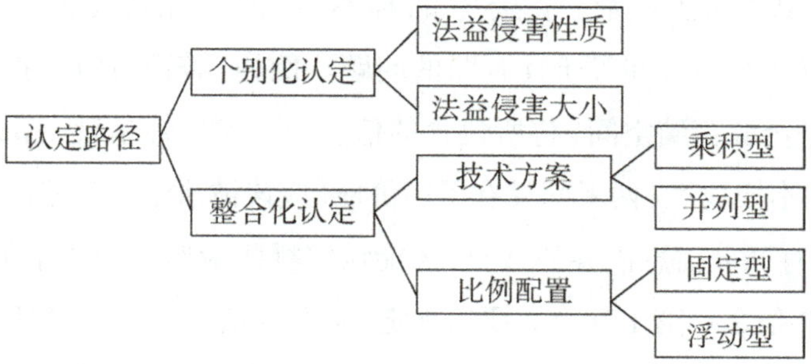

图 1　认定路径结构

（一）个别化认定

“情节严重”的个别化认定，是指在出现单一行为类型或者行为对象时，强化部分认定要素在性质、程度等方面相对独立的判断，分别明确其作用大小，并判断其是否属于“情节严重”。在司法实务中，虽然法官拥有较大自由裁量空间，并可以结合其自由心证，决定哪些情形属于“情节严重”，但是我们不能否认个别化认定具有的积极作用：它能释放部分认定要素对于“情节严重”的作用因子，使其认定更加具体与明确。对此，如下两方面值得我们关注。

1. 法益侵害性质

该罪的行为类型与行为对象，主要可以分为两大类：一类是设立网站、通信群组；另一类是发布信息。对于前者，应当考察设立网站、通讯群组的用途，并将“用于侵害网络安全管理”作为其入罪的基础条件。对于后者，则应当考察发布信息的时间、方式与性质。相较而言，后者存在较多的认定难题，本文就此展开论述。

其一，从发布信息的时间看，只有发布行为时的非法信息，才可能被认定为“情节严重”。只有行为时制造的不被法允许的危险，才能成为不法评价的基准。可见，从行为开始实施到最终发生法益侵害或者危险，都在行为人的掌控之中，这是不法评价所应关注的。[①] 对于认定该罪发布信息的时间节点，有学者指出，应当在辨明行为时发布信息的现实基础上进行评判。[②] 换言之，若在发布行为时信息是合法的，但被他人用于从事其他违法犯罪活动，则不应当属于“情节严重”。此外，发布信息之前是否存在违法犯罪活动，不是“情节严重”的考察范围。

其二，从发布信息的方式看，只有间接发布与直接发布具有等价性，才可能被认定为“情节严重”。直接发布是利用信息网络的常态化形式。但不可否认，间接发布虽然在形式特征上有别于直接发布，但不能就此排除其被认定为“情节严重”的可能。这就涉及两者间等价性判断的问题。例如，若通过链接推送、密码账号以及各类网络资源存储空间，将所包含的信息予以实质性呈现，那么就符合了直接发布信息的本质属性，两者间具有了等价性，应该被认定为“情节严重”。

其三，只有区分信息内容的性质，才能认定哪些情形属于“情节严重”。根据《刑法》第287条之一第1款第2项的规定，发布的信息内容应当具有明显的刑事违法性，也就是说，发布的信息内容能够为判断违法性提供相应依据。此处，以发布有关销售侵权复制品的违法犯罪信息为例。如果该信息内容因符合销售侵权复制品罪的构成要件，那么发布此信息就可能属于“情节严重”。如果该信息内容只涉及民事侵权，但不符合销售侵权复制品罪的构成要件，那么发布此信息就不属于“情节严重”。这一不同结论表明，对于外观相似的侵害著作权行为，有必要区分它是刑事犯罪还是民事侵权。[③] 而对于第3项的规定，发布的信息本身并不要求具有明显的刑事违法性，而只要求是“实施诈骗”的手段行为。当然，若发布的信息本身是虚假的，则可能在该罪与虚假信息犯罪之间发生竞合。因此，从认定哪些情形属于该罪“情节严重”的角度出发，需要明确这两者发布的信息是基本真实、有效的。

2. 法益侵害大小

不同行为类型所要求的认定要素往往不尽相同，认定要素所反映的法益侵害大小也会有所差异。对此，如下两点值得进一步关注。

---

① 参见周光权:《行为无价值论与客观归责理论》,载《清华法学》2015年第1期,第135页。

② 参见陈伟、熊波:《利用信息网络犯罪行为二元形态的教义解读》,载《上海财经大学学报》2018年第2期,第136页。

③ See Russell G. Smith, Peter Grabosky and Gregor Urbas, Cyber Criminals on Trial, Cambridge: Cambridge University Press, 2004, p.32-33.

其一，设立网站、通信群组的数量与发布信息的数量应有所区分。设立网站、通信群组为实施相应违法犯罪活动准备了工具、制造了条件。发布信息不仅包括此内容，还包括其信息本身具有刑事可罚性。可见，这两者在罪质上是有区别的。关联到数量上，两者也应有所区分。从《解释》第10条看，设立网站数量达到3个以上或者注册账号数累计达到2000以上，设立通信群组数量达到5个以上或者群组成员账号数累计达到1000以上，符合发布信息的4种数量情形，均成立情节严重。① 由此可见，在司法认定中，设立网站、通信群组的数量不必较大。但是，网站、通信群组现实承载的注册账号和群成员账号数累计应要求巨大甚至特别巨大，否则便难以凸显预备行为正犯化的理论根据。对于发布信息，应当要求数量较大，或者群人数、关注人员账号数特别巨大。

其二，由于信息本身的性质存在差异，发布信息的数量也应进一步区分。从数量上看，正因为实行行为的发布信息，比预备行为的发布信息具有更大的法益侵害性，所以，对两者的数量也应有所区分，这表征了刑法在不同时点介入相应的违法犯罪行为，体现出预防刑法的立场。② 一般而言，在数量上，实行行为的发布信息要比预备行为的发布信息更多，由此决定两者的数量认定规则有所不同。对于实行行为的发布信息，若数量巨大或者特别巨大，则可以参照侵犯公民个人信息案件中“批量公民个人信息”的数量认定规则，采用推定进行认定。③ 对于预备行为的发布信息，其形式主要是将一条或者多条信息进行群发。对此，应当如何认定重复信息的数量，不仅涉及对“发布”与“发送（群发）”两个概念的区分，还涉及我国司法实务中犯罪数额概括化认定的问题。就重复信息的数量认定而言，有学者认为，犯罪数额的概括化认定并不以有关信息数量的证据确实充分为前提，其是以证据推论出数量可能性作为替代方式。④ 为克服由此引发的一系列问

---

① 《解释》第10条：设立用于实施违法犯罪活动的网站，数量达到3个以上或者注册账号数累计达到2000以上的；设立用于实施违法犯罪活动的通信群组，数量达到5个以上或者群组成员账号数累计达到1000以上的；发布有关违法犯罪的信息或者为实施违法犯罪活动发布信息，具有下列情形之一的：1. 在网站上发布有关信息100条以上的；2. 向2000个以上用户账号发送有关信息的；3. 向群组成员数累计达到3000以上的通信群组发送有关信息的；4. 利用关注人员账号数累计达到30000以上的社交网络传播有关信息的。

② 参见何荣功：《预防刑法的扩张及其限度》，载《法学研究》2017年第4期，第142页。

③ 参见付玉明：《侵犯公民个人信息案件之“批量公民个人信息”的数量认定规则——〈关于办理侵犯公民个人信息刑事案件适用法律若干问题的解释〉第11条第3款评析》，载《浙江社会科学》2017年第10期，第27-28页。

④ 参见张平寿：《刑事司法中的犯罪数额概括化认定研究》，载《政治与法律》2018年第9期，第55页。

题，有必要强化重复信息的数量之个别化认定。

（二）整合化认定

“情节严重”的整合化认定，是指在出现多种行为类型或者行为对象时，一并考察涉及的认定要素，并以此判断能否成立“情节严重”。需要着重强调的是，此处整合化认定不同于综合认定标准，这主要包括两点区别。一是两者涉及的认定要素不同。整合化认定仅限于客观违法要素，而综合认定标准还包括其他各种类型的要素。二是两者采取的思路不同。在本文中，整合化认定是结合各认定要素的特征，选择相应技术方案，并确立相对完备的比例配置来进行累计评价。综合认定标准既不区分该罪三种行为类型的危害程度，也不区分认定要素的特征，其仅通过综合认定的方式进行累计评价。就“情节严重”的整合化认定而言，可尝试从技术方案与比例配置两个维度进行阐述。

1. 技术方案

技术方案是指在整合化认定中，采取什么方法推进非法利用信息网络罪“情节严重”的认定。在我国司法实务中，由于各认定要素的形式和彼此间的关系存在较大差异，因而我们有必要制定相应技术方案，有效推进整合化认定。这一技术方案可分为两种，一种是乘积型，另一种是并列型。这样分类的依据主要是：认定要素间能否以乘积的形式进行叠加。如果能够形成乘积关系，那么可在司法认定中选择乘积型技术方案。如果认定要素间不能形成乘积关系，则可考虑选择并列型技术方案。由于非法利用信息网络的技术手段不断翻新，司法实务面对的认定要素之间的关系也日渐复杂。应予说明的是，在当前及未来个案裁判中，乘积型与并列型这两种技术方案可能将同时被应用。其原因在于，个案中的部分认定要素能以乘积的形式进行叠加，而其他部分认定要素仅能以并列的形式进行考察。为把观点说清楚，下文将分别讨论乘积型与并列型的技术方案。

其一，乘积型技术方案主要用于认定要素存在次数或者时数的情形。有学者认为，在刑法教义学上，非法利用信息网络罪具有“积量构罪”特征，评价其“情节严重”时，下游违法犯罪活动的性质是影响危害行为的危害基量的重要因素，也影响到成立犯罪必需的“积数”条件。[①] 在《解释》中，列举7种情形的一个共性是

① 参见皮勇：《论新型网络犯罪立法及其适用》，载《中国社会科学》2018年第10期，第139-140页。

数量(数额)累计。在司法实务中,本文认为,进行数量(数额)累计的方法可被称为乘积型技术方案。采用乘积型技术方案,有助于考察部分认定要素对"情节严重"的认定作用,从而全面衡量违法行为的危害程度。以时数为例,行为人设立用于实施诈骗等违法犯罪活动的网站、通信群组累计2个(并非假冒国家机关、金融机构名义),以此非法利用信息网络的时间长达50小时。此处,累计数2个并不符合"情节严重"。但通过"网站、通信群组数量 × 时间长度",即非法利用信息网络长达100小时,来判断其是否属于"其他情节严重的情形",这是乘积型技术方案的一大认定优势。

再以次数为例,行为人为实施诈骗活动,申请多个诸如1cbc.com、icdc.cn等近似于工商银行的虚假域名,它们均指向相同网站。之后,这些虚假域名被他人多次点击。由于虚假域名的数量与其被点击数均能体现网站传播面,同理,可通过"域名数量 × 点击次数"来判断是否属于"情节严重"。尤其当行为人设立用于实施欺诈犯罪的电子商务网站,由于欺诈行为与网络因素相结合,加上电子邮件和电子银行业务使得行为人更容易获取巨额资金。① 对此,有必要以乘积型技术方案判断其客观违法性。

尽管乘积型技术方案有诸多优势,但也要意识到,作为整合化认定的一种,其必然存在局限性。具体来说,一方面,认定要素存在次数或者时数的情形,这占全部情形的比重并不高,这意味着采用乘积型方案会受到一定限制。例如,非法利用信息网络,是否涉及对他人数据隐私的不法侵害,就要放在信息共享的场景下具体作出判断②,而不应单纯采用此方案。另一方面,即使出现次数或者时数的情形,也要具体把握认定要素与次数或者时数之间的内在关系。其原因在于,只有当某认定要素能够以次数或者时数的形式叠加时,才能通过"认定要素 × 次数(时数)"的方式予以累计评价,否则便无法采用乘积型技术方案。

其二,并列型技术方案主要针对认定要素处于平行排列的情形。平行排列是指虽然部分认定要素之间存在内在关联,但却无法进行乘积运算,而只能将其平行排列,作同步考察。并列型技术方案的意义在于:它为法官在无法进行乘积运

---

① See Badescu and Valentin-Stelian, "Fraud in Electronic Commerce", Perspectives of Business Law Journal, Vol.2, 2013, p.8.

② See Ari Ezra Waldman, "Privacy as Trust: Sharing Personal Information in a Networked World", University of Miami Law Review, Vol.69, 2015, p.560.

算时，提供判断认定要素是否属于“情节严重”的一种变通思路。例如，在施某祈非法利用信息网络中，被告人施某祈先设立用于为他人提供 2017 年高考试题与答案的 QQ 群组，人数多达 130 余人，后在该群组中发布两份试题照片，内容是 2017 年 6 月普通高等学校招生统一考试语文全国Ⅲ卷。① 对于此案，应当通过并列型技术方案，同步考察设立群组并吸纳群成员，与发布有关非法出售、提供考试试题、答案的信息，有效整合涉及的认定要素。

就采用并列型技术方案而言，法官要把握“认定要素处于平行排列”与“对认定要素作同步考察”这两个要点。具言之，一是在该罪判决书中，法官必须把处于平行排列的认定要素逐一罗列出来，明确可能被认定为“情节严重”的大致范围；二是通过对认定要素的分析，法官展现其是如何作同步考察的。例如，在互联网上发布信息，即使是私人行为，也可能被第三方平台（如网络服务提供者）分享。② 这无形中加剧司法认定的难度，因而有必要把握并列型技术方案的两个要点。除此之外，不可忽视的是，当部分认定要素单独可能未达到“情节严重”，但经过整合化认定后是否会达到，有必要加以详细说明。例如，并列型技术方案重视个人信息类数据的类型，区分不同敏感度的个人信息类数据对公民基本权利的影响及其大小，③ 对此需要加以明确论证。

2. 比例配置

司法认定中一个不争的事实是，各认定要素的危害性可能各不相同。在整合化认定中，上述技术方案几乎未揭示不同认定要素体现出的危害程度之差异。特别是当某些表征数量大小的认定要素单独未达到“情节严重”时，但累计评价后是否可能达到“情节严重”的情形，上述技术方案似乎未作出有效的回应。本文认为，在确立科学的比例配置前提下，按照不同比例关系评价各认定要素的危害性，以此进一步完善对“情节严重”的认定。需要说明的是，比例配置主要针对表征数量大小的认定要素，如网站、通信群组数量和违法犯罪信息数量等，而不针对表征情节内涵的认定要素。根据比例关系是否应具备一定的弹性空间，可把该比例配置分为固定型与浮动型两种。对此，下文将分别展开论述。

---

① 参见江苏省高邮市人民法院刑事判决书，（2018）苏 1084 刑初 20 号。

② See Elkin Girgenti, “Computer Crimes”, American Criminal Law Review, Vol.55, 2018, p.940.

③ 参见李谦：《侵犯公民个人信息罪的法解释学释义》，载《北京邮电大学学报（社会科学版）》2017 年第 1 期，第 18 页。

其一，在认定要素主要表现为确数时，固定型比例可用于累计评价。当部分认定要素表现为确数时，且可能单独未达到“情节严重”，此时，法官是直接将它们排除在“情节严重”的认定要素外，还是通过某种方法，继续推进整合化认定，值得我们反思。本文认为，在比例配置中，固定型比例作为权重的一种形式，能较好肩负起累计评价的重任。例如，行为人甲设立用于实施诈骗的网站2个（并非以假冒国家机关、金融机构名义），之后继续为实施诈骗等违法犯罪活动，在网站上发布有关信息80条。对此，数量2个、80条单独均未达到“情节严重”。此时，应配以固定型比例，累计两者数量，并判断其是否属于“情节严重”。其中，按照固定型比例进行累计评价，能够全面反映违法行为的危害程度，实现罪刑相适应。

可见，固定型比例对该罪“情节严重”的认定至关重要，其计算妥当性直接影响该罪司法认定的公正性。通常来说，应参照现有司法解释最相类似的比例配置选取适用。例如，行为人发布有关制作淫秽物品的违法犯罪信息80条，并向1500个用户账号发送相关信息。其中，数量80条、1500个单独均未达到《解释》第10条发布有关违法犯罪的信息之“情节严重”。此时需思考，如何判断其是否属于《解释》第10条“其他情节严重的情形”。对此，妥当的做法是考察行为类型或者行为对象所涉及的“量”，通过折算成某种比例的形式，衡量行为的法益侵害性，以实现合理地定罪处罚。

其二，在认定要素表现为约数时，浮动型比例可用于累计评价。从刑事证明的角度看，法官可能无法准确查明多人、多次、多地发布的信息数量。在美国，当若干个行为人未经授权或者超越授权范围，入侵他人网络（计算机）并发布信息进而带来损害的，这将受到《计算机欺诈与滥用法》相应条款的规制。① 就判断该行为是否符合“损坏/损害”规范时，美国法院重视发布信息的潜在影响和公共利益的审慎平衡等。② 具言之，若难以准确查明究竟有多少人实施完整套行为，那么，通过推定的方式得出约数，可被视为是通行的做法。如果部分认定要素单独未达到“情节严重”，那么应确立浮动型比例，赋予法官相应自由裁量权，逐步完善认定要素的累计评价。为使浮动型比例科学化，法官既要调控好其上下区间，也要在其中选择合适的比例，以达致公平与效率的相对平衡。需要注意，确立浮动型

① See 18 U.S.C. & 1030(a)(5)(A)-(C).

② See Jeffrey Kenneth Hirschey, “Symbiotic Relationships: Pragmatic Acceptance of Data Scraping”, Berkeley Technology Law Journal, Vol.29, 2014, p.919.

比例得出的累计评价是一个数值区间,法官要进行释法说理,并判断落于此数值区间的情形能否被评价为“情节严重”。

无论固定型比例或浮动型比例设置得如何精巧,也仅是对以数额为代表的违法性的一种评价手段,不可避免存在一定程度的缺憾。在刑法理论与实务中,“情节严重”之所以会产生诸多教义学难题,一个重要原因在于“定性+定量”的中国特色立法模式决定了其立法表述不够严谨。① 鉴于此,上述固定型比例或浮动型比例设置,尚需在立法的不断修正中实现其完整的教义学价值。

(编辑:杨知文)

① 参见陈洪兵:《“情节严重”的解释误区及立法反思》,载《湖南大学学报(社会科学版)》2019年第3期,第148页。

瑕疵行政许可阻却刑事违法性之根据[*]

杨　攀[**]

摘　要　行政许可是行政犯重要的出罪事由，但通过不正当手段取得的行政许可能否出罪，争议一直较大。作为通说的“区分说”存在着判断标准模糊不清、判断结论自相矛盾、判断方法循环论证等缺陷。瑕疵行政许可能否出罪，关键在于坚持罪刑法定原则下的形式思维，将实质判断后置于形式判断。因此，应采用先文义判断、后法益侵害性判断的方法。在文义判断环节，不属于涉行政许可犯罪构成要件中“未取得许可”含义范围内的瑕疵行政许可，能够直接出罪。不能通过文义检验的瑕疵行政许可则需要进行法益侵害性判断。在法益侵害性判断环节，没有侵害涉行政许可犯罪保护法益的行为也不构成犯罪，瑕疵行政许可在该场合也具备出罪功能。

关键词　瑕疵行政许可　出罪　法益　文义解释　法益二元论

一、问题的提出

随着现代法治国家形态由法治国向福利国转型，国家的行政职能增强，“以往

*　本文系重庆市教育委员会重大课题“重庆防范和化解重大社会风险研究”（项目编号：19SKZDZX16）、西南政法大学法学院 2023 年学生科研创新博士项目“行政许可的出罪功能研究”（项目编号：FXY2023005）阶段性成果。

**　杨攀，男，安徽太湖人，西南政法大学刑法学博士研究生，主要从事中外刑法学、犯罪学等研究。

国家对行政秩序的消极维持逐渐转向运用法律手段予以积极、主动地干涉”。[①]这种干涉现象也延伸到了刑法领域，表现为行政犯数量的急剧增多。涉行政许可犯罪是典型的行政犯，讨论行政许可对犯罪成立的影响在当今时代背景下具有重要意义。“取得行政许可”是行政犯重要的出罪事由。在行政许可出罪问题的讨论中，有瑕疵的行政许可能否出罪是争议的焦点，即通过欺骗、胁迫、贿赂等非法手段取得的行政许可能否出罪？在司法实践中，不同法院对类似案件的判决未能形成一致见解。笔者选取两个案情较为相近的案例对此进行说明。

案例1：2014年至2017年，李某任某县林业局工作站站长，明知辖区内有关山场林木的年龄不符合采伐规定，与他人共谋，通过篡改“森林资源监测管理系统”林木年龄数据，致该县林业局对不符合规定的5块山场发放林木采伐许可证8本，且伙同他人共同采伐林木（无非法占有目的），导致林木被滥伐的立木蓄积量共计4493.3822立方米。法院认定李某通过欺骗手段取得的林木采伐许可证属于“未经林业行政主管部门及法律规定的其他主管部门批准并核发林木采伐许可证”，构成滥伐林木罪。[②]

案例2：2011年9月，欧某某提供了其与某村民小组签订的《松树发包合同书》和该山的林权证给某县林业局某林业站，向某区林业部门申请林木采伐许可证。经林业部门初步审核，发现其提供的合同书上没有2/3以上村民代表签名，遂告知欧某某补充提交2/3以上村民代表签名的补充材料。随后，欧某某通过冒替他人签名的方式取得了《某省商品林采伐许可证》。后因村民举报案发。经鉴定，山林现场伐区采伐面积268亩，采伐蓄积679.1立方米。法院认定，欧某某的行为虽然损害了采伐许可证的申请程序，但未影响森林资源的管理秩序，因此不构成滥伐林木罪。[③]

在案例1中，法院对行为人取得的行政许可进行了合法性审查，否定有瑕疵的行政许可能够出罪，在案例2中，法院对行为人取得的行政许可只进行了有效性审查，肯定有瑕疵的行政许可能够出罪。我国《刑法》虽未明确规定通过非法

① 刘艳红：《空白刑法规范的罪刑法定技能——以现代法治国家为背景的分析》，载《中国法学》2004年第4期，第130页。

② 参见福建省武平县人民法院刑事判决书，(2018)闽0824刑初104号。

③ 参见广东省清远市中级人民法院刑事判决书，(2014)清中法刑二终字第215号。

手段取得的行政许可是否属于“未取得许可”，但相关司法解释对此有所表态。①

我国刑法理论界对上述问题的处理主要有三种观点：“肯定说”认为，行政行为的合法性不是刑事审判的“先决条件”，法官只用审查行政行为的有效性，只要瑕疵的行政许可没有被撤销，便能够出罪。②“否定说”主张，在以不正当手段取得行政许可的场合，相对人对行政许可所产生的信赖不值得刑法保护，因此，瑕疵的行政许可没有出罪的功能。③“区分说”提倡，瑕疵的行政许可能否出罪取决于行政许可的性质。在特别许可场合，由于未取得行政许可的行为不仅侵害了相应的管理秩序，而且侵害了刑法保护的其他法益，因此，有瑕疵的行政许可不能出罪。例如，通过欺骗手段取得种植毒品原植物的许可，不能阻却犯罪的成立。在控制性许可的场合，由于没有取得许可的行为只侵害了相应的管理秩序，没有侵害刑法保护的其他法益，因此，有瑕疵的行政许可能够出罪。例如，使用欺骗手段取得医生执业资格的，不构成非法行医罪。④“区分说”是我国刑法理论上的通说，前两种观点是在批判“区分说”判断标准模糊的基础上提出的。然而，前两种观点的论证思路从刑法保护法益的界定转向了行政行为是否拘束刑事审判的讨论，难免有本末倒置的嫌疑。因为，行政行为公定力是否及于刑事审判涉及的是法秩序统一性问题，虽然其最终也可能会影响犯罪的认定，但首先起决定性作用的是刑法内部的犯罪成立条件。概言之，脱离涉行政许可犯罪保护的法益讨论瑕疵行政许可的出罪问题会使问题失真。鉴于此，本文主要以“区分说”为分析对象。“区分说”虽然看到了法益界定对分析瑕疵行政许可能否出罪的重要性，但如后文所述，其也有不足。

对瑕疵行政许可出罪问题的讨论应当聚焦于两个子问题：第一，瑕疵行政许

① 例如，2016 年 12 月 16 日最高人民法院发布的《关于审理非法行医刑事案件具体应用法律若干问题的解释》第 1 条第 1 项规定，“以非法手段取得医师资格从事医疗活动的”属于“未取得医生执业资格的人非法行医”。再如，2012 年 12 月 12 日最高人民法院、最高人民检察院发布的《关于办理妨害国（边）境管理刑事案件应用法律若干问题的解释》第 6 条第 4 项规定，“使用以虚假的出入境事由、隐瞒真实身份、冒用他人身份证件等方式骗取的出入境证件出入国（边）境的”属于“偷越国（边）境”。

② 参见黄小飞：《犯罪构成要件中的行政行为的界定》，载《政治与法律》2022 年第 9 期，第 76-77 页。

③ 参见王世杰：《论行政行为对刑事审判的拘束》，载《政治与法律》2018 年第 6 期，第 39 页。

④ 特别许可，是指法律将某种具有法益侵害性的行为予以普遍禁止，但又允许在特别规定的情况下赋予相对人从事禁止行为的自由。控制性许可指的是，相对人之所以需要获得行政许可，并不是因为该行为都侵害了其他法益，只是因为需要行政机关在具体事件中事先审查是否违反特定的实体法的规定。参见张明楷：《行政违反加重犯初探》，载《中国法学》2007 年第 6 期，第 74 页。

可出罪的限度有多大?第二,在瑕疵行政许可能够出罪的场合,其具体的分析方法是怎样的?基于以上问题意识,本文将先分析“区分说”之不足,然后再提出新的解决方案并予以证成,最后将新的解决方案适用于具体案件中,以此证明新方案的可操作性。

二、“区分说”之不足

“区分说”是我国学者在反思德国刑法理论的基础上提出的。德国主流观点认为,通过欺骗、胁迫、贿赂等手段取得的行政许可是滥用权利的结果,因此,这种许可在刑法上应视为无效,不具备出罪功能。① 但是,这种观点在我国可能行不通。一方面,我国刑法没有类似的规定,将所有的瑕疵行政许可都认定为“未取得许可”缺乏实定法依据;另一方面,我国行政法尚未建立完善的行政行为无效制度,因此,也很难区分有瑕疵而无效的行政许可和有瑕疵但有效的行政许可。所以,张明楷教授认为,不是所有的瑕疵行政许可都不能出罪,应当根据行政许可的性质区别对待。然而,近年来,“区分说”却屡遭批判,主要原因在于“区分说”存在诸多不足。下文将分别对“区分说”的不足之处进行展开说明。

(一)判断标准:模糊不清

车浩教授指出“哪些行政许可能够阻却构成要件该当性而属于控制性许可,哪些阻却违法性属于特别许可,这个界限……并不是非常准确和清晰。有些许可的颁发,可能具有多重目的,一方面在于强调国家的控制和监管,另一方面也是防范某种危险”。② 例如,药品生产许可是控制性许可还是特别许可呢?《药品管理法》第42条规定,从事药品生产活动,应当具备以下条件:(1)有依法经过资格认定的药学技术人员、工程技术人员及相应的技术工人;(2)有与药品生产相适应的厂房、设施和卫生环境;(3)有能对所生产药品进行质量管理和质量检验的机构、人员及必要的仪器设备;(4)有保证药品质量的规章制度,并符合国务院药品监督管理部门依据本法制定的药品生产质量管理规范要求。按照“区分说”,前三个条件对应的是特别许可,第四个条件对应的是控制性许可。因为,如果没有相应的

---

① 参见[德]冈特·施特拉腾韦特、洛塔尔·库伦:《刑法总论Ⅰ——犯罪论》,杨萌译,法律出版社2006年版,第190页。

② 车浩:《行政许可的出罪功能》,载《人民检察》2008年第15期,第15页。

技术人员、仪器设备、厂房、设施等，很难保障药品的质量合格，但若只是没有符合要求的规章制度，对药品质量的影响并不是很大。然而，这四个条件对应的行政许可是同一种，但“区分说”是针对不同种行政许可提出的。由此可见，“区分说”提出的判断标准是模糊的，其在具有两种属性的行政许可面前无能为力，不能精准区分行政许可的类型。

（二）判断结论：自相矛盾

由于涉行政许可犯罪是典型的行政犯，且通说认为行政犯侵害的法益主要是集体法益，因此，讨论瑕疵行政许可的出罪问题必然绕不开集体法益与个人法益的关系梳理。如何处理集体法益和个人法益的关系，理论上主要有法益一元论、法益二元论与缓和的法益一元论三种观点。“区分说”的提倡者虽然没有明确表态支持哪种法益观，但大致可以推定其倾向于缓和的一元论，因为其强调个人自由不受他人和公共权力的妨害，主张“只有当某种公法益与个人法益具有同质性，能够分解成或者还原成个人法益，是促进人类发展的条件且具有重要价值时，才是值得刑法保护的法益”。[①] 概言之，如果行为仅侵犯了行政管理秩序，没有侵害个人法益，就不能认定为犯罪行为。在瑕疵行政许可能否出罪这一问题上，论者也试图贯彻这一法益论立场，其认为：“刑法必须以安定性为指导原理，不能随意扩张处罚范围；适用刑法有关行政违反加重犯的法条时，不能将行政法禁止的一般违法结果作为刑法禁止的犯罪结果。”[②] 然而，“区分说”的提出反而证明了论者的努力是失败的。按照“区分说”，在控制性许可场合，未取得许可实施的行为并没有侵害其他法益，只是因为需要行政机关在具体事件中事先审查是否违反特定的实体法的规定。换言之，控制性许可对应犯罪保护的法益就是纯粹的行政管理秩序。站在缓和的法益一元论立场上，本不应该承认单纯侵害行政管理秩序的犯罪，但在涉及行政许可的出罪问题时，论者又肯定单纯侵犯行政管理秩序的犯罪，这不免有自相矛盾的嫌疑。

对“区分说”的具体内容进一步分析，可以发现，其对有瑕疵的控制性许可出罪的论证思路是这样的：首先，控制性许可对应犯罪保护的法益是行政机关对行

---

① 张明楷：《避免将行政违法认定为刑事犯罪：理念、方法与路径》，载《中国法学》2017年第4期，第46页。

② 张明楷：《行政违反加重犯初探》，载《中国法学》2007年第6期，第66页。

政许可申请进行形式审查的过程；其次，虽然行为人使用了不正当手段，但其仍然通过了行政机关的形式审查；最后，只要是通过了形式审查，就没有侵害管理秩序，因此，取得的行政许可仍然可以阻却犯罪构成要件。由此可见，“区分说”不仅将控制性许可对应犯罪保护的法益界定为单纯的行政管理秩序，而且将行政机关对行政许可申请进行形式审查的过程作为行政管理秩序的内容，这无疑加剧了其与缓和的法益一元论之间的冲突。“刑法上的法益，是指根据宪法的基本原则，由刑法所保护的、客观上可能受到侵害或者威胁的人的生活利益。”[①] 暂且不论将上述形式审查过程作为刑法上的法益是否有宪法根据，这种形式审查过程在客观上也不可能受到危害或者威胁。

（三）判断方法：循环论证

“只要我们还是采用制定法（Gesetzesrecht），而非判例法或法官法，那么依据文义所为的解释便需要有某种优先性。因为所有的解释都是对于一个制定法的文本所为，所以解释必须要从字面上的解释（所谓的文理解释）开始。”[②] 我国刑法对不同涉行政许可犯罪的规定有差异性。例如，刑法对非法采矿罪的规定采用的是“违反……+ 未取得许可”模式，即“违反矿产资源法的规定，未取得采矿许可证擅自采矿……”，而对非法行医罪的规定采用的是“未取得许可 + 非法”模式，即“未取得医生执业资格的人非法行医，情节严重的……”。条文表述上的差异往往会直接影响解释结论。一般来说，以不正当手段取得的行政许可不属于“未取得许可”的文义范围，但是，如果在“未取得许可”前面有“违反……”的表述，那么，“未取得许可”在文义上就可能包括以不正当手段取得的行政许可。非法采矿罪便是如此。然而，在“未取得许可 + 非法”模式中，以不正当手段取得的行政许可就不在“未取得许可”的文义范围内，即使其中也有“非法”的表述，因为，这里的“非法”规定在“未取得许可”之后，按照语句逻辑，“非法”指的是“未取得许可”范围内的“非法”。相对人以不正当手段取得的医生执业资格虽然也违反了行政许可法，但这种非法只有在“未取得许可”的项下才具有刑法意义。因此，将瑕疵行政许可纳入非法行医罪的规制范围在构成要件该当性阶层就通不过。

---

① 张明楷：《法益初论》（增订本），商务印书馆2021年版，第190页。

② ［德］英格博格·普珀：《法学思维小学堂》，蔡圣伟译，北京大学出版社2011年版，第80页。

然而，上述法条规定的差异性没有引起“区分说”提倡者的重视，其忽视了涉行政许可犯罪构成要件的定型化要求，却将全部的注意力放在法益身上。在运用具体的解释方法之前，论者基于正义理念已经有了先前理解，如果认为即使相对人通过不正当手段取得了行政许可，也有处罚的必要性，那便竭力将这种行为解释为具有法益侵害性；反之，则努力将这种行为解释为没有法益侵害性。法益概念自身的抽象性与涉行政许可犯罪构成要件规定的歧义性为论者的上述分析思路提供了操作空间。如果将“区分说”的结论体现在涉行政许可犯罪的构成要件中，会发现，在控制性许可的场合，论者将控制性许可对应犯罪中的“未取得许可”解释为客观事实意义上的没有取得许可。例如，针对通过不正当手段取得医生执业资格的情形，论者指出：“凡是获得了医生执业资格的人，即使其在申请医生执业资格时使用了欺骗手段，也不成立非法行医罪。”① 而在特别许可的场合，论者将特别许可对应犯罪中的“未经许可”解释为法律效力意义上的没有合法取得行政许可。例如，针对以不正当手段取得种植毒品原植物许可的情形，论者指出：“通过欺骗、胁迫手段获得种植毒品原植物的许可的，并不阻却犯罪的成立，依然成立非法种植毒品原植物罪。”② 如前所述，虽然“未取得许可”在不同的法条中可能有不同的含义，但是，含义是否相同不是由法益内容决定的，而是由法条规定的语句内容决定的。换言之，“这种思路实际上不是在解释构成要件是什么，而是在探究法益是什么。原本作为受保护对象的法益此时摇身一变，成为衡量构成要件这一保护手段范围宽窄的标尺”。③ 一方面，论者以内心倾向的保护法益为依据解释构成要件；另一方面，又从构成要件中推导出其内心倾向的保护法益，这便是一种循环论证。④ 这种循环论证的方法实际上是在构成要件的解释中添加了过多的实质性因素，因而出现了实质判断优先于形式判断的现象。⑤ 其不仅消解了构成要件的定型化功能，而且动摇了罪刑法定原则的理论基底。

---

① 张明楷：《刑法分则解释原理》(第2版)，中国人民大学出版社2011年版，第556页。

② 张明楷：《刑法分则解释原理》(第2版)，中国人民大学出版社2011年版，第556页。

③ 马寅翔：《规范保护目的与构成要件解释》，载《中外法学》2021年第2期，第430页。

④ 参见［德］贝恩德·许迺曼：《刑事不法之体系：以法益概念与被害者学作为总则体系与分则体系间的桥梁》，王玉全、钟豪峰、张姿倩译，载许玉秀、陈志辉合编：《不移不惑献身法与正义——许迺曼教授刑事法论文选辑贺许迺曼教授六秩寿辰》，台北，新学林出版股份有限公司2006年版，第204页。

⑤ 参见陈兴良：《形式解释论的再宣示》，载《中国法学》2010年第4期，第47页。

三、“新区分说”的提出与证成

由于“区分说”存在上述不足,下文将尝试提出新的解释方案并予以证成。需要说明的是,本文提出的方案与“区分说”对某些具体案件的看法可能是相同的,但这并不意味着是“新瓶装旧酒”,因为二者在判断方法与标准上都有很大的不同。

(一)“新区分说”的提出

笔者之所以将本文提出的方案称为“新区分说”,主要是因为笔者也认为有瑕疵的行政许可能否出罪不能一概而论。与“区分说”不同的是,笔者认为,在判断方法上,不能采用构成要件解释与法益界定循环论证的方式,而应当坚守罪刑法定原则下形式理性优先的立场,在界定涉行政许可犯罪保护的法益之前,应当根据法条的文义将一部分瑕疵行政许可直接出罪。但是,这并不意味着法益界定不重要,只不过其应当在后续阶段发挥作用。在法益论立场上,笔者支持法益二元论,承认行政许可秩序也可以成为某些涉行政许可犯罪保护的法益。那些不能通过文义检验的瑕疵行政许可应当进行下一步的法益侵害性判断,只有那些没有侵害涉行政许可犯罪保护的法益的瑕疵行政许可才能在这一阶段出罪。在判断标准上,笔者提供了先形式后实质的判断标准,在可操作性层面较“区分说”有较大优势。

“新区分说”的内容具体表现为“两步走”的判断方法。第一步,根据法条的文义,有一些瑕疵行政许可不属于“未取得许可”,因此,这些瑕疵行政许可能够出罪。例如,在非法行医罪中,由于“未取得医生执业资格”规定在“非法”之前,因此,本罪中的“未取得医生执业资格”指的是客观事实上没有取得医生执业资格,以不正当手段取得的医生执业资格可以出罪。第二步,将那些不能通过文义检验的瑕疵行政许可进行法益侵害性判断,只有那些侵害了涉行政许可犯罪保护法益的行为才构成犯罪,而那些没有侵害涉行政许可犯罪保护法益的行为不构成犯罪,这种场合下的瑕疵行政许可仍具备出罪功能。

(二)“新区分说”的证成

如前所述,“新区分说”与“区分说”的最大不同在于判断方法,“区分说”是一种整体式判断方法，而“新区分说”是一种阶段式判断方法。在进行复杂的法益侵害性判断之前，先进行法条文义上的形式判断能够在最大限度上化解法益侵害性判断的模糊性弊端。当然，“新区分说”的合理性并非不言自明，而且其中的法益侵害性判断也需要进一步说明。下文将根据“新区分说”的具体内容从不同角度对其予以证成。

1. 罪刑法定原则的形式理性要求文义解释优先

克莱默提出了方法论条款的概念，其认为在法律文本中存在某些规范法律适用方法的法律规定，因此——至少在原则上——存在“方法的法”。① 罪刑法定原则就是刑法上的方法论条款。这意味着，罪刑法定原则是刑法解释不可逾越的樊篱。② 一般认为，罪刑法定原则既有形式的侧面，也有实质的侧面。③ 然而，对罪刑法定原则形式层面与实质层面之间的关系的理解，理论上有不同的看法。有观点认为，罪刑法定原则的形式侧面与实质侧面之间是并列的关系。④ 也有观点认为，罪刑法定原则只有形式的侧面，实质侧面的内容已经被融入形式侧面之中，不能对罪刑法定原则进行人为割裂。⑤ 实际上，对罪刑法定原则形式侧面与实质侧面之间关系的争议，也是我国刑法学界形式解释论与实质解释论之争的根源。上述第一种观点代表的是实质解释论，第二种观点代表的则是形式解释论。值得注意的是，形式解释论并不否认应当将人权保障、民主主义的原理融入罪刑法定原则之中，其只是否认实质的罪刑法定这种概念上的称谓。因为，只要将实质侧面的内容从罪刑法定原则中抽离出来并与形式侧面并列，那么，基于实质决定形式的哲学逻辑，罪刑法定原则的实质侧面自然而然地便在价值位阶上高于罪刑法定原则的形式侧面。并且，这种价值位阶很容易在刑法解释的过程中得到体现，表现为解释者内心对实质正义的渴望往往会突破刑法用语可能含义之边界。概言之，形式解释论与实质解释论之争不在于要不要实质判断，而在于形式判断与实质判断之间的先后关系。形式解释论者认为形式判断应当优先于实质判断，实质解释论

---

① 参见[奥]恩斯特·A. 克莱默：《法律方法论》，周万里译，法律出版社 2019 年版，第 8 页。

② 参见陈兴良：《刑法教义学中的形式理性》，载《中外法学》2023 年第 2 期，第 286 页。

③ 参见[日]曾根威彦：《刑法学基础》，黎宏译，法律出版社 2005 年版，第 13-14 页。

④ 参见张明楷：《实质解释论的再提倡》，载《中国法学》2010 年第 4 期，第 53-54 页。

⑤ 参见邓子滨：《中国实质刑法观批判》(第 2 版)，法律出版社 2017 年版，第 16-18 页。

者则倾向于实质判断优先于形式判断。[①] 笔者支持形式解释论,原因不仅在于实质解释论对不少具体问题的解释会出现逻辑上自相矛盾的结论(对瑕疵行政许可出罪问题的分析便是如此),也在于罪刑法定原则提出了形式理性优先的要求。韦伯曾指出,法律逻辑的抽象的形式主义与其欲以法律来充实实质主张的需求之间存在着无可避免的矛盾。[②] 尽管不可能将实质正义的考量完全排除在刑法解释之外,但为了避免实质正义的考量不当侵蚀自由主义的领地,可以在判断位序上将其置于形式判断之后。即使实质解释论的提倡者也不可能承认不利于被告人的类推解释,既然如此,以形式理性为基础的形式思维毋庸置疑是刑法解释的基本思维。只要承认形式思维是刑法解释的基本思维,就应当肯定文义解释具有优先性。具体在对瑕疵行政许可能否出罪问题的讨论中,首先就应当认可那些不属于"未取得许可"含义范围内的瑕疵行政许可具备出罪功能,不需要进行法益侵害性判断。

需要说明的是,文义解释并不排斥"同一用语含义的相对性"。首先,不同罪名中法定刑的配置与犯罪对象等方面存在的差异会影响特定词语字面含义的范围。例如,刑法中多个条文都有规定"暴力",但不能认为抢劫罪中的"暴力"与妨害公务罪中的"暴力"含义相同。其次,不同法条对某个词语周边用语规定有不同也会影响该词语的含义。例如,在非国家工作人员受贿罪与受贿罪的法条中都有规定"索取他人财物",在非国家工作人员受贿罪中,"索取他人财物"与"非法收受他人财物"规定在一起,即"索取他人财物或者非法收受他人财物",那么,"索取他人财物"也要受到"为他人谋取利益"的约束。然而,在受贿罪中,"索取他人财物"与"非法收受他人财物"是分开规定的,即"索取他人财物的,或者非法收受他人财物,为他人谋取利益的",这表明"索取他人财物"不用受"为他人谋取利益"约束。[③] 因此,本文根据"未取得许可"与"违反……"在法条中的位置差异将"未取得许可"在文义上做两种解释是可行的。

---

① 参见劳东燕:《刑法解释中的形式论与实质论之争》,载《法学研究》2013年第3期,第130-131页。

② 参见[德]马克斯·韦伯:《韦伯作品集Ⅸ法律社会学》,康乐、简惠美译,广西师范大学出版社2005年版,第220页。

③ 参见高铭暄、马克昌主编:《刑法学》(第9版),北京大学出版社、高等教育出版社2019年版,第386、630页。

2. 实质法治潮流决定不能放弃法益侵害性判断

在古典法治理念形成时期，亚里士多德提出了“以法律为治”的主张，以反对柏拉图的人治观念。其认为法治不仅是规则之治，还应当是良法之治。①其中的“规则之治”与“良法之治”分别为形式法治与实质法治提供了理论根据。近代意义上的法治国思想产生于17、18世纪的英国和18世纪末的德国。在英国，洛克提出了以自由主义为基调的自由法治国思想；在德国，深受洛克等启蒙思想家影响的康德也非常重视个人自由的重要性，“自由”概念是康德道德哲学和政治哲学的基石。随着英国资产阶级革命的胜利和19世纪中期德国资产阶级革命的失败，形式法治国思想在欧洲大陆得以形成。然而，在19世纪末20世纪初，资本主义经济创造了大量的财富，但个人的生存能力却受到了社会的严重制约。于是，以狄骥为代表的法学家展开了对个人主义法治理论的批判，提出了“团体主义”的法治思想，这种思想强调实质正义而忽视法律形式与程序上的限制，淡化法律对公民个人的保障而提倡法律应当为社会大众提供服务。由此，西方法治国思想完成了从形式法治国到实质法治国的演变。②我国学者在分析西方法治思想演变的基础上总结出形式法治与实质法治在法律适用范围与司法对待法律的态度方面有很大差异：在法律适用范围方面，形式法治强调法律的普遍性与一般性，反对个案处理与特殊关照，而实质法治则认为为了体现个别公正，可以打破法律的一般性与普遍性；在司法对待法律的态度方面，形式法治主张司法中应严格依法办案，禁止酌情变通，实质法治则提倡司法者可依据法律之上的价值超越实定法裁决。③我国也基本上经历了从人治到形式法治，再到实质法治的过程。④尽管理论界对于我国是否要迈向“实质法治”尚有争议，但不可否认的是，在当今国内外实质法治的潮流之外，只恪守“规制之治”的传统内涵恐怕是不现实的。⑤

法治思想上的实质法治潮流对刑法理论的影响体现为犯罪论体系的实质化演进。从某种意义上说，犯罪论体系的实质化主要体现为构成要件该当性与违法性之间的关系从相互独立到逐渐融合的过程。在贝林那里，构成要件是一个价值无

---

① 参见[古希腊]亚里士多德：《政治学》，吴寿鹏译，商务印书馆1965年版，第147-148页。

② 参见刘艳红：《实质刑法观》(第2版)，中国人民大学出版社2019年版，第58-69页。

③ 参见高鸿钧等：《法治：理念与制度》，中国政法大学出版社2002年版，第100页。

④ 参见李树忠：《迈向“实质法治”——历史进程中的十八届四中全会〈决定〉》，载《当代法学》2015年第1期，第3页。

⑤ 参见李桂林：《实质法治：法治的必然选择》，载《法学》2018年第7期，第75-78页。

涉的行为类型,其与违法性是两个相互独立的范畴,但随着主观构成要件要素与规范构成要件要素被发现,构成要件该当性与违法性之间就不再是相互独立的关系,而是"烟与火"的关系,至此构成要件成了违法类型。[①]再之后,随着客观归责理论的提出,构成要件被寄予了更多的功能性期待,以至于有日本学者指出:"构成要件论至少在德国已经快到达发展的终点了。如果构成要件论可以取得更大的发展,那么,在此我看到的或许是由于内容过于丰富并且承载了过多的价值,因此反而淹没在价值之中。"[②]犯罪论体系的实质化演进也为目的解释方法大放光彩提供了理论动力。一般认为,刑法的目的在于保护法益,那么目的解释便是以特定犯罪保护的法益为导向进行解释,只有那些形式上满足了犯罪构成要件,实质上又具有法益侵害性的行为才能被处以刑罚。值得肯定的是,法益侵害性判断是实质法治的内在要求。然而,正如我国学者所说:"实质法治有一个重要的前提性预设,那就是现行法律和法律体系是恶法,至少部分法律是恶法。但是,又没有办法在一般意义上提出哪些是善法,哪些是恶法。"[③]从而法官只能根据自己个人主观上的好恶来判断哪些是善法,哪些是恶法,这种几乎不受约束的自由裁量权往往突破罪刑法定原则的界限。因此,本文认为,带有浓厚价值判断色彩的目的解释在填补刑法漏洞的过程中只能起消极作用,即只能采用目的性限缩的方式将那些没有法益侵害性的行为排除在犯罪之外,而不能采用目的性扩张的方式将那些处在用语含义边缘的行为纳入刑罚处罚范围。因为,目的性扩张与类推解释往往只有"一纸之隔",若容许目的性扩张被广泛适用,势必会损害法适用的统一性与法的安定性。[④]正是基于这种考量,笔者才提出了瑕疵行政许可出罪判断的第二个步骤,即让那些不能通过文义检验的瑕疵行政许可再进行一次法益侵害性判断。

3. 法益二元论与"质量差异说"为界定涉行政许可犯罪保护的法益提供了理论基础

如何处理集体法益和个人法益的关系,刑法理论上主要有法益一元论和法益

---

① 参见[德]汉斯·韦尔策尔:《目的行为论导论——刑法理论的新图景》(增补第4版),中国人民大学出版社2015年版,第26-27页。

② [日]西原春夫:《犯罪实行行为论》,戴波、江溯译,北京大学出版社2006年版,第1页。

③ 陈金钊:《实质法治思维路径的风险及其矫正》,载《清华法学》2012年第4期,第70页。

④ 参见劳东燕:《刑法中目的解释的方法论反思》,载《政法论坛》2014年第3期,第83-84页。

二元论两种观点。法益一元论中又有早期的法益一元论和缓和的法益一元论之分。早期的法益一元论主张“国家为了个人而存在”是法益理论的基础，集体法益是为了保护个人法益而被功能化的媒介，二者之间是“推导关系”，即只有能够还原为个人法益的集体法益才具有刑法意义上的正当性。①然而，早期的法益一元论是一种过于理想化的法益观，与现实脱节，因为现代刑法中确实存在难以被完全还原为个人法益的集体法益。罗克辛教授为了化解早期的法益一元论的上述弊端，提出了缓和的法益一元论，其指出：“法益是在以个人及其自由发展为目标进行建设的社会整体制度范围之内，有益于个人及其自由发展，或者是有益于这个制度本身功能的一种现实或者目标设定。”②缓和的法益一元论承认不是所有的集体法益都能完全还原为个人法益，但其仍然强调要“与个人关联”的集体法益才是适格的刑法法益。可是，“与个人关联”是一个含义极其模糊的概念，与其宣称的法益批判功能名不符实。法益二元论认为，集体法益与个人法益之间不具有推导性关系，作为集体法益根本特征的不可分配性决定了个人法益与集体法益之间是并列关系。③集体法益是一个不可分割的整体，无论是国家安全还是市场经济秩序、管理秩序等都能够被每一个国民平等地享有，但是不能将集体法益分割给每一个国民。

法益二元论的立论依据主要有以下几个：第一，现代社会的发展变化。随着风险社会的到来，现代社会中涌现了各种新型的风险，这些风险让人们对集体法益有了新的认识，即某些刑法保护的利益在本来意义上并非实体性存在，而是需要通过持久的制度化运行才能产生，如欲对其加以合理保护，就需要采用充分保障那些创造他们的条件的方式。④第二，国家任务与刑法任务的变化。19世纪法治国的主要任务在于限制国家权力以保障个人权利，然而，20世纪的法治国迅速转向社会国发展，国家任务不再是为了保障个人权利，而是为了更好地保障与促成个人自我实现。国家任务的转变自然会影响刑法任务的变化。现代刑法除了要

① 参见马春晓：《现代刑法的法益观：法益二元论的提倡》，载《环球法律评论》2019年第6期，第136页。

② ［德］克劳斯·罗克辛：《德国刑法学总论：犯罪原理的基础构造》（第1卷），王世洲译，法律出版社2005年版，第15页。

③ 参见钟宏彬：《法益理论的宪法基础》，公益信托春风煦日学术基金2012年版，第252-253页。

④ 参见［德］乌尔斯·金德霍伊泽尔：《法益保护与规范效力的保障——论刑法的目的》，陈璇译，载《中外法学》2015年第2期，第559页。

保护个人法益之外,还要保护集体法益以维护社会稳定。① 第三,政治哲学中的自由概念从消极自由迈向积极自由的影响。消极自由是指自由意味着不被干涉,即“就没有人或人的群体干涉我的活动而言,我是自由的”。② 积极自由指的是成为自己的主人的自由,即“我希望我的生活与决定取决于我自己,而不是取决于随便哪种外在的强制力”。③ 消极自由主张有限政府论,强调对国家权力的约束,外在的权威不得干涉个人的自由,而积极自由主张积极政府论,认为政府可以为了保障消极自由而采取积极的社会政策。将积极自由概念吸纳进刑法法益观当中产生的便是法益二元论,其虽然也坚持个人自由主义的立场,但明确承认刑法保护不能被还原为个人法益的集体法益。

“区分说”之所以会得出自相矛盾的结论,主要原因就在于其秉持的是缓和的法益一元论。一方面认为刑法保护的法益不能是单纯的行政管理秩序,另一方面又无法解释有些涉行政许可犯罪保护的法益确实是一种行政许可秩序。例如,除了将非法经营罪保护的法益界定为市场准入秩序,很难再有其他的合理解释了。若站在法益二元论立场上,便可以将行政许可秩序纳入刑法保护的法益当中,因为行政许可秩序虽然在表面上是一种国家进行行政管制的手段,但行政管理的目的不是为了压迫个人自由,而是为更好地实现个人自由提供有利条件。当然,由于行政权有扩张性,如果承认所有的行政许可秩序都可能成为刑法法益,难免会不当挤压公民个人自由的空间。至于如何限制行政许可秩序的刑法保护范围,后文另行说明。

此外,有瑕疵的行政许可能否出罪也是一个典型的行政不法与刑事不法交叉的问题,既然如此,就绕不开行政犯违法性判断依据的讨论。在德国刑法学界,“质量差异说”是行政犯违法性判断的通说,在我国刑法理论界上也是主流观点。④“质量差异说”是根据行为是否危害到刑法保护的核心利益为标准判断行政不法与刑事不法。在刑法核心领域内,行政不法与刑事不法之间有质的差异,即行政不法侵害的法益与刑事不法侵害的法益不同,行政不法侵害的是秩序利益,刑事不法除了侵害秩序利益之外还侵害了实体利益。在刑法核心领域外,行政不

① 参见钟宏彬:《法益理论的宪法基础》,公益信托春风煦日学术基金2012年版,第245-246页。
② [英]以赛亚·柏林:《自由论》,胡传胜译,译林出版社2011年版,第170页。
③ [英]以赛亚·柏林:《自由论》,胡传胜译,译林出版社2011年版,第180页。
④ 参见郭晶:《刑事领域中法定犯问题研究》,黑龙江人民出版社2009年版,第55页。

法与刑事不法之间只有量的差异，即都是侵害秩序利益，只不过在侵害程度上刑事不法高于行政不法。[①] 所谓的刑法核心领域指的是刑法中那些保护社会共同体具有重要意义的价值的领域，如人的生命、健康、自由以及财产等权利。所谓的刑法非核心领域指的是那些违反经济、卫生、环保等行政制度的损害集体法益的犯罪，侵害这些法益一般不会对人的生命、健康、自由与财产等造成直接性的影响。[②] 有学者批评"质量差异说"与我国立法对个人法益和集体法益的保护设定不符，其只能在德国秩序违法性和刑法处于相互分离的平行关系中才能起作用。[③] 笔者认为这种批评失之偏颇。一方面，只能说在德国"核心刑法与附属刑法分立化"的立法模式下，行政不法与刑事不法的区分相对比较清晰，在我国"核心刑法与附属刑法一体化"的立法现状下，行政不法与刑事不法的区分相对复杂，而不能说我国行政不法和刑事不法侵害的法益与德国行政不法和刑事不法侵害的法益有根本不同。另一方面，即使认为"质量区分说"的提出主要是为了在立法上限缩行政犯的处罚范围，也不能认为"质量区分说"只能服务于立法论而不能服务于解释论。

根据法益二元论与"质量差异说"，然后结合涉行政许可犯罪在我国刑法分则中所处的体系位置，大体上可以将涉行政许可犯罪保护的法益界定为两大类：一类是特定的行政许可秩序，另一类是行政许可秩序背后的实体性利益。后者又可以按照能否还原为个人法益分为能够还原为个人法益的实体性利益和不能还原为个人法益的实体性利益。能够还原为个人利益的实体利益，指的就是个人利益的简单集合，最典型的就是公共安全，因为，公共安全"就是个人的生命法益、健康法益、财产法益等的随机结合，其尽管涉及多数人的利益，但实质上仍是特定人之利益的随机聚合，并不是真正地普及所有民众"。[④] 笔者认为，只有这种简单集合型的实体利益才是能够还原为个人法益的集体法益，不能用"与个人关联"这种判断方式，否则必将陷入"概念的黑洞"。不能还原为个人法益的实体性利益指的

---

① 参见孙国祥：《行政犯违法性判断的从属性和独立性研究》，载《法学家》2017 年第 1 期，第 51–55 页。

② 参见王莹：《论行政不法与刑事不法的分野及对我国行政处罚法与刑事立法界限混淆的反思》，载《河北法学》2008 年第 10 期，第 28 页。

③ 参见马春晓：《区分行政违法与犯罪的新视角：基于构成要件之质的区别说》，载《中国刑事法杂志》2020 年第 1 期，第 87 页。

④ 姜涛：《论集体法益刑法保护的界限》，载《环球法律评论》2022 年第 5 期，第 122 页。

是，既不属于简单集合型的实体利益，也不属于纯粹的行政许可秩序，而是属于中间形态的利益类型。在以行政许可秩序为保护法益的涉行政许可犯罪中，行为侵害了该秩序并不会给个人利益造成实质性影响。例如，偷越国（边）境罪保护的法益就是一种纯粹的国家对出入境的监管秩序，行为人实施偷越国（边）境的行为不会给他人的个人利益造成实质性影响。而在以不能还原为个人利益的实体性利益为保护法益的涉行政许可犯罪中，行为侵害了该实体性利益会给个人利益带来实质性影响。[①] 例如，污染环境罪保护的法益就是这种实体性利益，即维系人类社会持续生存的自然环境。自然环境显然不能直接还原为个人法益，但个人可能成为污染环境犯罪行为的现实受害人或者潜在受害人。

在介绍了行政许可秩序背后的实体性利益种类之后，接下来需要对行政许可秩序的具体内容进行探索。前文已经论证了行政许可秩序也可以成为刑法法益，但这是否意味着所有的行政许可秩序都值得刑法保护呢？答案显然是否定的，否则会有滑向社群主义法益论的危险。秩序是“人们交互作用的正常结构、过程或变化模式，是人们互动的状态和结果”[②]。具体在行政许可中，秩序指的就是行政主体与行政相对人在行政许可的申请与授予过程中形成的互动状态和结果。这里的“结果”指的是法律效果，即取得的行政许可的法律效果，具体表现为“合法且有效”“违法但有效”“违法且无效”三种。“违法且无效”肯定不能成为行政许可秩序的内容，那么，行政许可秩序只有两种，一种是合法性秩序，另一种是有效性秩序。笔者认为，作为刑法法益的行政许可秩序只能是有效性秩序，因为，若采用合法性秩序会给行政相对人提出过高的要求，为行政机关以创造实现个人自由的社会条件为名行压制个人自由之实提供了途径。概言之，在以有效性行政许可秩序作为保护法益的涉行政许可犯罪中，只要行为人获得的行政许可有效，即使手段不合法，也没有侵害法益，所以，不能通过法益侵害性判断。

四、“新区分说”的适用

如前所述，“新区分说”的具体内容表现为“两步走”的判断方法。第一步，文义判断。若行为人以不正当手段取得的行政许可通得过“未取得许可”的文义检

---

① 具体表现为，个人可能成为现实的受害人或者潜在的受害人，或者侵害这种公共利益的行为会给个人的基本生活带来显著不便。

② 卓泽渊：《法的价值论》（第3版），法律出版社2018年版，第335页。

验，则可以直接出罪，若通不过，则需要进行第二步判断。第二步，法益侵害性判断。若行为人实施的行为没有侵害涉行政许可犯罪保护的法益，则瑕疵行政许可仍然可以出罪；反之，就应当认定为犯罪。下文将结合实践中常见的涉行政许可犯罪的案件对“新区分说”予以适用。

在前文提及的案例1与案例2中，李某与欧某某涉嫌的都是滥伐林木罪，并且二人都是通过欺骗手段取得的林木采伐许可证，因此，两个案件在案情上没有实质性差异。将“新区分说”适用于这两个案件中，判断步骤如下：首先，根据《刑法》第345条第2款的规定，滥伐林木罪指的是“违反森林法的规定，滥伐林木或者其他林木，数量较大的”行为。法条本身并没有“未取得许可”的表述，但最高人民检察院、公安部于2008年6月25日发布的《关于公安机关管辖的刑事案件立案追诉标准的规定（一）》第73条规定，“未经林业行政主管部门及法律规定的其他主管部门批准并核发林木采伐许可证”，任意采伐本单位所有或者本人所有的森林或者其他林木的，属于“滥伐森林或者其他林木”，因此，可以认为“滥伐”有“未取得许可”的含义。如果不考虑“违反森林法的规定”，“未经林业行政主管部门及法律规定的其他主管部门批准并核发林木采伐许可证”在文义上指的是客观上未经批准并核发许可证的意思，但由于“违反森林法的规定”表述在“滥伐”之前，后者的含义会受到前者的影响，因此，“滥伐”在文义上可以包括违反《森林法》以不正当手段取得采伐许可证之后的采伐行为。所以，李某与欧某某都不能在文义检验步骤出罪。然后，再将二人的行为进行法益侵害性判断。滥伐林木罪保护的法益既不是能够还原为个人法益的实体性利益，也不是国家对林木采伐的行政许可秩序，而是维系人类社会持续生存的林木资源。二人的行为都侵害了这种实体性利益，因此，二人应当构成滥伐林木罪。

案例3：被告人赵某分别于2004年与2006年取得了《乡村医生执业证书》与执业助理医师资格，在2008年某市卫生局对赵某开办的卫生室进行的年度检验中，赵某采用行贿的方式使卫生室通过审验，进而被核发了《医疗机构执业许可证》。2009年5月，被害人尹某在赵某执业的卫生室就诊后死亡。之后案发。2010年4月30日，某市卫生局依法撤销了赵某开办的卫生室的《医疗机构执业许可证》。法院判决认为，赵某通过非法手段取得的《医疗机构执业许可证》属于可撤销的行政许可，且之后已经被行政机关撤销，因此，赵某实施的诊疗行为应认定为非法行医,赵某构成非法行医罪。[①] 将“新区分说”适用于本案中,判断步骤如下:根据《刑法》第336条第1款的规定,非法行医罪指的是“未取得医生执业资格的人非法行医,情节严重的”行为。本条明确规定了“未取得医生执业资格”是非法行医罪成立的必备条件,而且“非法”表述在“未取得医生执业资格”之后,因此,此处的“未取得医生执业资格”在文义上只能是指客观上没有取得医生执业资格(“被依法吊销医师执业证书期间”也在文义范围内),不包括以不正当手段取得的医生执业资格。所以,行为人赵某已经通过了第一步的文义检验,直接不构成非法行医罪,不需要进行法益侵害性判断。此外,著名的“章某理非法行医案”也是典型的涉及瑕疵行政许可的案件。

案例4:被告人章某理明知自己不具备取得医生执业资格的条件,但通过非法手段获得了医生执业资格,非法从事医疗活动,致使1124名患者身体健康受到严重损害。1998年11月20日因涉嫌非法行医罪被南昌市公安局西湖分局刑事拘留,2000年3月9日法院判处章某理非法行医罪。[②] 本案的分析思路与案例3相同,按照“新区分说”,被告人也不构成非法行医罪。

案例5:被告人甲为了帮一群人偷渡至美国,便以虚假理由为这群人申领了赴加拿大的商务签证,然而,这群农民打扮的人在经过边检口岸出境时被边检人员拦下,因为边检人员认为农名打扮的人持商务考察签证很可疑。经盘问,这群人交代了最终目的地是美国。之后,警方顺藤摸瓜找到了被告人甲。司法机关工作人员认为,本案中被拦截的人员属于“以合法证件形式掩盖非法出国目的的新型偷渡者”,因此,他们不属于持有效证件出境,而属于“偷渡”行为。2004年,二审法院将该案发回重审,但法院最终也判处了被告人甲构成组织他人偷越国(边)境罪。[③] 要想判定甲构成组织他人偷越国(边)境罪,首先要证明被拦截人员的行为属于偷越国(边)境的行为,否则“组织”一词无从谈起。将“新区分说”适用于本案中,判断步骤如下:首先,根据《刑法》第322条的规定,偷越国(边)境罪指

① 参见河南省禹州市人民法院刑事判决书,(2011)禹刑初字第63号。需要说明的是,2016年12月16日修正后的最高人民法院《关于审理非法行医刑事案件具体应用法律若干问题的解释》第1条删除了2008年4月29日最高人民法院《关于审理非法行医刑事案件具体应用法律若干问题的解释》第1条第2项“个人未取得《医疗机构执业许可证》开办医疗机构的”的规定。由于此案发生和审判都是在司法解释修改之前,因此,此处的修改并不影响当时案件的判决。

② 参见陈兴良:《刑法教义学中的形式理性》,载《中外法学》2023年第2期,第296页。

③ 参见邓子滨:《中国实质刑法观的批判》(第2版),法律出版社2017年版,第126-127页。

的是“违反国(边)境管理法规,偷越国(边)境,情节严重的”行为。尽管本条没有明确规定“未取得许可”,但“偷越”一词本身就有“未取得许可”的含义。若不考虑“违反国(边)境管理法规”,“偷越”在字面意义上指的是客观上没有取得出入境证件而出入境的行为,但由于“违反国(边)境管理法规”表述在“偷越”之前,因此,后者的含义就会受到前者的影响,即以不正当手段取得的出入境证件后出入境的行为也在“偷越”的文义之内。所以,被拦截人员不能通过第一步的文义检验。然后,再将被拦截人员的行为进行法益侵害性判断。偷越国(边)境罪保护的法益既不是能够还原为个人利益的实体性利益,也不是中间形态的实体性利益,而是国家对出入国(边)境的行政许可秩序,而且是有效性的行政许可秩序。由于被拦截人员以不正当手段取得的出境证件在行为时是有效的,因此,他们的行为并没有侵害偷越国(边)境罪保护的法益,所以,被拦截人员可以在法益侵害性判断步骤中出罪,甲便也不构成组织偷越国(边)境罪。

(编辑:蒋太珂)

论“部分篡改型”虚假诉讼的入罪范围

——基于民事诉讼法理的教义分析

孙　鹏*

摘　要　虚假诉讼罪的成立范围关乎诉权保障与诉权滥用禁止之间的平衡。本罪保护的法益为司诉权的真实性。本罪的实行行为是通过捏造事实形成虚构的诉的利益，或改变既有的诉的利益，并以此提起民事诉讼之行为。行为人未改变真实存在的利害关系，而仅篡改具体民事实体法律关系内容的不构成本罪。本罪之实害结果是法院依据错误的事实通过了对诉讼要件的审查，并以此继续开展诉讼活动。行为人提起民事诉讼，法院通过了对起诉要件的审查，可以作为本罪着手或未遂的时点。

关键词　虚假诉讼罪　妨害司法秩序　诉的利益　诉权

一、问题的提出

从体系上看，虚假诉讼罪位于《刑法》分则妨害司法罪一节中，然而罪状表述中却将“严重侵害他人合法权益”与“妨害司法秩序”相并列，由此造成对本罪所保护法益的理解存在复合法益与单独法益的分歧。对于法益的解释不同，会进一步影响对本罪实行行为范围的认定。例如目前理论和实践中争议较大的是，“以

*　孙鹏，男，山东临沂人，清华大学法学院博士研究生，主要研究方向为刑法学。

捏造的事实提起诉讼”是否包括“部分篡改”事实的情形。

案例1：张某某虚假诉讼案。① 易某分多次向被告人张某某借款共计200余万元，后相继归还其中的100余万元，尚欠90余万元未还。易某另外还向郭某某等人借款未还。为达到在执行阶段多分得还款的目的，张某某与易某恶意串通，隐瞒易某已经偿还借款100余万元的事实，以易某拖欠其借款共计182.5万元不还为由，向法院提起民事诉讼。法院据此作出民事调解书。该案经债权人郭某某报案后转变为刑事案件，法院最终认定张某某构成虚假诉讼罪。

案例2：王某革虚假诉讼案。② 被告人王某革以刘某、王某1尚欠54,800元未还为由，向法院提起民事诉讼，请求法院判令王某1偿还借款54,800元。一审法院判决王某1偿还王某革借款本息合计45,967.50元。然而该案真实情况却是，王某革隐瞒了王某1偿还借款39,900元的事实，王某1仅有600元借款未予偿还。本案与案例1类似，同样是在真实的借贷关系基础上隐瞒部分债权已经清偿的事实而提起诉讼，但法院最终认定被告人不构成虚假诉讼罪。

案例3：潘某虚假诉讼案。③ 王某因无法偿还欠被告人潘某的借款，便给被告人潘某打了一个5万元的借条，滕某作为担保人在该借条上签字。后因王某仍无力偿还欠款，被告人潘某遂将滕某的轿车扣留。为要回轿车，滕某按照被告人潘某的要求给其打了一张5万元的借据，由滕某和袁某在借款人处签字。2015年12月，被告人潘某以滕某、袁某欠自己5万元钱为由向法院提起民事诉讼，并提交了该5万元借据为证据。2016年2月，法院判决滕某、袁某给付被告人潘某借款5万元及利息。后滕某提出上诉，在此期间，王某归还了潘某5万元借款，二人的债权债务关系终止。2016年9月，法院裁定驳回滕某的上诉申请。该案案发后，法院认为潘某以虚构的事实提起民事诉讼，构成虚假诉讼罪。

最高人民法院、最高人民检察院联合公布的《关于办理虚假诉讼刑事案件适用法律若干问题的解释》(以下简称《虚假诉讼解释》)第1条中列举了一些属于“以捏造的事实提起民事诉讼”的情形，但并未直接提及是否包括部分篡改事实

① 参见湖南省长沙市中级人民法院刑事裁定书，(2021)湘01刑终406号。本案为2021年最高人民法院发布的10起人民法院整治虚假诉讼典型案例之七，详见《人民法院整治虚假诉讼典型案例》，载《人民法院报》2021年11月10日，第3版。

② 参见黑龙江省望奎县人民法院刑事判决书，(2019)黑1221刑初32号。

③ 参见辽宁省丹东市中级人民法院刑事裁定书，(2021)辽06刑终27号。

提起民事诉讼。为进一步解释本罪的适用范围，有说明指出虚假诉讼罪限于“无中生有型”虚假诉讼行为。而“部分篡改型”虚假诉讼行为，即民事法律关系和民事纠纷客观存在，行为人采取伪造证据、虚假陈述等手段篡改部分案件事实的，不属于《刑法》规定的虚假诉讼罪的范畴。案例2中法院正是以此为由作出无罪判决。

然而，案例1与案例2情形几乎无差，案例1中的被告人构成虚假诉讼罪，其作为2021年最高人民法院发布的10起人民法院整治虚假诉讼典型案例之一，该案结论是否与前述解释意见存在出入，值得进一步思考。除此之外，对于“无中生有”的内涵同样需要进一步解释，如在案例3中，行为人的确事先存在民事纠纷，但其变更了原有事实状态下的纠纷样态而提起民事诉讼，该类情形是否属于“无中生有型”的虚假诉讼并非不言自明。

本文首先以虚假诉讼罪的保护法益为切入点，全面评析现有学说观点的不足之处，并确立合理的解释路径；其次，结合民事诉讼法基本理论对本罪的罪质进行实质分析，回答“部分篡改事实不构成虚假诉讼罪”的真正意涵，以此划定行为人在部分捏造事实提起诉讼的情况下罪与非罪的界限；最后，以此为契机明确“部分篡改型虚假诉讼罪”的未遂、既遂时点判断标准，为司法实践裁量本罪的处罚范围、量刑程度提供依据。

二、虚假诉讼罪的保护法益

（一）复合法益说的缺陷

理论中多数说的观点认为，虚假诉讼罪所保护的法益既包括司法秩序也包括他人的合法权益，但该说内部对于两种法益关系的理解存在巨大分歧，并各自存在难以调和的解释障碍。

1. 同时侵犯说

该说认为，“本罪侵犯的客体是司法机关的正常活动，同时也侵犯他人的财产权等合法权益”。[①] 言下之意，构成本罪会同时对司法秩序法益和他人的合法权益造成侵害。

① 高铭暄、马克昌主编：《刑法学》（第10版），北京大学出版社、高等教育出版社2022年版，第564页。

然而，该说无法解释，《刑法》在表述第307条之一第1款的罪状时，用"或"字而非"和"字并列"妨害司法秩序"与"严重侵害他人合法权益"。并且实践中对于诉讼双方当事人"恶意串通"却不侵害他人合法权益的虚假诉讼行为，也多认定为构成本罪。

如土地使用权过户案，[①] 被告人牛某通过竞拍取得某块土地使用权及房产后，因资金链断裂无法续交尾款，遂有意对外转让该地块使用权。由于相关产权证件不能直接变更，牛某便与意向接手人殷某签订虚假的委托竞拍合同，通过民事诉讼确认该委托协议有效，涉案房产、土地使用权的实际竞得人为殷某一方。在本案中，被告人牛某的行为难以被认为同时侵犯了他人的合法权益，但该行为无疑严重干扰了正常的司法秩序，若仅以未侵犯他人合法权益而否认构成虚假诉讼罪，则既不符合该罪的文意解释，更有将司法权力、司法资源拱手让于不法企图者的危险。

2. 选择性法益说

该说认为，"虚假诉讼行为，只要妨害了司法秩序或者严重侵害了他人的合法权益，就可能成立犯罪，而不要求行为同时妨害司法秩序与严重侵害他人的合法权益"。[②] 该说着眼于罪状中"或"字的文意，将"妨害司法秩序"与"严重侵害他人合法权益"理解为真正的"选择客体"，且没有主次之分。由此使本罪可被拆分为妨害司法秩序型虚假诉讼与侵害他人合法权益型虚假诉讼。

然而，该说一方面不符合形式逻辑，因为"严重侵害他人合法权益"也一定是通过"妨害司法秩序"的虚假诉讼手段实现的，[③] 即不存在只严重侵害他人合法权益而没有妨害司法秩序的情况。[④] 另一方面，对妨害司法秩序型虚假诉讼与侵害他人合法权益型虚假诉讼进行同等评价，实际会导致刑罚不均衡，因为后者是在具备前者不法的基础上同时侵犯了他人的合法权益。[⑤]

此外，对法益的解释会进一步影响对实行行为、犯罪停止形态的理解，根据该

---

① 参见云南省曲靖市中级人民法院刑事裁定书，(2021)云03刑终141号。

② 张明楷：《刑法学》(第6版)，法律出版社2021年版，第1431页。

③ 参见肖怡：《〈刑法修正案(九)〉虚假诉讼罪探析》，载《法学杂志》2016年第10期，第26页。

④ 参见苏永生：《虚假诉讼罪的"严重侵害他人合法权益"——从定罪条件到注意规定》，载《法学杂志》2019年第7期，第67页。

⑤ 参见苏永生：《虚假诉讼罪的"严重侵害他人合法权益"——从定罪条件到注意规定》，载《法学杂志》2019年第7期，第68页。

说容易得出,就虚假诉讼行为对司法秩序的妨害而言,本罪是行为犯,但就对他人合法权益的侵害而言,本罪则是结果犯。① 但由于任何严重侵害他人合法权益的虚假诉讼行为,必然妨害司法秩序,因此该观点论者也不得不承认,"讨论作为结果犯(严重侵害他人合法权益类型)的虚假诉讼罪的既遂标准,其意义极为有限"。② 换言之,完全将两种保护法益置于选择性法益的地位,会由于二者之间的相互包容关系使"严重侵害他人合法权益"在实际操作中被架空。③

3. 他人合法权益为主法益说

该说认为,"尽管虚假诉讼罪所保护的法益包括司法秩序与公民的合法权益,但是二者并不处于同等位置,而是有主次之别。虽然侵害他人合法权益立足于妨害司法秩序的基础之上,但是重心仍在于前者,妨害司法秩序仅仅是手段行为所产生的结果,公民合法权利的维护依旧居于核心位置"。④ 由于该说将他人合法权益至于首要地位,因此实践中存在的基于"部分篡改"事实提起诉讼而给被害人造成巨大损失的情况,均可能被纳入本罪的处罚范围。

然而,该观点会面临以下质疑。首先,将他人合法权益作为主法益,无法解释为何本罪在体系上隶属于《刑法》分则第六章第二节规定的妨害司法罪。

其次,立法者已经通过《刑法》第307条之一第3款的规定,提醒司法者,对于侵害他人合法权益的行为完全可能构成其他犯罪而从重处罚。因此,若根据该说,则第1款与第3款均在强调对他人合法权益的保护,不仅过于忽视本罪对于维护司法秩序法益的意义,同时也使第3款的存在意义被进一步削弱。

再次,若彻底贯彻该说,还容易将"严重侵害他人合法权益"作为虚假诉讼行为入罪的实质根据,最终完全架空本罪对司法秩序的保护功能。譬如有学者便认为,应将虚假诉讼罪罪状中"严重侵害他人合法权益"的表述,理解为旨在限制虚假诉讼罪的处罚范围,将并不侵害案外人合法权益,只是单纯违反政策性规定、浪费司法资源、妨害司法秩序的虚假诉讼行为,排除在犯罪之外。⑤ 如此解释显然并

---

① 参见张明楷:《刑法学》(第6版),法律出版社2021年版,第1431页。

② 张明楷:《虚假诉讼罪的基本问题》,载《法学》2017年第1期,第165页。

③ 参见储陈城、王晶晶:《虚假诉讼罪的法益关系与司法适用》,载《法治现代化研究》2020年第2期,第144页。

④ 储陈城、王晶晶:《虚假诉讼罪的法益关系与司法适用》,载《法治现代化研究》2020年第2期,第146页。

⑤ 参见陈洪兵:《准确解读虚假诉讼罪的构成要件》,载《法治研究》2020年第4期,第154页。

不利于维护司法秩序的严肃性。

最后，将他人合法权益作为主法益，意味着"严重侵害他人合法权益"应当是本罪的结果要件，且必须为行为人所认识。而实践中存在诉讼双方当事人串通诉讼，但原告却可能未必认识到该虚假诉讼会对案外第三人造成侵害的情况。在此类情形下，行为人因不具有对结果的故意，反而无法被本罪所评价。由此会导致对部分恶意串通的虚假诉讼行为无法处罚。因此，实践中法院往往并不关注行为人对结果要件的故意，而直接认定为构成虚假诉讼罪。①

4. 司法秩序法益为主法益说

该说认为虚假诉讼罪保护的是复杂客体，但首要客体应为正常的司法秩序和司法权威。② 可以认为，侵害司法秩序法益与侵害他人合法权益是手段与目的的关系，前者是实现后者的必要条件，而后者是对前者的充分条件。③ 该观点充分考虑了两种法益侵害性之间的逻辑关系，并且将司法秩序法益作为主法益也更合乎体系解释。然而，该观点存在的问题是"司法秩序"或"司法权威"的内涵仍不清晰。特别是在"部分篡改型虚假诉讼"的场合，有学者认为部分篡改的情况下提起诉讼尽管会扰乱正常的司法秩序，但行为人拥有合法的诉权，并未对司法秩序造成实质侵害。④ 另一种观点则认为，正是由于虚假诉讼罪保护的主要法益是正常的司法秩序，部分篡改的行为同样会造成该法益的侵害。⑤ 由此可见，仅仅将主法益解释为正常的司法秩序无法根本解决罪与非罪的界限问题。此外，该说仅在形式上承认虚假诉讼罪保护的是复合法益，而实质上已通过逻辑关系阐述将他人合

---

① 如房产过户案，被告人曾某先后两次与刘某 1 签订房产买卖协议，双方均实际履行。被告人曾某为达到房屋过户的目的，隐瞒郑某 2 已死亡的事实，以伪造有"郑某 2"签名的房屋买卖合同向法院提起民事诉讼。法院经开庭审理后判令涉案房屋买卖合同有效，刘某 1、郑某 2 协助被告人曾某办理过户手续。执行过程中郑某 2 的儿子郑某 1 向法院提出异议，称被告郑某 2 已死亡。参见广东省广州市南沙区人民法院刑事判决书，(2021)粤 0115 刑初 763 号。该案中，法院虽认为被告人曾某妨害司法秩序，严重侵害他人合法权益，构成虚假诉讼罪。但对于行为人主观上是否知晓其买卖行为会侵害他人合法权益，法院并未作为重要待证事项予以关注，只得说明该案中法院对成立虚假诉讼罪不需要行为人对他人权益损害结果有认识。

② 参见张里安、乔博：《虚假诉讼罪若干问题研究》，载《河南社会科学》2017 年第 1 期，第 89 页。

③ 参见曾粤兴、卢义颖：《罪与非罪及其关系——刑民意义上的虚假诉讼》，载《学术探索》2018 年第 5 期，第 94 页。

④ 参见商浩文：《虚假诉讼罪的研析与思考》，载赵秉志主编：《刑法论丛》(第 49 卷)，法律出版社 2017 年版，第 350 页。

⑤ 参见汪千力、童德华：《"部分篡改型"行为成立虚假诉讼罪的理论证成》，载《中国人民公安大学学报(社会科学版)》2021 年第 1 期，第 63 页。

法权益的作用淡化，因此与只承认本罪所保护的是单一的司法秩序法益的观点并无本质区别。

（二）司法秩序说的内涵

该说认为虚假诉讼罪保护的法益是司法秩序。① 成立本罪只要求以捏造的事实提起民事诉讼并妨害司法秩序，除此之外的任何条件都是多余的。不论虚假诉讼最终是否会严重侵害他人合法权益，在刑法评价上起决定性作用的都只是行为对国家司法秩序的破坏。② 本文赞同虚假诉讼罪保护的法益是司法秩序，而非绝对同时保护他人合法权益。主要原因在于，第一，本罪在体系地位上隶属于妨害司法罪，因此决不能单纯依照文意解释而得出本罪应保护甚至主要保护他人合法权益的结论；第二，正如实践当中所体现的，有些虚假诉讼的行为可能会侵害他人合法权益，但有些虚假诉讼行为并不会侵害他人合法权益，但无论是否以侵犯他人合法权益为目的，虚假诉讼行为都首先以侵害司法秩序为前提，因此仅承认本罪所保护的法益为司法秩序，既不存在解释逻辑上的障碍，也不致使他人合法权益保护目的落空；第三，如果承认他人合法权益为本罪的保护法益之一，则意味着造成他人合法权益损害将成为构成要件结果，根据责任原则，行为人构成本罪应对该具体损害结果有所认识，否则无法成立故意犯罪，此举实则为本罪设置了过于严格的入罪门槛，如此反而容易使欲罚之行为得不到处罚，欲保护之法益得不到有效保护。因此，认为虚假诉讼罪仅保护司法秩序法益是更为合理的解释路径。

当然，该说同样面临如何理解司法秩序法益的内涵问题。对此，如果仅从文意解释的角度进行回答，则最终可能会陷入自说自话的境地。诸如“司法秩序”③“司法的客观公正性”④“司法公信力”⑤ 等解释均过于抽象，无法有效划分本罪处罚界限。事实上，《刑法》增设虚假诉讼罪与民事诉讼制度密切相关，解释本罪既要立足于法秩序统一性的立场，认真对待刑法问题与民事诉讼问题的协调，

---

① 参见周光权：《刑法各论》（第 4 版），中国人民大学出版社 2021 年版，第 451 页。

② 参见苏永生：《虚假诉讼罪的“严重侵害他人合法权益”——从定罪条件到注意规定》，载《法学杂志》2019 年第 7 期，第 70 页。

③ 邵栋豪：《虚假诉讼罪的教义学分析》，载《湖南社会科学》2022 年第 4 期，第 106−107 页。

④ 莫洪宪、周天泓：《虚假诉讼罪的基本问题》，载赵秉志主编：《刑法论丛》（第 47 卷），法律出版社 2016 年版，第 339 页。

⑤ 肖怡：《〈刑法修正案（九）〉虚假诉讼罪探析》，载《法学杂志》2016 年第 10 期，第 26 页。

又要合理关切司法制度改革与社会现实需求。因此，下文将结合民事诉讼法理及诉讼制度改革对司法秩序法益进行实质解释，提出虚假诉讼罪保护的司法秩序法益为诉权的真实性，而对诉权的真实性的理解直接关乎“部分篡改型虚假诉讼罪”的范围。

1. 诚实信用原则视角下的虚假诉讼

2012年《民事诉讼法》(以下简称《民诉法》)修改前夕，民事诉讼法学界曾对虚假诉讼类问题有过相对集中的探讨。在民事诉讼法理的框架下，诉讼欺诈、虚假诉讼等都是对民诉法中诚信原则这一基本原则的违反。①2012年修正的《民诉法》在第13条第1款中规定，民事诉讼应当遵循诚信原则。自此诚实信用原则在我国《民诉法》中以成文的姿态呈现。理论中一般认为，民事诉讼中的诚实信用原则对于当事人而言具有如下内涵：当事人应促进诉讼，不得虚假陈述，不得滥用诉权。原告不得提起虚假诉讼，被告亦不得捏造事实进行抗辩，双方均不能滥用诉讼权利。② 因此可能会有观点认为虚假诉讼行为所侵犯的法益是司法秩序，归根结底是对民事诉讼中诚实信用原则的违反。

然而，将抽象的诚实信用原则作为本罪保护法益的观点并不妥当。首先，民事诉讼中的诚实信用原则内涵极为丰富，其不仅仅包括禁止滥用诉权、恶意诉讼，还包括禁反言、真实陈述义务、促进诉讼义务等。③ 其中，当事人在诉讼中必须完整和真实地陈述案件事实，④ 是诚实信用原则的核心内容。因此，若将虚假诉讼罪理解为对民事诉讼中诚实信用原则的违反，则任何捏造事实或篡改部分事实提起民事诉讼的行为都可能构成虚假诉讼罪，如此扩张了本罪的处罚范围，与诉权保障的司法改革基调相背离。

其次，民事诉讼中的诚实信用原则适用的对象不只有原告，还包括被告等当事人以及法院和其他诉讼参与人。⑤ 而作为在民事诉讼中与原告具有同等地位的被告，如果其伪造证据以图逃避债务或达到其他非法目的，则该行为与原告通过捏造事实提起诉讼的行为相当，都会对司法秩序造成侵害，都是对诚实信用原则

① 参见洪冬英:《论虚假诉讼的厘定与规制——兼谈规制虚假诉讼的刑民事程序协调》，载《法学》2016年第11期，第139页。

② 参见俞飞:《民事诉讼诚实信用原则之适用研究》，厦门大学出版社2020年版，第59页。

③ 参见毕玉谦主编:《民事诉讼法学》(第3版)，中国政法大学出版社2022年版，第81页。

④ 参见洪冬英主编:《民事诉讼法学通论》，北京大学出版社2013年版，第66页。

⑤ 参见王福华:《民事诉讼法学》(第2版)，清华大学出版社2015年版，第53页。

的违反,但无论是从文义解释还是目的解释的角度出发,都难以认为被告的该行为符合虚假诉讼罪的构成。[①] 相比之下,原告是基于虚构诉权而违法的开启了民事诉讼程序,因而具有可罚性。因此,更应该将虚假诉讼罪的实质理解为对诉权的滥用,而非对抽象的诚实信用原则的违反或对真实义务的违反。

再次,行政诉讼中也存在伪造、隐藏、毁灭证据或者提供虚假证明材料,妨碍人民法院审理案件的情况,但是《刑法》只针对民事诉讼规定了虚假诉讼罪,而没有设置有关行政诉讼的虚假诉讼罪。原因在于,行政诉讼的诉权来源于行政机关和行政机关工作人员的行政行为,提起行政诉讼的目的在于排除因行政机关的公权力性判断而产生的违法状态。[②] 行为人通常无法对行政诉讼的纠纷进行虚构,不存在虚构行政诉讼的诉权的情况,刑法也就无须专门规定有关行政诉讼的虚假诉讼罪。由此也可以推出,虚假诉讼罪旨在规制虚构诉权的行为。

最后,民事诉讼中当事人较容易受非法经济利益驱动,并且因纠纷而产生的对抗心理、侥幸心理、博弈心理都会促使当事人违背诚实信用原则。[③] 甚至民事诉讼中的举证责任制度也会促使不负有举证责任的一方隐瞒真相。因此,理论上一方面承认真实义务是诚实信用原则的主要内容,[④] 另一方面又不得不承认立法也只是将其设定为一种诉讼理想。[⑤] 显然,在刑法上也不可能无限苛求当事人绝对遵循诚实信用原则。直接将虚假诉讼罪的实质理解为对抽象的诚实信用原则的违反,没有实际考虑到刑法对行为人合乎规范的期待可能性。

2. 诉权保障视角下的虚假诉讼

从虚假诉讼罪的立法背景来看,该罪随着我国立案登记制的改革而诞生。2015年4月,中央全面深化改革领导小组第十一次会议审议通过了《关于人民法院推行立案登记制改革的意见》,人民法院案件受理制度开始由立案审查制向立案登记制变革,对依法应该受理的案件,做到有案必立、有诉必理,保障当事人诉权。但是,立案登记制不仅为保障公民诉权建构了制度体系,而且也为恶意、虚假

① 参见李曾求:《虚假诉讼罪适用疑难问题探析——〈中华人民共和国刑法〉第307条之一的规范展开》,载《河南工业大学学报(社会科学版)》2016年第3期,第40页。

② 参见[日]原田尚彦:《诉的利益》,石龙潭译,中国政法大学出版社2014年版,第13页。

③ 参见俞飞:《民事诉讼诚实信用原则之适用研究》,厦门大学出版社2020年版,第190-192页。

④ 参见张卫平:《民事诉讼法》(第4版),中国人民大学出版社2019年版,第32页。

⑤ 参见俞飞:《民事诉讼诚实信用原则之适用研究》,厦门大学出版社2020年版,第142页。

诉讼和滥用诉权的行为提供了制度间隙。[①] 原本在立案审查制下可以被有效过滤的滥用诉权、恶意诉讼、欺诈诉讼等问题，在立案登记制下得以顺利进入审理程序，从而造成司法资源大量浪费。[②] 在此背景下，应当使虚假诉讼罪承担起打击滥用诉权行为的使命，应认为其所规制的是捏造构成诉权的事实并提起民事诉讼的行为。如此方能最大限度地配合立案登记制司法制度改革，既保障人民群众的诉权，又有效规制滥用诉权行为的发生。

具体而言，虚假诉讼罪所保护的司法秩序是民事诉讼的正常提起，这要求行为人具备提起民事诉讼的合法诉权。法谚有云："无利益即无诉""无利益即无诉权"。民事诉权是指民事权益受到侵害或者与他人发生争议之时，当事人请求法院行使审判权解决纠纷、保障民事权益的权利。[③] 因此，诉权来源于真实的纠纷，是宪法制度框架下公民享有的请求公权力介入纠纷解决的基本权利。诉讼的发生必须源于原告存在司法救济的需要。[④]

以启动第一审普通程序为例，《民诉法》第 122 条规定起诉必须符合下列条件：（1）原告是与本案有直接利害关系的公民、法人和其他组织；（2）有明确的被告；（3）有具体的诉讼请求和事实、理由；（4）属于人民法院受理民事诉讼的范围和受诉人民法院管辖。就形式上而言，能够作为"捏造的事实"的内容的只有前三项条件。且在第三项条件中，能够被捏造的只有"事实"。因为诉讼请求无所谓捏造；诉讼理由通常是指请求权基础，属于法律依据，也无法被捏造。因此，只有当行为人捏造原告的身份、被告的身份，或者捏造构成诉权的事实时，才属于以捏造的事实提起民事诉讼，即妨害司法秩序的行为。同理，行为人以捏造的事实请求法院启动非讼程序的，同样属于侵害司法秩序的行为。[⑤]

但是，如果行为人在提起一审民事诉讼时没有捏造事实的行为，后捏造证据提起上诉企图获得胜诉，则不属于"提起民事诉讼"。因为行为人在一审裁判之后，只能基于上诉利益提起上诉。所谓上诉利益是指当事人对于第一审法院的裁判结果有所不服，其判断标准为原裁判结果与原审所为诉之声明之间是否有差

---

① 参见王建国：《法治中国视域下立案登记制的回顾与展望》，载《河北法学》2016 年第 12 期，第 23 页。

② 参见胡守勇：《法院立案登记制改革后之问题审视》，载《重庆社会科学》2017 年第 6 期，第 42 页。

③ 参见王晓：《民事诉权的保护与滥用规制研究》，中国政法大学出版社 2015 年版，第 24 页。

④ 参见侯海军：《民事诉讼中权利滥用行为研究》，人民法院出版社 2011 年版，第 64 页。

⑤ 参见黄淘涛：《虚假诉讼罪中"民事诉讼"的范围》，载《人民法院报》2021 年 7 月 8 日，第 6 版。

异。[1] 换言之,若一审中行为人的诉权行使合法,则二审中也只能基于该合法的诉权进行续审。因此,根据程序法的审级原理,行为人根本无法捏造新的与诉权相关的事实而开启二审程序。即使行为人在二审中以捏造的事实追加了新的独立诉请或提出了反诉,此时问题的关键也不再是二审程序,而是独立的诉讼请求或反诉。[2] 质言之,该类行为应优先被视为开启一审程序的行为,而非直接对二审程序秩序造成了侵害。

综上所述,虚假诉讼罪保护的法益是司法秩序,具体而言是指诉权的真实性。行为人虚假诉讼可能会侵害他人的合法权益,但就行为定性而言,该法益侵害并非成立本罪的必要条件。此外,捏造构成诉权的事实并提起诉讼确实违背了《民诉法》规定的诚实信用原则,但虚假诉讼罪并非泛泛地保护诉讼中的诚实信用原则。基于真实诉权提起的民事诉讼,即使行为人主观上具有恶意,如恶意申请诉前保全、拖延诉讼,或客观上构成滥用诉权,如虚构与管辖有关的事项提起管辖权异议,都不属于虚假诉讼罪所规制的行为。

三、"部分篡改型"虚假诉讼的定性

虚假诉讼罪所保护的法益是诉权行使的真实性,虚假诉讼的源头在于虚假的诉权。[3] 基于部分篡改的事实提起的民事诉讼是否构成虚假诉讼罪,需要看篡改行为是否对诉权的真实性造成影响。为此,需要对诉权的真实性进行实质理解。

(一)诉权的真实性是指法律上利害关系的真实性

在民事诉讼中,因起诉开始的诉讼是以法院对诉讼上的请求作出判决为目标的发展过程。该过程理论上分为三个阶段:首先,诉讼必须适法提起,使诉讼适法提起的要件被称为"起诉要件";其次,满足起诉要件后,事件便系属于法院,其系属在程序上必须适法,而使诉讼适法系属所必须具备的要件称为"诉讼要件";最后,法院就原告的请求(本案)进行审理、判决,使法院裁判原告的请求有理,必须

---

① 参见江伟、肖建国主编:《民事诉讼法》(第8版),中国人民大学出版社2018年版,第336页。

② 参见洪涛:《虚假诉讼罪问题再探析》,载《南海法学》2022年第2期,第40页。

③ 参见洪冬英:《论虚假诉讼的厘定与规制——兼谈规制虚假诉讼的刑民事程序协调》,载《法学》2016年第11期,第142页。

满足实体法上的构成要件，这也被称为"本案要件"。[①] 其中，起诉要件与诉讼要件均涉及诉权行使的适法性条件，本案要件仅为诉权的有理性要件。具体而言，起诉要件一般体现为程序性、形式性要求，如诉状是否完整、诉讼费用是否缴纳等。诉讼要件则既包括与实体法关联较小的要件，如管辖要件、当事人能力要件等；也包括与实体法具有密切关联的要件，如当事人适格、诉的利益等。通常，对于诉讼适法系属判断至关重要的是诉的利益，其反映了当事人对于纠纷解决的需要。

诉的利益为大陆法系民事诉讼理论上的概念，是指对于具体的诉讼请求，是否具有进行本案判决的必要性和实效性。[②] 诉的利益之功能一方面在于保障当事人的诉权，另一方面也包括禁止原告滥用诉讼。[③] 大陆法系国家及地区中，德国及日本民事诉讼均将诉的利益定位为诉讼要件。[④] 由于我国的民事诉讼制度中没有诉讼要件审查制度，因此实践中对诉的利益之审查通常被归入起诉要件之中。[⑤]

需要注意的是，诉的利益虽然与实体法关系密切，但是就本质上而言，其应当是优先于实体上有无理由的一种利害关系的判断，这种利害关系并不以实体法律关系作为评判的标准。[⑥] 实体法律关系的存在与确认属于本案要件，对本案要件有关事实的捏造、篡改虽同样关乎当事人最终诉讼目的能否达成，但其并非程序法意义上的滥用诉权。我国传统民事诉讼法理论由于受苏联二元诉权论的影响，将诉权理解为实体性和程序性两个方面的权利。但该理论同样强调，实体性的权利要件是当事人提起诉讼的基础，也是能否胜诉的关键。而诉权行使的要件是解决能否有权提起诉讼的问题，只要起诉人能够证明他的起诉有实体上的权利救济需要即可，其甚至不需要也无义务担保这种权利是否真正存在。因此，不能理解行使诉权必须有实体权利上的利益，而应理解为仅仅是向法院说明"对司法救济有着需要"这样的要求。法院对诉权行使要件的审查为形式审查，不能进行实质审查，也不能因当时人起诉"没有实体权利""不能胜诉"而归于"诉权滥用"。[⑦]

因此，无论是依据大陆法系民诉三阶段过程理论，抑或依据我国传统理论对

---

① 参见［日］中村英郎：《新民事诉讼法讲义》，陈刚、林剑锋、郭美松译，法律出版社2001年版，第152页。

② 参见［日］新堂幸司：《新民事诉讼法》，林剑锋译，法律出版社2008年版，第187页。

③ 参见廖永安：《论诉的利益》，载《法学家》2005年第6期，第91页。

④ 参见李凌：《立案登记制下诉的利益判断》，载《国家检察官学院学报》2017年第4期，第150页。

⑤ 参见张卫平：《诉的利益：内涵、功用与制度设计》，载《法学评论》2017年第4期，第2页。

⑥ 参见李凌：《立案登记制下诉的利益判断》，载《国家检察官学院学报》2017年第4期，第153页。

⑦ 侯海军：《民事诉讼中权利滥用行为研究》，人民法院出版社2011年版，第69-70页。

诉权的理解或民事审判实践中的做法,都将民事法律关系的具体真实性置于诉权合法性的考虑范围之外。诉权的合法性除了考虑形式性、程序性条件的合法外,更多考虑的是诉的利益的合法性、真实性。狭义上,亦可认为诉权的内容仅指诉的利益与当事人适格。①唯有行为人捏造、篡改的事实涉及诉的利益层面的事实,即对抽象的利害关系或纠纷样态进行捏造,才可能属于滥用诉权虚假诉讼。而这类事实主要包含以下两种样态:其一,行为人通过捏造事实使不适格的诉讼主体适格,如使不具有利害关系的人与特定纠纷产生利害关系,从而获取诉讼身份;其二,虚构诉的利益、改变诉的利益,如无中生有捏造出一项纠纷,以及篡改纠纷的样态形成新的法律上的利害关系等。

总之,当事人捏造事实形成、变更或消除法律上的利害关系,并以此提起民事诉讼的才构成虚假诉讼罪。当事人在真实的利害关系(民事法律关系)的基础上,伪造证据材料或隐瞒事实,从而导致"部分虚假",向人民法院提起诉讼的,不构成虚假诉讼罪。②

(二)以利害关系样态有无变化为不法判断标准

确切而言,虚假诉讼罪的核心法律特征是对法律关系(诉讼要件中的利害关系)的虚构。③并非只要凭空捏造了事实提起诉讼的都构成虚假诉讼罪,在原有真实法律关系的基础上增加虚假成分、隐瞒真相的不属于虚假诉讼罪中的捏造事实。④同理,并非所有的"部分篡改事实"都不构成虚假诉讼罪,对于行为人以部分真实、部分虚假的事实提起民事诉讼的,应当仔细审查虚假的部分是否足以使主要的民事法律关系发生实质性变化。⑤实践中判断部分篡改事实提起诉讼的行为是否构成虚假诉讼罪时,应着眼于篡改的事实内容是否引起了法律上的利害关系样态发生了变动。

1. 部分篡改事实未改变既有利害关系的不构成本罪

行为人的部分篡改行为不涉及真实存在的利害关系的变动,而只是对实体法

---

① 参见[日]新堂幸司:《新民事诉讼法》,林剑锋译,法律出版社2008年版,第187页。

② 参见周光权:《刑法各论》(第4版),中国人民大学出版社2021年版,第452页。

③ 参见曾粤兴、卢义颖:《罪与非罪及其关系——刑民意义上的虚假诉讼》,载《学术探索》2018年第5期,第91页。

④ 参见张里安、乔博:《虚假诉讼罪若干问题研究》,载《河南社会科学》2017年第1期,第89页。

⑤ 参见莫洪宪、周天泓:《虚假诉讼罪的基本问题》,载赵秉志主编:《刑法论丛》(第47卷),法律出版社2016年版,第346页。

上具体权利、义务内容的修改，不构成虚假诉讼罪。该类行为篡改的对象属于诉讼中本案要件的内容，影响诉权的有理性要件，而与诉权的合法性要件无关。这类行为常见于民间借贷案件当中。(1)在原有的借贷关系基础上虚构事实提高债权数额。文首所提案例2“王某革虚假诉讼案”即是如此，该案法院正确地认定了被告人不构成虚假诉讼罪。(2)在原有的借贷关系基础上签订“影子合同”索要非法利息。从形式上看，“影子合同”通常是民间借贷中当事人为实现超高利息而定立的虚假合同。但实质上行为人以“影子合同”实现其诉权并非毫无依据、无中生有。①

例如，在“朱某锋高利转贷、虚假诉讼案”中，②被告人朱某锋将200万元借给赵某，约定利息4分，后朱某锋多次催要借款无果。为向赵某讨要基于200万元本金所产生的60万元高额利息，朱某锋要求赵某按不同时间伪造10张借朱某锋共计60万元的借条。而后朱某锋以260万元作为借款本金向法院提起民事诉讼。法院最终并没有认定虚假诉讼罪的成立，理由在于被告人朱某锋与赵某之间存在真实的民事法律关系。

与上述两个案例略有区别的是，案例1“张某某虚假诉讼案”中，张某某先后多次向易某出借款项，共计200余万元。二人之间实际上形成了数个债权债务关系。③该种情况在民事诉讼中属于以同一种类的多个诉讼标的合并而产生的可分之诉。在可分之诉中，人民法院既可以作为共同诉讼合并审理，也可以作为多个独立的诉讼分别审理；即使合并审理，也需要分别作出确认各自民事权利义务的裁判。因此有观点认为，在可分之诉中，应当对其中涉及的多个诉讼标的和诉讼标的所对应的多个民事法律关系分别进行判断，行为人仅对其中部分诉讼标的进行捏造的，可以就该部分诉讼标的对应的民事法律关系认定为虚假诉讼罪。④根据该观点，张某某隐瞒一部分债权债务关系已消灭的事实而提起民事诉讼，就已消灭的诉讼标的而言，其行为构成虚假诉讼罪。

然而，案例1中张某某毕竟并非凭借数个债权债务关系逐一提起数个诉讼，

---

① 参见李翔：《虚假诉讼罪的法教义学分析》，载《法学》2016年第6期，第142页。

② 参见安徽省六安市裕安区人民法院刑事判决书，(2020)皖1503刑初201号。

③ 《人民法院整治虚假诉讼典型案例》，载《人民法院报》2021年11月10日，第3版。

④ 参见周峰、李加玺：《虚假诉讼罪具体适用中的两个问题》，载《人民法院报》2019年9月12日，第6版。

而是采取了一并诉讼的方式。根据诉的合并原理，将两个或两个以上相互之间有一定联系的诉合并在同一诉讼程序予以审理，有利于提高纠纷解决的效率，减少诉讼成本。[①] 因此即使认为张某某的行为构成虚假诉讼罪，也至少应当承认其部分诉讼行为是基于真实的诉权作出，与纯粹的捏造事实提起虚假诉讼相比，其不法程度相对较轻。

2. 部分篡改事实改变了利害关系样态的可构成本罪

从诉权的角度看，法律上的利害关系是对诉的利益的具体描述，是法院判断诉的必要性和实效性的考察对象。从诉的识别的角度看，法律上的利害关系与诉讼标的对应。利害关系依托于实体的民事法律关系，但二者又存在区别。例如，在客运过程中造成乘客伤亡的案件中，法律关系可能存在两个，即侵权关系与违约关系，此所谓实体法上请求权竞合的情况。但在诉讼法的视角下，该案件中能够形成诉权的只有一个利害关系，即导致乘客伤亡的事件或行为。与之相应，诉讼标的也只有一个，其直接决定法院的审理范围、一事不再理规则的适用范围以及裁判作出后的既判力范围。因此，行为人部分篡改事实导致法院对诉的利益判断产生偏差时，才属于基于不真实的诉权提起诉讼，构成虚假诉讼罪。

(1)破产程序中篡改债权样态。根据《虚假诉讼解释》第1条的规定，在破产案件审理过程中申报捏造的债权的属于以捏造的事实提起民事诉讼。有观点认为，在破产案件审理过程中，行为人虚增债权数额的行为直接影响债权人表决权的分配及后续破产事物管理，对司法秩序的侵害甚至更为严重，对合法权益人的侵害也更为明显，因此应将部分捏造纳入捏造的含义范围内。[②] 本文认为，该理由不足以使破产程序中的虚构诉权判断规则成为例外。事实上，即使在普通的债权债务纠纷中，行为人虚构债权数额的最终也可能影响执行过程中对其他债权人的财产分配。虚报债权数额并未改变债权债务法律关系的形态，因此不对诉权的合法性产生影响。行为人没有虚构债权关系，而只是虚报了债权数额的，不应认定为构成虚假诉讼罪。此时应根据案件具体情况，判断行为人是否另构成伪造公司、企业、事业单位、人民团体印章罪或诈骗罪等。

反之，如果行为人通过虚构事实使自己的普通债权成为具有担保的债权，从

① 参见张卫平：《民事诉讼法》(第4版)，中国人民大学出版社2019年版，第148页。

② 参见赵运锋：《涉破产虚假诉讼罪“捏造”行为实质解释研究》，载陈金钊、谢晖主编：《法律方法》(第39卷)，研究出版社2022年版，第258页。

而根据担保权就特定财产优先受偿的，或者篡改普通债权为破产费用、共益债务优先受偿的，以及篡改事实提升债权优先级的，则属于篡改了利害关系样态，构成虚假诉讼罪。①

（2）民间借贷纠纷中改变法律利害关系样态。在文首所提案例3"潘某虚假诉讼案"中，滕某就被告人潘某对王某的债权负有民法上的保证责任，如果该保证责任为一般保证，则保证人享有先诉抗辩权；②如果为连带责任保证，则应在其保证范围内承担保证责任。但无论如何保证责任关系不同于直接的债权债务关系，潘某迫使滕某、袁某出具借据，已经改变了原有的纠纷样态，虚构了新的诉的利益。因此，尽管其在诉讼法上可能真实享有对滕某的诉权，但其基于篡改的事实形成的新的诉的利益提起诉讼，已构成独立的诉讼标的，严重影响了法院的裁判范围，属于凭借虚构的诉权提起诉讼。因此，被告人潘某的行为构成虚假诉讼罪。

此外，实践中还存在行为人为行使债权，变违法的债权债务纠纷为合法的债权债务纠纷而起诉，对此也应认定构成虚假诉讼罪。例如，在"付某代理虚假诉讼案"中，③宋某在杜某开设的赌场参赌，欠下杜某巨额赌债不能偿还。杜某为掩饰赌债性质，便于追索赌债，诱使宋某签订借款担保合同。被告人付某以律师身份与杜某通谋，代理虚假民事诉讼，法院认定付某构成虚假诉讼罪。该案中，宋某与杜某之间存在形式上的债权债务关系，但实质上，二者之间因赌博而形成的债权债务关系在民事法律上属于自然之债，无法受到法律保护。在诉讼要件的判断中，因该利害关系不应得到法院判决，从而欠缺诉的利益。因此杜某自始不存在合法有效的诉权。

综上所述，"无中生有"与"部分篡改"实际上具有相对性，判断是否成立虚假诉讼罪的关键不在于事实是被凭空捏造还是部分篡改，核心在于行为人虚构的事实是否根本造就了虚假的诉权。一般而言，行为人不改变真实的利害关系，而仅部分篡改或隐瞒具体的实体法律关系内容的，不构成虚假诉讼罪。当行为人部分篡改或隐瞒的事实能够改变利害关系样态时，才可能构成虚假诉讼罪。

---

① 参见广东省蕉岭县人民法院刑事判决书，(2020)粤1427刑初92号。

② 原《担保法》第17条第2款（现行《民法典》第687条第2款）：一般保证的保证人在主合同纠纷未经审判或者仲裁，并就债务人财产依法强制执行仍不能履行债务前，对债权人可以拒绝承担保证责任。

③ 参见陕西省西安市中级人民法院刑事裁定书，(2021)陕01刑终349号。

四、虚假诉讼罪的犯罪形态判断

理论上对于虚假诉讼罪所保护法益及罪行类型的认识分歧，必然导致对本罪既未遂形态的判断分歧。[①] 而实务中法院也多对本罪犯罪形态的认定采取回避态度，唯有辩护人提出相关辩护意见时方予以回应，[②] 且认定标准并不统一。[③]

对虚假诉讼罪的犯罪形态必须结合本罪的罪质进行理解。本罪保护的法益为司法秩序法益，实行行为是虚构诉权提起诉讼。但是并非行为人一旦提起虚假诉讼便会对司法秩序法益造成侵害。为保障诉权，法院原则上在立案审查环节只对起诉材料进行形式审查，如果将起诉环节作为本罪的既遂标准，实则以刑法架空了立案登记制改革保护诉权的目的。[④] 因此，虚假诉讼罪为结果犯、实害犯，其实害结果为法院依据虚构的事实错误地判断了诉的必要性和实效性，并以此继续开展司法程序或进入本案要件的审理。

(一)既遂时点为法院对诉讼要件的审查通过

本罪虽为结果犯，但成立本罪不以侵犯他人合法权益为必要条件，而是以侵害司法秩序法益为必要结果。同时，妨害司法秩序的行为可能发生于整个民事诉讼过程中，滥用起诉权、拖延诉讼、妨害作证、扰乱法庭秩序、拒不履行裁判文书等行为都可谓妨害司法秩序的行为。而虚假诉讼罪意欲规制的行为仅为虚构诉权

---

① 关于犯罪未完成形态的考察与犯罪的成立范围考察原本属于两个问题，特别是我国《刑法》总则规定“原则上”处罚犯罪的预备及未遂，但考虑到司法实践中会基于犯罪实施阶段及程度而进行是否起诉的考量及刑罚高低的裁量，而本文提出的“虚构诉权”标准在解释虚假诉讼罪的既未遂形态时是否妥当，也需进一步说明，因此特撰写本部分将虚假诉讼罪的既未遂形态问题一并阐明。

② 参见俞小海、邓梦婷：《虚假诉讼罪的司法实务反思与规则重塑——基于对近三年全国虚假诉讼罪司法案例的实证分析》，载《犯罪研究》2019年第2期，第63页。

③ 例如，在“白某某、刘某某等虚假诉讼案”中，辩护人提出“按照法律规定，行为人骗得错误的生效民事裁判或者致使错误的民事、执行程序完成的才是既遂，故本案被告人应属犯罪未遂”的辩护意见。但法院认为，“被告人以捏造的事实提起民事诉讼，致使人民法院开庭审理，已干扰了正常的司法活动，属犯罪既遂”。参见黑龙江省齐齐哈尔市建华区人民法院刑事判决书，(2021)黑0203刑初320号。与之相反，在“徐某某等虚假诉讼案”中，法院则认为“被告人徐某某等虚假诉讼一案，在法院民事判决前，徐某某主动撤诉，是犯罪中止，应当减轻处罚”。参见黑龙江省齐齐哈尔市梅里斯达斡尔族区人民法院刑事判决书，(2016)黑0208刑初96号。可见后者并不已“致使人民法院开庭审理”为既遂标准，在判决作出之前，行为人均可能成立未遂或中止。

④ 参见翟姝影、郝银钟：《虚假诉讼罪的司法难题与对策研究》，载《法律适用》2022年第9期，第37页。

提起诉讼的行为，因此本罪的实害结果也应当为法院基于错误的诉权开展了民事诉讼程序。

但是民事诉讼程序包含多个环节，包括诉前的保全与先予执行、立案受理、庭前调解、庭前会议、开庭审理、裁判作出等。因此，应当以哪个环节的启动为既遂时点仍不明确。为此，必须结合本罪实行行为进行更细致的解释。以捏造的事实提起民事诉讼是指行为人捏造事实形成虚假的诉权提起诉讼。法院对于诉权的审查包括形式审查和实质审查两个方面，前者对应起诉要件，属于程序性、形式性要求，行为人通常不会也不需要对这类要件进行虚构；后者为诉讼要件，主要内容为与实体民事法律关系密切关联的诉的利益、当事人适格。实践中，最可能被虚构的是诉的利益，而法院恰恰是通过对诉的利益的审查来判断诉的必要性和实效性，并以此决定是否正式进入实体民事法律关系的审理。

例如，德国民事诉讼法（Zivilprozessordnung）第 280 条第 1 款规定，法院可以决定单独审理诉讼的可受理性。该条款适用于所有有关诉的可受理性的问题。[①] 换言之，法院是否能够提供对原告权利的保护，不仅取决于原告在民事实体法律关系上是否确实享有该权利，还取决于原告所提起的诉在诉讼法上是否满足诉讼要件（诉的利益或权利保护利益）。缺少权利保护利益的诉被视为不合法而被驳回。通过对诉讼要件的审查，诉讼上无意义的或者违反诉讼目标的对法院的利用，在合法性审查这一层面被克服。[②] 因此，只有当法院错误地通过了对诉讼要件的审查时，行为人虚构诉权的结果才得以实现，虚假诉讼罪方能成立既遂。

当然，由于我国《民诉法》并没有明确规定诉讼要件的审查环节，因此对虚假诉讼罪的既遂时点需要结合实践中的具体操作进行判断。在立案登记制改革之前，法院对诉的利益的审查通常在立案受理阶段完成，即将其置入起诉要件当中。在立案登记制改革之后，《民诉法》仍未明确审查诉讼要件的环节，因此目前实践中的立案登记环节仍可能发挥判断程序上诉讼系属适法的作用。正因如此，有学者认为该做法与立案登记制背道而驰。[③] 但在理想情况下，立案登记环节应当只审查程序性、形式性的起诉要件。在立案受理后至开庭审理前期间，如庭前会议环节，法院才可以就诉讼要件进行审查。在当前实践背景下，以法院实际完成诉讼

---

① Vgl. Foerste, in: Musielak/Voit, Zivilprozessordnung Kommentar, 20. Aufl. 2023, § 280 Rn. 2.

② 参见［德］奥特马·尧厄尼希：《民事诉讼法》，周翠译，法律出版社 2003 年版，第 190 页。

③ 参见李凌：《立案登记制下诉的利益判断》，载《国家检察官学院学报》2017 年第 4 期，第 145 页。

要件的审查并正式进入庭审环节为标准,作为虚假诉讼罪的既遂时点,较为符合明确性要求,也有利于司法实践的统一。

此外,在非讼程序中由于不存在实体民事法律关系争议,因此不存在对纠纷解决的实效性判断,法院也不会审查诉的利益要件。此时应当以该类程序的启动为既遂标准。[①] 在申请诉前保全和先予执行的案件当中,尽管此时尚未开启立案程序,但法院作出保全或先予执行的裁定时,已经就法律规定的利害关系人、利害关系进行了判断,因此对该类案件可以将裁定的作出认定为既遂时点。

(二)未遂时点为法院对起诉要件的审查通过

如果认为虚假诉讼罪罪状中的"妨害司法秩序"为结果要件,"以捏造的事实提起民事诉讼"为行为要件,则当行为人向法院提交虚假的材料请求立案时便可以认定为开始实施了实行行为。法院在对起诉要件审查通过并决定予以立案时,该虚假诉讼便会进入诉讼要件的审查环节,此时行为便具备了现实的侵害司法秩序法益的紧迫危险。因此,应以法院对起诉要件的审查通过作为着手的时点或未遂的时点。在法院受理虚假的起诉之后,审查诉讼要件之前,行为人主动撤回起诉的为犯罪中止;法院在开庭审理前通过审查诉讼要件,发现诉权不适法而驳回起诉的,成立犯罪未遂。

五、结语

对虚假诉讼罪处罚范围的解释关系着诉权保障与诉权滥用禁止之间的平衡。虚假诉讼的本质是虚构诉权提起诉讼,导致本不应启动的民事诉讼程序错误启动。因此虚假诉讼必然侵害正常的民事诉讼秩序,但却并不必然对他人的合法权益造成侵害。将他人合法权益作为本罪选择性保护法益的观点,难以处理司法秩序法益与他人合法权益之间的逻辑关系。将他人合法权益作为本罪主要保护法益的观点,容易忽视本罪对于维护司法秩序法益的意义。根据刑法体系解释,本罪保护的法益为司法秩序法益,对于通过虚假诉讼而侵害他人合法权益的行为,应适用《刑法》第307条之一第3款的规定,作为犯罪竞合的情况处理。虚构诉权

---

① 参见程权、应俊峰:《虚假诉讼罪既遂标准之认定分析》,载张光君主编:《应用法学评论》(总第5辑),社会科学文献出版社2021年版,第190页。

是指行为人捏造的事实形成了新的(或改变了既有的)法律上的利害关系样态，在诉讼法上主要体现为虚构诉的利益或者改变诉的利益。法院基于虚构的诉的利益错误地判断了诉的必要性和实效性，并以此开展了后续的民事诉讼活动，是本罪妨害司法秩序的体现。因此，本罪的既遂时点不以生效裁判文书的作出为准，而是以法院错误地通过了对诉讼要件的审查为准。总之，并非所有的篡改事实提起诉讼的行为都够构成本罪，也并非只要行为人以捏造的事实提起诉讼即成立本罪既遂。将本罪的不法核心理解为对诉讼要件(诉的利益)的虚构，有利于在保障诉权和维护司法秩序之间实现良好平衡。

(编辑：蒋太珂)

域外借鉴

原意主义解释与建构主义解释

[美]大卫·布林克*著　何俊毅**译

摘　要　德沃金的法律解释主张可以被认为是一种原意主义法律解释。其认为法律条文意在表达道德或政治原则，为此需遵循语义原意或制宪者意图。法院应根据基本原则和法律规则解释法律，法律原则和法律规则都是语义开放的。法律解释必须确立基本概念的最佳观念。制宪者同时具有具体意图和抽象意图，宪法裁决应恪守其抽象意图。对宪法解释要进行原意主义限制，将这种限制作为能够为政治道德提供宪法解释和司法审查的方式。原意主义必须考虑制宪者的语义意图。原则原意主义是建构性解释的重要组成部分。

关键词　原意主义　语义假设　制宪者意图　原则原意主义　建构性解释

德沃金在分析法学领域的主要贡献包括其法律解释方法理论，对法律解释的道德维度的坚持，以及对疑难案件中法律确定性的辩护。如同某些支持德沃金的

---

*　大卫·布林克（David O. Brink），现为加州大学圣地亚哥分校哲学系教授，圣地亚哥大学法学院副教授，圣地亚哥大学法学院法律与哲学研究所所长，研究方向为伦理理论、伦理学史、道德心理学、政治哲学和法理学。原文收录于 Waluchow and Stefan Sciaraffa（eds.），The Legacy of Ronald Dworkin，New York：Oxford University Press，2016，p.273-298。本文摘要及关键词由译者拟写。

**　何俊毅，男，甘肃兰州人，西北师范大学法学院副教授，研究方向为法理学、立法学。

法律观点和法律解释理论的学者一样,[1] 笔者试图利用探究德沃金理论的机会,集中讨论他的法律解释观念的发展,并探究他在其学术生涯中形成的关于法律解释性质的一些大相径庭的主张之间的联系。笔者将主要讨论德沃金的如下五个全然不同的主张:

(1)批判了哈特的规则模式和司法自由裁量权以及其在疑难案件中对法律确定性的主张。

(2)区分概念和观念,并认为具有宪法性质的裁判应当符合制宪者对概念和价值的最佳观念,而非重复其对那些价值的特定观念。

(3)批判了对制宪者意图的解释诉求。

(4)主张建构性解释,并将适当性与可接受性作为评估竞争性解释的基本维度。

(5)主张法律解释的规范性观念,尽管这些观念之间存在重大的规范性分歧。

这些关于法律解释的主张与其法律解释观念息息相关。这种解释观念强调实质性的道德和政治主张在捍卫法律条款的含义的作用以及忠实于这些条款制定者的意图原则的作用。由此,笔者认为德沃金的解释主张可以被视为原意主义法律解释的一个版本。

这似乎令人惊讶,因为原意主义者坚持忠实于宪法语言的原初含义或制宪者的意图,这往往被视为德沃金所捍卫的那种关于法律的道德解释的对立面。[2] 但是,存在不同的理解法律条文含义和意图的路径以及与两者有关的忠诚原则。德沃金认为,法律条文往往意在表达道德或政治原则。践行这些原则的最佳观念是遵从语言原意和制宪者意图。这种进化版的原意主义更倾向于原则或概念的原意主义,而非观念的原意主义。

这种原则原意主义反映在德沃金的建构性解释观念中,即坚持通过法律条款的基本概念的可接受性来评估各种解释结果。然而,德沃金坚持将制度性的可接受性作为建构性解释的一个独立维度。这在一定程度上限制了他对原意主义的恪

① See Brink, Legal Positivism and Natural Law Reconsidered, The Monist 68, 1985, p.364-387; Brink, Legal Theory, Legal Interpretation, and Judicial Review, Philosophy & Public Affairs 17, 1988, p.105-148; Brink, Semantics and Legal Interpretation (Further Thoughts), Canadian Journal of Law and Jurisprudence 2, 1989, p.181-191.

② 关于这种常见对比的一种说法,参见 Waluchow, A Common Law Theory of Judicial Review: The Living Tree, New York: Cambridge University Press, 2007, p.52-69。

守。原则原意主义和建构主义解释都坚持解释的规范维度，尤其是在进行宪法解释时。笔者将回应在面临重大的规范性分歧时，规范性解释观念的可行性问题。

一、规则模式、法律确定性与司法自由裁量权

在《法律的概念》一书中，哈特对自然法、最低限度的法律确定性，以及疑难案件裁判中司法自由裁量权的必要性进行了讨论。[①] 哈特认为，法律制度是一系列指引公民并规范其行为的初级规则的集合，这些初级规则凭借承认规则确立的某种制度谱系成为有效的法律。承认规则通过确认特定法律规则渊源的权威性来规制该制度中官员的行为。哈特认为，至少在道德正派的法律制度中，法官应当通过适用这些初级规则来解释和适用法律。他认为，立法者往往有充分的理由使用诸如"反竞争行为""正当程序""非法搜查和扣押"等一般条款制定法律，而不是试图对法律应当规范的所有行为活动作出事无巨细的规定。但是，哈特指出，一般条款就其本质而言是"语义开放的"。据此，案件可以被划分为法律规则可以明确适用的简单案件和相关法律规则是否可以适用有争议的疑难案件。在哈特看来，疑难案件具有法律上的不确定性。法官不能通过适用法律规则来裁决此类案件，而只能通过行使准立法权来裁决，他将其称之为司法自由裁量权。他明确表示，这种司法立法不需要也不应该是任意专断的，它应当体现公正性、中立性和原则性决策的司法德性。但是，此类决议必须是基于法律以外的考量因素所作出的。哈特关于疑难案件中司法自由裁量权的论证与此类似：

（1）法律由通过一般条款表达的法律规则组成。

（2）所有的一般条款都是语义开放的，尽管它们包含了一个固定的核心文义，但它们同样包含内容不确定的边缘文义。

（3）受过法律训练的一般理性人不同意存在有争议的案件或疑难案件，认为它们属于现存法律规则中一般条款的开放结构的范围。

（4）因此，疑难案件在法律规则适用上具有不确定性。

（5）基于此，法院只能根据法律以外的理由（如道德和政治理由）来裁决疑难案件。

（6）综上所述，在疑难案件中，法院必须行使司法自由裁量权来制定法律，而

---

① H.L.A Hart, The Concept of Law, Oxford: Clarendon Press, 1961.

非仅仅适用法律规则。

以哈特关于“市政条例禁止车辆进入公园”的案例为例,“车辆”一词的核心文义适用于我的 SUV 和我的摩托车。因此,如果我在公园里被抓到在我的 SUV 里做甜甜圈,或者在我的摩托车上表演后轮平衡特技,这是一个简单案件,法律对此明令禁止。但是,“车辆”是一个开放性的概念。目前,还不清楚它是否能够适用于自行车、滑板、赛格威(一种电动代步车)和旱冰鞋。根据哈特的观点,涉及在公园里使用上述设备的案件将是疑难案件,它们在法律适用上具有不确定性。他认为,法院只能通过行使司法自由裁量权这种准立法权来裁决这类案件。法律是有漏洞的,但随着时间的推移,司法自由裁量权的行使将逐渐填补这些漏洞。

二、规则与原则

德沃金拒绝了哈特关于司法自由裁量权的论点,并为法律近乎最大的确定性辩护。他认为法律中几乎任何可能出现的案件都存在唯一正确的答案。作为一项预先存在的法律权利,诉讼当事人有权要求获得对其有利的裁决。德沃金通过质疑哈特的规则模式来捍卫强确定性。① 德沃金认为,法律远比具有明确制度谱系的成文法规则更丰富,因为它包含了各种法律原则。这导致他拒绝接受哈特论证的前提(1)。在《规则模式》一文中,德沃金诉诸法律论证和法律解释实践来为这一主张辩护,正如里格斯诉帕尔默案和亨宁森诉布洛姆菲尔德汽车制造厂案所表明的那样。②

在里格斯案中,纽约遗嘱法院声称,埃尔默·帕尔默不能通过谋杀其祖父,并根据原本有效的遗嘱条款继承遗产。法院显然忽视了遗嘱法相关规定的明确含义,该法并没有对谋杀立遗嘱人的继承人作出剥夺其继承权的例外规定。法院通过援引“任何人都不能从自己的错误行为中获利”的原则,作出了对埃尔默不利的裁决。在亨宁森案中,新泽西州一家法院裁定,尽管在亨宁森所签署的购买协议中明确规定制造商的责任仅限于修复(更换)有缺陷的部件,布洛姆菲尔德汽车制造厂仍应承担补偿性损害赔偿责任(如亨宁森受伤的妻子的医疗费用)。因为

① See Dworkin, The Model of Rules, in Taking Rights Seriously, Cambridge: Harvard University Press, 1977; Dworkin, Hard Cases, in Taking Rights Seriously, Cambridge: Harvard University Press, 1977, p.298.

② Riggs v. Palmer 115 N.Y. 506(1889) and Henningsen v. Bloomfield Motors, Inc. 32 N.J. 358, 161 A.2d 69(1960).

亨宁森的妻子受伤与其汽车部件和制造工艺有缺陷有关。尽管法院承认强制执行基于意思自治的合同的重要性，但法院通过“确保涉及潜在危险产品的合同对消费者和公众利益公平”的原则来证明其裁决的合理性。合同不得不公平地利用购买者的经济地位，法院不能被“用作制造不公平和不公正的工具”。

德沃金认为，法院应根据基本原则和法律规则来解释法律。在这些案件中，原则并不只是对各方一致认为不确定的法律规则的补充解释。相反，利用原则进行裁决实际上可能会得到与通过规则明确裁决的案件相反的结论。里格斯案为原本表达明确的遗嘱法规开启了一个不成文的例外，亨宁森案则对明确的基于意思自治的书面合同开启了一个不成文的例外。这些案例显示了援引基本法律原则的解释实践。这些基本法律原则不仅补充，并且修正了法律规则。德沃金宣称，如果既存在法律规则，也存在法律原则，那么就不能够从法律规则的开放结构中推出“法律的”不确定性和自由裁量权。

三、法律解释的语义学

即便德沃金关于“法律是由原则和规则组成”的观点是正确的，这也不会对哈特从法律规则的开放结构到法律的不确定性的基本论点产生太大影响。如果无法证明法律规则的含义总是确定无疑的，那么也同样没有理由认为法律原则的含义是清晰明了的。法律原则和法律规则都是语义开放的。例如，即使认为里格斯案是基于“没有人可以从自己的错误行为中获利”原则裁决的简单案件，亨宁森案也不是基于其法律原则进行裁决的简单案件。亨宁森案的争议在于，购买协议是否利用了亨宁森的经济地位，以及执行该合同是否会使法院沦为“制造不公平和不公正的工具”。如果哈特的语义假设是正确的，那么就很可能无法确定法院适用这些法律原则是否应当作出有利于亨宁森的判决。如果我们试图反对哈特关于疑难案件不确定性的论断，就必须直接回应哈特的语义假设。

哈特提出的语义假设是，只要法律语言的内涵和适用范围（外延）没有争议，那么法律规范（无论是法律规则还是法律原则）中语言的含义就是确定的。如果一个词或短语的含义包含在与之相关的惯常描述中，并且该词或短语的外延也符合这些描述，那么这种语义假设就可能是合理的。例如，我们可以说，“单身汉”一词的含义是由“从未结婚的男人”这一描述赋予的，说话者将该词与该描述联系在一起，该词的指涉和外延仅及于满足该描述的事物，即仅指没有结婚的男人。

鉴于此,若说话者将不同的适用标准与某个术语联系起来,或者不同意该术语的外延时,我们便可以认为,该术语的含义是不确定的。对于一个给定的单词或短语,其含义的确定性有三种可能性:

(1)存在几乎每个人都会与该语词联系在一起的描述。

(2)几乎不存在会有人与该语词联系在一起的描述。

(3)部分人同意而部分人反对其与该语词的联系的描述。

满足条件(1)的事物是该术语外延的确定部分;满足条件(2)的事物则是绝对不属于该术语外延的部分;而满足条件(3)的事物是否属于该语词外延的部分则是不确定的。因此,使用该语词或短语的法律规则,必然适用于第一种情形;肯定不适用于第二种情形;它是否适用于第三种情形尚不确定。前两种情形属于简单案件,而后一种情形则属于疑难案件。在疑难案件中且只有在疑难案件中,法律规则才是不确定的。如果哈特的这些语义假设是正确的,那么他对德沃金已经有了现成的回应。既然这些直接适用法律原则的案件是不确定的疑难案件,人们对该法律术语、短语及其外延适用的语义标准存在分歧,那么,这些案件必然在语义上是不确定的。因此,在法律适用上也必然是不确定的。如果德沃金试图反驳哈特对疑难案件不确定性的论证,他就必须拒斥该论证所依据的语义假设。

哈特的语义假设意味着,我们在适用语词的标准方面的分歧,或对这些语词的外延的分歧,都隐含着它们的含义和外延的不确定性。但是,该假设存在问题。分歧并不必然意味着不确定性。即使对某一术语的适用或外延标准存在分歧,仍然可能存在关于该术语外延的共识。例如,我们不能够仅仅因为人们对毒性的标准或什么物质有毒存在不同意见,就认为“毒素”一词的含义或外延是不确定的;我们也不能因为自由主义者和平等主义者对正义的性质的理解存在分歧,就断定正义的意义或指称是不确定的。如果认为哈特的语义假设是正确的,那么可以认为,当人们对某个术语的适用有不同的标准,对其外延有不同的理解时,他们是在意指不同的事物。但问题是我们不能代表人们的不同意见。分歧和达成共识的前提是单义性——也就是说,说话者使用的语词具有相同的含义和外延,而非自说自话。否则,我们的对话就是鸡同鸭讲。例如,我说“银行是存钱的好地方”,而你说“不,银行不是存钱的好地方”。如果我们是在不同的意义上使用“bank”这个词(我指的是储蓄机构,而你指的是河边),我们之间就不存在分歧。反之,如果在相同语境下使用“bank”这个词,我们之间可能会产生分歧。产生分歧或达成共识一方面要求我们区分术语的内涵和外延，另一方面要区分发言者对术语的适用标准和外延的理解。分歧是典型的关于术语适用标准的不同理解，它以术语不变的含义和外延为前提。①

想想对几十年前颁布的一项有些过时的关于环境保护法规的解释，该法规要求对有毒物质的处理采取特别程序。毫无疑问，该法规是根据某些认知起草的，这些认知涉及什么使某物有毒，哪些物质有毒，这些认知很可能在这几十年间随着相关科学的进步而得到修正。为了了解早期法院和后来的法院对法规的正确理解可能存在的分歧，“毒素”一词必须具有不变的含义，而不是随着言说者对该词外延的不同理解而改变。对于该法规的正确解释，取决于哪些物质有毒的生物和化学事实，而非对毒素的传统理解（当时或现在）。在任何时候，人们都只能依据那些生物和化学事实作为最有效的证据。或者思考对平等保护条款的解释，以及普莱西诉弗格森案（1896年）和布朗诉教育委员会案（1954年）之间的分歧。②普莱西案法院援引平等保护的观念，要求提供类似的设施或服务，尽管这可能涉及种族隔离；而布朗案法院所援引的平等保护观念，则因认为种族隔离条款涉嫌歧视而认定该条款存在实质的不平等。普莱西案和布朗案法院对“平等保护”的内涵和外延存在分歧，布朗案中法院对平等保护条款的理解更为周全。尽管存在这种历时性的分歧，但这要求“平等保护”有不变的含义和外延。由此可以认为，平等保护是指政府必须具有以平等的关切和尊重对待其公民的正确观念。不能依据对平等保护的传统理解来解释该语词。当然，在任何时候，人们都只能依据平等保护观念的内涵作为最有效的证据。

综上，法律规则和法律原则中出现的一般条款的含义和外延，是由这些规范所涉及的制度、程序、属性和关系的性质等实质性事实决定的，而非由言说者关于其术语的适用标准或外延的传统理解所决定。这意味着哈特论证疑难案件不确定性的语义假设是错误的。疑难案件所涉及的法律规范存在争议，并不意味着它们在这些案件中的适用是不确定的。尽管这不能直接证明德沃金对最大确定性的观点是正确的，但它反驳了哈特关于适度不确定性的观点，即疑难案件必然是不确

---

① See Kripke, Naming and Necessity, Cambridge: Harvard University Press, 1980; Putnam, The Meaning of "Meaning", Reprinted in Mind, Language, and Reality: Philosophical Papers Ⅱ. New York: Cambridge University Press, 1975.

② Plessy v. Ferguson 163 U.S. 537 (1896) and Brown v. Board of Education 347 U.S. 483 (1954).

定的。

笔者通过对含义的描述性和指涉性观念的对比和以单义性为前提的分歧进行分析，对哈特主张的开放结构进行语义学回应。有时用稍有区别的哲学习语表达同样的观点。通常，人们会对种类和性质的字面含义和实质含义进行对比。其中字面含义是一种字典定义，所有有能力使用该术语的人都可以使用。而实质含义则对所涉问题的种类或性质的本质提出实质性的和可修正的主张。“水”的字面含义将以一种约定俗成的描述方式给出，类似于“在湖泊和河流中发现的无色无味的、适合饮用和沐浴的液体”；而实质含义则是正确适用谓词的前提，如 H_2O。为了解释适用标准的分歧和术语外延的分歧，我们需要考察实质含义而非字面含义。在确定通过使用一般条款来表达种类和性质的法律规定的内容时，需要适用这些术语的实质含义而非字面含义。

这一观点有时也表现在概念与性质的对比上。字面含义表达了水的一般或惯常概念，能够使用该词的言说者都可以使用，而“水”的实质含义则表达的是世界上物质的属性，这解释了为什么它们能落入该语词外延的涵摄范围。在此意义上，法律条文的内容取决于表达它的一般条款的性质，而不是它的概念。在《规则模式》一文中，德沃金并没有对哈特的观点进行语义学上的反驳。但他需要类似的理由，以反驳哈特对疑难案件不确定性的语义学论证。德沃金应该会发现，这种对哈特的语义学上的回应，在某种程度上与他后来在《法律帝国》中对传统主义的批判性讨论是一致的。① 传统主义(就像德沃金所谓的简单事实观点)显然应该是建立在哈特的规则模式基础上的一种理论建构。传统主义认为，法律解释受制于法律规则所使用语言的普通或约定俗成的含义，除非存在有争议的经验事实，否则法律是什么或要求什么是不存在争议的。如果法律不能(在法律层面上)存在争议，那么疑难案件在事实上就是不确定的。德沃金批评传统主义无法解释疑难案件中的法律分歧，如果法律是不确定的，那么解释者为何会对此产生分歧。尽管德沃金的观点有时像是传统主义者诉诸语义对解释进行限制，但是，很明显他必须作出他自己的替代性语义假设——特别是法律语言的含义是对该语言的最佳解释，而非对关于该语言所指涉的制度、实践、属性和关系的传统理解。

① Dworkin, “Law’s Empire”, Cambridge: Harvard University Press, 1986.

四、宪法裁判中的概念与观念

尽管德沃金没有明确地支持法律解释的语义学图景，但这也与他早期关于宪法裁判的性质的一些主张相一致。在《认真对待权利》的“宪法性案件”一章中，德沃金为沃伦法院在正当程序条款和平等保护条款案件中的裁判方法进行了阐释。为此，他援引了概念和观念之间的区分。当人们都接受某种也许可以用一般或抽象的术语来描述的价值时，当他们同意许多例证或案件都阐明了这种价值时，人们共享着某种道德或政治概念。例如，人们可能会共享某种分配正义的概念，即适当分配社会交往和合作的利益和负担，并可能就关涉正义和非正义的一些典型案件形成一致看法。但是，人们对这些概念的要件和外延仍有不同的看法。这些关于概念的性质和要求的不同见解，乃是关于该概念的不同观念。例如，我们可以将分配正义的功用主义、自由主义和自由平等主义观念进行对比。某一概念的不同观念实际上就是他们之间的分歧，这些不同的观念是一般概念的竞争性观念。一般概念的存在使得不同观念的产生成为可能。一般概念使观念分歧成为可能。

德沃金认为，正当程序条款和平等保护条款引入了道德和政治概念，公平和平等对民主行动产生了约束。尽管法律条款的制定者对其所使用的概念拥有自己的观念，但是那些概念的正确观念对立法者的观念构成限制。事实上，正是这些已经达成共识的概念解释了不同的观念，如普莱西案和布朗案法院持有不同的平等保护观念。同样，制宪者选择一般性语言的事实也进一步证明，宪法条款引入了道德或政治概念来约束民主行动。为了加强对民主行动的宪法制约，有必要确定基本概念的正确观念，如果解释者不对所涉道德和政治概念的性质和外延作出实质性的规范解释，就不可能做到这一点。我们的宪法制度基于一种特定的道德理论，即人们（人民）对国家拥有道德权利。《权利法案》中难以理解的条款，如正当程序条款和平等保护条款，必须认为其基于道德概念而制定，而非制宪者的特定观念。因此，承担完全适用这些条款的责任的法院，必须是一个积极能动的法院，在此意义上，它必须准备界定和回答有关政治道德的问题。法院和其他解释者的解释责任在于确定基本概念的最佳观念，而非复制立法者的观念。

五、制宪者的意图

德沃金在《原则问题》① 中批判了基于制宪者意图的解释主张。在该文中,他对在宪法判决中逃避实质道德和政治论证的两种路径进行了论述和批判——一种是原意主义的观点,认为司法审查应该受到制宪者意图的约束;另一种是约翰·哈特·伊利的观点,认为司法审查应当强化民主程序,而非捍卫实质性的道德和政治价值。② 在此,笔者想重点谈谈德沃金对原意主义的批判性讨论。

原意主义经历了两波浪潮或两个阶段。最初,原意主义有两种形式:一种是文本主义形式,意在表达法律条文的词语的含义;另一种是意图主义形式,意在阐明法律制定者的意图或目的。③ 最近,第二波原意主义似乎采取了一种彻头彻尾的文本主义形式,主张法律解释必须忠实于法律条文语言的原初含义。④ 事实上,这夸大了新旧原意主义之间的差异。至少在一些新原意主义者看来,立法者的意图提供了关于法律条文语言的原初含义的证据。⑤

在《原则问题》一文中,德沃金尤其关注原意主义的意图主义形式。法律解释为什么要受到立法者意图的限制?法律解释为什么不通过彻底查明争议法条的语义内容来进行呢?有时,语言的指引是模糊的。如滑板车是否应该算作哈特主张的禁止车辆进入公园的市政条例中的车辆。并且,在有些案件中,仅考虑文本的字面含义可能会导致荒谬的解释结果。救护车显然是车辆,但无法确定,在公

① Dworkin, The Forum of Principle Reprinted in a Matter of Principle, Cambridge: Harvard University Press, 1985.

② Ely, Democracy & Distrust, Cambridge: Harvard University Press, 1980.

③ See Bork, "Neutral Principles and First Amendment Problems", Indiana Law Journal 47, 1971, p.1-35; Berger, Government By the Judiciary, Cambridge: Harvard University Press, 1977; Scalia, A Matter of Interpretation: Federal Courts and the Law, in A. Gutman (ed.), Princeton: Princeton University Press, 1997; Brest, "The Misconceived Quest for the Original Understanding", Boston University Law Review 60, 1980, p.204-238.

④ See Barnett, "An Originalism for Nonoriginalists", Loyola Law Review 45, 1999, p.611-654; McGinnis and Rappaport, "Original Methods Originalism", Northwestern University Law Review 103, 2009, p.751-802; Solum, "Originalism and Constitutional Construction", Fordham Law Review 82, 2013, p.453-537. 有关批判性讨论,参见 Berman, "Originalism is Bunk", New York University Law Review 84, 2009, p.1-96; Berman and Toh, "On What Distinguishes New Originalism from Old: A Jurisprudential Take", Fordham Law Review 82, 2013, p.545-576。

⑤ See Alexander, All or Nothing at All? The Intentions of Authorities and the Authority of Intentions, in A. Marmor (ed.). Law and Interpretation, Oxford: Clarendon Press, 1995.

园里的游人需要急救服务时，法令应否禁止救护车进入公园提供医疗急救服务。同样，法令应否禁止在公园内安装军用吉普车作为战争纪念。我们可以通过探寻法令制定者的意图来解决这两种解释问题。例如，如果维护公园安全是该法令的主要目的，则应考虑哪种情形有助于更好地实现该目的，以此作为法律解释的依据。

德沃金对原意主义者考察法律制定者的意图持批判态度，他们通过考虑在法律起草或审议有关条款时发挥重要作用的个人的心理状态这种历史性因素来进行法律解释，尤其是考虑这些人希望或期望通过法律条款予以规制的活动。此种形式的原意主义引发了诸多类似的担忧，德沃金对其中一些进行了讨论。谁是法律条文的制定者？是那些起草法律条文的人？还是法律条文的智识发言人？抑或那些投票表决该条款的民选代表？如果是这样的话，只是指那些投赞成票的人？还是民选代表所代表的所有选民？另外，我们还需要考察其意图究竟是什么。我们应当关注立法者要通过法律条款进行规制的活动，还是立法者期望这些法律条款应予规制的活动？我们应该把重点放在立法者试图规范的具体活动上，还是他们试图实现的抽象目标和价值上？只要可能存在多个立法者，某一特定法条就可能存在相互冲突的立法者目的和意图。我们怎样才能把相互冲突的目的统合起来，从而产生一个统一的目的或意图呢？宪法解释也存在同样的问题。除了如何阐释符合制宪者意图的原意主义限制的问题外，关于这一限制的权威性的重要性也不言而喻。为什么宪法解释要遵守这一限制？我们不能以这是制宪者的意图来作答。因为无法查明立法者意图是否属实，① 且适用该理由将会形成循环推理。德沃金认为，对宪法解释只能进行原意主义限制，将这种限制作为能够为政治道德提供宪法解释和司法审查的方式。他不仅怀疑司法审查这一实质观念的价值，认为这会提供一种关于个人宪法权利的包容性观念，并且认为这将使原意主义者陷入他们试图避免的实质性争论。

除一种关于宪法解释的原意主义外，德沃金对其他所有形式的原意主义都持同样的批判态度。我们可以通过区分抽象意图和具体意图来理解这种形式的原意主义。忠实于制宪者意图的解释限制无法为我们描述制宪者意图提供更多帮助。

① Cf. Powell, “The Original Understanding of Original Intent”, Harvard Law Review 98, 1985, p.885–948.

解释者可以只关注制宪者试图通过制定法律条款来规范的具体活动——具体意图,也可以关注制宪者心中关于特定条款的抽象价值和原则——抽象意图,然后根据他自己关于这些价值和原则的外延的看法进行解释。这两种关于制宪者意图的观念,在法官和其他解释者那里扮演着迥然不同的角色。坚持通过具体意图进行解释,似乎主要是一个历史—心理学的任务,可能会避免实质性道德和政治主张。然而,对于抽象意图的坚持,则涉及解释者对制宪者引入的价值、原则的性质和外延作出实质的规范判断。

德沃金认为,问题不在于制宪者秉持何种意图,因为他们显然同时怀有这两种意图。相反,或许我们应该问哪一种意图具有主导性或支配地位。他指出,答案取决于对有关事实问题的回答,即如果制宪者认为他必须在其抽象意图和具体意图之间做出选择,他会支持什么。

假设我的目的是使有毒物质的制造和处理受到严格的注意标准的约束,并且我只承认 X 是有毒物。由此,我的具体意图是对 X 而非 Y 的制造和处理进行规制。假设我开始相信 Y 和 X 都是有毒物(甚至认为 Y 比 X 毒性更强)。我会不会(1)认为 Y 和 X 都应该谨慎处理,或者(2)不再想要规制有毒物的制造和处置?或者,假设我的抽象目的是禁止残虐和非常规的刑罚,我认为车裂是残虐和非常规的刑罚,但绞刑不是(相较于死刑而言)。我的具体意图是禁止车裂,而不是禁止绞刑。假设我认为绞刑在道德上是不人道的,我会(1)开始相信绞刑是残虐和非常规的刑罚,应该被禁止,或者(2)不再想禁止残虐和非常规的刑罚?

德沃金似乎认为这些事实问题的答案往往是不确定的,这令人诧异。相比之下,我认为有关事实问题的检验通常会有一个确定的答案,它支持抽象意图的主导地位。在这两个例子中,答案似乎都很清楚:我的主要目的是规制事实上有毒的物质的制造和处理,而不仅仅是那些我现在认为有毒的物质。我的主要目的是禁止那些事实上残虐和非常规的刑罚,而不仅仅是那些我现在认为残虐和非常规的刑罚。

这并不奇怪。我们可能会接受更具体的规范性主张,以适用于更一般的规范要素和原则以及我们对这些要素和原则的附带理解。即使我们最初并不是以这种原则性或理智主义的方式来接受具体的规范性主张,但我们能持续认同它们是因为其可以被合理的一般原则和附带理解所包含。也即具体意图只是抽象意图加上正确的附带理解。按此理解，具体意图是后发的，可以说它是从抽象意图和附带理解发展而来的。因此，如果有人要以某种方式改变他的附带理解，这通常意味着他将改变其具体意图，而不是抽象意图。①

德沃金被期望将他对具体意图的批判与对抽象意图的认同结合起来。因为抽象意图的原意主义非常类似于德沃金自己的主张，即宪法裁决应当忠实于制宪者的规范概念，而不是复制他们的规范观念。因为制宪者的抽象意图正是他们试图在抽象概念、原则或价值层面上引入的规范约束，他们的具体意图则是他们关于此概念外延的理解，它反映了关于该概念的性质和要求的观念（显性的或隐性的）。但是，德沃金自己关于宪法裁决的观念，可以表述为一种原意主义，它坚持恪守抽象意图而非具体意图。这将是一种原则原意主义。

但是，恪守制宪者抽象意图的原意主义将如何回答人们熟悉的问题：谁的意图作数、如何聚合相互冲突的意图、制宪者意图的权威如何？这些都是关于制宪者意图可能存在的问题。个人内心潜在的心理状态被认为是其具体意图。但是，德沃金赞同恪守制宪者意图的说法，将这种限制理解为对制宪者抽象意图的忠实。但抽象意图是他们达成一致的规范概念，是他们不同观念的共同之处。此外，尽管作为制宪者的个人拥有抽象意图，但我们可以认为对抽象意图的解释性认同，不是作为个人的心理状态，而是作为集体意图，它构成并解释了所涉法律条款的制度性采纳。② 例如，在以对政府行为的平等和反歧视限制来确定制宪者关于美国宪法第十四修正案中平等保护条款的抽象意图时，我们是在确定某种价值，这种价值解释了第十四修正案的政治目的，从而使第十四修正案的通过合理化。这种对忠于制宪者意图的道德解读的权威来自这样一个事实，即政治制度是这样一种民主形式，其民主机构的行为受到实质性道德和政治的约束。由于这些约束是以受宪法保障的权利的形式出现的，因此司法机构的制度作用是解释这些约束并将其适用于民主立法。

---

① 当然了，在某些情况下，人们可能比任何一般理论和原则更肯定特定的判断。在这种情况下，人们可能通过坚持自己的具体意图和修改自己的抽象价值或原则来回应抽象意图和具体意图之间的冲突。例如，我可能更确信种族灭绝是错误的，而不是容忍任何可能宽恕它的道德原则。但是，虽然这是一种合乎逻辑的可能性，我们的大多数具体的规范性信念并不享有这种不可纠正性。相反，它们似乎是站得住脚的，只要它们能与看似合理的原则和看似合理的附带主张相吻合。

② Brink, Legal Interpretation, Objectivity, and Morality, in B. Leiter (ed.), Objectivity in Law and Morals, New York: Cambridge University Press, 2001, p.30-33.

六、原则原意主义

德沃金在回应斯卡利亚的文本主义或语义学形式的原意主义时,对自己的法律解释观念的阐释所使用的术语最接近原意主义。① 斯卡利亚的中心论点是,宪政民主中的法治要求,适用于当前情形时,对通过民主程序制定的法律的解释要受法律文本原初含义的约束,而不是受法律文本以外的渊源的约束,如制宪者过去或当前的政治理想意图。正是由于法律条款所使用的语言是通过民主程序确定的,因此回归法律条款的语义学内容的文本主义是一项符合民主要求的法律解释方法。斯卡利亚认为,制定法和宪法语言的含义通常是清晰的,解释者并不需要作出可能有争议的规范理解。② 如果认为语词的含义是一种言说者通常与有关术语联系在一起的描述,而(法律文本的)原初含义是通常与立法颁布时法律条款的语言联系在一起的描述,那么该解释可能是合理的。

公允地来说,斯卡利亚是一位传统的文本原意主义者或者语义学原意主义者。如果有人认为这就是原意主义的本质,那么他可能会将原意主义彻底拒之门外。关于语词含义的观念使语词含义受制于言说者的理解,将语词含义与言说者的惯常理解联系在一起将使语词含义失去稳定性。这将使我们无法表达言说者之间的重大分歧。他们适用术语的标准不同,对其所使用术语外延的理解亦不同。我们难以据此理解语词解释的分歧或共识。

尽管德沃金可能会赞同斯卡利亚对于原意主义的这些观点,但他的回应旨在捍卫原意主义的另一种形式——原则原意主义。一些制定法和宪法条款的含义是无可争议的。例如,宪法要求总统至少年满 35 岁,并在美国居住至少 14 年,该项规定的含义十分明确,没有争议。但是,许多制定法和宪法条款则使用了一般性或抽象的规范语言,如"反竞争行为""非法搜查和扣押""正当程序""合理补偿""残虐和非常规的刑罚""平等保护"条款。这种语言的含义和外延本身就是有争议的,因为任何关于这些条款的含义和外延的主张都必须认可这些概念外延的某种实质性规范观念。毫无疑问,制宪者心目中已经拥有关于这些概念的特定

---

① Scalia, A Matter of Interpretation: Federal Courts and the Law, in A. Gutman (ed.). Princeton: Princeton University Press, 1997. 这是斯卡利亚的坦纳讲座的修订文本。德沃金的回应在同一卷中发表。

② Scalia, A Matter of Interpretation: Federal Courts and the Law, in A. Gutman (ed.). Princeton: Princeton University Press, 1997, p.45.

观念，这些观念决定了他们想要和期望这些语言被如何理解。但是，由于制宪者选择用抽象语言表达概念，而非其特定观念，因此制宪者制定的是概念（而非观念）。德沃金声称，对通过民主方式制定的法律，要求忠实于那些抽象概念的最佳观念，而非制宪者的特定观念。例如，美国宪法第八修正案规定，不得科予残虐的、非常规的刑罚。制宪者可能认为已经涵盖了斯图亚特时期各种形式的刑罚，如刑讯逼供、火刑、车裂。但是，他们选择的语言却反映了非人道和不成比例的刑罚的一般概念，而非那一概念的特定观念。因此，若要忠实于第八修正案的语言含义，就要求对非人道和不成比例的刑罚的性质提出规范主张，而非复制制宪者对该刑罚的特定观念。

德沃金区分了原意主义的两种形式，一种侧重于宪法文本的含义，另一种则注重遵循制宪者的意图。但他也提出，公允的原意主义必须考虑制宪者的语义意图。① 但是，不能用言说者所理解的含义观念来代替公共含义，以此表达制宪者的语义意图。我们需要对法律条款制定者的语义意图进行假设，以消除我们试图解释的语言含义的潜在模糊性。我们需要知道“bank”一词的相应含义是“金融机构”还是“河岸”。言说者使用该词是为了明晰公共含义，而非解释某种私人的或与言说者相关的含义的观念。德沃金也许还认为，言说者的抽象意图可能与其所使用的语词的公共含义相关，这表明我们应该去寻找这种公共含义。但显然，德沃金并不认为，言说者期望或预期如何适用该条款的具体意图与该条款的含义相关。这恰好是他所要回避的与言说者相关的含义观念。法律解释是为了获得已经颁布的法律条款所使用的语言的稳定的公共含义，这要求解释者对其语言和基本概念的内涵和外延作出实质性解释。

这是原意主义的一种形式，却是一种原则原意主义。② 如果我们注意到关于如何理解原初含义和制宪者意图的各种可能性，便能发现将德沃金视为原意主义者的诸多理由。

斯卡利亚接受类似于Ⅰ.A.1 的观点。德沃金对斯卡利亚的回应是文本原意主

---

① Dworkin, The Forum of Principle reprinted in A Matter of Principle, Cambridge: Harvard University Press, 1985, p.116–120.

② 这种原则原意主义也契合德沃金宪法的道德解读的解释框架，它在德沃金 1996 年重印的几篇论文中得以展示。我注意到亚历山大的论文“德沃金是一位愿意主义者吗？”，我认为德沃金是一位原则原意主义者，但不同意这种形式的原意主义的优点。

义的替代形式,特别是Ⅰ.A.2。但是,它同样可以被描述为制宪者意图原意主义的观念,特别是Ⅱ.B。这与他早期关于宪法裁决的主张相吻合。事实上,这两者都可能被认为等同于Ⅰ.B.2,但尽管如此,我认为没有理由将文本主义理解为应按照言说者而非公众的意思去进行语言解释。几乎没有人愿意使用与言说者相关的含义的观念,而不使用公共含义的观念。事实上,正如斯卡利亚所承认的那样,民主原则既反对Ⅰ.B.1,又反对Ⅱ.A。因为,按照民主形式通过的法律条款表达的是公共含义和概念。这表明,原意主义的诸多形式都围绕着概念和观念这两极中的一极。传统保守的原意主义形式适用观念的原意主义,其可用Ⅰ.A.1 和Ⅰ.Ⅰ.A(更甚者,可以用Ⅰ.B.1)替代。然而,原意主义可能被理解为概念原意主义或原则原意主义,其主张可以用Ⅰ.A.2,也可以用Ⅰ.Ⅰ.B 概括(或Ⅰ.B.2)。原则原意主义即为德沃金所主张的原意主义,[①] 其优点在于反映了关于分歧、连续性和共识进展的更合理的语义,使得诸多解释更具有规范性。(见图1)

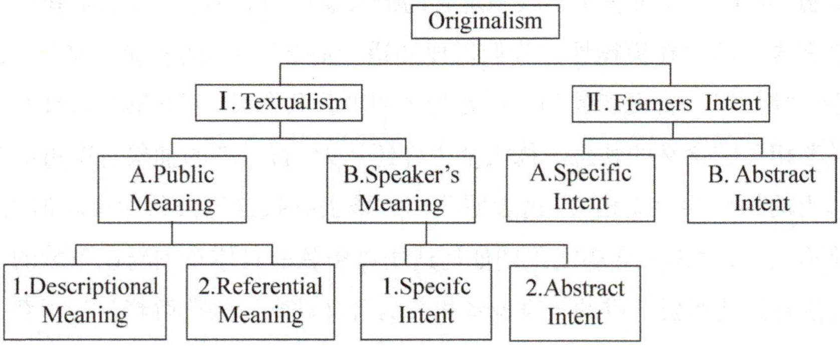

图1 原意主义的种类

七、建构性解释

德沃金在《法律帝国》的建构性解释理论中发展并提炼了这种原则原意主义。[②] 在这本书中,他完善了自己的法律解释观念,将其作为更具有普遍适用性的

① 巴尔金也可以被看作一位原则原意主义者。参见 Balkin, Living Originalism, Cambridge: Harvard University Press, 2001。巴尔金似乎赞同解释与建构之间的分工,并将德沃金和我视为解释的东西看作建构。尚不清楚巴尔金如何理解解释与建构之间的关联以及他所认为的对建构的限制是什么。

② 德沃金关于法律与法律解释的最后讨论,体现在 2011 年出版的《刺猬的正义》中简短而富有启发的最后一章中。在那里,他对建构性解释的细节基本没有多大变动,但将这一理论嵌入了作为政治道德的一个分支的法律观点,即在民主制度下处理个人的权利和法院的义务。

法律解释方法的一部分。建构性解释要求解释者尽力再现解释对象。这一解释任务涉及当前为人们所熟知的概念和观念之间的区分。对同一对象的不同解释，都存在一个关于其要点或价值的共同概念，但关于该概念的观念却存在分歧。我们该如何评估某一概念的观念呢？德沃金从两个维度对解释性观念进行评估。

某一概念的观念具有适用性，是因为它说明和解释了解释资料的各种特征。在解释已通过制度化的方式颁布的法律条款（如法规、宪法条款）时，可能涉及法律条款的背景、语言及其附随解释。最佳解释并不要求考虑所有的解释资料，这些材料可能表明对法律的某些假定是前后矛盾的、不完整的，甚至在某些方面是错误的。实际上，某一观念比另一观念更具有适用性，是因为其所说明和解释的解释资料中存在的错误更少。

只要关于某一概念的观念对基本概念的性质和外延的解释具有吸引力和可辩护性，它就是可接受的。对某一客体的一种解释若比另一种解释更重要或更具有吸引力，则它应当被优先选择，并且该解释至少应该是可接受的。判断某一观念是否具有可接受性存在多种不同的衡量指标，包括公正、公平、效用和效率。哪一种衡量指标更适合于该解释语境，则相应的观念最符合该衡量指标，具有可接受性。

正如德沃金所言，适用性和可接受性这两个维度都很重要，某一解释应尽力展示所解释的对象。他将这种建构性解释理论适用于法律和法律解释。德沃金认为，法治的基本概念是，分配权利和责任的法律裁决应当与先验的权利和责任分配相一致。不同的法律观念对这种一致性的价值和要求提供了不同的解释。德沃金自己的法律观念——整体性法律观——将一致性理解为原则的一致性。德沃金认为，整体性要求政府根据连贯一致的原则行事，这是一种与正义和公平同等重要的独特的政治道德。裁决的整体性要求根据先前裁决中反映出来的某一概念的最佳观念或原则来裁决法律争议。在德沃金看来，裁决的整体性要求类似于一部已经在编写中的连环小说的撰稿人的作用。她受制于小说先前的内容——情节、人物和主题——但其试图通过各种方式润色该作品，使其在整体上成为最好的作品。建构性解释和整体性法律观念吸收了德沃金早期的思想，即对法律规定的解释应当旨在阐明和适用法律规定所使用概念的最佳观念。人们有理由认为，这体现了一种我曾指出德沃金在其他地方同样信奉的原则原意主义。但是，建构性解释可以说在两个方面背离了这种原意主义。两者都涉及对法律史的关注以及适用性在建构性解释中的作用。

八、可接受性、适用性与先例

建构性解释认为,有关法律概念的观念应当从适用性和可接受性两个维度进行评估。在理想状态下,适用性类似于一个回溯性维度,它要求与过去的权利和责任分配保持一致。而可接受性则是一个前瞻性维度,它要求道德上正当的权利和责任分配,这两个评估的维度可以导向不同的方向。尤其是在某些案件中,假设原始条款具有唯一可接受的解释,但在另一些案件中存在未能根据该观念解释该条款的判例。假设我们有一个初始条款 P 和六个先前裁决 D1—D6,它们对该条款进行了解释,但不是以最可接受的方式。现在,假定有一个案件要根据 P 和先前的判例法裁决。假定有两个可能的原则 P1 和 P2,可以用来裁决当前的案件。与 P2 相比,P1 明显更具有适用性,与 D1—D6 更为契合。但 P2 比 P1 明显更具有可接受性,因此,相较于 P1,P2 为其他可能的争议提供了更具有可接受性的方案。(见图 2)

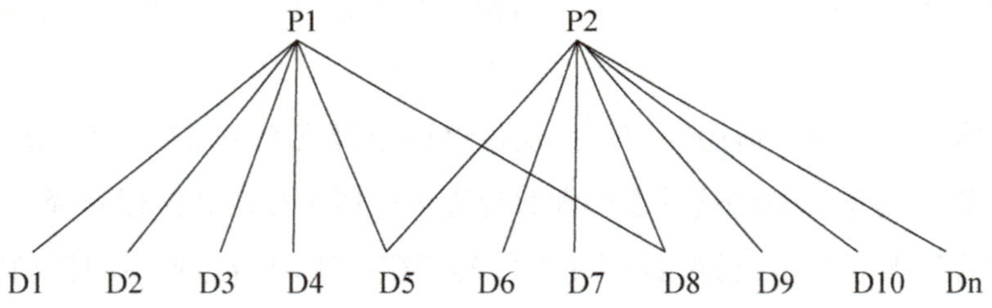

图 2 适用性与可接受性

举例而言,我们可以适用上述分析,将其作为在普莱西案和布朗案中关于平等保护观念之间所作选择的解释。其中,P1 代表普莱西案的平等保护观念,要求不违背相似的种族隔离条款;P2 代表布朗案的平等保护观念,要求平等尊重,反对种族隔离条款。德沃金并未十分清晰地阐明应当如何聚合和权衡适用性和可接受性这两个维度。有时他认为,在建构性解释中适用性与可接受性是一对平等的伙伴。有时候他又认为,适用性设置了任何适当的解释都必须满足的阈值,超过该阈值时,应当只考虑可接受性。然而实际上该问题已经得到解决。在上述情况下,德沃金会认为建构性解释会根据 P2 支持新案件的判决(D7),而非 P1;尽管 P1 比 P2 更符合先前的裁决。

根据原则原意主义，这似乎应该是显而易见的、明确的结果。因为这种解释观念要求我们在解释法律和裁决案件时，适用为基本概念提供最佳观念的原则。在该原则中，最佳观念似乎是关于该概念的性质和外延的最合理的观念。根据假定，该观念是 P2。尽管建构性解释在解释结果方面能达成一致——本案应当根据 P2 进行裁决，但是在分析中似乎并不能达成一致。建构性解释可能并不像原则原意主义那样，忽视 P1 的更优适用性。P2 的次优适用性会影响它的解释力，尽管这种解释缺陷并不影响最终的结果。如果这是正确的，解释历史将会独立形成对解释的限制，然而原则原意主义似乎并不承认这一点。

这表明，原则原意主义在关注解释条款的历史语境时是有选择性的。法律条款之历史语境的某些方面，与原意主义者确定该条款所依据的相关抽象概念和价值的任务有关，它们在解释者确定概念和价值的最佳观念前发挥作用。这种对历史的运用是原则原意主义的一部分。但是，制度史和适用性的某些方面——特别是那些在法律条款的解释历史中发挥作用的概念与价值的错误观念——代表了解释的非原意主义因素。

一些论者代表了基于解释与建构之区分的建构性解释中的二元论。[①] 他们认为解释的目的在于揭示某一特定条款的语义内容，但同时也允许在建构该条款的法律意义时进行更多的解释。例如，如果我们认为要决定美国宪法对某一特定问题的法律要求，就必须使某一特定宪法条款与相关条款和结构原则（如三权分立）相协调，我们就可以区分某一特定宪法条款的含义和关于该特定宪法问题的法律要求。由此可以认为，原则原意主义是一种关于解释的观念，而建构性解释实际上是一种关于建构的观念。

尽管我们可以接受条款的语义内容与其法律效力或意义之间的分工，但依据解释和建构之间的区分来标记这种分工是否必要或有所助益却不甚清晰。笔者认为这是一种语言上的规定，因为解释的语义维度和非语义维度的区分是显而易见的。例如，我们拒斥文本主义，因为我们相信不应只从字面上解释法律条款，因为这样可能会产生荒谬的结果，而当考虑立法者的目的时，将会避免这一结果。因此我们承认解释的非语义学面向。此外，德沃金明确地将建构性解释作为一种解

① See Solum, The Interpretation-Construction Distinction, Constitutional Commentary 27, 2010, p.95-118.

释理论,尽管它结合了语义和非语义这两个面向。

建构性解释和原则原意主义在“什么构成一个基本概念的最佳观念”方面存在分歧。原则原意主义侧重于可接受性,而建构性解释既承认适用性,也承认可接受性。在这方面,至少德沃金的建构性解释观念偏离(或者至少是提炼了)他在其他地方支持的原则原意主义。只要我们认为解释的先例应该对新的解释起作用,我们就有理由倾向于建构性解释,而不是原则原意主义。

解释的先例对新的解释意义重大,因为先例与解释之间存在相关性。先例原则意味着,在其他条件相同的情况下,未来的解释应当符合过去的解释。可以明显看出,先例原则是依据观念的一致性来理解法律解释的一致性的。例如,在布朗案判决之前,先例支持普莱西案的平等保护观念。对于先例所施加的解释限制的意义,存在不同的看法。所有合理的观点在一定程度上将先例视为一种解释限制,但当对基本的解释概念形成一种更有说服力或更具可接受性的观念时,便可以推翻该解释限制。强有力的先例原则会把它视为支持观念的一致性而创造的一个强大的假设,这一点很难反驳。相比之下,更温和的先例学说会认为,它为观念的统一性创造了一个更温和、更易于反驳的假设。可以说,先例的严格性不应在法律的不同实质性领域保持不变。在协调尤为重要的交易法领域,明确一致的规则和具体详尽的规则似乎是同义。相比之下,在涉及个人权利的刑法、侵权法和宪法的某些领域,获得正确的规则比坚持过去的规则更重要。这种对比可能是交易法领域比侵权法、刑法和宪法领域拥有更强有力的先例原则的理由。但是,只要某些法律领域的解释应当采用某种或强或弱的先例原则,解释的历史尤其是过去的解释观念,应当在新的解释中发挥独立的作用。

九、法律解释中的限制与创新

连环小说的类比让我们将法律解释者视为连环小说的创作者。在连环小说中,不同的作者创作不同的章节。小说开始创作后的任何作者,都会受到小说先前进程——人物、主题和情节——的限制,但是,在这些限制条件下,他的任务是引入新的人物、主题和情节,使其内容更加完善,尽可能成为最好的小说。

然而,这种类比可能存在问题。法律解释者似乎比连环小说的创作者更缺乏自由。连环小说的创作者可以自由地引入任何新的主题,只要它不与小说先前的进程相抵触,只要这会使小说变得更好。然而,法律解释者却不一定拥有该自由。

他们似乎被限制于解释现存的概念和原则，既不能自主地提出新的法律概念和原则，也无法从现存的概念和原则中引出新的概念和原则。但同时，也不应当夸大法律解释与连环小说之间的差异。法律解释可以引入先前不明确的原则，只要这些原则是隐含在明确的法律材料中的，并且是那些材料的最佳建构性解释的一部分。在此语境中，典型如格里斯沃尔德诉康涅狄格州案中对未列举的宪法隐私权的承认。① 格里斯沃尔德认为康涅狄格州禁止销售和使用节育装置的立法无效，因为这侵犯了已婚夫妇的隐私权。道格拉斯大法官代表多数派撰写了判决意见。他认为，虽然宪法中未明确规定隐私权，但隐私权可以在《权利法案》中各种不同的权利的“伴影”和“投射”中发现。② 对宪法隐私权持批评态度的人嘲笑道格拉斯的观点是在创造新的宪法权利。但道格拉斯的论点是建构性解释的一个极好的例证。他认为，隐私或个人自主权的价值是一种价值观，它为《权利法案》中明确承认的各种个人自由——特别是《第一修正案》对言论、宗教和结社自由的保障——提供了合理的理由。除此之外，还有《第三修正案》对房主权利的保障，和平时期未经房主同意，不得侵占其房屋；《第四修正案》对不进行不合理搜查和扣押的保障；《第五修正案》对正当程序的保障；以及《第九修正案》对人民保留的未列举权利的保障。（见图 3）

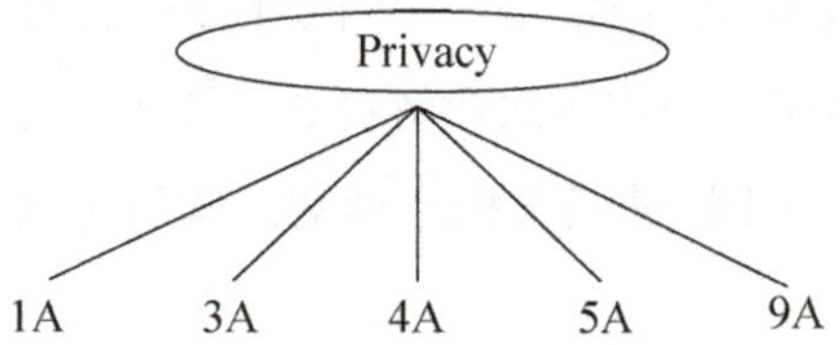

图 3 隐私权的基本原理

在此，隐私权或个人自主权为其他各种明确列举的自由权利提供了论证基础。这是一个有趣而重要的问题，道格拉斯并没有直接回答这种隐私权的范围应该是什么。这项权利的范围将决定格里斯沃尔德案是其他类型的隐私权案件的一个很好的先例。但无论它的确切范围是什么，假设隐私权或个人自主原则足够广

① Griswold v. Connecticut, 381 U.S. 479(1965).

② 道格拉斯大法官创造性地提出了“伴影”理论：宪法中明文规定的权利体系拥有一种“伴影”。法中明文规定的权利体系拥有一种“伴影”。道格拉斯大法官说：“权利法案所开列的保证书有自己的伴影圈，它的形成来自支撑权利法案存在与主旨的保证条款的放射”，而在那种“伴影”之中，则存在“隐私环带”。——译者注

泛,能够为《权利法案》中其他的个人自由提供论证基础,那么该原则将有可能适用于对有行为能力的成年人进行亲密关系和生育的判决。

对当前的论证目的来说,承认宪法隐私权的证成结构具有重要意义。它表明,新的法律概念和权利要在建构性解释中发挥作用,需要其按照正确的方式遵循之前的法律材料——作为法律条款和先例中已列举权利的原则的延伸。连环小说类比之所以成问题,不是因为它允许引入新的概念,而是因为它不要求这些新的概念应当以小说的先前进程为基础。它允许引入任何新的情节元素、主题或人物,而不被小说先前的进程所排斥。连环小说并不像原则原意主义和建构性解释那样,将隐含在现有元素中作为引入新元素的前提条件。因此,建构性解释与连环小说存在本质区别。

十、解释与分歧

原则原意主义和建构性解释都坚持认为,法律解释的一个重要部分是确定正在讨论的法律规定所依据的概念的最佳观念,以及在本案中所需要的观念。原则原意主义认为,这是法律解释的全部,而建构性解释认为,这仅是法律解释的一个重要组成部分,应当与对适用性和先例的考虑相平衡。确定和捍卫法律规定所依据的原则和价值的最佳观念,经常是一个哲学任务,它要求解释者作出实质性和可能有争议的规范性主张。与许多法律解释和司法审查理论可以被理解为试图在解释中避免规范性主张不同,德沃金标志性的法学思想则承认和支持解释的规范性维度。

那些认为自由民主国家的国家行为在道德上和政治上应该具有普遍性的人并不认可政治和法律官员对有争议的规范性主张的拥护。这是最近关于公共理性自由主义的讨论中的一条重要线索,它认为自由民主国家的国家行动者必须摒弃宗派道德和政治观点——该观点已被公民理性地拒绝;并以可接受的原则作出决定——该原则反映不同的道德和政治观念重叠的共识。这种自由主义的中立性最容易与约翰·罗尔斯的后期作品——尤其是《政治自由主义》联系起来。[①] 尽管德沃金是这种自由主义中立性的早期接受者,但他后来对这一观点进行了重新

① Rawls, Political Liberalism, New York: Columbia University Press, 1993.

思考。[1] 近期一些法学著作论述了对司法审查的担忧，这些司法审查反映了存在合理争议的规范性观点。例如，它反映在凯斯·桑斯坦的《司法极简主义》和《不完全理论化合意》中。桑斯坦认为，这些规范性观点约束法官适用中级规范规则的原则，而这些规则具有共通性，可以从不同的综合规范体系中衍生出来。[2] 杰里米·沃尔德伦的观点反映了对法官的规范性观点的担忧。他对如何解释和执行宪法权利存在不同观点，并对强有力的司法审查持怀疑态度。在这种司法审查中，政治上不负责任的司法机构强行适用它们自己关于宪法权利的观念。[3] 桑斯坦试图通过解释本身的普遍性来调和分歧，而沃尔德伦则试图在制度层面通过捍卫司法审查的民主观念来调和分歧。

尽管我不确定德沃金是否曾正面解决过关于规范性分歧的担忧，以及由此产生的使法律解释更具普遍性的要求。但我猜想他会拒绝任何试图避免规范性主张的解释观念，认为使解释更具普遍性的建议本身就是规范性建议，必须根据实质性的规范理由进行评估。更为普遍的解释观念使司法审查服务于多数人的利益，这种司法审查倾向于充分执行个人宪法权利，而个人的宪法权利又是用来约束多数人决定的。

当然，如果司法机构经常执行完全错误的宪法权利观念，那么我们可能宁愿选择普遍的或民主的司法审查，而不是原则的司法审查。但是，德沃金可能认为，已经存在各种制度保障，以防止原则的司法审查的最坏结果出现。联邦司法人员的任命需要美国参议院的批准，法官和大法官的流动和更替确保了新观点稳步涌入司法系统。最重要的联邦法院——美国上诉法院和最高法院由法官和大法官组成的团体裁决案件。这一程序会产生相互对立的解释。法官规定了通过原则裁决案件的规则，这些原则令使用原则进行辩护的观点获得支持，并得到了联邦的认同。此外，法院注重判决的可执行性，且法院必须维护制度资源，这会对法院造成限制，使其不能适用太过超前（或落后）的个人权利观念裁决案件。当然，这些限

---

① See Dworkin, Liberalism, Reprinted in a Matter of Principle, with “Foundations of Liberal Equality”, Tanner Lectures on Human Values 11, 1990, p.1–119; Dworkin, Sovereign Virtue, Cambridge: Harvard University Press, 2000, ch. 6.

② Sunstein, Legal Reasoning and Political Conflict, New York: Oxford University Press, 1996; Sunstein, Radicals in Robes, New York: Basic Books, 2005.

③ Waldron, Law and Disagreement, Oxford: Clarendon Press, 1999; Waldron, The Core of the Case Against Judicial Review, Yale Law Journal 115, 2006, p.1346–1406.

制并不排除宪法史上保守和倒退的裁决和历史时期，但这些限制使我们有理由认为，可能已经存在一些制度上的规定来约束原则的司法审查，从而限制滥用权力的幽灵。这些幽灵助长了对适用更加普遍的司法审查模式的呼吁。对于错误的原则性解释而言，最好的解药可能是优化原则解释，而非放弃。①

还有一种密尔式的论证，即确定我们的宪法原则的最佳观念，并正确地理解它们。这要求我们对包括我们自己的观念在内的相互对立的观念进行批判性的评估和讨论。只有通过参与有关第一原则的辩论，而不是摒弃这些原则，我们才有可能理解我们共同主张的基础，并学会如何将其扩展到新型案件和疑难案件。这就是德沃金所重视的将司法制度作为原则讨论的重点。桑斯坦的"不完全理论化合意"法理学，适用共同的中层原则而避免有争议的第一原则，必须放弃关于宪法第一原则的公共协商的过程。相比之下，沃尔德伦则捍卫民主司法审查。这种司法审查由民主选举产生的代表进行，维护并可能扩大有关宪法第一原则的公共辩论。但它忽视了这样一个事实，即在像我们这样一个奉行分权原则的制度中，解释和适用法律，包括限制民主决策的宪法权利，是政治上独立的司法机构的功能。这些都是大量的、复杂的和部分经验性的问题，它们对不同的司法审查观念的优点进行比较。即使我们承认，正如德沃金本人所坚持的那样，法律解释的性质是有争议的，德沃金对法律解释的规范性看法仍然是落实个人权利的可行路径。

十一、结论

德沃金一贯反对这样的解释观念，它会使法律条款的含义受到限制，使其受限于表述这些条款所用的语言的外延的传统理解或者制定者对这些条款所依据的规范性概念的观念。这种反对反映了一种关于法律分歧的语义学的似是而非的观点。如果我们把原意主义与这些不可信的语义假设联系起来，那么德沃金应该是一位原意主义的批评者。但是，一旦我们弄清楚了这些解释观念所犯的语义错误，我们便可以理解为什么德沃金会被一种不同形式的原意主义——原则原意主义所吸引，该观点认为解释者必须确定法律条款的制定者意欲引入的规范性概念的最佳观念。这种原则原意主义，既可以被理解为忠实于法律条款的正确的公共含义，也可以理解为遵守这些条款制定者的抽象意图。无论采用哪种形式，这都

① 然而，这种对原则性司法审查的维护，可能会通过对联邦司法任命采用某种任期限制而得到改善。

意味着如果不对使用规范性概念的法律条款作出实质性的规范主张并为之辩护，就无法对其进行解释。原则原意主义是建构性解释的重要组成部分，但它并没有穷尽建构性解释，因为建构性解释包含了对先例作用的适用性说明和解释观念的连续性。但是，在建构性解释中，当存在一个更规范更高级的对立观念时，解释的先例和观念的同一性即可被推翻。对法律解释的规范性维度的主张，不会因承认有意义的规范性分歧而遭受破坏。

（编辑：刘雷）

欧盟司法决策中行为经济学的价值

［墨西哥］克里斯托夫·K. 温特 * 著　陈星伟 ** 译

摘　要　克里斯托夫分析了行为经济学在欧盟司法决策中的价值。根据认知错觉介绍了行为经济学理论基础。通过偏差和启发式对欧盟法的各种法律问题的影响分析，提出了行为经济学应用于司法决策优化的对策。司法决策优化对策包括调整认知错觉的司法训练；基本自由范围的最低限度规则的确立；基于经济模型分析的决策制定；“无偏差陪审团”的设立等。

关键词　司法决策　行为法经济学　认知偏差　欧盟法　内部市场法

一、绪论

《欧洲联盟法院规约》中《第三号议定书》第 2 条规定“在履行职责之前，每位法官应宣誓保证公正、认真地履行职责”。长期以来，人们已经认识到法官无法完全依照法律原则判决案件。一些法律现实主义者认为最终的判决会受到法

*　克里斯托夫·K. 温特，墨西哥（ITAM）大学法学院副教授；哈佛大学心理学系访问学者。非常感谢 Oana Stefan, Samuel Young 以及在哈佛法学院、伦敦国王大学、普林斯顿大学的 LEGS 研讨会和联合国法典编纂司相关研究的参会者对本文的评论和启发。原文载于 German Law Journal, 2020; 21(2): 240-264.Doi: 10.1017/glj.2020.3。本文已获作者的翻译授权。

**　陈星伟，女，山东威海人，中国海洋大学法学院博士研究生，上海立信会计金融学院讲师，研究方向为法经济学、行为经济学。

官政治或哲学观点的影响。① 还有学者认为法官的性别、种族 ② 或者个人职业生涯的潜在收益 ③ 对其判决起着重要的作用。然而，心理学家和行为经济学家最新研究表明无论其政治观点、性别或个人职业前景，法官都会犯系统性和可预测性的错误。④ 行为经济学家并不否认判决可能受到法官的政治或者其他个人利益的影响，而是认为判决主要受到了经验法则中启发式和偏差的影响，这与政治倾向和潜在的个人利益完全无关。⑤ 由于人们无法控制心理捷径的运用，所以《第三号议定书》第 2 条规定法官必须公正、认真地做出判决，可能高估了人类的能力。⑥

目前，实验验证了特定的认知错觉对刑事案件判决，民事纠纷中损害赔偿金的裁定，以及法官非法移民到关于《医用大麻准入法》的拟制等各种事实和法律问题的看法的影响。然而，目前认知错觉在欧盟法应用的研究较为欠缺。同时，也没有理由认为欧盟司法决策完全不受认知偏差的影响。⑦ 由于潜在的共同神经过程不会因为法律领域而发生变化，可以预期启发式和偏差同样对其产生影响。

---

① Felix S. Cohen, Transcendental Nonsense and the Functional Approach, 35 Colum. L. Rev. 849 (1935); Jerome Frank, Courts on Trial: Myth And Reality in American Justice (1949) See also Fred Rodell, Courts on Trial: Myth and Reality in American Justice, by Frank Jerome, 21 Ind. L.J. 114, 114–119 (1949).

② See Gregory C. Sisk et al., Charting the Influences on the Judicial Mind: An Empirical Study of Judicial Reasoning, 73 N.Y.U.L. Rev. 1377, 1385–1421 (1998). See generally Cassia Spohn, The Sentencing Decisions of Black and White Judges: Expected and Unexpected Similarities, 24 L. & Sco'y Rev. 1198 (1990).

③ See Richard A. Posner, What Do Judges and Justices Maximize? (The Same Things Everyone Else Does), 3 Sup. Ct. Econ. Rev. 1, 1–128 (1993). See also Jonathan R. Macey, Judicial Preferences, Public Choice, and the Rules of Procedure, 23 J. Legal Stud. 627, 630–632 (1994).

④ See Chris Guthrie et al., Inside the Judicial Mind, 86 Cornell L. Rev. 777–830 (2000) (providing further references).

⑤ For an overview, see Generally Thomas Gilovichetal Heuristics and Biases: The Psychology of Intuitive Judgment (2002).

⑥ See, e.g., Birte Englich et al., Playing Dice with Criminal Sentences: The Influence of Irrelevant Anchors on Experts' Judicial Decision Making, 32 Personality & Soc. Psychol. Bull. 188, 188–200 (2006)（该研究表明，宣布判决前掷骰子会对判决本身产生重大影响。事实上，骰子的数字越高，法院给出的判决就越重）. More recently, multiple studies have been conducted by Andrew J. Wistrich, Jeffrey J. Rachlinski, and Chris Guthrie. See e.g., Andrew J. Wistrich et al., Heart Versus Head: Do Judges Follow the Law or Follow Their Feelings? 93 Tex. L. Rev. 855 (2015). See also Jeffrey J. Rachlinski & Andrew J. Wistrich, Judging the Judiciary by the Numbers: Empirical Research on Judges, 13 Ann. Rev. L. & Soc. Sci. 203 (2017); Andrew J. Wistrich et al., Implicit Bias in Judicial Decision Making, How It Affects Judgment and What Judges Can Do About It, in Enhancing Justice: Reducing Bias 87–130 (Sarah E. Redfield ed., 2018).

⑦ See id. at 29–30. Sibony and Alemanno 的这一观点很有说服力，他们认为"在美国进行的研究几乎能证明与心理学而非法学相关的核心见解具有相关性"。See also Guthrie et al., supra note 4, at 793–794（更广泛的主张将认知错觉应用于司法决策）.

例如,在相称性检验中评估公共安全的重要性,鉴于恐怖袭击事件在大众媒体中的过度报道,法院很可能会高估恐怖袭击的危险性。①

本文旨在提高人们的认识:认知错觉存在于无数的司法决策情境中。如果按照《第三号议定书》第 2 条的要求公正执法,就需要承认并解决认知错觉产生的影响。在具有学术争议的现阶段,与其研究特定偏差对欧盟法中一个或多个问题的影响,不如更广泛地分析行为经济学对欧盟法司法决策的重要性。为更有针对性的实证检验提供理论基础。更重要的是,由于应用场景的无限性,需要识别一些偏见下的决策制定的潜在机制,发展更普遍的方法缓解甚至是消除认知偏差,而不只是专注具体案例。

因此,第一部分将概述行为经济学的历史发展、主张和基本心理假设。此外,行为经济学作为一个领域,特别是认知偏差的研究,尚未得到共识,其主要批评也需展开探讨。由于行为经济学偏离了基于理性决策的传统经济模型,并且为了理解消除所有偏差是一项艰巨甚至是不可能完成的任务,因此这一讨论是必要的。第二部分将讨论认知偏差在欧盟法的司法决策中的重要作用,并分析不同认知错觉的影响,包括锚定效应、可得性偏差、零风险偏差与后见偏差。为了展现偏差理论及其在决策过程中产生的深远影响,同时强调行为经济学研究成果在理解、评估和改进欧盟司法决策的整体价值和重要性,对选定的偏差分析将涉及不同的法律问题。具体而言,主要内容包括:(1)报告法官和佐审官的作用;(2)相称性检验中的平衡方法;(3)远隔性规则(remoteness test);(4)关于达松维尔原则(Dassonville formula)限制的长期辩论。这些广泛的领域不会进行全面讨论,而仅从行为经济学角度进行分析。最终将提出减轻甚至消除偏差的方法。具体而言,论证经济模型对基本自由的影响和行为经济学、认知心理学在司法训练中的适用性。此外,还建议设立最低限度规则和针对具体事实问题设立无偏差陪审团。尽管这些改变是非常有必要的第一步,但避免或减缓所有认知偏差似乎是不可行的。因此,在不久的将来,基于人工智能而非自然智能的判决很可能被认为是实现更加公正、一致性和法律确定性的替代方案或补充措施,前提是能够控制人工智能带来的风险。

---

① See infra Section B. Ⅱ. concerning the availability bias.

二、起端：行为经济学的理论基础

经济人假设的概念认为，人类是自利的，并基于事实、证据和偏好做出理性决策。[①]因此，人类被认为是“足智多谋、善于评估和追求利益最大化”。[②]针对人类实际行为尤其是不确定条件下的决策相关实验研究发现该模型存在诸多缺陷。研究认为，其一，个体在追求自身利益最大化方面并非完全自利；其二，人类并不能总是做出理性决策。下文将引入公平博弈和前景理论的实验研究，简要概述行为经济学的两大主要观点，从而为本文第三部分具体分析偏差对欧盟司法决策影响奠定基础。

（一）公平博弈

尽管作为经济人“理性”概念的批判较为集中，但博弈论经济学学者着重反驳人类“自利”的观点。特别是独裁者博弈和最后通牒博弈的研究表明，人类可能会选择公平而非仅考虑自利的行为。[③]

经典的最后通牒博弈基于两名互不相识的玩家。一名参与者向另一名提出一定金额的分配方案。如果后者接受提议，那么钱款按照提议进行分配。如果后者拒绝提议，则双方都不会得到任何钱款。实验过程中不允许谈判。一个自利的、追求利益最大化的经济人会提议自己应得到尽可能多的钱款，而响应者只得到尽可能少的钱款。此外，作为提议响应者的经济人会选择接受任何提议，因为接受比一无所获更好。例如，如果提议者提出分配 100 美元的方案，自己获得 99.99 美元，响应者得到 0.01 美元，响应者也会接受。由于知道作为经济人的响应者会接受哪怕是最微小的金额，提议者最初就有理由提出这样的方案。然而与上述预测相反，实验结果表明最常见的分配提案是 50/50，[④]平均出价为 63/37。[⑤]

---

① See James S. Coleman, Foundations of Social Theory 5（1990）.

② Id. at 5. See generally Richard A. Posner, Are We One Self or Multiple Selves? , 3 Legal Theory 24（1997）; Robert Frank, If Homo Economicus Could Chose His Own Utility Function, Would He Want One with a Conscience, 77 Am. Econ. Rev. 602（1987）.（“经济人”概念的演化）

③ See Werner Güth et al., An Experimental Analysis of Ultimatum Bargaining, 3 J. Econ. Behav.& Org. 367, 367–88（1982）(providing an analysis of the game）.

④ See Max Bazerman & Don A. Moore, Judgment In Managerial Decision Making 117（7th ed. 2013）.

⑤ See generally Richard H. Thaler, Anomalies: The Ultimatum Game, 2 J. Econ. Persp. 195（1988）. See also Richard H. Thaler, The Winner's Curse: Paradoxes and Anomalies of Economic Life 21（1994）.

这些研究并未证明提议者将公平置于个人利益之上，因为他可能只是意识到回应者可能会拒绝的风险，因此才出价超过了0.01美元。然而，实验表明，回应者并未按照最高个人利益行事，因为分配金额低于20%的提议通常被拒绝。① 因此，有学者认为回应者在做出决定时会考虑公平因素。② 需要注意的是，提议的分配金额的绝对值并不重要。在这些实验中，人类在提议金额更高时并没有表现出更多或者更少的自利行为。即使提议的金额相当于几个月的工资时，个体也会在面对相对较小额金钱时以相同的理由拒绝提议。③

“独裁者博弈”实验主要关注提案者。在这种情境下，回应者没有拒绝出价的选项。事实上，他根本无法在实验中并采取行动。尽管基于理性人自利的假设，提议者会提出个人获得100%的分配方案，但只有36%的人选择这样做，还有64%的人决定给对方部分资源。④ 因此，独裁者博弈表明人类并非仅仅出于自利行事，从而使人们对经济人自利概念产生了严重质疑。人类普遍 ⑤ 追求公平价值观的驱动下的决策明显偏离了纯粹自利的经济学模型。⑥

(二)理性、期望效用和前景理论 ⑦

学者对经济人概念中的理性也进行了审视。1955年赫伯特·西蒙在《有限理

① See Bazerman & Moore, supra note 13, at 117.

② See Bazerman & Moore, supra note 13, at 117.

③ See Steven J. Kachelmeier & Mohamed Shehata, Examining Risk Preferences Under High Monetary Incentives: Experimental Evidence from the People's Republic of China, 82 Am. Econ. Rev. 1120, 1120–1141 (1992). See also Markus Englehrt, Behavioral Law and Economics: Eine kritische Einführung, in Recht und Verhalten 60, 72–130 (Christoph Engel et al. eds., 2007)(对“最后通牒游戏”作为可靠研究的反驳论点的概述).

④ See Bazerman & Moore, supra note 13, at 118.

⑤ See Joseph Henrich et al., In Search of Homo Economicus: Behavioral Experiments in 15 Small-Scale Societies, 91 AM. Econ. Rev. 73, 73–78 (2001). 作者对全球15个社会进行了研究。结果发现，尽管公平概念取决于文化规范，从而不同社会的公平概念有所不同，但公平本身始终是决策时考虑的一个关键因素。

⑥ See Bazerman & Moore, supra note 13, at 118. See also Alan Sanfey et al., The Neural Basis of Economic Decision-Making in the Ultimatum Game, 300 Science 1755, 1755–1758 (2003)(这表明大脑对人类和计算机的不公平提议的反应是不同的。事实上，在收到另外一个人的不公平提议后，大脑激活的模式发生了相当大的变化，而来自计算机的不公平提议仅仅导致了轻微的变化); Sarah F. Brosnan & Frans B. M. de Waal, Monkeys Reject Unequal Pay, 425 Nature 297, 297–299 (2003)(这进一步有力地证明了公平判断在跨物种间的普遍性。在他们的研究中，卷尾猴如果看到另外一只卷尾猴完成相同任务得到美味的葡萄，他们就会拒绝接受黄瓜作为奖励).

⑦ 前景理论(Prospect Theory)最初被命名为“彩票理论”(Lottery Theory)，这是因为它是涉及人们在玩彩票时的行为实验。

性》论文中首次进行了批判。① 该文章指出在风险决策中人类理性是有限的，因为人类无法计算事件发生或不发生的概率。② 更广泛地讲，个体决策所获取的信息是不完全的。③ 人类不可能知道所有选择和潜在结果。因此无法准确计算结果实际发生的可能性和价值。④ 据此，西蒙得出结论人类会选择第一个满足他们并被他们认可的选项。⑤ 这种“满意即可”的过程与经济人的概念相悖，后者认为人们总是会选择最优选择，从而达到效用最大化。⑥ 虽然西蒙论证了人类认知能力并非无限从而理性有限，但他并没有描述有限理性的人类如何进行决策。

1979 年，阿莫斯·特沃斯基和丹尼尔·卡尼曼提出了前景理论，该理论是心理学对经济学领域产生的最大影响。⑦ 卡尼曼⑧ 和特沃斯基研究了不确定性下的决策理论，该理论可以追溯到 1738 年的丹尼尔·伯努利的研究。伯努利认为 1 美元在不同的情景可能被赋予不同的价值，即效用取决于决策者的当前财富。⑨ 事实上，与贫穷的人相比，较富的人对经济效益带来的效用或者价值感知较低。正如理查德·泰勒所说：“对于一位农民来说，10 万美元的意外之财将改变他的生活。而对

① See Herbert A. Simon, A Behavioral Model of Rational Choice, 69 Q. J. Econ. 99, 99–188 (1955). In 1978, Simon received the Nobel Prize in Economics “for his pioneering research into the decision-making process within economic organizations.”

② See Herbert A. Simon, Bounded Rationality, in the New Palgrave: A Dictionary of Economics 266, 266–267 (John Eatwell et al. eds., 1987).

③ See generally Dolly Chugh & Max Bazerman, Bounded Awareness: What You Fail to See Can Hurt You, 6 Mind & Mind & Soc'y 4 (2007).（“有限认知”这一概念解释了为什么人们无法获取做出充分知情决策所需的所有信息）

④ See Simon, supra note 23, at 266.

⑤ See generally Herbert A. Simon, Rational Choice and the Structure of the Environment, 63 Psychol. Rev. 129 (1956).

⑥ See id. at 136.

⑦ See Daniel Kahneman & Amos Tversky, Prospect Theory: An Analysis of Decision under Risk, 47 Econometrica, 263, 263–291 (1979) (initially introducing the prospect theory). See also Daniel Kahneman & Amos Tversky, Values, Choices and Frames, 39 Am. Psychologist 341 (1984) (further developing the theory). See also Daniel Kahneman & Amos Tversky, The Psychology of Preferences, 246 Sci. Am. 160, 160–173 (1982); Daniel Kahneman & Amos Tversky, Advances in Prospect Theory: Cumulative Representation of Uncertainty, 5 J. Risk & Uncertainty 297, 297–323 (1992); Daniel Kahneman & Amos Tversky, The Framing of Decisions and the Psychology of Choice, 211 Science 453, 453–458 (1982); Chris Guthrie, Prospect Theory, Risk Preference and the Law, 97 Nw. U. L. Rev. 1115, 1115–1164 (2003) (providing an overview including an analysis of the impact of prospect theory on legal studies).

⑧ 在 2002 年，卡尼曼因“将心理学研究与经济学研究结合在一起，特别是与在不确定状况下的决策制定有关的研究”而获得诺贝尔经济学奖。

⑨ See Daniel Bernoulli, Exposition of a New Theory on the Measurement of Risk, 22 Econometrica 23, 23–36 (Louise Sommer trans., 1954).

于比尔盖茨来说微不足道”。[①] 图1说明了财富边际效用递减的概念，即效用并不随着财富增加而线性递增。

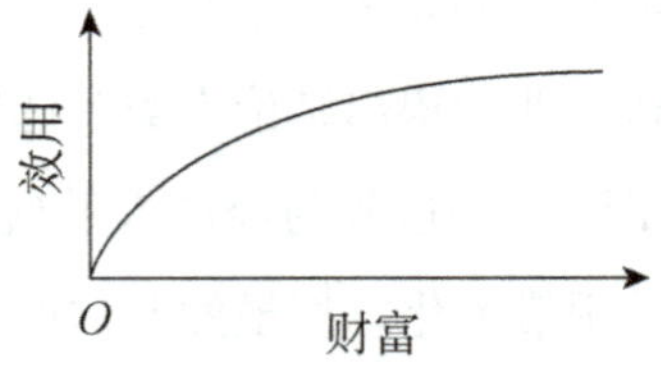

图1 财富边际效用递减

此外，更重要的是该图还能够解释风险厌恶。例如，如果一个人面对100%概率得到1000美元和50%的概率获得2000美元的选择时，由于财富边际效用递减，第一个1000美元的价值高于第二个，因此人们总是倾向于选择第一个选项。[②]

不确定性下的决策理论最初是由丹尼尔·伯努利提出，被诺伊曼和摩根斯坦进一步发展，最终被称为期望效用理论。[③] 期望效用（$U_{Expected}$）的计算是将潜在事件发生概率（p_1）与该事件的效用（U_1）相乘，然后将另外一种潜在结果发生概率（p_2）与该结果效用（U_2）相乘的结果相加。如果只有两种可能的结果，p_2 等于 $1-p_1$。

$$U_{Expected} = p_1 \cdot U_1 \ddagger p_2 \cdot U_2 (\ddagger p_3 \cdot U_3 \cdots)$$ [④]

但是，卡尼曼和特沃斯基表明期望效用理论在一定程度上与人们的实际选择相矛盾。他们并没有从古典经济学角度研究人们如何做出决策，而是致力于描述人们的实际选择。[⑤] 尽管前景理论假设人们试图最大化自身效用，但它也分析了人们的决策在多大程度上以系统化和可预测的方式偏离预期。但这是一种描述性理论。实验证明参与者的选择取决于选项的框架（framing）。人们可能会根据其呈现方式的不同对同一选项做出不同决定，这一事实可以通过备受讨论的“亚洲疾

---

① Richard H. Thaler, Misbehaving—The Making of Behavioral Economics 28（2015）.

② See id. at 28.

③ See generally Peter C. Fishburn, The Foundations of Expected Utility（1982）（providing a detailed analysis of expected utility theory）.

④ See infra Section B. Ⅲ, where I come back to this equation when discussing how humans perceive probabilities.

⑤ See Thaler, supra note 31, at 29（将前景理论归类为“关于人类行为的理论”）.

病问题”来解释。① 在这个实验中，卡尼曼和特沃斯基要求参与者在两种不同的治疗方案中选择一种来对抗亚洲疾病，预计该疾病将导致 600 人死亡。

（1）如果选择 A 方案，200 人会获救。

（2）如果选择 B 方案，600 人全部获救的概率为 1/3，全部死亡的概率为 2/3。

结果是，72% 的参与者选择了方案 A，以确保 200 人获救。只有 28% 的人选择了方案 B。② 这种风险厌恶的行为并不令人意外，因为和伯努利在 1738 年的研究结论相似。接着卡尼曼和特沃斯基对潜在治疗的结果重新进行了表述。

（1）如果接受方案 A，400 人会死。

（2）如果接受方案 B，无人死亡的概率为 1/3，600 人全部死亡的概率为 2/3。

在此次情景中，只有 22% 的参与者选择了方案 A，78% 选择了方案 B。③ 尽管方案 A 和 B 的结果完全一样，参与者却做出了不同的选择。虽然第一种情境中，绝大数人的决策被描述为风险规避，但是在第二种情境中，参与者选择了风险更高的选项。基于上述，卡尼曼和特沃斯基得出结论，在面对收益时，人们选择规避风险，面对损失时，人们选择寻求风险。④ 因此人们对风险态度和决策取决于选项的框架。以上内容被称为“框架效应”，⑤ 是前景理论的重要组成部分。除此之外，前景理论还包括系统性启发式和偏差。

前景理论另一个核心要素是损失厌恶。⑥ 损失厌恶描述了人们宁愿避免损失也不愿意获取收益的倾向。简言之，人们认为失去的痛苦大于得到的快乐，这与期望效用理论所内涵的相反。收益和等效损失的价值如图 2 所示。⑦ 比如，人们损失 100 美元的痛苦效用远超过他们获得 100 美元的快乐。更准确地说人类损失带

---

① See Daniel Kahneman & Amos Tversky, The Framing of Decisions and the Psychology of Choice, 211 SCI. 453, 453–458 (1981). See also Anton Kühberger, et al., The Effects of Framing, Reflection, Probability, and Payoff on Risk Preference in Choice Tasks, 78 Org. Behav. & Hum. Decision Processes 204, 204–231 (1999) (providing a meta-analysis of the Asian- disease-problem).

② See Kahneman & Tversky, supra note 36, at 453.

③ See id.

④ See id. 在扑克游戏中，我们可以观察到不同风险态度的另一个经典例子。处于赢牌位置的玩家往往会表现出风险厌恶的态度，而即将输牌的玩家则往往倾向于寻求风险。

⑤ See Generally Jeffrey Rachlinski & Forest Jourden, Gains, Losses and the Psychology of Litigation, 70 S. Cal. L. Rev. 121 (1996) (providing a detailed analysis of the framing effect).

⑥ See Thaler, supra note 31, at 34（将损失厌恶概念描述为“行为经济学家工具箱中最强大的工具”）.

⑦ Graph designed by the author based on findings of Daniel Kahneman et al., Anomalies: The Endowment Effect, Loss Aversion, and Status Quo Bias, 5 J. Econ. Persp. 197 (1991).

来的负效用是同量收益的正效用的 2 倍。①(见图 2)

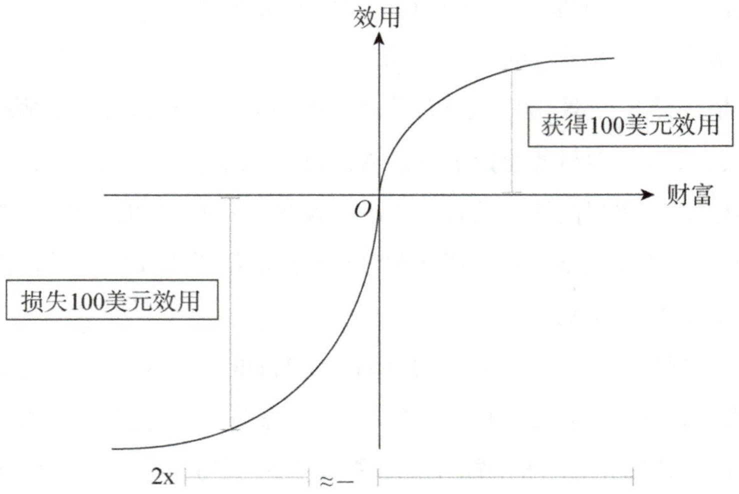

图 2　价值函数 损失和获得 100 美元的效用

禀赋效应是损失厌恶中的一个例子。在康奈尔大学的一项著名实验中，一半的参与者将获得一个咖啡杯，而另一半没有任何东西。② 任何理性选择理论都会认为，咖啡杯持有者期望售出价格和未得到咖啡杯的参与者所愿意支付的价格相同。但实验结果表明，卖家(咖啡杯持有者)的出价(平均约 5 美元)是潜在买家愿意支付的 2 倍(2.5 美元)。③ 克鲁格进行了一项类似实验发现，能够以 400 美元或更低的价格购买超级碗门票的粉丝不愿意支付 3000 美元购票，但是他们也不愿意以 3000 美元出售门票。④ 许多相关研究证明拥有者对物品的估值大约是潜在购买者的 2 倍，从而确定了禀赋效应的强度。⑤

这类实验的结果可以通过损失厌恶背后广泛原则所产生的直接效应来解释。尽管咖啡杯拥有者认为出售视为损失，购买者则认为这次交易仅是获得。然而人类为何赋予损失效用是获得的 2 倍，这个原因仍高度不确定且被广受热议。但本

---

① See Guthrie, supra note 28, at 1119.

② See Kahneman et al., supra note 42, at 197.

③ See Kahneman et al., supra note 42, at 197.

④ See Alan B. Krueger, Supply and Demand: An Economist Goes to the Super Bowl, 3 Milken Inst. Rev. 22, 22–29(2001).

⑤ See John K. Horowitz & Kenneth E. McConnell, A Review of WTA/WTP Studies, 44 J. Envtl. Econ. & Mgmt. 426, 426–447(2002).(涉及的研究包括但不限于巧克力棒、铅笔、剧院门票、放射性废物处理场以及可能有毒的三明治)

文研究重点是将这些效应纳入司法决策的考量价值，而非解释效用潜在的进化心理学原因。①

尽管理性概念存在不同的理解方式，但理解这一概念的基础至少是个体选择的一致性。由于决策和偏好之间部分相互矛盾，基于大多数理性的视角，现实生活中的人类决策都不能被视为理性，从传统理性选择模型来看更是如此。更重要的是，这一点与使用启发式方法本身是否理性无关。人类可能因为进化而使用快速、直观的思维系统，而不是缓慢、审慎的思维系统。虽然在大多数情况下使用更有效思维系统的元决策可能是理性的，但具体决策偏离了经济人概念所预测的情况，就足以质疑这些决策的理性。

（三）行为经济学的影响与意义

尽管前景理论是一种描述性理论且不被经济学家接受，但其影响广泛而深远。② 在 1980 年和 1990 年它被称为行为决策理论，促使了乔治·阿克洛夫③、科林·卡梅勒尔④、马修·拉宾⑤、莱茵哈德·塞尔滕⑥以及理查德·泰勒⑦等著名经济学者开展了很多实验。

金融学者率先重新审视了他们的模型，如有效市场假说。⑧2015 年 1 月，世界银行认识到“金融机构应该实施减少［偏差］的程序，这种［举措］可能会改变整

---

① See Elizabeth Hoffman & Matthew L. Spitzer, Willingness to Pay vs. Willingness to Accept: Legal and Economic Implications, 71 Wash. U.L.Q. 59, 89–114(1993).（最常见的解释似乎是，将威胁视为比机会更紧迫的生物有更大的生存机会）See also Owen D. Jones, Time-Shifted Rationality and the Law of Law's Leverage: Behavioral Economics Meets Behavioral Biology, 95 Nw. U.L. Rev. 1141, 1141–1205(2001).

② See generally Richard H. Thaler, From Homo Economicus to Homo Sapiens, 14 J. Econ. Persp. 138(2000).

③ See George Akerlof, Procrastination and Obedience, 81 Am. Econ. Rev. 1, 1–19(1991).

④ See generally Colin Camerer, Behavioral Game Theory: Experiments In Strategic Interaction(2003).

⑤ See Matthew Rabin, Incorporating Fairness into Game Theory and Economics, 83 Am. Econ. Rev. 1281, 1281–1302(1993) See also Matthew Rabin, Psychology and Economics, 36 J. Econ. Literature 1, 11–46(1996).

⑥ See generally Gerd Gigerenzer & Reinhard Selten, Rethinking Rationality, in Bounded Rationality: The Adaptive Toolbox 1(Gerd Gigerenzer & Reinhard Selten eds., 2001).

⑦ See generally Richard H. Thaler, Quasi-Rational Economics(1994). See also Richard H. Thaler, Doing Economics without Homo Economicus, in Foundations of Research In Economics115–134(Steven Medema & Warren Samuels eds., 1996).

⑧ See Robert Shiller, Irrational Exuberance 171–90(2000).（严格来说，有效市场假说意味着任何公司的任何股票都反映了其内在价值，这与“经济人”的概念密切相关）See also Richard A. Brealey et al., Principles of Corporate Finance 352–386(2013)(providing an overview).

个发展经济学领域”。[①] 许多政府都设立了专门工作小组,基于行为经济学研究成果开展工作,如英国和秘鲁的行为洞察小组,美国、澳大利亚、德国和新加坡的助推小组。自 20 世纪 90 年代以来,行为经济学对法学的影响正在逐步上升。相关研究——主要集中在美国——尝试将相关发现应用于不同的法律问题。这一领域通常被称为行为法经济学,自桑斯坦、乔尔斯和泰勒的《行为角度研究法律经济学》[②] 一文发表后开始受到更多关注。这篇文章成为自 1991 年以来法学研究中被引用次数最多的文献。[③] 而该领域(主要在美国)的贡献数量一直在上升。[④] 然而,包括欧洲联盟法在内的广大领域仍然鲜有触及。[⑤]

值得注意的是,偏差和启发式思考适用于所有参与决策过程的人。在金融市场,投资者不仅需要分析自身决策动机,还需要关注其他市场参与者的行为以及其对自己决策的影响。关于行为经济学纳入欧洲法院裁决的考虑因素的重要性,有两个维度值得展开研究。

行为经济学在某种程度上能够预测判决接受者的反应,甚至可能比任何理性选择模型都更为准确。[⑥] 因为欧盟法在很大程度上基于判例法,欧洲法院(ECJ 或者法院)的判决具有“立法性质”。[⑦] 基于此,对认知错觉的评估对任何消费者相关

① World Bank, World Development Report: Mind Society & Behavior 18(2015), See also Russel Korobkin, What Comes after Victory for Behavioral Law and Economics, 5 U. Ill. L. Rev. 1655(2011).(“将法律规则和制度的经济分析与严格理性选择假设的束缚相分离的战斗已经取得了胜利”)Thaler, supra note 31, at 269.(提供一个更为谨慎的观点,并不仅停留在“任务已启动”的层面)

② See Cass R. Sunstein et al., A Behavioral Approach to Law and Economics, 50 Stan. L. Rev. 1471, 1471–1550(1998).

③ See Fred R. Shapiro & Michelle Pearse, The Most-Cited Law Review Articles of All Time, 110 Mich L. Rev. 1483, 1483–1520(2012).

④ Compare with Philipp Hacker, The Behavioral Divide: A Critique of the Differential Implementation of Behavioral Law and Economics in the U.S. and the EU, 11 Eur. Rev. Cont. L. 299, 299–345(2015).

⑤ Consumer-related laws may be viewed as an exception to the rule. The most thorough contribution so far has arguably been made by Klaus Mathis et al., European Perspectives on Behavioural Law and Economics(2015). See also Alberto Alemanno & Anne-Lise Sibony eds., Nudge and the Law—A European Perspective(2015).

⑥ See generally Christine Jolls & Cass Sunstein, Debiasing through Law, 35 J. Legal Stud. 233(2006); Anne-Lise Sibony & Alberto Alemanno, The Emergence of Behavioral Policy-Making: A European Perspective, in Nudge And The Law – A European Perspective 11(Alberto Alemanno & Anne-Lise Sibony eds., 2015)(providing a more European note); Eyal Zamir, Law, Psychology and Morality: The Role of Loss Aversion(2015).(对消费者损失厌恶的规范性影响进行深入分析)

⑦ See Catherine Barnard, The Substantive Law of The Eu 377(2013).

的法律都可能特别有用。[①] 尽管这个维度听起来很有趣，但是本文主要研究第二个维度，认知错觉对欧洲联盟法院司法决策的影响，研究的重点不是关注判决受众的决策和偏好，而是法官自身的系统性偏差。

（四）行为经济学的批判

目前已有研究表明，锚定效应之类的启发式在日常决策中发挥重要作用。但是在重要决策时，会存在启发式思维和偏差么？经验丰富的法官或者专家在决策时，这种情况还会发生么？偏差效应不适用于专家（无论是经济学家、社会学家还是律师）是行为经济学受到批评的主要原因之一。然而许多研究表明，包括法官在内的专家和普通人一样，决策的制定可能源于不相关因素。[②] 例如，由恩格利希和穆斯韦勒进行的实验，他们要求平均有 15 年法庭经验的德国法官对一个具体的刑法案件进行判决。[③] 如果检察官请求判处 34 个月的监禁，法官们的平均决定判处为 35 个月以上监禁。[④] 然而，如果检察官请求判处 12 个月监禁，法官的平均判决是 28 个月监禁。[⑤]

关于这类实验可能具有一定争议，有人认为诸如欧洲法院进行实际判决如此重要的决策时，偏差不会出现。与大量研究结论相反，当涉及实际有影响力的决策时，法官可能更有动机作出准确的判决。此外，还有认为法官可以投入更多的时间和资源专注于决策。[⑥] 但是，无论法官做出判决之前是否能够获得更多的信息

---

① See generally Richard H. Thaler & Cass Sunstein, Nudge: Improving Decisions About Health, Wealth, and Happiness (2008). See also Marc White, The Manipulation of Choice–Ethics and Libertarian Paternalism 61–127 (2013) (regarding its critical voices pertaining to an increase of paternalism).

② See William Meadow & Cass Sunstein, Statistics, Not Experts, 51 Duke L.J. 629–646 (2001). See generally Daniel Kahneman& Amos Tversky, Extensional Versus Intuitive Reasoning: The Conjunction Fallacy in Probability Judgment, 90 Psychol. Rev. 308 (1983). See also William J. Qualls & Christopher P. Puto, Organizational Climate and Decision Framing: An Integrated Approach to Analyzing Industrial Buying Decisions, 26 J. Mktg. Res. 179–192 (1989); Michael J. Roszkowski & Glen E. Snelbecker, Effects of "Framing" on Measures of Risk Tolerance: Financial Planners Are Not Immune, 19 J. Behav. Econ. 237–246 (1990). 为了获取更多信息来源，请参考 Guthrie 等人提出的综合名单，其中包括军事领导人、工程师、会计师、医生、房地产评估师、期权交易员、心理学家和律师，supra note 4, at 783。

③ See Birte Englich & Thomas Mussweiler, Anchoring Effects in the Courtroom, 31 J. Applied Soc. Psychol. 1535, 1535–1551 (2001).

④ See id. at 1535.

⑤ See id. at 1536.

⑥ See Guthrie et al., supra note 4, at 819.

或事实,他的时间和信息是有限的。① 甚至更详尽的信息会加重偏差效应。② 进一步而言,如果法官没有意识到潜在认知捷径的存在,"额外的时间和资源将无济于事"。③ 最后卡切尔买耶和谢哈塔研究表明,即使涉及两个月薪资如此重要的决策时,如框架效应的系统偏差可能仍然存在。④

专家也会有偏差的原因可以通过研究大脑如何更普遍地做出决策来解释。参考卡尼曼颇具影响力的双系统理论,人类思维过程由两个系统组成。⑤ 系统1思维是快速、自动、频繁、情绪化、刻板和潜意识的,系统2思维被认为是缓慢、费力、不频繁、逻辑化、计算和有意识的。⑥95%的个体决策仅仅依赖于系统1思维。⑦ 它不仅快速,可以基于最大化预期价值作出多数正确的决定,使其成为一种非常高效的思维方式。以足球运动员为例,他不会深思熟虑把球传给左翼还是右翼,而是直接传出去。同样,员工也不会每天重新考虑是应该骑自行车还是坐火车去上班,即使天气或火车时刻表等参数可能已经改变,他们还是会选择习惯性的交通方式。鉴于系统1的效率,依赖系统1思维本身可能是合理的。

即使系统1的决策在大多数情况下是正确的,但也不难发现,没有相关思维过程的人在日常生活中会遇到重大问题,系统1的决策有时也会出错。例如,恩格利希和穆斯韦勒的实验中发现,德国法官会根据检察官的辩护做出不同的决定,这就是锚定效应的影响。科内奇尼和埃贝森实证分析证明,司法决策在很大

① See Guthrie et al., supra note 4, at 820.

② See Jeffrey J. Rachlinski, A Positive Psychological Theory of Judging in Hindsight, 65 U. Chi. L. Rev. 571, 576(1998).

③ Guthrie et al., supra note 4, at 820.

④ See Kachelmeier & Shehata, supra note 17, at 1123. See also Guthrie et al., supra note 4, at 820.(将这一论点视为"认知错觉易感性在面对高度动机和大量细节时仍会持续的最有力的支持结论"时,我们深入探讨其中的含义及其在不同领域的应用)

⑤ See Daniel Kahneman & Shane Frederick, Representativeness Revisited: Attribute Substitution in Intuitive Judgment, in Heuristics And Biases: The Psychology of Intuitive Judgment 49–81(Thomas Gilovich et al. eds., 2002).

⑥ See id. at 51[using the terminology of "system 1" and "system 2" thinking as originally introduced by Keith E. Stanovich & Richard F. West, Individual Differences in Reasoning: Implications for the Rationality Debate, 23 Behav.& Brain Sci. 645, 658(2000)]. See generally Joshua Greene, Moral Tribes(2014)(using the different modes of a digital Dslr camera); Jonathan Haidt, The Righteous Mind Why Good People Are Divided By Politics and Religion(2013).["更喜欢将不同的思维过程视为骑手(系统2)和大象(系统1)"]

⑦ See Kahneman & Frederick, supra note 73, at 55.

程度上是基于系统1思维，[①] 即使法官经验丰富、训练有素、动机充足，他们仍然容易受到认知错觉的影响。[②] 因此，研究缓解认知偏差的方法非常有必要。[③]

行为经济学另一个主要的批判是行为经济学的理论基础。由于缺乏根本性的理论基础，行为经济学无法像理性选择理论一样预测人类行为。[④] 特别是吉仁泽认为行为经济学在很大程度上只能描述模糊且未明确定义的现象外，几乎无所作为。[⑤] 尽管一个明确完备人类决策理论无疑会是一个重大的发现。但行为经济学的研究结论仍然有益。为了缓解偏差，了解可能产生的偏差比其产生的原因更重要，尤其在司法决策方面。[⑥] 虽然理论是理想的，但在当前阶段，行为经济学可能更适合被理解和作为一种改善司法决策的方法。[⑦] 从这个角度来看，缺乏一致性的理论对于整体行为经济学或者本文可能并没有重大的影响。[⑧]

(五)小结

到目前为止，经济人概念并不能准确地描述人类在现实世界中的行为已经被论证。尤其是，由于行为经济学家和认知心理学家的发现，人类决策制定的两个关键要素，自利和理性的特征无法得到支持。特沃斯基和卡尼曼的研究特别指出，在不确定条件下的决策存在各种认知错觉。尽管经验法则是一种更容易、更快速的，甚至是非常有效决策方式，但也可能产生系统性错误。系统1思维的效

---

① See generally Vladimir J. Konecni & Ebbe B. Ebbesen, The Mythology of Legal Decision Making, 7 Int'l J.L. & Psychiatry5 (1984).See also van Petrus Duyne, Simple Decision Making, in the Psychology of Sentencing 151 (Donald C. Pennington & Sally Lloyd-Bostock eds., 1987); Mandeep K. Dhami & Peter Ayton, Bailing and Jailing the Fast and Frugal Way, 14 J. BEhav. Decision Making 161 (2001).

② See Guthrie et al., supra note 4, at 778. See also Morris R. Cohen, Law and the Social Order: Essays in Legalphilosophy 337 (1933).(简单来说，就是"我们不能忘记，实际的法律是人类的产物——由法官制定和执行，而这些法官在智力和道德方面并不免受人类局限性的影响")

③ 也被称为"去偏"。

④ See generally Gerd Gigerenzer, How to Make Cognitive Illusions Disappear: Beyond "Heuristics and Biases", 2 Eur. Rev. Soc. Psychol. 101 (1991). See also Gerd Gigerenzer, On Narrow Norms and Vague Heuristics: A Rebuttal to Kahneman and Tversky, 103 Psychol. Rev. 592, 592–596 (1996).

⑤ See Gigerenzer, supra note 79, at 104.

⑥ See Mark Schweizer, Kognitive Täuschungen Vor Gericht 32 (2005).

⑦ See generally Russel Korobkin & Thomas S. Ulen, Law and Behavioral Science: Removing the Rationality Assumption from Law and Economics, 88 Cal. L. Rev. 1075 (2000). See also Gebhard Kirchg ässner, Homo Oeconomicus 258 (4th ed. 2013).

⑧ See Thomas Kuhn, The Structure of Scientific Revolutions 52 (1970). 从更广泛的角度来看，可以提到的是，一个深刻的理论是可取的。然而，正如库恩所指出的，"发现始于对异常的认知"。

率使它成为日常决策中一个很好的工具,但当涉及欧洲法院的判决时,系统2思维可能更适用。由于目前在不同思维过程之间进行不可能审慎的转换,因此尝试消除或者缓解认知偏差的影响可能更有意义。为此下文将回顾上述偏差效应,它们在实质性和程序性法律问题中的应用,并提出具体的政策建议。

三、认知错觉在欧盟司法决策中的应用

该部分将重点探讨在欧盟法背景下特定偏差的应用,尤其是关于内部市场的基本自由。鉴于前景理论是一种描述性理论,将结合近期研究的实例来介绍偏差理论。此后检验欧盟法司法实践与特定认知错觉的相关性。在分析结尾处讨论克服偏差的潜在可行性方案。主要的偏差分析包括锚定效应、可得性偏差、零风险偏差和后见偏差。

(一)锚定效应

1. 概论

锚定是一种认知偏差,描述了个体在决策时过度依赖首次提供的信息,即"锚定点"。[①] 一旦设定了锚定点,随后决策将基于锚定距离而进行调整。[②] 但是,人们的调整往往不充分。更为棘手是锚定不提供任何有用的信息,它仍然能够影响判断。[③] 即使决策者知道初始信息对决策过程没有任何价值,它仍然适用。[④]

在特沃斯基和卡尼曼要求参与者转动幸运转盘的一项研究中,[⑤] 幸运轮上的数字只有10和65。[⑥] 转动幸运轮后,参与者需要估计联合国中非洲国家的比例。[⑦] 当转盘停到10时,参与者平均估计25%非洲国家是联合国成员。[⑧] 然而停到65的时候,参与者的答案变成了45%。[⑨] 即使讲出准确答案给予奖励也无法改变这一

① See generally Amos Tversky & Daniel Kahneman, Judgment under Uncertainty: Heuristics and Biases, 185 Science 1128(1974).

② Therefore, anchoring has also been referred to as "adjustment effect" or "focalism."

③ See Tversky & Kahneman, supra note 84, at 1128.

④ See Tversky & Kahneman, supra note 84, at 1129. See also Guthrie et al., supra note 4, at 788.

⑤ See Tversky & Kahneman, supra note 84, at 1128.

⑥ See Tversky & Kahneman, supra note 84, at 1128.

⑦ See Tversky & Kahneman, supra note 84, at 1128.

⑧ See Tversky & Kahneman, supra note 84, at 1128.

⑨ See Tversky & Kahneman, supra note 84, at 1128.

结果。[1] 在另外一个实验中，第一组的参与者被问及甘地是在 9 岁之前还是之后去世的。[2] 第二组被问及甘地是在 140 岁之前还是之后去世的。[3] 随后，两组都被问及甘地的实际去世的年龄。[4] 第一组的估计年龄是 50 岁，第二组估计的年龄是 67 岁。[5] 尽管两组都清楚甘地既不是 9 岁也不是 140 岁去世的，[6] 但是两组的估计存在显著差异。[7] 因此，无关信息对人类决策过程产生了重大影响。[8] 关于锚定效应最具有法律意义的研究可能是恩格利希和穆斯韦勒的关于检察官宣判前提出公诉[9] 或掷骰子对判决结果的影响。[10]

2. 报告法官和佐审官：发现程序中的锚定点

正如上述案例所示，无论锚定点是否提供有用的指导，锚定都会对人们的决策过程产生重要影响。因为这种效应不仅适用于普通人，也适用于专家，所以没理由认为欧盟法的法官决策不受其影响。因此，必须考虑潜在锚定点所在位置以及如何避免它们。潜在锚定点的无数来源中，有两个相当明显并在欧盟法司法决策中发挥着重要作用：报告法官和佐审官。

佐审官最重要的任务是为欧洲法院提交书面意见书，即所谓的具理由意见书（reasoned submission），这通常被称为法官审议的“起点”。[11] 事实上，从大多数判决会遵循意见书中印证了佐审官意见影响力很大。[12] 例如，欧洲法院在 Chen[13] 的案件中几乎完全引用了佐审官意见。尽管如此，遵循佐审官的建议并不意味着法官有偏差效应。毕竟这可能是解决特定案件的正确方式。

可以说，报告法官甚至可能产生更为明确的锚定效应。因为他需要在全体法

---

① See Tversky & Kahneman, supra note 84, at 1128.

② See Fritz Strack & Thomas, Mussweiler, Explaining the Enigmatic Anchoring Effect: Mechanisms of Selective Accessibility, 73 J. Personality & Soc. Psychol. 437, 437–446 (1997).

③ See id. at 440.

④ See id.

⑤ See id.

⑥ For those who wonder, Mahatma Gandhi died at the age of 78.

⑦ See Strack & Mussweiler, supra note 94, at 441.

⑧ See Strack & Mussweiler, supra note 94, at 441.

⑨ See supra Section B.IV.

⑩ Englich et al., supra note 6. See also Jeffrey J. Rachlinski et al., Can Judges Make Reliable Numeric Judgments? Distorted Damages and Skewed Sentences, 90 Ind. L.J. 695, 695–739 (2015).

⑪ See generally David Edward, How the Court of Justice Works, 20 Eur. L. Rev. 555 (1995).

⑫ See id.

⑬ See generally Case C–200/02, Zhu and Chen v. Sec'y of State for Home Dep't, 2004 E.C.R. I–09925.

官会议(réunion générale)上作听审报告,[①] 从而在整个程序中设置了最初且最具有心理影响力的锚定点。此外,担任报告人的法官在佐审官出具意见书之前,提出初步判决的草案。听审报告将阐述案件的核心问题。[②] 此后,在案件庭审过程中,法官们往往试图证实报告法官已经提出的内容,从而受到锚定效应的影响。[③]

要完全消除偏差,最好的办法是每位法官在查看任何报告或者建议之前独立审理案件。正如 Guthrie 等人所主张的"避免踩到冰块要比踩到冰块后保持平衡容易得多"。[④] 同时,担任报告人的法官职责是应对欧洲法院巨大的工作量,提高审判庭的效率。[⑤] 于是,通过这种方式消除认知偏差的同时降低了该程序的效率。然而,正如范德伍德法官指出,可能有另一种更有效率的方法来缓解认知偏差。法官不应试图证实所提出的建议,而应努力反驳它们,直到他们无法反驳时,才能证实所提出的建议。[⑥] 事实上,这个过程可以促使法官主动思考替代解决方案,从而缓解偏差尤其是锚定效应。[⑦] 这对锚定效应特别关键,因为仅仅意识到潜在的锚定点并不能缓解效应。[⑧] 此外,想象替代结果的能力是基于创造力,而创造力在团队中尤为突出。[⑨] 在这方面,应注意到欧洲法院 80% 以上的案件都是由 3~5 名法官分庭审理。[⑩] 在每起案件中增加法官的数量,而不仅仅是针对最重要或最具争议的案件,将无疑提高创造力,从而缓解锚定效应。然而鉴于有限的财政资源,虽然理论上可取,但在实践中能否实现这一点还存在疑问。[⑪]

---

① Article 44(2)of the Rules of Procedure defines what elements should be contained in the report.

② See generally Laure Clement-Wilz, The Advocate General: A Key Actor of the Court of Justice of the European Union, 14Cambridge Y.B. Eur. Legal Stud. 603(2012).

③ Interview with Marc van der Woude, Judge of the General Court of the European Union(Mar. 11, 2015).

④ Guthrie et al., supra note 4, at 828.

⑤ See generally Cjeu, Press Release No. 27/15 13(2015), Compare also House of Lords, Workload of The Court of Justice of The European Union: Follow-up Report(2013).

⑥ Interview with Marc van der Woude, Judge of the General Court of the European Union(Mar. 11, 2015).

⑦ See Hal R. Arkes et al., Eliminating Hindsight Bias, 73 J.Applied Psychol. 305, 305–307(1988).

⑧ See Richard Block & David Harper, Overconfidence in Estimation: Testing the Anchoring-and-Adjustment Hypothesis, 49 Org. Behav. & Hum. Decision Processes 188, 188–207(1991).

⑨ See Norbert L. Kerr & Scott Tindale, Group Performance and Decision Making, 55 Ann. Rev. Psychol. 623, 623–655(2004).

⑩ See Damian Chalmers et al., European Union Law: Cases and Materials 145(2nd ed. 2010).

⑪ I will come back to this issue when discussing the advantages of a de minimis rule, see infra Section C.Ⅲ.2.

综上所述，锚定效应很难克服且成本高昂。然而，思考替代方案的一些心理技巧，能够在一定程度上限制该效应。关于这一点，需要加强司法人员的行为经济学方面的培训以减轻这种偏差，这一建议也将在可得性偏差的考察中再次强调。

（二）可得性偏差 ①

1. 概论

根据特沃斯基和卡尼曼的观点，“人们通过能够轻易联想到事例发生的频率判断某种类别或事件发生的概率。② 迄今为止，“最具有影响力的实验”是利希滕斯坦等人在 1978 年进行的，③ 实验要求参与者考虑死亡原因的成对组合，例如，“中风”和“所有事故的总和”，然后参与者需要指出哪种原因会导致更多人死亡。④ 实验结果表明，80% 的受访者认为死于事故的可能性高于中风。⑤ 然而，实际上中风导致的死亡率比所有事故加起来还要多 85%。⑥ 其他实验结果表明参与者认为死于事故和疾病的概率相似，但实际上死于疾病的概率大约是事故的 18 倍。龙卷风被认为比哮喘更可能导致死亡，然而事实是哮喘导致死亡的概率是龙卷风的 20 倍。⑦ 虽然参与者有时能正确地识别频率更高的死因，但他们给出的比例过高。⑧ 例如，死于摩托车事故的概率确实比糖尿病更高，但参与者认为摩托车事故导致死亡的概率是糖尿病的 356 倍。而事实上，摩托车事故死亡率只比糖尿病高 1.4 倍。⑨ 利希滕斯坦等人发现，人们对癌症、凶杀和龙卷风等引人注目的事件的发生频率被高估了，而低估了“隐形杀手”的概率。⑩

---

① 也被称为“代表性偏见”。

② Tversky & Kahneman, supra note 84, at 1127.

③ See Daniel Kahneman, Thinking Fast and Slow 138（2011）. See also Thorsten Pachur et al., How Do People Judge Risks: Availability Heuristic, Affect Heuristic, or Both? , 18 J. Experimental Psychol. 314, 315（2012）.

④ See Sarah Lichtenstein et al., Judged Frequency of Lethal Events, 4 J. Experimental Psychol: Hum. Learning & Memory 551, 551–558（1978）.

⑤ See id.

⑥ See id.

⑦ See id.

⑧ See id.

⑨ See id.

⑩ See id. at 552. See also Guthrie et al., supra note 4, at 805（提供具体的研究，考察司法决策中的可得性偏差）.

可得性偏差与锚定效应密切相关，因此在确定偏差可能产生的结果时，也会出现类似的问题。然而，已经有大量的研究在不同情景下找到了偏差的来源，例如个人经验①和媒体报道。②例如，不寻常事件，如鲨鱼袭击和飞机失事，往往在大众媒体中被过多报道，导致人们高估了此类事件未来发生的概率。③到目前为止，行为经济学的研究主要关注立法机构。因为制定新法律等不确定情景下决策时，认知偏差效应尤其强烈。立法者通常是由公民直接选举产生，拥有广泛的自由裁量空间，因此需要对有关法律的潜在风险、效果和意外后果进行深入研究。同时，司法机关也同样拥有一定的自由裁量权。然而，尽管事实不确定性问题仍然是可得性偏差滋生的土壤，但基于经济与统计的方法分析法院对基本自由的判决的影响研究不足。④上述情况尤其适用于欧洲法院。因此，以下分析将首先简要概述欧盟司法机构关于基本自由的适用性和正当性的自由裁量权，随之提出缓解可能性偏差的方法，尤其是相称性检验的问题。

2. 司法机构在基本自由的自由裁量权

关于欧盟内部市场法，欧洲法院对基本自由的适用和规制的范围做出了极为宽泛的解释。关于《欧洲联盟运行条约》（以下简称《条约》）第 34 条货物自由流动，达松维尔案第 5 段规定“成员国指定的所有能够直接或间接、实际或潜在妨碍共同体内部贸易的规则，都应被视为与数量限制具有同等效果的措施”。⑤由于随后的判例法，特别是 Keck & Mithuard 案⑥、第戎黑醋栗甜酒（Cassis de Dijon）案⑦、意大利诉委员会（摩托车拖挂车）案⑧和 Mickelsson & Roos（水上摩托艇）

---

① See Melvin Manis et al., Availability Heuristic in Judgments of Set Size and Frequency of Occurrence, 65 J.Personality&Soc. Psychol. 448, 448–457（1993）（进行一项调查，通过比较人们在海洋中看到鲨鱼和 / 或海豚的记忆能力，研究个人经历对可得性偏差的影响）.

② See Pablo Brinol et al., The Malleable Meaning of Subjective Ease, 17 Psychol. Sci. 200, 200–206（2006）.

③ See id. at 204. See also John D. Read, The Availability Heuristic in Person Identification: The Sometimes Misleading Consequences of Enhanced Contextual Information, 9 Applied Cognitive Psychol. 91–121（1995）; Guthrie et al., supra note 4, at 805（providing further references）.

④ 奇怪的是，这在竞争法领域却有所不同。

⑤ Case C–8/74, Procureur de Roi v. Dassonville, 1974 E.C.R. 837, para. 5.

⑥ See generally Joined Cases C–267/91 & C–268/91, Criminal proceedings against Bernard Keck and Daniel Mithouard, 1993 E.C.R. I–6097.

⑦ See generally Case C–20/78, Rewe–Zentral AG v. Bundesmonopolverwaltung für Branntwein, 1979 E.C.R. 649.

⑧ See generally Case C–110/05, Commission v. Italy, 2009 E.C.R. I–519.

案，[①] 未能确立任何明确的界定，因此，几乎所有成员国采取的措施都以某种方式限制了《条约》第34条所规定的货物自由流动。类似地，萨热案（Säger）[②] 和阿尔卑斯投资公司案 [③] 也广泛地扩大了《条约》第56条所规定的提供和接受服务自由流动的适用范围。关于资本自由流动，即《条约》第63条适用范围本身就非常宽泛，因为和其他自由相比，该条约不受基于歧视或其他限制的影响。[④]

在第戎黑醋栗甜酒案中，广泛适用的基本自由规制与同样广泛的潜在正当理由密切相关。[⑤] 这一现象的原因有三个：首先，非完全列举的强制性要求清单 [⑥] 的范围一直在扩展涵盖了很多领域，如"消费者保护" [⑦] "财政监督有效性" [⑧] "环境保护" [⑨] "公共卫生" [⑩] "保护国家或地区的社会文化特征" [⑪] 以及更具体的主题，如"保护电影作为某种形式艺术" [⑫] 或"保护作为文物的书籍" [⑬]。其次，一些判例法表明，已被广泛解释的强制性要求的适用范围也在不断扩大。特别是法官在明显适用措施中应用强制性要求的趋势。[⑭] 例如，在Schindler案中，法院以消费者保护

---

① See generally Case C-142/05, Åklagaren v. Mickelsson & Roos, 2009 E.C.R. 1-4271.

② See generally Case C-76/90, Säger v. Dennemeyer & Co. Ltd., 1991 E.C.R. I-4221.

③ See generally Case C-384/93, Alpine Investments v. Minister van Financiën, 1995 E.C.R. I-1141.

④ See Barnard, supra note 61, at 231–243, 308–311.（根据《条约》(TFEU)第45条对劳动者自由流动的范围进行分析，以及根据第49条对开业自由的分析）

⑤ Catherine Barnard, Derogations, Justifications and the Four Freedoms: Is State Interest Really Protected?, in The Outer Limits of European Law 273 (Catherine Barnard & Okeoghene Odudu eds., 2009).

⑥ 在案例C-279/80, Webb刑事案件（1981年欧洲共同体报告第3305页，第16-17段）中，尽管"强制性要求"这一术语在关于《条约》(TFEU)第34条的内容中似乎更为普遍，但法院也提及了"公共利益的压倒性理由"、"强制性要求"以及"符合公众利益"。同样，在案例C-224/97, Ciola诉Vorarlberg地区一案（1999年欧洲共同体报告第2517页，第15段）中，也提到了"符合公共利益的强制性理由"。尽管这些术语在表面上似乎有所不同，但它们在实际应用中具有相同的意义。为了简化分析，本文将主要使用"强制性要求"这一表达。

⑦ See Case C-120/78, Rewe-Zentral AG v. Bundesmonopolverwaltung für Branntwein, 1979 E.C.R. 649, para. 8.

⑧ See Case C-823/79, Criminal Proceedings against Carciati, 1980 E.C.R. 2773, para. 9.

⑨ See Case C-302/86, Commission of the European Communities v. Kingdom of Denmark, 1988 E.C.R. 4607, paras. 1–2.

⑩ See Case C-788/79, Criminal proceedings against Herbert Gilli and Paul Andres, 1980 E.C.R. 2071, para. 6. 尽管这一案例涉及《条约》(TFEU)第36条，但"公共健康"在本案中被最初视为"强制性要求"来处理。

⑪ Case C-145/88, Torfaen Borough Council v. B&Q plc, 1989 E.C.R. 3851, para. 11.

⑫ Case C-60/84, Cinéthèque v. Fédération Nationale des Cinémas Français, 1985 E.C.R. 2605, paras. 16, 23.

⑬ Case C-531/07, Fachverband der Buch- und Medienwirtschaft v. Libro Handelsgesellschaft mbh, 2009 E.C.R. I-3717, para. 34.

⑭ See Case C-275/92, H.M. Customs and Excise v. Schindler, 1994 E.C.R. I-1039, para. 54. See also Case C-205/07, Gysbrechts and Santurel-Inter, 2008 E.C.R. I-9947; Case C-524/07, Commission v. Austria, 2008 E.C.R. I-187.

作为直接歧视性措施的正当理由。环境保护由于历史原因[①]并不能作为无差别适用规则的辩护理由，现在也同样适用。在 Preußen Elektra[②]和最近的 Essent[③]案件中，法官直接规避了上述问题，简单地将“环境保护”作为限制市场的正当理由。目前尚不清楚的是强制性要求是否如“第戎黑醋栗甜酒案”(Cassis de Dijon)[④]中形成的无差别适用规则，还是其范围已经普遍扩大，或者至少增加了环境保护方面的强制性要求。最后，基本权利的适用范围得到了广泛扩大，其原因在于：(1)它们作为“剑”(公权力行为的约束力)和“盾”(个人提供保护)[⑤]的双重功能；(2)在 Franson[⑥]案中对《基本权利宪章》第 51 条的广泛解释。从强制性要求和基本权利的大规模适用来看，更多案件是基于相称性检验平衡不同的基本自由和基本权利而作出裁决。

3. 相称性审查中平衡的偏见

尽管相称性审查最初设计有四个阶段，[⑦]但在实践中，审查变得高度非结构化。审查的第三和第四阶段，即措施“是否适合实现预期目标”，[⑧]以及“不得超出实现目标所需要的程度”，[⑨]在某些案例中合二为一变成单一的平衡审查。[⑩]一方面，这种平衡必然意味着高度的自由裁量权，从而“置法官于合法的司法角色边缘，有可能产生司法机构行使立法评估的风险”。[⑪]另一方面，在欧盟法的基本

① See Case C-275/92, H.M. Customs and Excise v. Schindler, 1994 E.C.R. I-1039, para. 86(opinion of AG Bot).

② See Case C-379/98, Preußen Elektra v. Schleswag Ag, 2001 E.C.R. I-2099, paras. 73, 82.

③ See generally Joined Cases C-204/12 & C-208/12, Essent Belgium Nv v. Vlaamse Reguleringsinstantie voor de Elektriciteits- en Gasmarkt(Sept. 11, 2014).

④ See Case C-120/78, Rewe-Zentral Ag v. Bundesmonopolverwaltung für Branntwein, 1979 E.C.R. 649, para. 8.

⑤ See EJC Case C-544/10, Deutsches Weintor eG v. Land Rheinland-Pfalz, Ecli: Eu: C: 2012: 526, Judgment of 6 Sept. 2012.(在一个案例中，基本权利被用作“剑”和“盾”的示例)

⑥ See Case C-617/1, Åklagaren v. Hans Åkerberg Fransson, 2013 E.C.R. I-0000, para. 29. See also Case C-206/13 Siragusa v.Sicilia, 2014 E.C.R. I-126, para. 24.

⑦ See Case C-55/94, Gebhard v. Consiglio dell'Ordine degli Avvocati e Procuratori di Milano, 1995 E.C.R. I-4165, para. 57.

⑧ Id.

⑨ Id.

⑩ See Case C-112/00, Schmidberger v. Austria, 2003 E.C.R. I-5659, para. 81. See also Norbert Reich, How Proportionate is the Proportionality Principle? Some Critical Remarks on the Use and Methodology of the Proportionality Principle in the Internal Market Case Law of the ECJ, in The European Court of Justice and The Autonomy of the Member States 83, 97-111(Hans-W. Micklitz & Bruno D. Witte eds., 2012).(分析相称性检验的不同形式)

⑪ Barnard, supra note 62, at 377.

自由、基本权利和一般原则之间的平衡，要求欧洲法院逐案分析确定何种自由或权利占主导位置。① 因此，法院必须确定权利受限的程度，以及何种程度上有必要通过宣布对某项权利或者自由造成不合理限制的措施与欧盟法相抵触来保护某项权利。举一个典型的例子，法院在施米德贝格案中必须审查奥地利当局因批准在布伦纳高速公路上举行示威活动而关闭高速近 30 小时，是否违反了《条约》第 34 条货物自由流动的规定，以及《欧洲联盟条约》第 4 条第 3 款 ② 规定的共同体忠诚原则。在这种情况下，需要在言论和集会自由与货物自由流动的权利之间找到平衡。③

毋庸置疑，直接衡量对基本权利的影响的做法实际上不可行。即使存在这样的方法或更好的替代指标，仍然不确定对表达和集会自由的轻微侵犯能否作为对货物自由造成的强烈限制的正当理由；反之亦然。因此法院面临权利之间权衡问题，这可以说是最难解决的问题之一。在如此事实性和法律性不确定 ④ 的情况下做的决定会受到可得性偏差的认知错觉影响；人们只能想象媒体广泛报道的耸人听闻的事件（西方社会的恐怖袭击和环境灾难）对所讨论的强制性要求重要性的影响。包括法官在内的个人会高估此类事件再次发生的可能性，因此，尤其是在事件发生后，会过度重视环境或公共安全的威胁。这一分析并不是说整体的环境保护或者公共安全应该减少，而是强调人类的直觉并不能准确反映出受影响事件的真实概率和危险，从而导致对其重要性做出错误评估。行为科学表明，人类往往更重视当前的生命价值而不是未来的，这让人质疑，如果人类不受当前偏差影响，是否会采取不同的行动，即支持更有力的环境保护措施。⑤ 这个例子旨在说明一个普遍的事实，媒体广泛报道的罕见、耸人听闻的事件是可得性偏差的潜在来源。

尽管很难理解甚至证明可得性偏差对裁决影响的程度，但更重要的是要认识

---

① See Case C-36/02, Omega Spielhallen v. Oberbürgermeisterin der Bundesstadt Bonn, 2004 E.C.R. I-9609, paras. 14-16. 人类尊严的基本权利可被视为一个例外。关于判决，人们可能认为它被视为绝对权利。See also Tor-Inge Harbo, The Function of Proportionality Analysis in European Law 41, 53-62(2015).（对尊严的分析以及法院处理尊严本身的语境方法）

② See generally Case 112/00, Schmidberger v. Austria, 2003 E.C.R. I-5659.

③ See id. at para. 81.

④ See Tversky & Kahneman, supra note 84, at 1122.

⑤ See Ted O'Donoghue & Matthew Rabin, Doing It Now or Later, 89 Am. Econ. Rev. 103, 103-124 (1999).

到，相关证据的缺乏并不意味着可得性偏差没有影响案件裁决。幸运的是存在缓解这种影响的方法。

4. 缓解因素

为了克服可用性偏见，可以采取多种潜在解决方案。首先，包括司法决策在内的相关研究表明，司法经验可以减轻可得性偏差。① 例如，在一系列可得性偏差实验中发现法官的表现优于学生。② 但是法官仍然存在一定的偏差。③ 此外，尽管有些决策如施米德贝格案中对言论和集会自由受限的评估无法量化，但基于经济学模型可以评估这些决策对基本自由的影响。例如，在施米德贝格案中，可以从先验视角分析布伦纳高速公路游行对《条约》第 34 条规定的货物自由流动可能产生的影响。然而令人费解的是法院在处理涉及竞争法和内部市场的案件中为何采取不同的态度。④ 一个明显的解决方案是将经济学家纳入法院顾问，或者至少在非常关键的决策中要求提供有关经济或者统计证据，以克服可得性偏差。当然，这会引起一系列实践问题，如哪些案件足够重要，需要提供此类证据。

可预见的是，缓解可得性偏差效应更可行、现实的方法是再次对法官进行认知错觉的培训。关于行为经济学司法培训建议已经在前文中提出以解决锚定效应⑤，在此再次强调其重要性。不应忽视的是，这种培训对可得性偏差尤其有益，因为对它本身的认识就能缓解其影响。⑥

(三)零风险偏差⑦

1. 概述

在 20 世纪 80 年代末，家长们被要求对以下情景做出反应。

① See Guthrie et al., supra note 4, at 805.

② See Guthrie et al., supra note 4, at 805.

③ See Guthrie et al., supra note 4, at 805.

④ Compare with Ioannis Lianos & Christos Genakos, Econometric Evidence in Eu Competition Law: An Empirical and Theoretical Analysis 61 (Ctr. L., Econ. & Soc'y, Working Paper No. 06/12, 2012).

⑤ See supra Section C.I.2.

⑥ See Gerd Gigerenzer, How to Make Cognitive Illusions Disappear: Beyond "Heuristics and Biases", 2 Eur. Rev. Soc. Psychol. 83–115 (1991). 此外，认知可以用作其他偏见效应(如"妥协效应"，也称为"极端厌恶")的减缓因素，或者是在有普通选择的情况下倾向于选择不那么极端的选项的倾向。

⑦ See W. Kip Viscusi et al., An Investigation of the Rationality of Consumer Valuations of Multiple Health Risks, 18 Rand J.E 465–479 (1987). (概述研究的全部背景和过程)

（1）您目前使用的杀虫剂每瓶售价 10 美元。每使用 1 万瓶杀虫剂，就会造成 15 起吸入中毒和 15 起儿童中毒事件。①

（2）您了解到有一种更昂贵的杀虫剂，使用这种杀虫剂后，每 1 万瓶杀虫剂的吸入性中毒和儿童中毒事件将分别减少到 5 起。你愿意为这种杀虫剂支付多少钱。②

这些父母愿意多花平均 2.38 美元的钱来降低 2/3 的风险。③ 当被问及他们愿意支付多少钱来完全消除风险时，他们愿意额外支付 8.09 美元。④ 这意味着为了消除最后 1/3 的风险，父母愿意支付的金额是他们愿意为消除 2/3 风险支付的 3 倍以上。因此，父母愿意为消除风险支付的金额不仅取决于风险水平本身，例如风险会降低多少，还取决于这是否会完全消除风险。⑤

为了解释这一现象，有必要重新审视前景理论。任何理性选择模型表明，无论是将彩票中奖的概率从 0 增长到 1%，还是从 1% 增长到 2%，都不重要。因为每种情况下增加的概率都是 1%。然而前景理论则能够区分"质的变化"和单纯的"量的变化"。⑥ 从 0 增长到 1% 创造了获胜的可能性，⑦ 而从 1% 增长到 2% 只是现有概率发生的可能性提高。同样，杀虫剂实验也表明，个人对消除风险的估值远高于单纯的降低风险，即使降低风险的预期值更高。⑧ 因此，零风险偏差的定义是人们倾向于选择完全消除特定风险的选项，即使其他选项产生更大的预期价值。换句话说，包括法官在内的个体会过度重视概率小的风险，并愿意支付超过预期价值的金额完全消除它们，因为人们对结果赋予的决策权重与概率值不同。⑨ 因此，如果想要更准确地预测人类行为，需要改变冯·诺伊曼和摩根斯坦提出理性决策理论的期望效用函数⑩，将决策权重（d_1、d_2、d_3）替换实际概率（p_1、p_2、p_3）。因此，函数表示如下。

---

① See id. at 471.

② See id. at 472.

③ See id. at 473.

④ See id.

⑤ See Kahneman, supra note 119, at 310–315 (providing further examples).

⑥ Id. at 311.

⑦ 这种现象也被称为"可能性"或"彩票效应"。

⑧ 这种减少也被称为"确定性效应"。

⑨ See Kahneman, supra note 119, at 315.

⑩ See supra Section B.Ⅱ.

$$U_{期望值}=d_1 \cdots U_1 \neq d_2 \cdots U_2 (\neq d_3 \cdots U_3)$$

为了更好地理解决策权重和实际概率之间的偏差，表 1[①] 提供了选定概率所匹配的决策权重。事件发生的概率从 0 增长到 1%，决策权重的变化是 5.5。而事件发生概率从 1% 增长到 2% 时，决策权重只增加了 2.6（8.1−5.5）。因此，证实了个人对 0～1% 的差异评价高于 1%～2% 的差异。

表 1　决策权重和相应的概率

概率 /%	0	1	2	5	10	20	50	80	90	95	98	99	100
决策权重	0	5.5	8.1	13.2	18.6	26.1	42.1	60.1	71.2	79.3	87.1	91.2	200

资料来源：卡尼曼：《思考，快与慢》，第 288 页。

2. 零风险偏差和关于达松维尔限制的陈旧争议

零风险偏差如同其他偏差也适用于欧盟法的各种司法决策情景。由于篇幅限制，本文将重点关注一个具体且备受争议的问题，即达松维尔原则（Dassonville formula）的界限。[②] 一方面，根据《条约》第 34 条关于货物自由流动的规定，基于市场准入原则的广泛适用可被视为市场一体化的巨大优势。另一方面，正如星期天营业案[③] 和丹麦蜂蜜案[④] 中所示，对《条约》第 34 条的宽泛解释可能超出法院能力范围。同时，在凯克案颇具争议性的判决前后，人们已经讨论过各种解决该问题的方法。[⑤] 尽管有无数澄清现行判例法的可能性，如在委员会诉意大利案（摩托车拖车）[⑥] 和米克尔松与罗斯案（喷气式滑板）[⑦]，但法律确定性作为欧盟法中的一般原则仍然受到损害。

鉴于人类过度重视完全消除风险，欧盟法无法涵盖限制市场准入措施的风险

---

① See Kahneman, supra note 119, at 315–317.

② The formula can be found in this Article supra on page 255.

③ See, e.g., Case C−145/88, Torfaen Borough Council v. B&Q plc, 1989 E.C.R. 3851; Case C−169/91, Stoke−on−Trent City Council v. B&Q plc, 1992 E.C.R. 6635.

④ Case C−67/97, Criminal proceedings against Bluhme, 1998 E.C.R. I−08033.

⑤ See Eleanor Spaventa, Leaving Keck Behind? The Free Movement of Goods after the Rulings in Commission v. Italy and Mickelsson and Roos, 35 Eur. L. Rev. 914, 914–932 (2009) (providing a debate on the post−Keck case law).

⑥ Case C−110/05, Commission v. Italy, 2009 E.C.R I−519.

⑦ Åklagaren, Case C−142/05.

也可能被高估。① 事实上，法院在凯克案中最初的担忧仍然有效，即“经销商越来越倾向于援引条约第 30 条（现在是《条约》第 34 条），将其作为一种手段来质疑任何可能对其商业自由产生限制效果的规则，即使此类规则的目标并不针对来自其他成员国的产品”。② 尽管意识到事态进展，但法院判决却不尽如人意，将销售安排与产品特征要求进行了区分；即使在凯克案之后的判例法中，欧洲法院也未能明确界定《条约》第 34 条的规制范围。③ 特别是任何远隔性检验标准所分析的措施和市场限制之间的关联是否“过于不确定”④ 或“过于间接”⑤，都无法满足法律确定性原则设定的最低要求。

最低限度规则通常被认为满足法律确定性标准的唯一选择，同时又能避免法院必须处理对内部市场造成轻微限制的相关案件。它不仅可以划定明确的界限，也被普遍认为是更有效地保护《条约》第 34 条最终目的内部市场的工具。⑥ 这样，法院不必处理只对市场造成轻微限制的措施，如只占了 0.3% 丹麦领土的丹麦蜂蜜案，⑦ 在司法资源有限的情况下，法院更应该处理对货物自由流动产生重大限制的案件。基于此才能更加有效地推进《条约》第 34 条的目标，保护单一市场。

但是行为经济学的理解如何为这场争议提供哪些价值，特别是在已有的目的性论证基础上？事实上，以下基于行为经济学的观点必须非常谨慎提出，因为那

① See Kahneman, supra note 119, at 314, 318–319. 对确定性和可能性效应及其关系的分析。有人认为确定性效应在这里适用，例如要确保任何可能对市场产生的限制都受到欧盟法的保护。然而按照前景理论所阐述的含义，本质上将是相同的。

② oined Cases C–267/1991 & C–268/1991, Criminal proceedings against Keck and Mithouard, 1993 E.C.R. 1–6097, para. 14.

③ See id. at paras. 15–17.

④ See Case C–20/03, Burmanjer and Others, 2005 E.C.R. I–4133, para. 31. See also Case C–69/88, Krantz v. Ontvanger der Directe Belastingen, 1990 E.C.R. I–583, para. 11; Case C–418/93, Semeraro Casa v. Sindaco del Comune di Erbusco, 1996E.C.R. I–2975, para. 32 (holding a similar conclusion concerning the freedom of establishment).

⑤ See Case C–44/98, Basf v. Präsident des Deutschen Patentamts, 1999 E.C.R. I–6269, paras. 16, 21. See also Janja Hojnik, De Minimis Rule within the EU Internal Market Freedoms: Towards a More Mature and Legitimate Market? , 6Eur. J. Legal Stud. 25, 31 (2013).

⑥ See generally Case C–67/97, Criminal proceedings against Bluhme, 1998 E.C.R. I–08033 (rejecting a de minimis approach). See also Case C–412/93, Leclerc–Siplec v. TF1 Publicité, 1995 E.C.R. I–179, paras. 195–196. AG Jacobs. See also Stephen Weatherill, After Keck: Some Thoughts on How to Clarify the Clarification, 33 Common Mkt. L. Rev. 887, 887–908 (1996) (providing further references).

⑦ See generally Case C–67/97, Criminal proceedings against Bluhme, 1998 E.C.R. I–08033.

些不认同保护单一市场的效率是正当司法目标的人,会对这种论证产生怀疑。事实上,如果一个人不认可司法效率是一个正当目标,如具有公正义务论倾向的个人可能根本不会接受以下的观点。但是,如果像大多数学者更看重目的论,那么行为经济学对达松维尔问题上确实有所启示。

欧洲法院(ECJ)在评估是否以及如何限制达松维尔原则(Dassonville fromula)适用范围时,必须考虑到,将轻微案件排除在欧盟法适用范围之后的影响可能被高估。更确切地说,按照表1所示,占《条约》第34条或其他基本自由整个适用范围1%的案件,其重要性可能被高估到了5.5%。如果欧洲法院从正面看待这个问题,即只关注涵盖在内而非未涵盖的案件,其影响会更大。如表1所示,达松维尔限制规则适用案件的比例从百分百缩减到99%,那么司法决策权重比例将缩减至91.2%。因此,基于欧洲法院的视角,未涵盖的案件比例将有8.8%,而非1%。因此,无论欧洲法院是从正面还是负面角度去看待这一缩减,它都会高估因最低限度规则剔除后的案件数量。[①]

如果现在考虑零风险偏差是反对最低限度规则的强有力的论据,那么支撑这一原则的直觉可信度就值得严重质疑。如果一方认为目的论无价值且原则上强烈反对任何最低限度规则,那么他不会被这种分析所说服。然而,如果一方是对目的论持开放态度,但直觉上认为被剔除的案件数量过高时,那么就需要思考这种直觉是否源于零风险偏差,从而不应完全信赖。因此,基于零风险偏差分析达松维尔的限制规则时,本身不一定会创造出实质性的新论据,而是表明最低限度规则的风险或弊端可能远小于预期。因此,有效保护内部市场的目的性方法在整体上被低估,应该赋予它更大的意义。

(四)后见偏差

1. 概念

巴鲁克·菲什霍夫和露丝·贝思在1972年尼克松先后访问中国和苏联前夕做

---

① 诚然,有人可能会认为这是两种不同的现象。虽然上述研究考虑的是事件发生的概率,但"最低限度规则"涉及的是达松维尔规则的范围。然而,鉴于人类大脑似乎以一种更普遍的方式处理信息,没有理由认为人类认知在思考某个事物的范围(scope of x)时,比思考该事物发生的可能性(likelihood of x happening)更适合处理概率问题,最关键的部分在于实际概率和感知概率之间存在系统性差异。

了一项调查问卷①，发现了后见偏差②。他们要求参与者估计尼克松访问的15种情况发生的概率，如美国和苏联是否达成重大协议，或者毛泽东是否同意与尼克松会面。③在尼克松回国后，受访者被要求尽可能准确地回忆他们为每种情况填写的概率。④结果显而易见，受访者对实际发生情景所填写的概率远比最初的高很多，而对没有发生的情景填写的概率比最初的低。⑤简言之，后见偏差是指在事后看待结果时，会觉得事件结果比事前预测时更容易预料的倾向。⑥进一步的研究表明，该偏差产生的原因是人们一旦意识到某种结果，就会立即更新他们对世界的看法。⑦

2. 后见之明，Schmidberger 案和远隔性检验

因为法官通常在案件已经发生后对其进行评估，他们特别容易受到后见偏差的影响。⑧鉴于相称性检验在欧盟法中的重要性，⑨往往采取措施前视角分析关键性问题，某项措施是否适合且有必要以实现其目标。例如，在施米德贝格案中，欧洲法院必须在高速公路实际关闭前，从奥地利政府当时的角度评估关闭布伦纳高速公路对货物自由流动的影响。法院认为“在本案中，主管当局采取了各项行政安排和辅助性安排，以便尽可能降低对公路交通的影响”。⑩然而，如果这些措施在授权关闭高速公路时没有要求或预见到，那么这些措施在示威游行时是否采取就无关紧要了，因为这个论点是基于最初高速公路关闭的实际结果，而非预期结果。事实上，货物自由流动的这一基本自由权利所受的影响是否小于预期都无关紧要。关键在于，在授权时是否预期会采取这些措施，因而预料到对《条约》第34条的规制会在一定程度上受到限制。

---

① See Baruch Fischhoff & Ruth Beyth, “I Knew it Would Happen” – Remembered Probabilities of Once-Future Things, 13 Org. Behav.& Hum. Performance 1, 1–16(1975). See also Baruch Fischhoff, Hindsight ≠ Foresight: The Effect of Outcome Knowledge on Judgment Under Uncertainty, 1 J. Experimental Psychol.: Hum. Perception & Performance 288, 288–299(1975).

② 也被称为“自知效应”“结果偏差”“渐进决定论”。

③ See Fischhoff & Beyth, supra note 198, at 6.

④ 199. See Fischhoff & Beyth, supra note 198, at 6.

⑤ See Fischhoff & Beyth, supra note 198, at 6.

⑥ See Neal J. Roese & Kathleen D. Vohs, Hindsight Bias, 7 Persp. Psychol Sci. 411, 411–426(2012).

⑦ See Scott A. Hawkins & Reid Hastie, Hindsight: Biased Judgments of Past Events After the Outcomes Are Known, 107 Psychol. Bull. 311, 313(1990).

⑧ See Rachlinski, supra note 70, at 588–590. See also Guthrie et al., supra note 4, at 825.

⑨ See supra Section C.II.3.

⑩ Case C–112/00, Schmidberger v. Austria, 2003 E.C.R. I–5659, para. 87.

同样,由于后见偏差的影响,任何用于确定某些措施是否属于《条约》第34条范围内的远隔性检验都面临着重大的问题。如果法官已经知道实际结果,他们将无法评估该结果和措施之间是否有充分的关联性。事实上,后见偏差的结论表明,欧洲法院会高估实际结果和所考虑的措施之间的因果关系。因此导致了远隔性检验的应用过于罕见,可以从司法实践的实证分析中得出该结论。① 在大多数案件中即使当事人或国家在案件中提出"远隔"问题,法院仍然倾向避免详尽分析该检验。② 如果该检验方法得到应用,就会发现"在自由流动判例法中的因果关系似乎是被假设而不是检验得出的"。③ 然而没有充足的统计分析,无法避免后见偏差效应。与可得性偏差和锚定效应所分析的结论相反,即使拥有多年的法律经验和充分的关于后见偏差知识,也无法作为缓解因素。④

由于人们即使在意识到后见偏差的情况下也容易受其影响。因此潜在的解决方案是,对分析因果关系的个体隐藏实际结果,无论结果是否涉及远隔性检验或者适当性和必要性问题。此人无须知道实际发生状况,只能依据措施及其可能产生的后果进行分析评估。因此已经参与案件的法官可能不是分析因果关系的最佳人选。

假如无法进行明确的经济或统计分析,建议通过问卷调查的方式,询问不了解实际结果的参与者所讨论的措施可能产生的影响,或者是否可能会限制市场准入。然而案件中的问题及表达框架应该被谨慎地评估,鉴于后见偏差的强大效应,和欧洲法院裁决案件的重要性,最好建立一个"无偏差陪审团"(unbiased jury),专门用于分析相关案件的因果关系。虽然研究表明,法官也可以考虑上述锚定效应里提出的⑤ 替代结果来缓解后见偏差效应,但无偏差陪审团(unbiased jury)不仅能够缓解甚至是消除后见偏差效应。⑥ 如果这种方法都不能被视为改善

① See Niamh Nic Shuibhne, The Outer Limits of Eu Citizenship: Displacing Economic Free Movement Rights? , in The Outer Limits of European Law 179(Catherine Barnard & Okeoghene Odudu eds., 2009).

② See Niamh Nic Shuibhne, The Coherence of Eu Free Movement Law: Constitutional Responsibility and the Court of Justice 182(2013).

③ Id.

④ See Rachlinkski, supra note 70, at 586–88. See also Rüdiger F. Pohl & Wolfgang Hell, No Reduction in Hindsight Bias after Complete Information and Repeated Testing, 67 Org. Behav. & Hum. Decision Processes 49, 49–58(1996).

⑤ See Hal R. Arkes et al., Eliminating Hindsight Bias, 73 J. Applied Psychol. 305, 305–307(1988).

⑥ See Guthrie et al., supra note 4, at 826.(从行为经济学角度对陪审团制度的优缺点的一般性讨论)

法院决策程序的可行措施，那么进一步证明了进行行为经济学方面的司法培训的必要性。

四、总结

本文首先介绍了行为经济学的主要观点，特别是前景理论的各个维度，以及基于“经济人”假设的理性决策模型如何偏离个人实际选择。由于启发式和偏差与两种思维系统的不同功能密切相关，因此包括法官在内的专家也会受到认知错觉的影响。

随后通过分析特定偏差对不同法律问题的影响，以及提供克服或缓解认知错觉的潜在解决方法，证明了行为经济学在欧盟法司法决策中的价值。具体而言，本文提出以下建议：

（1）应进行与行为经济学相关的司法培训，以缓解认知错觉，如锚定效应、可得性偏差、后见偏差。由于无法涵盖所有潜在的认知错觉来源，培训不仅应侧重各种偏差的具体应用，还应概述偏差产生的原因及条件。如前所述，纯粹的意识往往是缓解偏差的第一步，但更为具体的技术，如思考替代方案减少锚定效应，也至关重要。

（2）如果可能，法院应增加必要的经济和统计证据数量，以缓解可得性偏差和后见偏差等不同的偏差效应，尤其涉及相称性检验方面。正如对施米德贝格案判决分析所指出，当涉及基本权利时，该检验方法具有局限性。然而在平衡不同的基本自由时，它可能是克服偏差的重要手段。

（3）基于零风险偏差的分析表明，由于欧盟法未涵盖的案件数量可能远少于人们的直观理解，因此基本自由的范围可能被高估。通过对限制市场的范围分析，为欧盟法所有基本自由制定明确的最低限度规则，它不仅可以避免未来的零风险偏差影响，还可以提高法律确定性。此外，将用于对内部市场造成微小限制的案件中所投入的财政资源，投入更重大案件的统计证据和司法培训，可以更有效地保护单一市场。

（4）最后，从事前的角度来看，基于相称性检验或任何形式的远隔性检验要求的因果关系的分析严重受到后见偏差的影响。为此，本文建议设立一个由对案件实际结果不了解的个人组成的无偏差陪审团。但是，仍需进行更多的研究来论证该方案的可行性条件。

总之,仅仅通过考察人类思维在诸多司法决策中潜在缺陷中的少数几个方面,就足以证明行为经济学研究成果纳入司法决策的重要性。通过分析部分认知偏差在某些场景中的效应以及对选定案例的理解,表明还有很多待研究的内容。因此,所提出的建议应仅被视为改进欧洲法院司法决策的第一步,而不是最终解决方案。

而第二步,需要牢记人类的身体和精神能力都是有限的。几千年来,技术一直专注于解决显而易见的物理限制。所提出的一些建议可能有助于克服或避免人类的认知局限。但是,虽然偏差可以通过不同的技术在一定程度上得到缓解,但似乎并不能完全消除他们。依赖自然智能可能永远无法保证有无懈可击的决策。尽管存在根本性风险,但人工智能可能在未来为实现更加公平性、一致性和法律确定性提供方法。

(编辑:杨铜铜)

法律推理的逻辑之探 *

[美]弗恩·沃克 ** 著　潘立春 *** 译

摘　要　法学界对逻辑推理的研究不足,但逻辑推理是解决法律问题的关键。法律推理以行动为导向,具有实用性。法律推理不仅平衡了法律的“认知目标”与“非认知目标”,而且通过有限的资源和不完整的信息展开实时推理。法律推理应该有其独特的模式,包括三个主要的推理类型:基于规则的推理、证据评估以及二阶过程推理。基于规则的逻辑推理所关注的是命题的真伪,重点辨别足以确认事实的证据和积极抗辩。证据评估的逻辑推理关注的是可信度值,事实认定者通过可信度尺度将多个证据整合成一个单一结论。二阶过程逻辑推理关注的是过程决策,其中包含政策性推理和对先例的类比推理两大类。法律推理确有其独特之处,而若完整揭示法律推理的实用逻辑,实证研究是不可或缺的一步。

关键词　基于规则的推理　证据评估　二阶过程推理　实用性

---

*　原文刊登于 Hofstra Law Review, Vol. 35, 1687–1707(2007),原文题目为 Discovering the Logic of Legal Reasoning。已获得作者本人翻译授权。

**　弗恩·沃克(Vern R. Walker),霍夫斯特拉大学法学院教授。

***　潘立春,女,辽宁沈阳人,华东政法大学副教授,主要研究方向为法律翻译、法律语言学、经济法学等。

一、引言

法治有赖于法律推理的质量。法治要求对相似案件作出相似裁决，依法公正地判断是非对错，在决策过程中遵守适用的程序与证据规则。将决策背后的推理过程公开使之接受监督，就要使决策从主观偏好为主向客观合理性转化。因此，实现法治的一个重要途径是明确法律推理的各项要素，并对其评估，这既包括对宪法、法律及规章的解释、对基本原则和政策的平衡，也包括对法律规则的采纳和修改、使其在具体案件中予以适用，同时还包括对证据的评估，从而做出最终裁决。

尽管透明合理的推理为我们所需，可是在法律界，方法论方面的研究却远远不足，这与其他行业领域形成了鲜明的对比。我们不像数学家，他们对自己的方法进行反思，从而为世界提供了公理证明和现代演绎逻辑；我们不像统计学家，他们已经找到了可用于所有实证研究领域的分析方法；我们更不像自然科学家和社会科学家那般行事，他们精心地将统计方法与适用于特定主体事宜的测量和建模技术相结合；我们也没有采取医学界的做法，他们已经完善了用于诊断推理的诸多方法。在法律界，我们满足于“看到好的法律推理能识别出”就行的程度。相对而言，我们很少花时间提炼辨别优劣推理模式的一般方法，更不要说提出理论精准解释优劣推理模式的“优劣”之处所在了。也就是说，我们没有特别关注到法律推理的逻辑，[①] 可是，对于这样一个如此依赖构建良好论证的领域而言，我们却对论证构建的方法本身不感兴趣，这实属匪夷所思。

诚然，针对法律推理的方法，已有一些孤立的理论研究。刑法相关人员研究的是司法鉴定的证明价值；[②] 从多伯特案(Daubert)起，最高法院接连的几个案件

① 此处的“逻辑”是指“研究用以区分正确推理和错误推理的方法和原则”以及由此产生的理论。参见 Irving M. Copi & Carl Cohen, Introduction to Logic 3(10th ed. 1998)。“正确”推理能确保结论是真实的或至少是可信的，它为理性人采纳某种结论提供了充分的理由。逻辑学与探索正确推理思路的方法研究不同(如解释学)，尽管逻辑学有助于确定解释学方法的预期目标或最终结果。逻辑学也有别于在人类对话中使用推理进行说服的研究(如语用学、修辞学或心理学)，尽管它有助于确定说服的合理基础。逻辑学研究的问题是，如果我们的目标是发现真理，我们应当如何进行推理。

② David L. Faigman, David H. Kaye, Michael J. Saks & Joseph Sanders, Science in the Law: Forensic Science Issues(2002).

引发了关于何时采纳专家意见的广泛研究。[①] 自威格摩尔(Wigmore)后,少数理论学家对证据评估的一般模式进行了研究。[②] 法律之外的诸如心理学[③]、修辞学[④]、非形式逻辑学[⑤] 和人工智能[⑥] 等领域,也对法律推理的各个方面展开了重要研究。然而,当前缺失的是我们在行业内部齐心协力地推出我们法律人进行推理的一般逻辑,以此解决现实中的法律问题,同时提供一个进行合理推理的标准。

如果我们有这样一种有效又规范的方法,就一定能在课堂上,并最终在律师事务所和法庭上体现出来。然而,大多数法律教育者只是通过罗列一系列案例(包括真实的和假设的)来阐述推理,让学生从这些案例中抽象出"如何像律师一样思考",却很少向学生解释律师应该如何推理以及为什么推理。在对学生的训练中,最接近一般推理方法的,可能要算是法律写作了,[⑦] 或许某些技能训练也有涉及。[⑧] 可是,这些相对而言的进展却没有深入贯彻到法学教学大纲的"核心教

---

① Daubert v. Merrell Dow Pharms, Inc., 509 U.S. 579(1993); Gen. Elec. Co. v. Joiner, 522 U.S. 136(1997); Kumho Tire Co. v. Carmichael, 526 U.S. 137(1999).

② Terence Anderson, David Schum & William Twining, Analysis of Evidence(2d ed. 2005); Joseph B. Kadane & David A. Schum, A Probabilistic Analysis of the Sacco and Vanzetti Evidence(1996); David A. Schum, The Evidential Foundations of Probabilistic Reasoning(1994).

③ 关于陪审团的研究,参见 Inside the Juror: The Psychology of Juror Decision Making(Reid Hastie ed., 1993)。

④ Kurt M. Saunders, Law as Rhetoric, Rhetoric as Argument, 3 J. Ass'n Legal Writing Directors 166, 166-167(2006)(探讨法律是由实质性决定而非形式逻辑决定组成的,影响法律推理的结论是修辞而非形式逻辑); Mary Massaron Ross, A Basis for Legal Reasoning: Logic on Appeal, 3 J. Ass'n Legal Writing Directors 179, 181(2006).(探讨尽管修辞理论是法律决策结果的决定性因素,但形式逻辑可以成为一种潜在的修辞手段和关键要素,尤其是在上诉阶段)

⑤ 关于图尔敏论证模式的研究,参见 Arguing on the Toulmin Model(David Hitchcock & Bart Verheij eds., 2006); 关于论证图示的研究,参见 Douglas N. Walton, Argument Schemes for Presumptive Reasoning 13-14, 46(1996)(指出论证图示的功能是通过运用"适当的关键问题"来协调对话,提出这些问题可将"假定的负担或责任转移到对话的另一方")。关于人工智能与法律的论证图示研究,参见 Henry Prakken, Chris Reed & Douglas Walton, Argumentation Schemes and Generalizations in Reasoning About Evidence, 9 INT'L Conf. Artificial Intelligence & L.Proc. 32(2003); Henry Prakken & Giovanni Sartor, The Three Faces of Defeasibility in the Law, 17 Ratio Juris 118, 120-123(2004)。

⑥ Bart Verheij, Virtual Arguments: On the Design of Argument Assistants for Lawyers and Other Arguers 97-122(2005); Kevin D. Ashley & Edwina L. Rissland, Law, Learning and Representation, 150 Artificial Intelligence 17(2003)[hereinafter Ashley & Rissland, Law, Learning]; Edwina L. Rissland, Artificial Intelligence and Law: Stepping Stones to a Model of Legal Reasoning, 99 Yale L.J.1957(1990)[hereinafter Rissland, Artificial Intelligence]; Edwina L. Rissland, Kevin D. Ashley & R.P. Loui, AI and Law: A Fruitful Synergy, 150 Artificial Intelligence 1(2003).

⑦ 关于法律写作背景下法律推理的详细介绍,参见 Richard K. Neumann, Jr., Legal Reasoning and Legal Writing: Structure, Strategy, and Style(5th ed. 2005)。

⑧ Stefan H. Krieger & Richard K. Neumann, Jr., Essential Lawyering Skills: Interviewing, Counseling, Negotiation and Persuasive Fact Analysis 127-211(2d ed. 2003).(探讨说服性事实分析)

义”里。我们甚至不指导学生了解演绎逻辑学,即便我们确实认可它的相关性[①],这或许是因为在解决棘手的法律问题时,发现其作用有限。[②]尽管传统逻辑学触及法律推理的某些内容,它却解决不了最复杂的那部分,因此对于律师来说它可能就没那么重要。如果我们能有切实有效的法律推理理论,一定会将其放在法学教学大纲的核心位置。

本文首先讨论了法律推理为何具有值得逻辑分析的独特属性。对此本文认为,法治的要求与法律推理的实用性相结合,能形成独特的推理模式。本文简要讨论了三种类型的法律推理:基于规则的推理、证据评估、二阶过程推理。前两者在法律中有着明显的逻辑性,其实后者也是如此,甚至还可以更改前两项推理。这三种类型放在一起,使法律推理具有一种复杂的“默认”性,这也是它的独特之处所在。与此同时,法律界也促进了推理模式的演变,因为这些推理模式能够有效地解决法律问题。已然发生了哪些模式演变则需要通过实证研究进一步探寻,但本文不予阐释实证研究的具体做法。本文的重点在于为何需要此类研究,以及为何它有望成为探索法律推理逻辑的有效途径。

二、法律推理的实用性

法律界并不认可传统形式逻辑学的应用,因为其更像是数学的演绎推理,而非法律实践中所运用的实用推理。法律是一个讲求实用性的行业。面对大量亟待关注的法律问题,我们已经形成了自己的一套做法帮助我们在问题中进行思考。对于那些不符合我们推理模式,又无助于高效解决专业问题的形式理论,我们自然无暇顾及,也不会采用于我们无益的任何方法论。

我们所用的推理技术至少在三个方面具有实用性。首先,我们的推理以行动为导向,通过推理对政府作为或不作为的合法性进行法律论证。当法官判决案件或行政机构采纳新规时,都必须对宪法、法律或法规文本进行解释,在法律原则与

---

① Terence Anderson & William Twining, Analysis of Evidence: How to Do Things With Facts Based on Wigmore's Science of Judicial Proof 63-69(1991).(在威格摩尔看来,演绎推理形式的主要用途是“突出推理所依据的概括”);Mark L. Movsesian, Rediscovering Williston, 62 Wash. & Lee L. Rev. 207, 241-243(2005).(威利斯顿认为在法律中使用“分析逻辑”对教学有益,它“提高了法律的可预测性和稳定性”,以及“使法律制度更容易为公众所接受”)

② Leonard G. Boonin, The Logic of Legal Decisions, 75 Ethics 179(1965).(探讨推理的演绎模型,阐明如何在特定案例中应用法律规则,如何阐述规则以及如何创建新规则的问题);Jeffrie G. Murphy, Law Logic, 77 Ethics 193(1967).(论证逻辑有效性和法律有效性的不同,且二者在某些方面的不兼容性)

实质性政策之间做出平衡考量。法院对被告或具体案件做出合法且有约束力的判决之前，行政机构依法通过一项法规或颁发许可之前，都必须对可用的法律证据进行评估。因此，法律推理在这一层面上具有实用性，其最终目的是评估政府行为、证明其相关决策的合理性。

其次，法律推理的实用性体现在它平衡了法律的“认知目标”与适用的“非认知目标”。[①] 认知目标在于根据依法获取的证据尽可能准确地认定事实。法律的宗旨是追求真理，但这种真理受制于对证据的合理推论。与认知目标相对的是非认知目标。部分非认知目标广泛体现于政府机构及程序中（如是要程序公平还是管理高效），而另一些则仅限于某些特定场合（如是要确保充足的电力供给还是要提高证券市场的经济效益）。每个机构都会在认知目标和非认知目标之间取得一个特有的平衡点。负有保护公众健康职责的行政机构在设计其事实认定程序时，既要追求全面准确，也要确保公众安全。刑事法庭在设计其事实认定程序时则要避免错误判决，但同时也必须保护被告的正当程序权利，达到合理程度的司法效率。对于某些特定机构和特殊任务而言，总体宗旨就是在认知目标和非认知目标之间达成适度平衡。法律推理之所以具有实用性，是因为它必须体现这个平衡点，也必须给出充足的依据。

最后，法律推理的实用性还体现在以下方面：法律决策是实时进行的，其使用的资源有限，而且通常是基于不完整的信息。法律决策可以说是在不确定的情况下做出的决策。[②] 因此决策者必须在决策过程中的每个阶段评估证据是否完整、不确定部分可否采用、是否即刻采取行动。公诉人可以开展更多的调查，监管者可以获取更多的科学研究。但是何时如何采取哪种行动，必须综合考虑众多因素，包括当前的不确定性状况、获取更多证据的成本与效益、以及在没有额外证据的情况下行动的风险与收益等。由此可见，法律推理是具有实用性的。

以上三个实用性维度决定了法律推理在逻辑上的某些特征。法律推理须评估决策与行为、平衡认知目标与非认知目标、同时受限于有限的资源与不完整的信

① Vern R. Walker, Epistemic and Non-Epistemic Aspects of the Factfinding Process in Law, 3 Apa Newsl., Phil. & L., Fall 2003, at 132.

② Judgment Under Uncertainty: Heuristics and Biases (David Kahneman, Paul Slovic & Amos Tversky eds., 1982); M. Granger Morgan & Max Henrion, Uncertainty: A Guide to Dealing with Uncertainty in Quantitative Risk and Policy Analysis (1990).

息。法律推理在逻辑上必须囊括这些维度,因此它远超于演绎逻辑学,它包含了归纳逻辑与溯因逻辑①(今天的逻辑学家称之为非单调逻辑②)。它还借鉴了现代决策理论、风险—收益分析以及风险分析。此外,为了适用于法律,这些方法和理论不会被单纯纳入,仅为了用而用;只有在其有助于完善法律决策且不会扭曲已认定的推理模式时才会被采纳。

由此可知,法律界在很大程度上无视那些对解决法律问题而言并非必要的形式体系也就不足为奇了。尽管逻辑学家和人工智能的研究人员认为形式化模型是大有裨益的,但法律理论家和从业者通常对此持怀疑态度。尽管我们都会运用基本算术,但法律决策者和法律诉讼中的利益相关者往往需要一定的解释,才会信任概率与统计学等体系。对于数学家来说,某项数学证明可能是非常清晰明了的,但作为法律推理的一部分,除非它能让法律决策者和当事人明了,否则用处不大。在法律推理中引入形式上的复杂性可能会导致低效、混乱,结果适得其反,除非这种附加的复杂性对解决实际问题确有必要。③形式逻辑学也是如此。法律推理的形式化理论只有在以下情况下才是有用的,即它们能够准确地展现推理的显著特征,提供有效的规范标准评估该种推理,解决那些急需该类理论方能解决的问题。因此法律推理的逻辑理论必须是可用的,如此才能具有规范性。

接下来,我们将从实用性的视角审视以下三种法律推理的类型:基于规则的推理、证据评估、以及涉及决策过程的二阶过程推理。对于每一种类型,我们的焦点均是如何使那些有助于解决法律问题的推理特征明晰化。

三、基于规则的推理

相似案件相似裁决的一个主要策略是制定和应用实体性法律规则,其规定了

---

① 关于溯因推理的解释,参见 John R. Josephson & Michael C. Tanner, Conceptual Analysis of Abduction, in Abductive Inference: Computation, Philosophy, Technology 5, 5(John R. Josephson & Susan G. Josephson eds., 1994)。"溯因推理,或最佳解释推理,是指从已知数据出发推断出最有可能的解释或对数据做出合理假设的推理过程"。

② Gerhard Brewka, Jurgen Dix & Kurt Konolige, Nonmonotonic Reasoning: An Overview(1997); Henry E. Kyburg, Jr. & Choh Man Teng, Uncertain Inference 117-151(2001); Isaac Levi, For the Sake of the Argument 120-159(1996); Henry Prakken, Logical Tools for Modelling Legal Argument: A Study of Defeasible Reasoning in Law 67-100(1997).

③ 关于采用贝叶斯做法的形式体系,其产生的问题可能会比其解决的问题还要多,参见 Vern R. Walker, Language, Meaning, and Warrant: An Essay on the Use of Bayesian Probability Systems in Legal Factfinding, 39 Jurimetrics 391(1999)(批判了在法律事实认定过程中形式体系的使用)。

特定类型案件的特定结果。实体法明确了在哪些条件下特定类型的政府行为是合理的。形式逻辑学称为“条件命题”。[①]“命题”是一个断言或陈述的描述性内容。它可以是真，也可以是伪，通常用一个句子或一个从句来表达。“条件”命题的逻辑形式是“如果 p，则 q”，其中 p 和 q 代表两个组成部分。根据该条件模式，法律规则是这样规定的：如果命题 p（条件）为真，那么这一事实就证明了命题 q（结论）也为真。而且，这种有据可依的结论可以基于其他规则得出更多推论，并最终证明政府作为或不作为的合理性。

尽管传统逻辑学所关注的是命题的两个值之一，即“真”或“伪”；但基于规则的推理这一动态过程将命题视为有三种值，即“真”“未定”或“伪”。当法律诉讼程序开始时，所有构成适用法律规则条件的命题都是“未定”的。诉讼参与者提供证据和论据，以说服决策者（无论是法官、监管者还是事实认定者），将这些命题的值改为“真”或“伪”。换句话说，法律规则确定了与诉讼类型相关的命题，但在特定程序开始时，决策者对适用这些规则的条件是否满足保持中立。

对于基于规则的法律推理，其主要特征是辨别足以确认事实的证据和积极抗辩。某些规则明确了政府行为合理化的条件（对诉讼一方而言是足以确认事实的证据），然而另有其他规则阐释了例外情况或积极抗辩，即将足以确认事实的推理视为无效的情况。后者起到的是一种否定的作用，逻辑学家称为“使无效性”[②]。如果使无效的条件为真，那么结论就是伪。当正常规则的例外情况发生或对足以确认事实的证据作出积极辩护时，法律规则就会呈现“使无效逻辑”，在这种情况下，通常让援引例外情况或作出积极抗辩的一方当事人承担举证责任。例如涉及殴打罪的法律规定，当存在例外情况或对足以确认事实的证据进行反抗时，被告有权采取行动（如被告合法拘禁或以自卫方式免受蓄意身体侵害时，其行为是合理的）。

① Scott Brewer, Exemplary Reasoning: Semantics, Pragmatics, and the Rational Force of Legal Argument by Analogy, 109 Harv. L. Rev. 923, 972 (1996).（以一种简洁而合乎逻辑的方式定义“规则”，规则是具有逻辑结构的规定性命题，其最抽象的形式反映在标准条件命题中，可以是命题“如果 P 那么 Q”，也可以是谓词逻辑“对于所有 x，如果 x 是 F，那么 x 是 G”）

② 关于使无效的逻辑讨论，参见 Brewka et al.,（1997）at 2–3, 16; John L. Pollock, Nomic Probability and the Foundations of Induction 79（1990）；关于人工智能与法律领域的探讨，参见 Prakken et al.,（2003）at 32, 37–38; Prakken & Sartor,（2004）at 120–124; Henry Prakken & Giovanni Sartor, Reasoning with Precedents in a Dialogue Game, 6 Int'L Conf. Artificial Intelligence & L. Proc. 1, 3（1997）; Vern R. Walker, A Default-Logic Paradigm for Legal Fact-Finding, 47 Jurimetrics 193, 199–204, 213–215（2007）。

我们可以将实体法(如殴打罪)形象化为倒置的蕴涵树——映射规则条件或揭示对事实的证明。[①] 图 1 是关于殴打罪的部分“蕴涵树”。“蕴涵树”的连接点是有待证明或证伪的命题,树的顶端是要证明的终极问题,以判断某些政府行为的合理化(如对原告做出的判决)。从顶部节点向下延伸的每个分支的每一层级都存在逻辑条件,用以证明与其紧密相连的上级命题。图 1 显示了合取层级(由“和”连接的合取条件)和析取层级(由“或”连接的析取条件)。当且仅当所有合取项都为真时,合取为真;当且仅当至少一个析取项为真时,析取为真。另有一个分支阐明使无效条件(通过“除非”来连接),若该条件为真,即便足以确认事实的分支为真,其结论仍是伪。由于一个规则往往需要多个条件才能推断出单个结论,因此规则树中较低级别的层级往往会在向下延展的同时横向扩展。如此,倒置蕴涵树的形状通常是三角形的,单一的终极问题位于树的顶端,其真伪取决于事实要素的组合,这些事实要素的分支沿着三角形的底部终结。

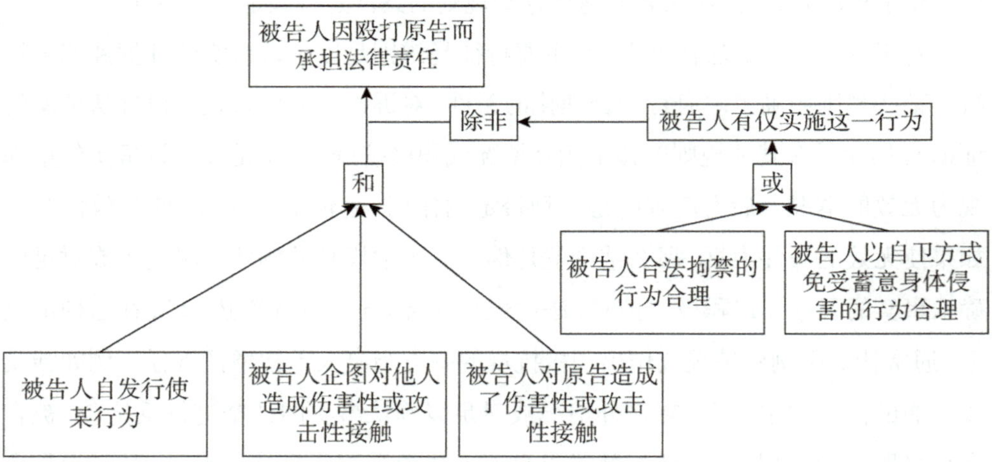

图 1 殴打罪的部分“蕴涵树”

传统逻辑学家习惯于数学中的演绎逻辑,即从公理(顶部)开始证明,然后(向下)推导出结论。因此,他们可能会忽视法律推理这种截然不同的推导方式。基于规则的法律推理并非建立在不证自明的公理之上,而是建立在相关事实问题的真伪之上,而这些事实问题则由法律权威机构通过的规则所界定。推理的合理性取决于推理规则的适当性,归根结底取决于相关证据的可信性。此外,基于不

① 关于树状结构在逻辑、人工智能和法律推理模型中的应用,参见 Walker(2007)at 201 & n.35。

确定和不完整证据所得的结论充其量只是看似有理、有条件的真实。基于规则的法律推理只有在事实认定者对证据进行评估时才是合理的。

基于规则的法律推理有别于传统演绎逻辑学的另一个特征在于,推理的结果有可能改变规则本身。例如,在英美法系中,法院拥有阐释新规的固有权力,适用于正在裁决的案件以及后续的案件。即使法律规则来自立法部门或源自成文法律规章,法院或行政机构仍有相当大的自由裁量权在未决的案件中阐释新规则的适用性。每当法院或行政机构阐明法律术语的新含义、解释法律短语或设定现有规则的例外情况时,一个新规则就产生了。这些新规可能会增添新的条件扩展规则树的分支,或者增添例外情况使规则树上有更多的使无效条件。法院有时也会推翻先前的案例、宣布法令违宪或废除行政法规,从而移除规则树上的分支。然而,在法治框架下,改变实体规则的行为本身受到法律规则的制约,因此必须在每个特定案件中证明其合理性。法律推理的这种二阶视角(有关规则本身的推理)将在本文的后续部分予以探讨。

四、证据评估

法律规则确定的是那些与证明最终事实问题相关的事实问题。随着蕴涵树的分支向下延伸,每个分支末端的终端条件(每个链条中的最后一个命题)构成了相关的事实问题。在某一特定案件中,不同的参与者(如私人当事方、公诉人或行政人员)都会为法律记录提供证据,并利用这些证据来证明或证伪这些事实问题。事实认定者的职责是评估证据,包括认定哪些证据与哪些事实问题相关,评估相关证据的证明价值,根据证据对事实做出认定等。可见,证据评估的逻辑要研究的是事实认定者推导过程中所采用的方法与原则。它也解释了理性的事实认定者在确任证据的证明价值时所用的推理办法。

与规则推理的情形一样,证据评估的基本组成部分也是命题。构成证据的命题可称为"证据主张",以区别于构成法律规则的命题。证据主张的例子包括证人证词的陈述以及认定为证据的文件中所包含的陈述。尽管在某一具体案件中,证人和证据文件提供了大量证据主张,但事实认定者还会提出在推理中发挥作用的其他主张,如对证物或证人行为举止的描述。虽然立法部门为各类案件明确了规则,但在每个特定的案件中,是证人、证据文件和事实认定者创设了证据主张。

证据主张是命题,因此就有真伪之说,事实认定者不能判定其是真是伪,但可以判断其可信程度(可信度值)。[①] 在评估某一特定证据主张时,法律规则也允许事实认定者选择适用的可信度尺度。例如,对于某些证据主张,事实认定者可能会采用一个五级序列的可信度尺度(分别为极可信 / 比较可信 / 不确定 / 比较不可信 / 极不可信);而对于另一些证据主张,则可能会采用一个七级序列的可信度尺度(分别为极可信 / 很可信 / 比较可信 / 不确定 / 比较不可信 / 很不可信 / 极不可信)。在极少数情况下,甚至可能还要用到数学概率,将 0～1 的实数作为可能的值。

考虑到现有证据的可靠性,以及做出相关事实认定所需的准确性,一个理性事实认定者会选择一个精准度恰当的可信度尺度。例如,事实认定者在评估某一证人的可信度时如果没有把握,那么就会用几乎没有什么可信度的序列尺度来评估其证词。然而有些时候,专家可能会说服事实认定者相信某个因果关系是易于理解的(如基因分析),如此事实认定者可以用数学概率来评估其主张。另外,进行事实认定也无须极度精确。法律诉讼中的事实认定是基于优势证据做出的,所要求的评估精确度其实不高,一个粗略分级的序列尺度可能就足够了。然而,以"排除合理怀疑"为标准的法律诉讼往往需要更加精确的评估尺度进行裁决。

证据评估对形成实用且规范的逻辑提出了挑战。其一,解释如何推理"相关性"本身,即如何将特定的证据主张与特定的事实问题关联起来。其二,研究不同可信度尺度的逻辑属性,尽管我们可以从科学分类与测量理论中吸取经验。[②] 其三,将众多证据主张的可信度值合并为一个针对特定结论的单一可信度值。这在法律实践中极为复杂,因为事实认定者必须要将非专家证据与专家证据整合成一个单一的推理模式。非专家证据的判断依据是对目击者认知能力与可信度的常

---

① Walker(2007)at 209–212.

② 关于测量理论,参见 Edward G. Carmines & Richard A. Zeller, Reliability and Validity Assessment(1979); Edwin E. Ghiselli, John P. Campbell & Sheldon Zedeck, Measurement Theory for the Behavioral Sciences(1981); Measurement Errors in Surveys(Paul P. Biemer et al. eds., 1991)。关于对测量误差进行处理的文献,参见 David Freedman, Robert Pisani, Roger Purves & Ani Adhikari, Statistics(2d ed. 1991); Herman J. Loether & Donald G. Mctavish, Descriptive and Inferential Statistics: An Introduction(4th ed. 1993)。关于法律范畴内的讨论,参见 David H. Kaye & David A. Freedman, Reference Guide on Statistics, in Reference Manual on Scientific Evidence 83, 102–104(Federal Judicial Center, 2d ed. 2000); Vein R. Walker, The Siren Songs of Science: Toward a Taxonomy of Scientific Uncertainty for Decisionmakers, 23 Conn.L. Rev.567, 580–588(1991)。

识性进行推理，而科学证据的判断依据是可控的实验室检验与流行病学研究。最终，事实认定者必须从所有相关证据中推导出对某一个事实的认定结果。

因此，我们最好能找出法律中实际采用的默认推理模式。如果能将这些模式转化为可信度图式，[①]它们就能为事实认定者提供实用且规范的评估模型。在逻辑学中，图式是一种包含变量的正式语言模式，对变量适当替换能增设这一模式的实例。[②]可信度图式是一种默认推理模式，一旦能通过实例说明，就能证明结论是可信的。以演绎逻辑的图式为例（如肯定前件式[③]），若假设为真，则结论也为真；若假设可信，则结论也可信。然而，在典型的法律案件中，更为实用的是基于归纳逻辑或溯因逻辑的图式，抑或源自科学方法论或解释学的图式。[④]典型的可信度图式是一个倒树状结构，类似于“蕴涵树”，不同的是连接下层主张与上层结论的逻辑运算，是基于证据的可信度值，而非规则的真伪情况。该类图式形成了能得出临时结论的可信度推理模式，但所得结论仍需重新评估。要确定那些在法律事实认定中实际使用的可信度图式，则需要对法官、行政官员和权威机构的推理模式进行实证研究。[⑤]

当法律诉讼开始时，适用的法律规则会确定可能与案件相关的所有事实问题。然后，事实认定者以其熟悉的默认推理模式为依据，将法律上可用的证据主张与那些事实问题相关联。（证据评估逻辑会试图获取可接受的推理模式，将其作为可信度图式）模式的选择取决于待证事实问题及现有证据的性质。当证据模式被链接或附加到倒置规则树的终端命题时，它们会进一步向下延展规则树的

① 关于可信度图式的讨论，参见 Walker（2007）at 212-218。

② 关于在逻辑学中使用图式来指定可允许的公理或推论集合，参见 John M. Anderson & Henry W. Johnstone, Jr., Natural Deduction: The Logical Basis of Axiom Systems 20-21（1962）; Gerald J. Massey, Understanding Symbolic Logic 139-140, 147-149（1970）。关于在语义学中使用图式给句子赋予真值的条件，参见 John I. Saeed, Semantics 89, 305-309（2d ed. 2003）。

③ 其形式为“若 p，则 q；p 为真；则 q 为真”。参见 Copi & Cohen（1998）at 324, 373-374。

④ 在法律事实认定中一个重要的可信度图式例子就是逻辑学家所说的“统计三段论”，基于统计原理（如“X% 的 As 是 B”）得出关于特定个体的结论。参见 John L. Pollock & Joseph Cruz, Contemporary Theories of Knowledge 229-230（2d ed. 1999）; Wesley C. Salmon, Logic 87-91（2d ed. 1973）; Josephson & Tanner（1994）at 23。图尔敏将此类推论称为“准三段论”，参见 Stephen Toulmin, The Uses of Argument 108-111, 131-134, 139-140（1958）。关于早期此类推论给法律理论所带来的困惑，参见 George F. James, Relevancy, Probability, and the Law, 29 Cal.L. Rev.689（1941）。

⑤ 关于根据 1986 年国家儿童疫苗伤害法，分析在事实认定环节进行推理的两个例子，参见 Walker（2007）at 226-232; Vein R. Walker, Visualizing the Dynamics Around the Rule-Evidence Interface in Legal Reasoning, Law, Probability & Risk（2007）。

分支。如图 2 所示,在具体案件中,用于法律推理的完整逻辑模型(案件的“推理树”)呈倒三角形,“蕴涵树”形成了三角形上部分的分支,附加的证据评估模式将这些分支向下延伸至证据主张。

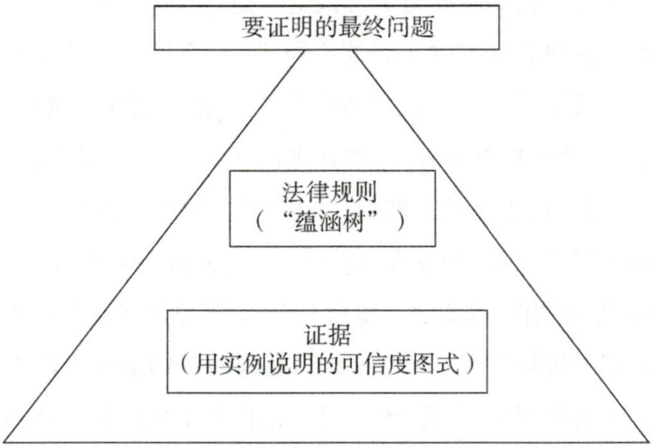

图 2　法律案件中的一般推理框架

事实认定者依据相关性整理证据之后,评估可从树的底部向上进行。他们先确认证据主张的可信值,此时用实例说明的可信度图式会确保更高层次主张的可信值。在每个分支上都有一个交会点,证据主张在此完结,规则条件由此产生;适用的证明标准会指引事实认定者根据证据的可信度来认定事实。优势证据标准是这样规定的:只要从任何程度上看相关证据总体是可信的,就必须认定事实问题为“真”;只要从任何程度上看证据是不可信的,就必须认定事实问题为“伪”。此外,有关说服责任的法律规则决定了如果证据“未裁定”或势均力敌,哪一方只能败诉(哪项认定必须作出)。探索法律推理的逻辑意味着使这一证据评估的过程透明化。

事实认定的过程具有实用性与动态性,这使设计一个实用、规范的事实认定逻辑极为困难。事实认定者只能利用有限的资源,基于不完整的证据,实时作出认定。不仅如此,事实认定过程往往是高度围绕认定者建构的,但却是参与者而非认定者决定法律规则的适用,并提供记录在案的证据。由此,所有结论通常只是暂时性的,很有可能会被修正。新的证据或对以往证据的重新分析都可能会推翻先前的结论或削弱其证据支持。规则的修改可能会改变推理的方式。然而,在法律诉讼的各个阶段,都不可避免地要借助每一个临时结论。证据评估的这四个特点，即实用性、动态性、可推翻性和推定合理性，使其成为逻辑学家所说的“默认推理”典范。默认推理采用现有证据、结合默认推理规则来证明所推定的结论，该结论可能在未来会被修正。[①]法律通过高度建构的框架来完成证据评估，这对传统逻辑学是个重大挑战。

五、二阶过程推理

法律决策本身是一个受法治制约的过程，法律推理的第三个方面能够对这一过程的建构作出结论。程序规则允许决策过程具有动态性、参与性与互动性，前提是确保该过程服务于法治，且能适当平衡认知目标与非认知目标。不同的参与者有不同的角色，有不同的分工与责任；最好处于一个单一、公平、有效的过程中。一些参与者有权限制其他参与者的决策权或自由裁量权。例如，当事人、初审法官、陪审团以及上诉法官在司法裁决中有各自的角色，而公众评论员、监管者及复审法院则在行政规则的制定中扮演其他的角色。诉讼程序由多个环节组成，不同的参与者必须在各自的环节中做出决定，其中许多决定（如对动议的裁决）本身就是受法律约束的行为，必须以现有证据为依托。

从逻辑学的角度来看，这类决策过程也涉及了上文讨论过的基于规则的推理和证据评估。有待决定的最终问题可能是法院是否对某一案件具有管辖权，或者某一文件是否可认作证据。对于此类决定，法律规则界定了术语并构建了可接受的推理思路，而事实问题往往需要对证据进行评估。例如，一方当事人的公民身份可能是适用管辖权的一个因素，而获取文件的方法可能会影响其作为证据的可采性。可以说，基于规则的推理与证据评估的逻辑也适用于过程决策的推理。

传统的做法是将过程决策以及适用该决策的规则分为两类：程序性和证据性。[②]程序性规则既处理一般性问题，如管辖权；也处理具体性问题，如特定文件提交的合规性。基于这些规则做出的程序性决定，对决策过程的力度和时间安排进行了协调。证据性规则处理有关证据评估的问题，如证据的采纳与否、证据在法律上是否充分，以及举证责任和举证标准的认定等。基于这些规则的证据性决策掌管着证据评估所涉及的诸多任务，并将其分派给决策过程中的不同参与者。

---

① Walker（2007）at 194–195.

② 关于默认推理中程序性决定的扩展示例，参见 Walker（2007）at 232–241。

例如,法官决定是否采纳所呈现的证据,事实认定者决定该证据一旦被采纳后的证明价值。通常,同一程序性和证据性规则适用于多种类型的案件。例如,刑事诉讼程序和证据规则适用于各类刑事案件,而行政诉讼程序规则适用于各类行政诉讼。

对决策过程本身进行的理性决策有几个显著特征,这给设计实用且规范的逻辑带来了挑战。过程决策往往涉及"二阶"推理。也就是说,过程推理的命题是关乎其他命题的(关于确定实体性法律规则的命题或关于特定案件中证据主张的命题)。例如,对于以诉因不成立为由驳回申诉的动议,其所质疑的点在于是否有任何法律规则允许作出有利于原告的判决。该动议声称,在该司法管辖区,没有法律规则会让原告胜诉,即便原告实际上证实了其提出的各项指控。要从某一案件的证据中排除某位专家的意见,就需要法庭对该专家提出的证据主张进行推导。事实上,法治也适用于对法律诉讼程序的决定,这意味着我们有必要对基于规则的推理与充分的证据评估进行合理的推理。换言之,我们需要对法律推理本身进行合理的推理。

过程推理的一个重要类型是政策性推理,即有关是否采纳、修改或废除法律规则的推理。对此会有以下动议:解释某一法条的语言;为已通过的实体法规增设例外情况;推翻某个先例等。用本文引入的术语来说,此类推理涉及的是蕴涵树本身的形状。法治要求这些决策要有合理性,因此法院与行政机构需要提供通过或修改法律规则的依据。这种合理性包括在认知目标与相关的非认知目标之间取得平衡,同时适当考虑具有压倒性的法律原则,如不得歧视与正当程序等。政策性推理的逻辑包含政策内容与原则内容,须制定方法来权衡不同的推理思路,以保证对特定规则的决策。

过程推理的另一个类型是对先例的类比推理。①逐级修改法律规则解决了一些问题,包括确保在一段时间内对相似案件作出相似裁决、保持结果的可预期性、向潜在当事人提供充分告知等。因此,在决定通过或修改法律规则时,通常都会考虑此前判决的案件。法律推理的逻辑应包含法院认为两个案件相似以及区分其差异时所给出的理由。使这种推理透明化并不容易,至少得有以下几点:确定

① 关于对先例进行类比推理问题的讨论,参见 Edward H. Levi, "An Introduction to Legal Reasoning (1949); Brewer (1996) at 18; Cass R. Sunstein, Commentary, on Analogical Reasoning", 106 Harv.L. Rev.741 (1993)。

与案件对比相关的属性；设计有效方法，依据属性对实际案件进行分类；查明法官和监管者如何判断两个案例足够相似或截然不同。[①]一个恰当的理论能考虑到不同案件的实际背景，包括在解释案例间差异的认知政策与非认知政策之间取得平衡。

毫无疑问，二阶过程推理还有其他特征，增加了揭示其独特逻辑的难度。要完成这一任务，需要对法律界在一般案件和边缘案件中如何进行此类推理开展扎实的实证研究。本文的最后一章将探讨，在揭示法律推理的实用逻辑时，为什么在实际推理中进行实证研究是不可或缺的一步。

六、语言、演绎与逻辑

法律推理是律师提出论据、法官和监管者做出审慎裁决、学生和专业人士学习法律的方法。法律界已经形成了有助于我们履行上述任务的语言、概念和推理模式。哲学家路德维希·维特根斯坦（Ludwig Wittgenstein）称此种语言实践为“生活形式”或“语言博弈”。[②]法律规则用我们承认命题为真的条件来显示该命题的用途，并含蓄地表现出法律概念的内涵。“像律师一样思考”意味着知道如何应用法律概念从而形成律师认可的推理路径。良好的执业能力则意味着有效利用此类推理影响法律决策者。法律推理的逻辑所研究的是法律界普遍认为合适的法律语言模式。法律逻辑学是一门研究如何恰当使用法律语言的学科。

此外，在我们采用法律语言和法律推理解决新的法律问题时，它们也在不断演绎着。法律决策者等级制度的存在使所有法律专业人士（那些想要影响决策者决策之人）必须以法官、监管者以及其他律师所能理解的方式使用法律语言。律师向法官陈述时，希望能条理清晰且高效；初审法官给陪审团指示时，希望能准确

① 关于在人工智能与法律中涉及案例推理的研究，参见 L. Karl Branting, Reasoning with Rules and Precedents: A Computational Model of Legal Analysis 6（2000）（讨论了把基于规则的推理和基于案例的推理“作为法律分析中分类与解释的互补过程”）; Ashley & Rissland, Law, Learning（2003）at 33–54（调查了基于案例的推理模型）; Rissland, Artificial Intelligence（1990）at 1968–1978（调查了案例推理在人工智能与法律中的早期发展情况）。

② 要理解语言表达的意义，就必须知道在维特根斯坦称之为“生活形式”的人类活动的丰富语境中如何恰当地使用它，参见 Ludwig Wittgenstein, Philosophical Investigations 4, 7, 10, 23, 27–29, 34–35, 68–71, 116–117, 127–128, 192（G.E.M. Anscombe trans., 3d ed. 2001）。要知道如何正确使用一个描述性表达，就必须知道在什么条件下我们认为它是真的或假的，参见同上，21–22, 24, 29–30, 48, 75, 99, 142。Ludwig Wittgenstein, On Certainty 2, 8–9, 10–12, 28, 30（G.E.M. Anscombe & G.H. von Wright eds., Denis Paul & G.E.M. Anscombe trans., 1969）.

陈述法条;初审法官和监管者出具法律依据时,希望能让上诉法官和复审法官满意。法律语言并非杂乱无章,它极其严谨、学习起来并不容易(对此法律专业一年级学生深有体会)。而且,许多决策者会在书面意见书和判决书中证明他们的法律推理。此类文献资料有助于使语言和推理模式在一段时间内保持连续性。为解决反复出现的各类法律问题,法律语言和法律推理不断演绎,形成了有效应对的模式。实际上,有这样一股演绎之力,达成实用且规范的愿景并非难以实现。

想要探索法律语言和推理的演绎程度,就要对不同背景下认知目标和非认知目标如何达成平衡开展实证研究。法治强调相似案件应该相似裁决、司法裁决要基于透明的证据与推理、决策程序应受制于程序规则,这些都对演绎起到了推动作用。每个特定的法律领域都在逐步形成一些概念和推理模式,有如为了实现其自身的目标平衡而量身定制一般。只有对实际裁决背后的推理进行实证研究,才能发现这种"定制"模式是如何发展的。此外,法律推理也采用了某些独特的方法,这些方法已在诸多法律环境中被证实能够实现认知目标。那就是本文前述的基于规则的推理、证据评估和二阶过程推理。如果我们想要切实发现法律推理的实用逻辑,就需要对这些方法开展实证研究。

例如,我们需要通过实证研究了解法律规则在一段时间内是如何演绎的。一个假说是关于怎样能使事实认定产生新的法律规则。当事实认定者评估证据、认定事实时,其推理过程会被明确记录下来并仔细审查,此时"软规则"就会出现。[①] 这里所说的"软规则"是指经过公开审查并在复审中被认为合理的推理模式。软规则犹如避风港,它向之后的事实认定者展示了如何合理评估证据,使其尽可能免受复审法官的二次评判。然而,在软规则作为公认的推理模式达成共识之后,法院最终可能会将这种模式"硬化"为常规的法律规则。该假说只是一个例子,展示了实证研究如何揭示那些能够从先前的法律程序中衍生出新规则的机制。

对证据评估演绎的实证研究有望取得更大进展,部分在于目前开展的实证研究过少。我们应该更多地了解不同领域的事实认定者切实认可的推理模式,以及这些事实认定者如何将非专家证据和专家证据整合成一个单一的结论或认定。我们还应明确在特定法律领域中,基于规则的推理和证据评估实际上是如何相互作用的,例如,对证据可采性或充分性的决定与证明价值评估之间的相互作用。之

① 关于这一假说的讨论,参见 Walker(2007)。

后，我们可能会发现证据评估的二阶推理如何能演绎出新的可信度推理模式，例如，对证据可采性或充分性的裁决可能会产生新的有关证据评估的可信度图式。

最后，二阶推理的演绎效应应该成为实证研究的一个重要领域，因为法律推理在这里的逻辑性最为特别。法律界已将基于规则的推理和证据评估发展成实质性决策的范式，而在就决策过程本身作出决定时，也采用了同样的范式。这为法律推理的纷繁演绎创造了可能性。通过对法律语言演绎机制的实证研究，有望发现其规范性和实用性的逻辑。

七、结论

本文旨在就法律推理的逻辑探索提出建议性、开放性的观点。关于法治和法律推理的实用性，连同基于规则的推理、证据评估和二阶过程推理等思考，只能表明法律推理确有其独特之处。而对法律语言和推理模式如何演绎的补充思考，则意在激发对现实推理模式展开实证研究，尽管本文没有提出进行此类研究的具体做法。可是，如果法律界意识不到这类研究的必要性，就不会有行动的动力。如果我们不曾感知所适用的法律推理在架构上的独特性和连贯性，也就不可能尝试做出研究。我们需要的是一场专业觉醒，共同探索法律推理的实用逻辑。

（编辑：吕玉赞）

霍菲尔德式的法律和符号学方法*

[美]J. M. 巴克西** 著　刘儒*** 译

摘　要　传统法律符号学把法律当作一种由法律符号组成的符号体系，应用符号学的观点和方法分析法律现象，其可以与霍菲尔德的权利分析理论相互交叉，并在这个过程中结合司法实际的案例，以此来展现霍菲尔德式的法律和符号学方法的理论及其应用。这种方法将法律概念引入一定的语言系统内，注重概念之间互相的关系，这就为认识法律概念的本质提供了路径，同时为实践中分析具体案件中的法律概念——尤其是以此为基础进行法律论证时提供了多种角度和思路。虽然文章多从美国的法律和司法实践出发进行论证，但是在方法上仍然可以为我国的司法实践提供许多借鉴。

关键词　法律符号学　法律概念　霍菲尔德权利分析理论　法律论证

一、引言

本文试图展示大陆符号学传统、美国法律现实与批判性法律研究运动之间

---

*　原文刊登于 University of Miami Law Review, Vol. 44, 1119–1142(1990)，原文题目为 The Hohfeldian Approach to Law and Semiotics。这篇文章的早期版本是作为宾夕法尼亚州立大学第三届法律和符号学年度圆桌会议的一部分发表的。已获得作者本人翻译授权。

**　J. M . 巴克西(J.M.Balkin)，得克萨斯州大学法学院法学教授，Graves, Dougherty, Hearon & Moody 百年教员。

***　刘儒，男，山东省济南人，华东政法大学博士生，主要研究方向为党内法规。

的一些重要联系。符号学是对符号和符号系统的研究，由美国哲学家查尔斯·桑德斯·皮尔斯（Charles Sanders Peirce）和瑞士语言学家费迪南德·德·索绪尔（Ferdinand de Saussure）两位学者提出。法律符号学的大部分文献沿袭了皮尔斯的传统，但具有讽刺意味的是，它与美国法律理论中的进步运动之间的联系并不总是那么清晰。① 本文提出了将法律符号学与美国法律理论相结合的另一种方法。本文认为，由索绪尔开创，并由法国的结构主义者以及后结构主义者们所一脉相承的研究线路不仅是研究法律符号学的方法“沃土”，而且符号学还更容易适应于理解政治及意识形态方面的问题，这是因为他们可以或直接表达或暗喻隐喻在法律思想中。因此，索绪尔的符号学与法律现实主义者和现代批判法律研究运动之间有着天然的联系。

本文将从这位学者的学说和观点开始探讨，在笔者看来他是第一位法律符号学家，他就是韦斯利·纽科姆·霍菲尔德（Wesley Newcomb Hohfeld）。在美国，律师和法律史学家之所以熟悉霍菲尔德，还有其他原因。毕竟，他是一位非常著名的法学教授，在其短暂的一生中对分析法学产生了相当大的影响，而且在当今法律思想的许多领域都能感受到他的影响。例如，在起诉权法中，通常把某些类型的原告称为霍菲尔德人或非霍菲尔德人，这取决于他们在特定的法律诉讼中有什么样的利益。②

当然，称霍菲尔德为第一位法律符号学家是历史修正之下的观点，因为假如霍菲尔德自己知道自己所从事的是符号学研究也会感到惊讶。他可能认为他研究的是分析法学和财产法。尽管如此，霍菲尔德仍应被称为第一位法律符号学家，因为他是第一个系统地、自觉地以修辞的方式讨论权利、义务和特权等法律概念，并将其作为一个具有相互定义关系之体系的学者。霍菲尔德在其 1913 年发表的

① 关于皮尔斯与法律理论的相关性的详细介绍，请参见 B. Kevelson, The Law As A System of Signs（1988）。皮尔斯和他的追随者将符号学的研究称为“符号学”，例如，U. Eco, A Theory Op Semiotics（1976），而许多（但绝不是所有）大陆理论家跟随索绪尔使用“符号学”一词，例如，R. Barthes, Elements of Semiology（1967）。除了特别提到索绪尔的符号理论外，我在这篇文章中使用了“符号学”一词。

② 例如，Jaffe, “The Citizen as Litigant in Public Actions The Non-Hohfeldian or Ideological Plaintiff”, 116 U. Pa. L. Rev. 1033（1968）。我们对霍菲尔德的生活知之甚少。他于 1914 年离开斯坦福大学，加入耶鲁法学院，并于 1918 年去世，时年 38 岁。亚瑟·科尔宾和沃尔特·惠勒·库克都非常钦佩他，事实上，科尔宾帮助他获得了耶鲁大学教师的职位。详见 W. Twining, Karl Llewellyn and The Legal Realist Movement 34-35（1973）。关于霍菲尔德体系的讨论，参见 Cook, “Hoheld's Contributions to the Science of Law”, 28 Yale L.J. 721（1919）；Corbin, “Jural Relations and Their Classification”, 30 Yale L.J. 226（1921）；以及 Corbin, Legal Analysis and Terminology, 29 Yale L.J. 163（1919）。

一篇著名文章《司法推理中应用的一些基本法律概念》中解释了他的法律权利理论。①

这一理论(可以认为霍菲尔德已经研究了一段时间)首次发表于1913年,这一事实一直让笔者觉得非常有趣。毕竟,这距索绪尔著名的第三次语言基础讲座仅两年时间,那次讲座标志着欧洲符号学的开端。②事实上,我们可以非常肯定地认为,霍菲尔德不会认为自己是符号学家的一个原因是当时这个词刚刚被发明出来。

然而,索绪尔在语言学领域的研究和霍菲尔德在分析法学领域的研究有着惊人的相似之处。索绪尔的符号学基于两个重要的概念,第一个是能指和所指事物之间的任意关系,第二个是符号在一个意义系统中从它们的相互关系中获得它们的意义。③这两个概念是相互关联的。如果一个语言概念的能指和它的所指或用法之间没有自然的联系,它的意义一定来自它和其他能指的对比方式。因此,在一般意义体系中,能指和所指之间的关系是以能指之间的关系为中介的。因此,语言的意义来自差异的发挥。④一个有意义的系统是语言的本质。事实上,我们甚至可以说,语言学研究的对象不是单词本身,而是词与词之间的关系。

值得注意的是,霍菲尔德几乎在同一时间得出了关于法律权利的类似结论,

---

① Hohfeld,"Some Fundamental Legal Conceptions as Applied in Judicial Reasoning", 23 Yale L.J. 16 (1913)(hereinafter Hohfeld, Some Fundamental Legal Conceptions). 这篇文章的续篇出现在4年后的Hohfeld的文章, Hohfeld,"Fundamental Legal Conceptions as Applied in Judicial Reasoning", 26 Yale L.J. 710(1917)。霍菲尔德实际上是一长串研究法律概念之间关系的分析法学学者中的佼佼者。特别是,他的工作建立在奥斯丁和约翰萨尔蒙德的判例之上。关于有用的讨论,参见A. Kocourek, Jural Relations(1927); and Singer, The Legal Rights Debate in Analytical Jurisprudence from Bentham to Hohfeld, 1982 Wis. L. Rev. 975。

② F. Ds Saussure, Course in General Linguistics(W. Baskin trans. 1959).

③ 例如,颜色的连续体被分成几个英语单词,如"蓝色""棕色""红色"等。索绪尔所说的能指和所指之间的"任意"联系意味着两件事。首先,单词和它所代表的颜色之间没有必然的联系。例如,我们称为"蓝色"的东西很容易被称为"blooff"。其次,更重要的是,在英语单词所表示的各种概念中,颜色深浅的特定分组也是一个语言惯例问题。在英语中,浅蓝和深蓝都是"蓝色";在俄罗斯语中,它们有不同的名字和颜色。参见J. Cullrr, Ferdinand De Saussure 31-36(1986)。同样,紫色"和"蓝色"之间的界限可能因语言而异。根据索绪尔的观点,语言将世界"雕刻"成一个概念框架,它不仅描述现实,而且创造现实。世界的划分方式是一个惯例问题,不同的语言以不同的方式来实现这一点。由于这个原因,词语不仅仅描述预先存在的概念,而是通过语言对现实的划分和组织而产生概念。因此,语言意义是由语言中不同概念之间的差异产生的。"蓝色"的含义源自它与其他概念的区别——"蓝色"是指不是棕色、红色等的东西。参见F. De Saussure, supra note 4, at 116-17。

④ 当然,在这里,我们可以看到索绪尔对解构主义的影响。参见J. Culler, supra note 5, at 127-130。译者补充:能指和所指是语言学上的一对概念,能指意为语言文字的声音,形象;所指则是语言的意义本身。按照语言学家或者哲学家们的划分,人们试图通过语言表达出来的东西叫"能指",而语言实际传达出来的东西叫"所指"。

他的观点最终会被他所影响的法律现实主义者放大。如果索绪尔提供了一个关于符号任意性的理论，那么霍菲尔德为我们提供了一个关于权利任意性的理论，或者更普遍地说，任何受法律保护的利益的任意性。一个人的权利的性质和范围取决于其他人的相关义务。① 正如一个能指并不从其自身与其所指之间的联系中获得其意义一样，一项权利的存在也不应归功于其与一个人或一件财产的联系。相反，权利只是一种法律保障，即一个人有特权从事某些行动，并援引国家权力阻止其他人从事某些其他行动。因此，根据这种观点，可以对言论自由权进行的定义是，当我说你不喜欢的话时，我有权对你造成情感伤害，你无权阻止我这样做，政府有义务在我对你造成伤害时保护我②。事实上，不仅权利可以变得相互自我定义，法律上可认知的伤害也是如此，因为法律上可认知的伤害只是法律保护的利益的另一面。因此，财产权不是财产本身或其所有者所固有的属性或事物。相反，实施或不实施某些类型的行为是国家的法律制裁。我有权使用我的财产，只要我不会因为使用它而受到惩罚或处罚。相反，我的财产权被非法剥夺，以至于国家将惩罚那些干涉他们的人③。

从霍菲尔德的工作中可以看出，构成受法律保护的利益是任意的，并不是由事物的性质来定义的。确切地说，法律意义上的"事物的性质"是由法律观念的相互自我定义的关系来定义的。正如现实是由语言塑造和创造的一样，法律和政

---

① Hohfeld, Some Fundamental Legal Conceptions, supra note 3, at 32. 在霍菲尔德的体系中，每一种合法权益都伴随着至少由另一个人持有的相应权益。霍菲尔德称这种匹配利益为法律上的关联。因此，霍菲尔德权利的相关性是义务，特权的相关性是无权利，权力的相关性是责任，豁免的相关性是障碍。此外，每一种法益不仅有法律上的相关者，而且有法律上的"对立面"。法律上的相关性是指如果一个人有受法律保护的利益，其他人可以拥的就是他的法律相关性，而法律上的相反性是指如果一个人对某一类型的行为有受法律保护的利益，他就不能拥有。因此，如果一个人有权利，他就不能同时没有权利，如果他有特权，他就不能有义务，有权力就不能有障碍，有豁免权就排除责任。

② 参见 id. at 37。(在被告享有特权的范围内，原告没有权利；相反，在原告享有权利的范围内被告没有特权)

③ 霍菲尔德谨慎地区分了他所称的"索赔"权利和"自由"权利，后者类似于他所说的特权。一项索赔权为私人当事方创造了一项相关的义务，即不干涉该项权利的行使。自由权只保证行使这一特权的人不会因行使这一特权而被追究责任，其他人也不能援引国家的权力来阻止这一行使。例如，我对自己财产的独占权(霍菲尔德式的权利)就带有他人不得侵犯的义务。参见 id. at 32。然而，我使用我的财产创造收入的自由或权利(霍菲尔德式的特权)并不一定附带阻止他人从事可能减少我享受这种自由的行为的权利。例如，我开快餐连锁店的自由并不一定包括阻止竞争对手在街对面建立业务并削减我的利润空间的权利。换句话说，我使用我的财产的自由(特权)不仅受到国家对其使用和处置的限制，还受到我的竞争对手的竞争自由的限制。霍菲尔德对权利话语的分析强调，自由或特权并不一定意味着避免其他私人行为者造成的各种伤害的权利。

治现实也是由相互定义的法律和政治权利、权力和义务塑造和创造的。国家对法律认可的暴力的分配是由相互自我定义的关系确立的,而不是从权利本身的概念中推导出来的,正如我们理解现实所涉及的概念是相互自我定义一样——它们的特定轮廓不是事物本身所必需的。换言之,像私有财产、同意和自由这样的概念并不是简单地再现世界上先前存在的事物。相反,它们源于法律和道德概念之间的差异体系,并因此构成了我们生活的政治世界。

正如上文这最后一个陈述所表明,霍菲尔德的洞见具有相当激进的含义,尽管它最初被误解为简单地退回到概念主义和形式主义。然而,事实上,它导致了对这些法律思想形式的毁灭性批判,且我们从未完全从这种批判中恢复过来。[①] 事实上,可以毫不夸张地说,霍菲尔德对权利话语的分析使得法律现实主义者后来的许多工作成为可能。

在介绍了法律现实主义和法律现实主义批判这个主题之后,也许应该插一句关于它们的史学评论,或者更确切地说,笔者心目中的法律现实主义的具体特征。当大多数人想到法律现实主义时,他们会想起一句格言,即“法律是法官早餐吃的东西”,或者更严肃地说,法律现实主义者的信条,即法律应该避免不必要的抽象,而支持健全的社会科学原则。可以肯定的是,许多我们称为法律现实主义者的人都非常相信这一点[②]。然而,笔者在这里关注的是另一种法律现实主义,其可能更为激进。这是关注法律推理的政治和意识形态特征的法律现实主义写作的一部分。[③] 除了调查法官的饮食外,它还关注展示看似中立、自然和非政治的概念,如市场、私有财产或同意,这依赖于一系列不必要的政治选择——一旦明确了这些选择的偶然性,就可以为了公共利益而改变这些选择。法律现实主义在这一方面

① 关于古典法律思想的法律现实主义批判的详细介绍,参见 Kennedy,“Toward an Historical Understanding of Legal Consciousness: The Case of Classical Legal Thought in America 1850-1940”, 3 Res. L. & Soc. 3(1980); Peller,“The Metaphysics of American Law, 73 Calif. L. Rev. 1151(1985); and Singer, Legal Realism Now(Book Review)”, 76 Calif. L. Rev. 465(1988)。

② 关于法律现实主义的社会科学部分,参见 Cook,“Scientific Method and the Law”, 13 A.B.A. J. 303(1927); Moore,“Rational Basis of Legal Institutions”, 23 Colum. L. Rev. 609(1923); Moore & Sussman,“Legal and Institutional Methods Applied to the Debiting of Direct Discounts-I. Legal Method: Banker's Set-off”, 40 Yale L.J. 381(1931); and Oliphant,“A Return to Stare Decisis”, 14 A.B.A. J. 71, 159(1928)。关于对“科学”现实主义历史的出色研究,请参见 Schlegel,“American Legal Realism and Empirical Social Science: From the Yale Experience”, 28 Buffalo L. Rev. 459(1979); and Schlegel,“American Legal Realism and Empirical Social Science: The Singular Case of Underhill Moore”, 29 Buffalo L. Rev.195(1980)。

③ 佩勒(Peller)将此称为法律现实主义的“解构”分支,Peller, supra note 10, at 1222,尽管这似乎是一个时代错误,但我们确实将许多这些法律现实主义者的方法论视为一种解构形式。

很大程度上依赖于霍菲尔德的理论。①

像菲利克斯(Felix Cohen)、莫里斯·科恩(M. Cohen)和罗伯特·黑尔(Robert Hale)这样的学者的研究成果在很大程度上归功于对霍菲尔德著作中潜在权利的分析。因为他们的论点是,当一个人声称A有权与B签订合同或不签订合同时,他同时也在陈述B的权利。此外,A和B之间的权利和义务分配并非来自合同、同意、胁迫或交易的固有含义,而是由该州的普通法产生的权力划分,该州对此负有最终责任。② 事实上,在霍菲尔德批判性的鼓励下,人们可以更进一步地认为财产的概念本身没有本质内容,而它只是与合同、刑法等其他权利相对立的定义。因此,霍菲尔德分析的最终观点是,契约和财产权并不指真正的实体,而是指由国家行为者创造和执行的特定的权力分配,这些权力分配划分了允许的私人权力形式。这样,一切看似私人之间私人行为的产物,实际上都得到了一系列对民众的权利和义务进行分配的国家决策的支持。因此,笔者认为我们也应该把这种更激进的法律现实主义看作一种符号学传统,尽管它并不是自觉的符号学。

笔者认为,法律现实主义者没有充分强调的关于霍菲尔德工作的第二点是,他关于司法语言的理论并不专门针对任何类型的权利。因此,尽管法律现实主义者主要关注的是合同和财产权,以及经济监管的一般主题,但霍菲尔德的分析同样适用于言论自由权、性自主权、平等待遇或法律可能去保护的任何其他特殊利益的权利。可以相信,这一事实直到最近才开始被理解。事实上,笔者认为最近女权主义者对色情作品的批评利用了来自霍菲尔德的几个论点。

例如,其中一个论点是,对色情作家私人言论的保护建立了一种私人权力体系,压制了妇女的声音,助长了她们的从属地位。用霍菲尔德的话来说,就国家保

---

① 例如,F. Cohen, “The Ethical Basis of Legal Criticism”, 41 Yale L.J. 201(1931); F. Cohen, “Transcendental Nonsense and the Functional Approach”, 35 Colum. L. Rev. 809(1935); Cook, “Privileges of Labor Unions in the Struggle for Life”, 27 Yale L. J. 779(1918); Dawson, Economic Duress-An Essay in Perspective, 45 Mich. L. Rev. 253(1947); “Hale, Bargaining, Duress, and Economic Liberty”, 43 Colum. L. Rev. 603(1943); Hale, “Coercion and Distribution in a Supposedly Non-Coercive State”, 38 POL. Sc. Q. 470(1923); Hale, “Law Making by Unofficial Minorities”, 20 Colum. L. Rev. 451(1920)。我还将在这组作品中加入M. Cohen, “The Basis of Contract”, 46 Harv. L. Rev. 553(1933), and M.Cohen, “Property and Sovereignty”, 13 Cornell. Q. 8(1927)。虽然他的儿子菲利克斯·科恩通常被认为是一个现实主义者,但莫里斯·科恩最好被描述为一个富有同情心的现实主义评论家。例如,M. Cohen, “Justice Holmes and the Nature of Law”, 31 Colum L. Rev. 352(1931)(对奥列芬特、宾汉姆和摩尔著作中的极端实证主义和唯名论提出异议)。然而,科恩对公共权力和私人权力之间关系的分析,和现实主义者的任何作品一样犀利。因此,他与“解构”现实主义有许多共同之处。

② M. Cohen, The Basis of Contract, supra note 13, at 586.

护色情作品制作者的权利而言,它允许妇女受到色情作品的有害影响。此外,一些女权主义者认为,对色情的保护实际上减少了女性真正的(而非正式的)言论自由。这类似于现实主义者对合同权利的分析——现实主义者认为,如果国家法律创造的经济体系将一个人置于极不平等的议价能力的境地,那么这个人就没有合同自由。同样,女权主义者对传统的第一修正案判例的批评认为,如果一个人不被重视,或者因为在社会中的从属地位而不能或甚至不敢说话,那么他就没有真正的言论自由。国家强制色情作品作者自由言论导致了受色情作品伤害的妇女的沉默,尽管正式的言论权利得到了保障。① 从女权主义者的批评中我们可以看到,言论自由,像合同或财产一样,是一个任意的能指,其意义是由它和其他法律和政治概念之间的差异系统构成的,同时也构成了我们社会中的权力关系。

二、霍菲尔德符号学的举例说明

笔者现在想通过举一个例子,说明霍菲尔德对法律概念的分析是如何在实践中发挥作用,以及这种符号学方法是如何把我们从语言分类直接带入政治与法律的层面进行研究的。这里所举的例子直接来自法律现实主义传统,无论是分析的形式还是主题,因为它涉及经济法规、私有财产和事故法。假设通用汽车公司(GM)未能为其车辆配备安全气囊,每年给美国公众造成约30万美元的事故成本,包括精神损失、医疗费用或者是误工费等费用。再假设通用汽车公司在汽车上安装安全气囊每年只需20万美元。现在假设原告对通用汽车提起了一系列诉讼,这些原告驾驶通用汽车发生了事故。原告起诉通用汽车,因为通用汽车公司没有在他们驾驶的汽车上安装安全气囊,造成了额外的伤害。我们是否应该让通用汽车为他们的伤害付费?如果我们对非故意造成的伤害采用过失标准,我们会得出这样的结论:是的,通用汽车当然应该赔偿,因为每年20万美元低于30万美元。也就是说,采取安全预防措施的负担小于因未能采取这些预防措施而造成的预期损失。因此,通用汽车有过错,应该为此付出代价。

值得注意的是,这是一个基于过失的过失标准论点——如果你没有采取从整个社会的角度来看成本效益合理的预防措施而造成伤害,你就做了一些道德上错误的事情,因此应该支付损害赔偿金。此外,这一论点是基于过错、因果关系和损

① See MacKinnon, "Pornography, Civil Rights and Speech", 20 HARV. C.R.-C.L. L. Rev.

害的常识性概念。未能采取这种成本效益合理的预防措施的个人或公司是有过错的，因为未能采取这些预防措施对他人造成了伤害，他们应该支付金钱损害赔偿。但是这些概念中的每一个——过错、因果关系和损害——都是一个法律概念，并不简单地代表现实世界中独立存在的实体。相反，过错、因果关系和损害的概念是从它们与其他法律概念的关系中获得意义的，如财产权和契约权。

因此，想象一下，通用汽车的法律顾问如下所述：为什么让通用汽车支付20万美元，以节省30万美元的事故成本给完全陌生的人是合理的呢？允许这种过失诉讼将迫使通用汽车要么以每年20万美元的成本在所有汽车上安装安全气囊，要么继续以每年30万美元的速度支付金钱损害赔偿金，因为受伤的原告哪怕一天没有工作，那这一天就可以在司法部门排队领取巨额收入。因此，通用汽车被迫将至少20万美元的来之不易的利润用于它不愿承担的支出。更直白地说，在这种情况下使用疏忽标准相当于公然盗窃通用汽车的财产，并以直接补贴或强制投资安全气囊技术的形式重新分配给其他人。

也许你会反对这种说法，理由是通用汽车的对财产权的享有，应受到其不在道德和法律上影响他人这一责任的限制。也许你会说，通用汽车的财产权止于其对他人的责任开始的地方，因此，只要不损害他人的权利，通用汽车可以以任何方式使用其财产。因此，由于通用汽车对其财产的不当使用造成了对他人的伤害，它无权阻止政府没收其财产。

然而，在这一点上，应该清楚的是，财产和过错的概念是相互定义的。除非你知道通用汽车是否有错，否则人们无法知道通用汽车的财产是否真的被拿走了。事实上，一旦我们认为是通用汽车公司的错，那就是通用汽车无视人类安全和福利，以工资损失、医疗费用、人身和精神上的伤害等形式夺走了他人的财产。允许通用汽车通过拒绝安装安全气囊来节省资金，实际上是从其疏忽的受害者身上向通用汽车转移财富。换句话说，不允许原告以疏忽为由起诉通用汽车，那意味着允许通用汽车通过为人们带来伤害甚至是死亡来增加利润。

这个例子应该表明，财产权的概念是寄生在过错的概念之上的，但这只是故事的一半。过错的概念也寄生在财产权和合同权的概念中。让我们回到通用汽车法律顾问的论点上来。或许她会承认，如果是通用汽车的错，就理应承担赔偿。她可能会同意我们的评估，即有过错的人应该承担损失的风险，永远不应该允许一个人错误地使用自己的财产,从而损害他人的权利。然而,为什么通用汽车没有安装安全气囊是错误的?如果这样理解是不是也说得通:通用汽车有权制造汽车并将其摆在公众面前,如果公众希望购买并驾驶这些汽车,那是他们的选择。通用汽车将产品交到愿意购买的人手中,绝对没有任何过错。通用汽车只是在行使其自由合同的权利。

任何在通用汽车中受伤的原告都是出于自愿乘坐通用汽车的。如果他们想在汽车上安装安全气囊,他们可以要求安装安全气囊,并向通用汽车支付这一选择的额外费用。或者,他们可以自己安装安全气囊或雇佣第三方来做,并以这种方式吸收成本。如果有人对原告产生的额外费用负有责任,那就是原告自己,因为他们没有要求安全设备,而他们现在坚持认为这些设备应该一直在他们的车里。有过错的人应当承担损失的风险,而不应当将损失转嫁给无辜合法使用自己财产的人。

事实上,原告真正想要的是两者兼得。他们并没有在购买汽车时表明他们必须需要安全气囊,他们看似存在过错。然后当他们卷入不是通用汽车公司原因的事故时,他们希望通用汽车公司补贴他们最初不愿意支付的额外安全预防措施的费用。只要不侵犯他人的权利,通用汽车可以以任何喜欢的方式使用其财产,这一普遍主张没有任何问题。但在本案中,通用汽车并没有损害原告的利益,也没有侵犯原告的权利。原告因未能为安全预防措施多花一点钱而导致自己受伤。如果说有什么不同的话,追究通用汽车的责任可以让普通人利用他们的合同和财产权来干涉通用汽车的财产权,因为他们现在完全可以自由地卷入事故,并因自己未能投资于安全预防措施而让通用汽车承担相应的支出。

要知道通用汽车和原告的合法财产和合同权利是什么,我们需要知道谁对通用汽车没有安装安全气囊负有责任。然而,为了知道谁有过错,我们必须首先确定什么是合法使用一个人的财产权利或合法行使订约权。对于通用汽车公司来说,这涉及产品的性质,它可以出售给有意愿的购买者而不承担损害赔偿责任,相反,对于原告来说,这涉及承担风险概念的界限。因此,财产、契约和过失的概念是这样相互定义的。正如索绪尔告诉我们的那样,在语言学中没有积极的术语,法律术语也有相互自我定义的性质。在更现代的解构语言中,我们可以说,财产、契约和过错存在于一种不同的、相互依赖和分化的关系中,在这种关系中,每个概念都带有其他概念的痕迹。[①]

也许你会感觉到通用汽车公司法律顾问的论点有问题。虽然过失的概念起初似乎难以确定，但我们可以通过援引因果关系的概念来赋予它确定的内容。我们知道通用汽车公司有过错，因为正是通用汽车公司未能安装安全气囊导致了对原告的伤害。因此，过失的概念依赖于因果责任这一更基本的概念。然而，因果责任的概念寄生在包括过错在内的其他概念上，并不是原告受到伤害的原因：其一，原告卷入事故，这要么是原告的错，要么是第三方的错，但肯定不是通用汽车的过错；其二，原告没有要求安装安全气囊，此外还要包括第三点，原告在没有安全气囊的车内驾驶或骑行是自愿行为吗？为了知道谁真正造成了事故，从而知道谁有过错，我们还要有一个不仅仅是因果关系的概念，因为在本案中，原告和通用汽车公司的行为都是伤害的原因。然而，如果不援引其他法律概念，如过错，我们很难得出这样一个概念。

为了更好地理解这一点，再假设原告在醉酒状态下驾驶通用汽车，然后起诉通用汽车没有安装一种使一个人在没有通过酒精测试的情况下无法启动点火装置。还会认为说通用汽车公司没有安装这样一个装置导致了这次事故吗？即使这个装置的成本与它可能挽救的生命相比是微不足道的。或者我们会说事故原因是原告酒后驾驶？也许我们会以一个酒后驾车的人造成事故是因为他有过错为由来区分酒精测试仪的案件。然而请注意，在这一点上，因果关系已经寄生在过错的概念上，而不是过错概念寄生在因果关系上。然而，安全气囊事件也是如此。为了知道是通用汽车公司还是原告造成了伤害，我们可能必须决定通用汽车将本可以更安全的产品投放市场是否有过错，或者原告选择购买和自愿使用该产品是否有过错。过错、因果关系、合同和财产权都交织在一起。

这些结论与霍菲尔德的基本观点有关，即合法权利是一种造成伤害的特权，这种伤害在法律上是不可侵犯的，或者在其他方面没有法律补救措施。法律过错的概念取决于一个人是否在其权利范围内行事，但当然，一个人的权利取决于其他人免受伤害的相应权利，而法律补救的那些伤害取决于一个人的权利是什么，等等。因此，法律上的过失和法律上可补救的损害是“同一枚硬币的两面”，而合法权利和法律上不可补救的损害也是“同一枚硬币的两面”。事实上，我们可以把

---

① See Balkin, “Reconstructive Practice and Legal Theory”, 96 Yale L.J. 743, 751-752, 761(1987).

我们所有的契约权和财产权,或者我们行动自由和保护我们安全的权利,理解为国家对权力的分配。换言之,这些是国家授予私人行为者的特权,可以对彼此造成不可挽回的伤害。我的合同自由权包括通过低价出售来伤害我的竞争对手,通过固定我的雇员的工资和工作条件来伤害我的雇员,或者通过拒绝与他们交易或提高我的价格来伤害我的顾客。我的财产权包括我以别人不喜欢的方式使用我的财产的权利,以及如果有人试图夺走我的财产或把它用于相反用途时我请求国家援助的权利。私有财产是国家认可的对物品的使用和处置的垄断,由国家对法律批准的暴力的使用和许可的垄断强制执行。

三、符号结构与法律论证

这一宝贵的分析源自美国法律的特殊符号结构——相互定义的关系,构成了过错、因果关系、损害和权利等法律概念。但是从分析中可以得出更多的结论。这些符号学结构只是关于过错、因果关系、伤害和权利的辩论的结构,并且构成了这些概念。当责任的特定问题被改变时,这些结构不会改变,正如当一个新的句子被说或写时,语言的基本结构不会改变一样。这些语言结构是一种语言的各种口语或书面语的共同点。

许多(但并不是所有的)的法律问题,都涉及我们在上文中一直在处理的问题——是扩大还是缩小对他人造成不可挽回的伤害时的特权。然而,法律概念的符号结构保证了这个问题也总是可以与是否存在法律过错、法律上可赔偿的损害或侵犯合法权利的问题同时被理解。因此,主张扩大造成损害的特权就是主张一个行为者在法律上没有过错,没有造成法律制度应予赔偿的损害,或者没有侵犯他人的合法权利。相反,主张限制造成损害的特权,就是主张一个行为者在法律上有过错,确实造成了法律制度中规定的应该赔偿的损害,或者确实侵犯了他人的合法权利。

因此,每当我们考虑一个关于造成不可补救的损害的特权是否应该扩大或缩小的法律问题时,总是有一个基于过错的论点支持赔偿责任和一个基于过错的论点反对赔偿责任,一个基于赔偿的论点支持赔偿责任,一个基于赔偿的论点反对赔偿责任,一个基于权利的论点支持赔偿责任和一个基于权利的论点反对赔偿责任,等等。这并不是说这些观点都同样令人信服。在许多情况下,他们不会令人信服。更确切地说,法律概念的符号特征保证了在所提出的法律问题的每一方进行这种论证的形式可能性。

从这一观点出发，我们可以将霍菲尔德和法律现实主义者的工作与法律理论的最新发展联系起来，特别是批判法律研究运动成员的工作。我们对法律概念的分析表明，由于对许多（如果不是大多数的话）法律规则的辩论具有相同的结构——这些辩论都涉及是扩大还是缩小造成不可补救损害的特权——这些法律辩论中使用的论点都将具有共同的结构。这一结果与邓肯·肯尼迪（Duncan Kennedy）教授所做的工作是一致的，他认为每当律师就规则选择进行辩论时，他们倾向于使用一套刻板的赞成和反对论点。①肯尼迪还为这些不同的论证形式创建了一个分类系统。笔者在自己的著作中扩展并阐述了这一基本观点和肯尼迪的分类方案。②霍菲尔德的观点和肯尼迪的观点之间联系的重要性在于，这些标准的赞成和反对政策争论的存在不仅是偶然的，也不是由于律师缺乏想象力这一事实，相反，它来自法律概念的符号学特征。

那么，当一个人研究法律话语的形式时，他会发现，当一个人从一套规则选择转向另一套规则选择时，论证的基本风格并没有变化。因此，一方面，在侵权法中关于过失标准的论点与关于无义务规则的论点之间；另一方面，关于严格责任的论点与关于过失的论点之间，这两个方面有显著的相似之处。同样，严格赔偿责任和过失之间的辩论在过失法的次理论辩论中再次出现——例如，是否有一个客观或主观的过失标准，从事成人活动的儿童是否应被要求遵守与成人相同的过失标准以及是否有一个自证责任学说等。

笔者将法律论证的这一特征称为法律思想的晶体结构，之所以将其称为"晶体"，是因为不管人们看某个晶体的哪一部分，其结构总是相同的；此外，因为无论从大尺度还是小尺度来看，晶体的结构也都是相同的。③同样，关于法律规则的宏观层面的辩论在微观层面关于次理论规则选择的辩论中重复出现，甚至在关于法律规则的特定应用的辩论中出现的情况也是如此。

---

① Kennedy, Distributive and Paternalist Motives in Contract and Tort Law, with Special Reference to Compulsory Terms and Unequal Bargaining Power, 41 MD. L. REv. 563 (1982); Kennedy, Form and Substance in Private Law Adjudication, 89 Harv. L. Rev. 1685 (1976) [hereinafter Kennedy, Form and Substance].

② Balkin, The Crystalline Structure of Legal Thought, 39 Rutgers L. Rev. 1 (1986). 其他以这样或那样的形式采纳了肯尼迪对法律论点分类的学者包括詹姆斯·博伊尔和杰瑞米·保罗。See Boyle, "The Anatomy of a Torts Class", 34 Am. U.L. Rev. 1003 (1985); Paul, A Bedtime Story, 74 Va. L. Rev. 915 (1988).

③ Balkin, supra note 18, at 2-3, 36-41.

此外,这种晶体结构不仅仅局限于关于合法权利、因果关系、过错以及财产等概念的争论。可以肯定的是,上面给出的涉及通用汽车和安全气囊的例子只涉及两种类型的争论,我们可以称之为权利争论和道德上的责任与应得之争论。然而,还有许多其他类型的论点。例如,我们可以通过询问哪种规则会产生最理想的社会后果来试图解决是采用疏忽规则还是无责任规则的问题。然而,即使当我们从基于权利的调查转向结果主义,我们发现有刻板的赞成和反对论点,其一般形式如下:原告认为,要求更大责任的规则导致更好的后果,因为它会激励被告从事社会期望的行为,而被告认为相反的规则是必要的,以激励原告从事社会期望的行为。原告将回应说,通过拒绝向原告追偿来给予他们额外的激励是行不通的,只会因为原告无法控制的事情而惩罚原告阶层,从长远来看让社会变得更糟。被告会回应说,更大责任的规则是行不通的,只会因为被告阶层无法控制的事情而惩罚他们,从长远来看,这只会使社会变得更糟。①

赞成和反对的论点也没有被社会效用的论点所穷尽,还有关于哪个规则更容易在司法上实施的争论,关于特定决策者是否有权力或能力决定问题的争论,等等。② 然而,这些争论形式中的每一种都有其自己的晶体结构——每一种形式都会在关于法律规则的宏观和微观辩论中重复出现。

法律论证的重复形式和霍费尔法律符号学方法之间的联系很重要,原因有二。第一,它在符号学、法律现实主义和批判性法律研究之间提供了令人满意的联系。它表明法律论证的重复形式和诸如因果关系、过失和胁迫等法律概念的可操作性,都是法律语言和法律思维的相同特征的表现。第二,这种符号学分析避免了许多方法论问题,这些问题几乎从一开始就困扰着批判性法律研究运动。

当肯尼迪教授在他著名的文章《私法裁决中的形式和实质》中首次提出关于重复论证形式的假设时,他对这一现象给出了结构主义的解释。③ 他认为,每一个规则选择中涉及的论证形式都概括了自我和他人之间的根本对立,或者如他所称

---

① Id. at 32-33, 89-93. 像关于权利和道德责任的争论一样,这些社会效用的争论也具符号学特征。产生这些论证形式的"最佳结果"或"社会成本超过社会效益"甚至"避免的最低成本"的概念也是由概念之间的相互关系构成,但是它们之间的关系要复杂得多,超出了本研究的范围。

② Balkin, supra note 18, at 42-44, 106-110; Kennedy, Form and Substance, supra note 17, at 1694-1701, 1751-1753.

③ Kennedy, Form and Substance, supra note 17, at 1712-1713. 对于结构主义的介绍,参见 T. Hawkes, Structuralism And Semioncs(1977)。

的，个人主义和利他主义之间的根本对立。① 在《法律思想的晶体结构》中②，笔者还使用了一种本质上的结构主义分析，表明论证形式代表了两种取向：一种是否认一个人的行为对社会中其他人的影响的责任（个人主义），另一种强调对这些影响的责任（社群主义）。③ 例如，在早期关于安全气囊的讨论中，原告的论证将被归类为利他主义或社群主义，而通用汽车的论证将被归类为个人主义。在这两种情况下，反复出现的论证形式的"原因"，以及它们存在的原因，都是社会生活中真实而持久的"基本矛盾"④。

然而，正如许多后结构主义批评所表明的那样，结构主义作为一种方法论也有其问题。像其他文化产品一样，结构主义分析并不描述世界上实际存在的事物——它们本身是强加并构成世界知识秩序的解释；此外，它们往往是非历史性的解释。结构主义的这些特征并没有剥夺结构主义分析的效用，但确实要求我们将这些分析归入一个更广义的符号学和历史理解之下。

例如，个人主义和利他主义之间的根本矛盾只是由差异的表现所定义的另一个概念；这种分裂是对社会生活的一种解释，这种解释依赖于赋予其他概念的价值，就像在我们的安全气囊例子中的过失或因果关系的概念一样。事实上，人们可以用其他方式解释重复出现的法律争论形式的存在。不要像肯尼迪那样将论证形式的分析建立在自我考虑和他人考虑行为之间的区别上，我们可以使用对他人承担更大或更小责任的概念，正如笔者在《法律思想的结晶结构》中所做的那样。⑤ 或者我们可以将法律论证视为由古典自由主义和社会工程哲学之间的深刻分歧所产生的，甚至是社会秩序的男性原则和女性原则之间的深刻分裂。⑥ 此外，从一组对立中产生各种论证形式的能力，并不赋予这组对立以凌驾于所有其他对立之上的特权地位。例如，更大或更小责任之间的对立不会使"责任"成为取代肯尼迪个人主义和利他主义之间根本矛盾的主导概念。

我们能够从霍菲尔德或索绪尔对法律概念的分析中推导出关于法律责任的反复论证形式的存在，这就避免了在面对许多重要的后结构主义批评时采取彻底的

① Kennedy, Form and Substance, supra note 17, at 1713–1724.
② Balkin, supra note 18.
③ Id at 13–19.
④ Kennedy, The Structure of Blackstone's Commentaries, 28 Buff. L. Rev. 209, 211–213 (1979).
⑤ Balkin, supra note 18.
⑥ See West, Jurisprudence and Gender, 55 U. Cm. L. Rev. 1 (1987).

结构主义的必要性。一旦我们理解了法律概念是由差异构成的,或者用解构主义的语言来说,是由差异关系构成的[①],我们就不需要假定社会生活中“基本矛盾”的实际存在是法律论证反复出现的原因。相反,“基本矛盾”是一种由文化创造和历史决定的差异系统的症状,这种差异系统也产生了关于责任的法律争论的晶体结构。围绕是扩大还是缩小对不可补救损害的法律特权的决定的规则选择的组织,加上法律概念的符号特征,足以产生可被称为个人主义者或共同主义者的一系列赞成和反对的论点。

根据这种解释,个人主义和社群主义(或利他主义)等思想仍然是组织法律意识形态的有用的启发性类别,但它们仅仅是对于当前的目的来说足够好的解释。这样,我们可以保留从论证形式的研究中获得的见解,而不会陷入站不住脚的形而上学。此外,这种立场更符合改革我们的政治和法律制度的坚定承诺,因为它避免了结构主义决定论的自然诱惑——我们必须让自己适应生活在一个充满根本矛盾的世界中,我们永远无法逃避,也永远无法改善。

四、法律意识形态研究的符号学方法

笔者认为,索绪尔或霍菲尔德的法律符号学方法是基于两个相关的概念。第一,法律概念和其他语言概念一样,都来自一个差异系统。第二,由于法律思维的符号学特征,关于规则和规则应用的法律论证的基本结构并没有改变,而是在法律思维的各个领域重复出现。这种类型的符号学分析可能把我们引向何处?为什么我们应该对法律概念的相互自我定义感兴趣,或者对发现法律论证的基本结构感兴趣?答案可以归结为一个词:社会意识形态。索绪尔对法律思想的研究方法直接把我们引向意识形态分析,这种分析自巴尔特的开创性工作以来一直是符号学的主要焦点。[②]

我们应该注意到,以笔者所描述的方式构想的法律符号学,是完全反本质主义的。这不足为奇,因为索绪尔的语言学是反本质主义的,所以索绪尔或霍菲尔德的法律概念理论也会对本质持怀疑态度。

然而,在法律中拒绝本质主义具有重要的政治和哲学后果,随着人们从语言学领域转向社会理论领域,这些后果变得越来越明显。虽然人们可能会抽象地认

① See supra note 16.

② See R. Barthers, Mythologies(1972).

为语言意义是约定俗成的，但更有争议的是，在索绪尔的意义上，断言所有文化产品，尤其是法律和政治概念，都是约定俗成的。例如，人们很愿意承认我们所指的术语“狗”是一个约定俗成的问题。然而，他们更抗拒这样一种观念，即同意也是一个完全传统的概念，财产没有本质属性，或者民主是一个只由差异决定的概念。然而，这类结论源于对索绪尔原则的接受，即能指的任意性，以及法律概念是能指或文本的事实。用一句老话来说，符号学研究旨在“揭开”文化产品的神秘面纱，并展示它们的传统和意识形态的本质。对法律概念的符号学分析和对杂志广告的符号学分析都是如此。

举个例子也许有助于阐明这一点。美国政府制度的前提是，民主是最合法的政府形式，多数人的意愿应该决定对社会中的个人施加什么样的管制。司法审查本质上是反民主的，只有在执行宪法规范的必要范围内才是合理的，而这些规范之一当然是保护民主政府，这也是一种信念。所有这些似乎表明，法官应该努力避免推翻立法行动或监督行政决策，除非这明显违背宪法。因此，司法审查是美国民主基本结构的一个例外，如果我们的政府要保持合法性，就应该尽可能地消除这种例外。

然而，这种将民主置于司法审查之上的特权依赖于一系列意识形态预设，这些预设将看似不动产的“民主”归因于现有的政治制度，同时唤起与我们对民主的集体承诺相关的尊重和权威的概念。然而，“民主”是一个由它与其他概念的关系构成的概念。我们如何知道现有的政治制度是民主的？仅仅因为这些机构是由法律规定有资格实际投票的大多数选民选举产生的，它们就是民主的吗？假设选举权仅限于白人男性财产所有者，而立法机构大部分是由不公正选区选举出来的人组成的。从什么意义上说，这个立法机构制定的法律是“民主的”，因而值得司法尊重？如果政治进程的参与因经济权力分配不均而被扭曲，候选人越穷，她就越不可能有足够的钱支付电视和广播广告费用，也就越不可能在现代政治竞选的严酷考验中生存下来，那么我们还有“民主”吗？在一个有着种族主义和性别歧视传统的国家，司法服从立法机构合适吗？在这样一个国家，现有的权力结构源于过去对平等和公民权利的否定？

因此，以“民主”的名义对政府官员的司法尊重依赖于一整套关于公平竞争、平等机会、程序正义等未言明的假设。我们称为“民主自治”的概念，通常被赋予象征性的意义，与我们前面例子中的过错、同意或财产一样，也或多或少地寄生于其他概念之上。一旦我们将这些联系浮出水面，我们就可以用民主的概念来批判所谓的民主制度。事实上，一旦我们承认一个从“腐败的行政区”选出的白人男性财产所有者组成的立法机构与民主只有表面上的相似之处，我们可能会发现，对立法行为的司法审查对于维护民主自治是绝对必要的，因为一个人是无法实现民主的，除非他有平等机会的保障，或对个人权利的保护，这种保护是针对所谓的多数人统治而实施的，但实际上是对它的曲解。

因此，法律概念的符号学对于进行法律的文化批评变得至关重要，这种批评我们在符号学研究的其他领域已经习以为常。法律符号学家必须问法律话语的术语，如“民主”“平等”“过失”“同意”是如何与法律学说和法律辩论中的其他概念系统地联系在一起的。通过仔细分析这些联系，我们可以理解自由主义法律文化中的意识形态冲突，以及自由主义法律文化本身的潜在意识形态。

五、符号学与法律论证

对法律论证重复形式的研究是这种一般符号学方法的一个特例。有趣的是，它除了帮助我们研究意识形态之外，还有许多有用的功能。例如，一旦律师和法律专业的学生掌握了一套论证形式，他们就可以在法律对话中变得相对流利，事实上，他们几乎可以随心所欲地对任何法律立场进行论证和反驳。在这里，法律和语言之间的类比变得非常接近。人们可以学习法律论证的形式，就像人们可以学习如何拒绝拉丁语名词或法语动词的变化一样。用索绪尔的话来说，对法律论证的研究变成了对法律概念语言及其相关论证形式的研究。①

然而，除了其更多的教学和实践用途之外，法律论证语言的研究与理解法律文化意识形态的符号学项目密切相关。对不同形式的法律论证进行分类，有助于我们根据相关的论证形式来理解和分类法律意识形态。笔者发现识别分类美国政治意识形态的一个有用的方法是询问他们在特定权利方面更可能接受或拒绝什么样的观点。

例如，传统的自由主义者倾向于在某些领域，如言论自由和生育自由，提出相对个人主义的观点，而在涉及经济自由时，则采取相对社群主义的立场。有趣的

① 索绪尔所说的“语言”是指一种语言的基本规则和形式（如语法、句法和音韵规则），而不是一种语言的特定书面或口头例子，他称之为“假释”。参见 F. De Saussure, supra note 4, at 9–15。

是，传统保守派恰恰持相反的观点。这些系统的关系导致了自由派和保守派争论中有趣的对称性，并允许对美国的政治意识形态进行更有力的分析。自由派要求侵权法中制定的除诽谤法和隐私法以外的责任规则越来越严格，而保守派则抵制这些努力，并试图朝相反的方向发展。保守派要求放松对商业利益的管制，同时提倡对生育利益的管制。保守派关于会议室和卧室自由神圣性的论点存在系统性差异，这有助于深入了解传统保守主义意识形态的来源，正如自由派思想中的对立取向让我们能够理解其特有的意识形态特征一样。

此外，久而久之，这些传统形式的自由主义和保守主义将发生变化和分裂。当我们目睹在言论自由和隐私问题上与传统保守派意见相左的自由意志主义保守派的出现，以及以性别和种族平等的名义接受言论自由监管的左派的出现时，我们可以利用对法律论据的研究来理解美国意识形态变化的本质。

论证形式研究的另一个用途是对法律学说的内部批判，也就是说，找出学说中处于紧张或矛盾状态的领域。[①] 因为当一个人从一项规则选择转向另一项规则选择时，论证的基本形式并没有改变，所以很快就可以看出，法律充满了紧张和矛盾，可以用来对法律学说和法律推理进行有益的批判。

笔者举了几个例子。在美国刑法中，人们普遍认为，除非他们的行为带有适当程度的犯罪意图，否则不应被监禁，这通常至少意味着鲁莽的行为，并且通常需要知识或目的才能实施特定行为。[②] 因此，普通（相对于严重）过失通常不足以判定被告犯有可判处监禁的罪行[③]，而严格责任犯罪通常只允许处以罚款处罚。然而，在许多州，根据重罪谋杀规则，如果一名刑事被告参与了造成一人死亡的重罪犯罪，即使死亡完全是意外的，她也可能被判一级谋杀罪。[④] 实际上，这是谋杀的严格责任标准。

此外，当人们考虑到必要性、自卫或胁迫等正当理由或借口时，也会出现类似的问题。只有当被告合理地相信存在紧急情况（在必要的情况下）[⑤]，如果她合理

① 我所说的“矛盾”不仅仅指逻辑上的矛盾。这些在法律理论中很少出现。更确切地说，我指的是现有的法律材料无法令人信服地解决的价值上的矛盾冲突。参见 See Balkin, supra note 18, at 70 n. 137。

② 例如，参见 Model Penal Code § 2.02(3)（推定一项罪行的犯罪意图必须至少是鲁莽，除非有相反的明确声明）。

③ 例如，参见 id. § 2.02(2)(d)（刑事过失涉及严重偏离合理的谨慎）。

④ 例如，参见 State v. Goodseal, 220 Kan. 487, 553 P.2d 279(1976)。

⑤ 例如，参见 United States v. Bailey, 444 U.S. 394(1980)。

地相信她的生命处于迫在眉睫的危险中(在自卫的情况下)①,或者如果一个合理坚定的人的意志被压垮(在胁迫的情况下)②,才可以进行辩护。但是,要求被告遵守假设的理性人的行为,重新确立了关于正当性和借口的疏忽标准,即使必须证明犯罪的实质要素是目的、知情或鲁莽。③于是否需要比一般过失更大程度的犯罪意图才能定罪的辩论,在下一个理论层面(正当理由或借口所需的谨慎标准)再次出现,有趣的是,在第一个层面被拒绝的论点在第二个层面被接受。

现在,在某种意义上,这种法律冲突是不可避免的。我们对缺陷产品造成的伤害负有严格责任,但对虚假言论造成的伤害没有严格责任,因为当时的主导思想反映了对报纸言论自由的重视高于对制造商经济自由的重视。④事实上,笔者在《法律思想的晶体结构》中指出,相信我们能够消除所有这些紧张关系和冲突是徒劳的,法律思想是不可减少的矛盾。⑤然而,有些矛盾和冲突是不可避免的,但这并不意味着所有的矛盾和冲突都是不可避免的,也不意味着我们对法律原则中特定矛盾和冲突的认识不能说服我们去改变法律。

例如,一旦我们认识到重罪谋杀规则和我们对严格责任犯罪监禁的憎恶之间的明显矛盾,我们可能会被说服改变我们对该规则的正义性的看法。此外,一旦我们认识到正当防卫理论中的合理的人的测试,而重新确立了与犯罪意图的要求不一致的过失标准,我们可能会在某些方面改变正当防卫理论。例如,我们可能会更同情受虐妇女的说法,她们真诚但不合理地认为自己无法保护自己免受严重的身体伤害或死亡,因而向配偶开枪。

六、结论

霍菲尔德分析法律权利的基本方法被证明是惊人的丰富,笔者认为它的丰富来源于它与索绪尔关于能指任意性的观点惊人的相似。事实上,霍菲尔德的分析最好被视为索绪尔的作品应用于法律权利话语的一个特例。从这个角度理解,霍

① 例如,State v. Bess, 53 N.J. 10, 247 A.2d 669(1968)。

② 例如,State v. Tuscano, 74 N.J. 421, 378 A.2d 755(1977)。

③ 加里·佩勒(Gary Peller)教授举了这个例子。与得克萨斯州奥斯汀乔治敦大学法律中心法学教授加里·佩勒的谈话(1988年秋)。

④ 然而,有趣的是,100年前的情况正好相反——诽谤是一种严格的侵权责任,而产品责任则受到低得多的谨慎标准的约束。事实上,在没有合同或明确保证的情况下,实际上根本不需要注意义务。然而,法律理论中这些对称变化的出现,只是符号学分析如何帮助我们理解法律意识形态的另一个例子。

⑤ Balkin, supra note 18, at 67-77.

菲尔德的分析不仅适用于关于权利的争论，也适用于所有的法律概念。这种一般的分析形式在法律现实主义者和批判法律研究运动中得以延续。因此，我们可以将霍菲尔德、法律现实主义者和批判法律研究运动的各种成员的工作重新解释为法律符号学传统的一部分，该传统将分析深度与政治承诺相结合。

这种方法对法律符号学的价值有三重。第一，它具有分析意义。将法律概念理解为差异系统揭示了法律概念之间的重要关系，例如，过错和财产之间的联系，或者契约和因果关系之间的联系。这种分析也使法律概念的偶然性和可操作性变得显而易见，这种知识对任何研究法律材料的人都是有用的。对法律论证形式的研究使我们能够对几乎任何法律规则的选择进行分类和论证。它还使我们能够发现不同法律学说领域内部和之间的紧张和冲突。

第二，这种法律符号学的方法允许我们理解法律意识形态。对法律意识形态的研究在很大程度上是对构成法律思想的差异体系的研究。霍菲尔德的方法允许我们通过揭露法律思想之间的联系，将意识形态预设浮出水面。法律意识形态的结构也被人们使用的法律论据的形式所拒绝，并且他们使用法律论证的方式会随着时间而改变。

第三，霍菲尔德传统，尤其是法律现实主义者和批判法律研究运动所实践的传统，是进步变革的工具。在法律理论体系中表现出的紧张和冲突可能会刺激革新。更普遍地说，恢复学说中反映的意识形态预设可能具有治疗效果，帮助我们完善法律和社会。

显然，律师和学者有很多方法可以将符号学应用到法律中，并取得丰硕的成果。然而，除了同时提供法律思想的解释性科学、法律知识社会学的方法论和社会变革的工具，法律符号学理论还能为我们带来什么更好的承诺呢？笔者相信霍菲尔德的法律符号学方法有潜力在所有三个方面实现这一承诺，这就是为什么我们应该努力追求它。

（编辑：吕玉赞）

附：《法律方法》稿约

《法律方法》是由华东政法大学法律方法论学科暨法律方法研究院编辑出版，陈金钊、谢晖教授共同主编的连续出版物。本出版物自 2002 年创办以来已出版多卷，2007 年入选 CSSCI 来源集刊，并继续入选近年来 CSSCI 来源集刊。自 2019 年起，本出版物每年拟出版 3 卷至 4 卷。作为我国法律方法论研究的一方重要阵地，我们诚挚欢迎海内外理论与实务界人士惠赐稿件。

稿件请以法律方法研究为主题（含译文），包括部门法学领域有关法律方法的研究论文。稿件字数应在 1 万～2 万字为宜。本出版物审稿实行明确的三审制度，对来稿以学术价值与质量为采稿标准，并由编辑委员会集体讨论提出相应的最终用稿意见。本出版物已实行独立作者署名的制度。本出版物将不断推进实施用稿与编辑质量提升计划。

一、栏目设置

本出版物逐渐形成一些相对固定的栏目，如域外法律方法、法律方法基础理论、司法方法论、部门法方法论等。当然，也会根据当期稿件情况，相应设置一定的主题研讨栏目。

二、版权问题

为适应我国信息化建设，扩大本出版物及作者知识信息交流渠道，本出版物已被《中国学术期刊网络出版总库》及 CNKI 系列数据库收录，作者文章著作权使用费与本出版物稿酬一次性给付。如作者不同意文章被收录，请在来稿时声明，本出版物将做适当处理。

三、来稿要求

1. 本出版物属于专业研究连续出版物，只刊登有关法律方法论研究方面的稿件，故请将这方面的作品投稿本出版物。

2. 稿件须未曾在任何别的专著、文集、网络上出版、发表或挂出,否则本出版物无法采用。

3. 来稿如是译文,需要提供外文原文和已获得版权的证明(书面或电子版均可)。

4. 来稿请将电子版发到本出版物收稿邮箱 falvfangfa@163.com 即可,不需邮寄纸质稿件。发电子邮件投稿时,请在主题栏注明作者姓名与论文篇名;请用附件 Word 文档投稿,文件名也应包括作者姓名和论文篇名。请把作者联系方式(地址、邮编、电话、电子邮箱等)注明在文档首页上,以便于联系。

5. 本出版物一般在每年的 6 月和 12 月前集中审稿,请在此之前投稿。本出版物不收任何形式的版面费,稿件一经采用即通知作者,出版后邮寄样书。

6. 来稿需要有中文摘要(300 字左右)、关键词(3~5 个)。欢迎在稿件中注明基金项目。作者简介包括:姓名,性别,籍贯,工作(学习)单位与职称、学历和研究方向。

7. 为方便作者和读者,稿件注释请采用页下脚注,注释序号用“①②③……”即可,采用连续注形式。非直接引用原文时,注释前需要加“参见”;引用非原始资料时,需要注明“转引自”。每个注释即便是与前面一样,也要标注完整,不要出现“同前注……”“同上”。正文中注释序号的位置,应统一放在引用语句标点之后。

四、注释引用范例

1. 期刊论文

陈金钊:《法治之理的意义诠释》,载《法学》2015 年第 8 期,第 20 页。

参见匡爱民、严杨:《论我国案例指导制度的构建》,载《中央民族大学学报(哲学社会科学版)》2009 年第 6 期,第 65 页。

2. 文集论文

参见焦宝乾:《也论法律人思维的独特性》,载陈金钊、谢晖主编:《法律方法》(第 22 卷),中国法制出版社 2017 年版,第 119-120 页。

3. 专著

参见王泽鉴:《民法思维:请求权基础理论体系》,北京大学出版社 2009 年版,第 165-166 页。

4. 译著

[德]卡尔·拉伦茨:《法学方法论》,陈爱娥译,商务印书馆 2005 年版,第 160 页。

5. 教材

张文显主编:《法理学》(第 4 版),高等教育出版社 2011 年版,第 274 页。

6. 报纸文章

葛洪义:《法律论证的“度”:一个制度问题》,载《人民法院报》2005 年 7 月 4 日,第 5 版。

7. 学位论文

参见孙光宁:《可接受性:法律方法的一个分析视角》,山东大学 2010 年博士论文,第 182 页。

8. 网络文章

参见傅攀峰:《中国法域外适用的立法现状及其完善》,载中国法学网,http://iolaw.cssn.cn/zxzp/202210/t20221019_5550387.shtml,最后访问日期:2022 年 12 月 20 日。

9. 外文文献

See Joseph Raz, “Legal Principles and The Limits of Law”, Yale Law Journal, Vol.81, 1972, p.839.

See Aleksander Peczenik, On Law and Reason, Dordrecht/Boston/London: Kluwer Academic Publishers, 1989, p.114-116.

Tom Ginsburg, “East Asian Constitutionalism in Comparative Perspective”, in Albert H. Y. Chen, ed., Constitutionalism in Asia in the Early Twenty-First Century, Cambridge: Cambridge University Press, 2014, p.39.

引用英文以外的外文文献请依照其习惯。

《法律方法》编辑部

2024 年 1 月